Der Kult der Grossen Göttin

EDWIN O. JAMES

DER KULT DER GROSSEN GÖTTIN

MIT EINEM VORWORT
VON KURT DERUNGS

edition amalia

James, Edwin O.:
Der Kult der Grossen Göttin.
Mit einem Vorwort von Kurt Derungs.
Bern 2003
ISBN 3-905581-18-3

Deutsche Erstausgabe

2003

Publiziert mit freundlicher Genehmigung des
Verlages Thames & Hudson Ltd, London

Titel des Originals „The Cult of the Mother Goddess“
Mit Bildern versehen von Kurt Derungs

Stadtbachstr. 46, CH-3012 Bern / Switzerland
Printed in Switzerland and Germany
www.amalia.ch

INHALT

Vorwort

„Der weibliche Körper galt in den frühen Bauerngesellschaften als Ausdruck schöpferischer Lebenskraft und war vier Jahrtausende lang das Thema, das in der gesamten europäischen Kunst am häufigsten dargestellt wurde. Die Idole, bei denen man entweder nur die Grundzüge andeutete oder die Proportionen und Körper naturgetreu nachahmte, gehören zu den Zeugen einer weit zurückliegenden Vergangenheit unseres Kontinents, die in der Kunst der Gegenwart noch immer ihre Wirkung entfalten." Venceslas Kruta in „Die Anfänge Europas"

Edwin Oliver James wurde am 30. März 1888 geboren. Er studierte in Oxford und London und schlug zunächst eine theologische Laufbahn ein. Unabhängig davon setzte er seine religionswissenschaftlichen, archäologischen und altertumswissenschaftlichen Studien fort und erhielt 1928 seinen ersten Lehrauftrag an der Universität Cambridge. Sein Weg führte ihn an alle bedeutenden Universitäten Englands. Seine speziellen Studien über die prähistorischen Religionen begann E.O. James beim bekannten Archäologen Flinders Petrie. Ausgedehnte Reisen führten ihn in die Dordogne, in die Ariège und in die Pyrenäen. Hinzu kamen Reisen in die Bretagne, nach Irland, Wessex, Spanien, Griechenland, in die Ägäis und in den östlichen Mittelmeerraum. 1955 gab er seine Lehrtätigkeit auf und widmete sich seit dieser Zeit seinen Forschungen, die er in mehr als zwanzig Werken publizierte. Er trug folgende Titel auf sich: D.Litt., Ph.D., F.S.A., Hon. D.D. St. Andrews, Professor Emeritus of the History of Religion in the University of London, Fellow of University College and Fellow of King's College in London.

Etwa ein Jahr vor seinem grundlegenden Alterswerk „The Cult of the Mother Goddess" (1959), das nun erstmals in einer deutschen Ausgabe vorliegt, erschien das Buch „Myths and Rituals in the Ancient Near East" (1958), das als Vorläufer von „Der Kult der Grossen Göttin" gelten kann. 1966 veröffentlichte James ein weiteres Buch zur nahöstlichen Religionsgeschichte und Mythologie mit dem Titel „The Tree of Life". Auch hier setzt er seine Forschungen zur altorientalischen Göttinkultur fort und zeigt an einem bekannten Motiv des Lebensbaumes die Verbindungen von Baum- und Göttinverehrung. So gehören seine Schriften, die er ab 1957 mit dem Buch „Prehistoric Religion", zu deutsch „Religionen der Vorzeit" eröffnete, zu einem Themenkreis, in dem er immer wieder auf die Gestalt der Grossen Göttin hinweist. Dies gilt auch für die Bücher „The Ancient Gods“ (1960), „Seasonal Feasts and Festivals“ (1961), „From Cave to Cathedral“ (1965) und „The Beginnings of Religion“ (1973), die ihre Berücksichtigung in der anglo-amerikanischen Erforschung der Göttinkultur gefunden haben wie zum Beispiel bei Buffie Johnson oder Barbara G. Walker. Auch die Autorinnen Patricia Monaghan, Anne Baring und Jules Cashford fanden in den Werken von James einen reichen Schatz an Wissen und Hinweisen für ihre Arbeiten zum Thema Göttinnen.

Wissenschaftlich steht James in einem verwandten Bereich zu Robert Briffault mit dessen drei Büchern „The Mothers“ (1927), zu James G. Frazer, der das Werk „Der Goldene Zweig“ (1914) schrieb, oder zu Arthur Evans, dem Erforscher des minoischen Kreta. Und mit seinem Werk „The Tree of Life“ erweitert er das Thema Baumkult, das von Wilhelm Mannhardt so eingehend beschrieben wurde. Eine gewisse Verwandtschaft besteht sicher auch zu Robert Graves, einem Schüler von Frazer, und seinen Büchern „Griechische Mythologie“ (1955) und „Die Weisse Göttin“ (1948) sowie zu James Mellaart, dem Entdecker der Göttinkultur von Chatal Hüyük in Anatolien ab den 1960er Jahren.

Gemäss seinen Schriften ist E.O. James kein Freund der psychoanalytischen Mythendeutung, wie sie zum Beispiel von Erich Neumann in seinem zwiespältigen Buch „Die Grosse Mutter“ (1956) vertreten wird. Diese erscheint ihm zu flach und tendenziös, obwohl er sich vom damaligen Zeitgeist nicht ganz abschotten konnte. Dementsprechend kritisch würde er auch die Arbeiten von Mircea Eliade oder Joseph Campbell betrachten. Wie wären wohl die tiefenpsychologischen „Interpretationen“ zur „dunklen Gestalt der Grossen Mutter“ ausgefallen, wenn sich ihre Exponenten auf den differenzierten James und seine kulturgeschichtlichen Arbeiten berufen hätten?

Denn obwohl James eher ein konventioneller Forscher ist, ist er doch ein fundierter und erkenntnisreicher Denker, der abwägt, relativiert und einen breiten Horizont besitzt. Gerade mit seinen Büchern zeigt er, wie man mit der Methode der Interdisziplinarität einen Schritt weiter kommt, Konservatives überwinden und neue Erkenntnisse gewinnen kann. So ist E.O. James ein Beispiel eines profunden Forschers, der durch seriöse Arbeit eine grosse Fachkompetenz erworben hat und sich schliesslich mit dem grundlegenden Thema der Göttinkultur befasste. Denn gute Sachforschung führt früher oder später zu diesem weiten Feld. Dies tat er als angesehener Akademiker, dem dieses Gebiet nicht zu schade war, denn er spürte, dass hier ein grosses Erbe der menschlichen Zivilisation liegt. Und so wurde „Der Kult der Grossen Göttin“ zu Recht ein Klassiker im englischsprachigen Raum.

Interessanterweise wurden die Bücher von James kaum ins Deutsche übersetzt, und schon gar nicht „The Cult of the Mother Goddess“. War hier die Konkurrenz der Tiefenpsychologie zu gross? Auf jeden Fall wirkte James in England und Nordamerika wegbereitend für die begabte Archäologin Marija Gimbutas mit ihren anschaulichen Büchern „Die Sprache der Göttin“ (1989) und „Die Zivilisation der Göttin“ (1991), die trotz aller Kritik ein interessantes Werk hinterlässt. Ebenso steht die Symbolforschung, wie sie zum Beispiel von Carola Meier-Seethaler vertreten wird, in seiner Tradition. Nicht zuletzt ist es die elaborierte Darstellung einer Göttin und ihres männlichen Herospartners, das sein Buch faszinierend macht und zum Klassiker werden lässt. Hier findet er archaische Schichten und Spuren einer matriarchalen Mythologie, in der ein Vegetationsheros zu den Aspekten einer Göttin-Ahnin in mannigfachen Beziehungen steht. In diesem Sinn beschreibt er schon früh Mythenstrukturen, die von der Matriarchatsforscherin Heide Göttner-Abendroth in ihrem Buch „Die Göttin und ihr Heros“ (1980) glänzend beschrieben und in einen kulturgeschichtlichen Kontext gestellt wurden, durch den eine strukturelle Betrachtung überhaupt Tiefe erhält. Auch dieses Buch ist zum Klassiker der modernen Mythenforschung geworden, gerade weil es archaische Muster einer vorpatriarchalen Zeit aufdeckt.

So ist das Buch von James eine wirkliche Horizonterweiterung, ein gelungener Querschnitt durch das Göttinthema und Anregung für viele Wissensgebiete wie zum Beispiel für die Erzählforschung, die Archäologie, die Theologie oder die Mythologie. Für alle, die an der deutschen Ausgabe gearbeitet haben, war es eine echte Entdeckung und die längere Mühe wert. Denn sein Schreibstil war gewiss nicht immer leicht, ins Deutsche zu übersetzen. Für die Übersetzung sind Irene Dalichow und ich verantwortlich. Dazu war es mir ein Anliegen, den Text mit Bildern aus meinem Archiv zu ergänzen, was den Inhalt noch mehr zur Geltung kommen lässt. Für das Mitlektorieren danke ich herzlichst Christina Schlatter und Eduard Tschabold. Einen Teil der Texterfassung besorgte Mirjam Lüpold. Dem Verlag Thames & Hudson in London danke ich für die Übertragung der Rechte an die edition amalia. Und nicht zuletzt danke ich meiner Frau Isabelle My Hanh Derungs, der Geschäftsinhaberin des Verlages edition amalia sowie der Gönnerin auch dieses Projektes, für ihre Mitarbeit und Unterstützung der gemeinsamen Forschungen.

Kurt Derungs, Bern 2003

Kurt Derungs

Die Natur der Göttin

Oft werde ich als Landschaftsethnologe gefragt, ob es Grundzüge einer konsenssoziologischen (matriarchalen) Naturphilosophie gibt und welches ihre Eigenschaften sind. Überblicken wir die vorpatriarchalen Göttinkulturen und ihr subkulturelles Weiterleben von Japan bis Indien, von Mesopotamien bis Nordeuropa sowie in Afrika und Amerika, so fällt auf, dass sie primär ihre Poesie und Mythologie in konkreten Natursymbolen und -bildern ausdrücken. Ebenso erkennen wir ein hohes Abstraktionsvermögen bis hin zur frühen Höhlenkunst der Altsteinzeit. Von einer „primitiven" Kunst und Naturpoesie kann keine Rede sein, und eine solche Behauptung zeugt eher von Unverständnis eines abwertenden Umfeldes, das seine Vorurteile und Projektionen als (Kunst)-Geschichte ausgibt. So müssen wir lernen, dass die patriarchale Kunst und Kultur nicht die „Krone der Schöpfung" ist, wie ideologisch behauptet wird, sondern bezüglich der Leben erhaltenden und Natur verehrenden Wertvorstellungen der vorpatriarchalen Zeit ziemlich abgewirtschaftet und als „schöner Schein" dasteht. Dies gilt auch für die heutigen Religionen, die aus der matriarchalen Mythologie entstanden sind und diese usurpiert, vereinnahmt und verdreht haben. Wer heute diesen historischen Transformationsprozess, den kulturellen Paradigmawechsel oder den kulturgeschichtlichen Riss und (Um)-Bruch nicht berücksichtigt, geht der patriarchalen Geschichtsschreibung und Mythenbildung auf den Leim und trägt ihre Herrschaftspolitik unkritisch weiter.

Die konkreten Symbole und abstrakten Zeichen waren den matriarchalen Menschen selbstverständlich, da ihre Mythologie als sinngebendes und allen zugängliches Weltbild des Erkennens und Verstehens gegenwärtig war. Fehlt der kontextuelle Rahmen der matriarchalen Naturphilosophie oder wird die alte Mythologie absichtlich umgedeutet und missbraucht, wie dies heute immer noch geschieht, so entstehen Widersprüche sowie bedeutungslose Zeichen und Worthülsen.

Die konsenssoziologische Naturphilosophie trennt nicht in Sakral und Profan, noch kennt sie eine Priesterkaste (Brahmanen, Druiden etc.), einen „grossen Führer" oder den künstlichen Dualismus von Kultur und Natur. Dies sind ausgrenzende, konstruierte Phänomene, die der Naturbeherrschung dienen. Die Konsensgesellschaft hingegen ist integral, und zwar auf allen Ebenen: Sie ist in der Kunst integral, im Denken und Erkennen, in ihrer jahreszeitlich-zyklischen Mythologie und in ihrer Sippenstruktur. Daher existiert keine Trennung in ein Diesseits und Jenseits. Das Integrale umfasst Muttersippe und Stamm, die Lebenden und die Verstorbenen (Ahnen), die eine feste Gemeinschaft bilden, sowie den menschlichen und natürlichen Bereich. So werden die Erscheinungen der Natur symbolisch erfasst und gemäss der Mythologie personifiziert. Dabei ist es müssig zu fragen, was zuerst war: Das Erkennen der Naturphänomene oder das mythologische Weltbild. Beides entsteht in einem wechselseitigen Prozess.

Schon sehr früh erkannten die Menschen, dass sich die Natur in einem Zyklus wiederholender Vorgänge bewegt: Helle und dunkle Zeiten (Tag und Nacht), warme und kalte Perioden (Sommer und Winter) oder Vollmonde und Sichelmonde (Lunationen). Ebenso erlebten sie eine fruchtbare und eine unfruchtbare Jahreszeit. Besonders sahen sie, dass die Natur gleichsam aus sich selbst Wachstum und Leben schöpfen kann, ihre Früchte schenkt und sie wieder zu sich nimmt, um im Frühling erneut zu erblühen. Dieses Leben-Schöpfen wurde auch in der menschlichen Gesellschaft wahrgenommen, nämlich in der Frau als Garantin der Existenz. Dabei war die Geburt die Vergegenwärtigung eines uranfänglichen Schöpfungsaktes mit biologischer und kultureller Kreation. Ansicht war, dass die junge Frau aus sich selbst heraus Leben schöpfen kann, aus der Materie des Weisen Blutes (Menstruation), aus dem sie das Kind bilde. Daher wird die Natur in Analogie ebenfalls als weiblich personifiziert, und zwar als Grosse Ahnfrau, die einst und immer wieder biologische und kulturelle Schöpfung hervorbringt.

Diese Ahnfrau, die sich selbst wie die Natur immer wieder verjüngt, wird zur Schöpfergöttin einer naturpoetischen Kreation, indem sie Lehm (Wasser und Erde) von sich nimmt, Menschen formt und ihnen Leben einhaucht. Die mythologischen Sinnbilder sind dabei völlig logisch und natürlich, so dass die Menschen Erdlinge bzw. Kinder der Ahnfrau sind und von ihr abstammen. In Analogie zur Gesellschaft nimmt eine Frau ihre „rote Erde" (Weises Blut) und formt eine Tochter oder einen Sohn. In diesem Sinn sind die Kinder blutsverwandt mit ihrer Mutter, die zur Grossmutter und Urmutter wird, von der sich die Sippe und der Clan mit Namen und Bezeichnungen herleitet. Die Konsensgesellschaft ist somit primär eine Verwandtschaftsgesellschaft in mütterlicher Linie (Matrilinearität), in der sich Frauen und Männer mit gleicher Blutsverwandtschaft nahe stehen. Manchmal drückt die Sprache die alte matriarchale Mythologie noch aus, sofern sie als solche erkannt wird, denn auch hier sind die Sinnbilder isoliert und zusammenhanglos, damit sie nicht wahrgenommen werden. Das altorientalische Wort adam (Erdling) und das verwandte adamah (rote Erde) verweist auf eine Schöpfung durch eine Grosse Ahnfrau, die wir als Eva oder Heba kennen. Letzter Rest dieser sprachlichen Zusammenhänge ist noch unser europäisches Wort homo (Mensch) und humus (Erde), die beide sprachverwandt sind.

Die Muttersippe mit ihren mythologischen, soziologischen, biologischen und kulturellen Errungenschaften bildet den Kern des Daseins überhaupt. Die Menschen nennen sich selbst „aus einem Bauch" oder „von demselben Schoss", was die mütterliche Herkunft und Verwandtschaft bedeutet. Besonders die Sippenmutter (alte Frau) und die Ahnin der Naturschöpfung stehen in einem engen Verhältnis. Diese Integrationsfähigkeit bezeugt ein hohes Mass an sozialer und ökologischer Verantwortung. So sind Männer als Söhne oder Brüder in die Muttersippe integriert, wo sie die Kinder ihrer Schwester betreuen, mit denen sie sich als blutsverwandt betrachten (soziale Vaterschaft), oder sie sind Helfende, Schützende und Beratende der Muttersippe. Auf jeden Fall sind sie nicht „Pater", was schon sprachgeschichtlich Herrscher und Vater bedeutet, denn bei einer matrilinearen Blutsverwandtschaft findet Vaterschaft in unserem biologistischen Sinn keine Beachtung.

In einer Konsensgesellschaft sind die Menschen integriert, die Natur ein Bestandteil der Kultur und Mythologie sowie die Verstorbenen im Diesseits bei den Lebenden. Gerade hier erkennen wir die enge Verbindung von Natur- und Ahnenverehrung und die hochstehende Naturphilosophie der Konsensgesellschaft, die durch Wandlung und Wiedergeburt den Tod als Reise oder zeitlichen Aufenthalt erscheinen lässt. Denn was geschieht beim Tod eines Menschen nach matriarchaler Auffassung? Die verstorbene Person lebt als Ahnin oder Ahne bei der Schöpfergöttin, kehrt also zu ihrem mythologischen Ursprung zurück. In ihrem Schoss oder in ihrer Natur lebt die Person an einem Seelensitz, der sein kann: Grotte, Höhle, Stein, Quelle, Fluss, Erdspalte, Baum, Tier oder Stern, die wir als animistische, totemistisch-matriarchale und natürliche Kultplätze kennen. Diese Ahnen werden mit Gaben am Leben erhalten, denn sie bewirken Hilfe und Segen für die Sippe, die Tiere und die Felder. Möchte nun eine Frau schwanger werden, nimmt sie bei einem Seelensitz die Ahnin oder den Ahnen in ihren Körper auf oder die Grosse Ahnfrau schenkt ihr eine Ahnenseele. Das Weise Blut der Frau bildet dann den Körper des „Geisterkindes", so dass die verstorbene Person verjüngt wieder in die Sippe geboren wird. Diese matriarchale Wiedergeburtsmythologie ist ein unschätzbares Kulturerbe, das Mensch und Natur integriert sowie den Tod als vorübergehende Existenz darstellt und aufhebt. Im Zentrum dieser direkten Naturverehrung, Ahnenverehrung und Wiedergeburtsmythologie steht die Frau mit ihrer Schöpfungsfähigkeit. Von daher wird Blutsverwandtschaft und Matrilinearität nochmals verständlich, ebenso die Verbindung von Sippenmutter und Naturmutter (Landschaft), was sich ökonomisch im Landbesitz der Frauen oder sozial in der Mutter-Tochter-Erbfolge zeigt.

Gerade die ältesten Schichten der Mythologie, wenn wir sie einmal von den patriarchalen Überlagerungen befreit haben, zeigen uns eine Menge Sinnbilder und Zusammenhänge in der konkreten Symbolsprache einer Naturphilosophie. Solche Erkenntnisse sind unschätzbar, denn oft sind die sozialen Begebenheiten gänzlich patriarchalisiert, doch in der Mythologie haben matriarchale Spuren überlebt bzw. lassen sich rekonstruieren, da die Verfälschung und Verzerrung auf ähnliche Art und Weise vor sich geht. So kennen wir neben dem männlichen Noah der Bibel eine altorientalische Göttin Nuah oder Nu(n), die mit dem Urwasser verbunden ist. Diese Nuah war eine Schöpfergöttin mit einer „Arche", ihrem heiligen Schoss, aus dem sie Tiere, Pflanzen und Menschen hervorbringt, die dann die Erde bevölkern und von der sie abstammen. In der patriarchalen Mythenschreibung wird die Göttin vermännlicht und zu einem Werkzeug eines strafenden, abstrakten Gottes, den man nicht nach seinem Namen fragen darf, da er ihn von der Göttin gestohlen hat. Einer seiner Namen ist z.B. Iahu (> Jahwe), die erhabene Taube, das Symboltier der Göttin, die gemäss der Bibel Land suchen soll. Doch im matriarchalen Kontext sucht sie nicht Land, sondern die Göttin schöpft es aus ihrem Urozean, der ebenfalls als heiliger Schoss und Entstehungsort des Lebens betrachtet wird. Das Beispiel zeigt, wie aus der logischen Naturmythologie eine patriarchale Umdeutung und strafende Ideologie wird, um die Beherrschung der Menschen pseudomythologisch zu legitimieren.

Sehr alt ist die Vorstellung, dass der nächtliche Himmel ein Gewölbe sei, eine grosse Kuppel oder ein immenser Innenraum, der mit Sternen übersät ist, bestückt mit der Milchstrasse, den Planeten und vor allem dem Mond mit seinen verschiedenen Phasen. Die Nacht und das Dunkle waren immer das Heilige, während der Tag das Himmelszelt entrücken lässt. Eine Ausnahme bilden die Übergänge, also die Morgen- und Abenddämmerung. Diese stehen entweder mit dem Erscheinen des Morgen- und Abendsterns (Venus) in Verbindung oder mit der Geburt der Sonne aus dem dunklen Himmelsschoss, um jeweils am Abend in die Dämmerung einzugehen, damit die Himmelsgöttin die Sonne wiedergebären kann. Auch das ist ein grosser Naturzyklus, der von den Menschen beobachtet und mythologisiert wurde. Die grosse dunkle Wölbung des Nachthimmels erscheint als gespiegelte Unterwelt im alten Stockwerk-Weltbild, das eine archaische Dreigliederung kennt in Ober-, Mittel- und Unterwelt. Die Höhle ist dabei Symbolraum für die ganze Unterwelt, die eine heilige Quelle oder einen Fluss aufweist, zudem oft Steine (Stalaktiten, Stalagmiten). Und so wie die Höhle den Mikrokosmos darstellt, bezeichnet die grosse Wölbung des Nachthimmels den Makrokosmos. Beides sind heilige Innenräume, die den sakralen Schoss der Erd- und Himmelsgöttin symbolisieren. Ist die Milchstrasse der grosse Himmelsfluss, so widerspiegelt er einen Fluss der Erde oder Unterwelt. Die Sterne sind nicht selten Ahnenseelen bei der Grossen Göttin, wie die Höhle ebenfalls Seelensitz und Wiedergeburtsort ist für die Ahnen, die von einer jungen Frau empfangen werden.

In der Nacht erscheint die Himmelsgöttin als Mondin mit einem sichtbaren Zyklus von Anschwellen, Fülle und Abschwellen, das mit dem Sichel- und Vollmond Ausdruck findet. In der Körperanalogie zeigt die Fülle und Rundung die Schwangerschaft der Frau an, die ebenfalls einen Mondzyklus aufweist. Gleichzeitig wurde die Erdgöttin als Nährende der Menschen in der fruchtbaren Fülle gedacht. Die „beleibten" Frauenstatuen mit ihrer Rundung und Fülle sind keine realistischen Abbildungen, sondern zeigen eine hohe Abstraktion in einem konkreten Symbol des Frauenkörpers, der die Aspekte der Erd- und Himmelsgöttin chiffriert. Im nächtlichen Innenraum bezeichnet man die Mondin oft einfach als das Horn, während auf der Erde oder in einer Grotte die Göttin sich in einem (weissen) Stein repräsentiert. Ein schönes Beispiel ist die alteuropäische (baskische) Göttin Mari, die in pyrenäischen Höhlen als Stein oder Stalagmit verehrt wird. Ihr Name Mar(i) lässt sich mit dem altorientalischen (sumerischen) Mar vergleichen, das Schoss oder Bauch bedeutet. Eine Umdeutung dieser matriarchalen Mari zur christlichen Maria war für die Missionierung ein leichtes Spiel, zeigt aber auch, dass sich der Volksglaube in der Marienerscheinung eigentlich an die alte Göttin Mari erinnert. Ein weiteres alteuropäisches Wort zeigt uns die Zusammenhänge von Stein und Mond. Das bekannte Steinwort car oder cer meint zunächst einmal „hart", woraus dann Bezeichnungen für „Stein" (Carnac) sowie für „Horn" (Cornu) abzuleiten sind. Gerade letzteres bedeutet dann auch Mondhorn (Cernunna, Kreta) und Wachstum (Ceres, Kore).

Die Analogie von weiblicher Landschaft und weiblichem Körper ist in einer reichen Naturphilosophie erkennbar. Die Milch der Mutter wird mit der Milchstrasse oder mit dem nährenden Wasser verglichen. Ein schönes Beispiel dafür ist der Name der Göttin Danu, der zwischen Indien und Europa immer wieder als Wasser- und Flussname erscheint: Donau, Don, Rodanus (Rhone), Radanu in Mesopotamien oder Jordan. In der indischen Textsammlung Rig Veda, in die vorhinduistische Motive redaktionell bearbeitet und eingebaut wurden, erscheint Danu als heilige Kuh mit ihrem Kalb, das ihren Sohngeliebten als zukünftigen Stier darstellt. In diesem Sinnbezirk ist die Göttin Danu sowohl die mit ihrem Wasser Tränkende (Fluss, Quelle) als auch die Milch Schenkende und Nährende. In einer weiteren Vorstellung symbolisiert die Quellwasser-Grotte den heiligen Schoss der Landschaftsgöttin mit ihrem Weisen Blut, das nicht selten im zyklischen Symbol der Leben schöpfenden Schlange dargestellt wird. Die Frau mit der Schlange ist ein universelles Emblem der matriarchalen Mythologie und findet sich in allen Kontinenten wieder. Verwandt damit ist das Sinnbild von Ei und Schlange oder (Nabel)-Stein und Schlange, wie es zum Beispiel beim Omphalos von Delphi der Fall ist. In der Landschaft finden wir diese archaischen Sinnbilder wieder als Erdgöttin und Fluss-Schlange (Drache), als Schoss-Höhle und Drachenfluss oder am Himmel als Gewölbe und Wasserdrache. Und selbst der naturpoetische Ausdruck „Gelbe Quelle" bezeichnet das Schosswasser der Landschaftsgöttin im vorpatriarchalen China.

Daher ist es nicht erstaunlich, dass in gewissen Landschaften ein weiblicher Körper oder partielle Körperanalogien gesehen wurden. Ein Hügel oder Berg symbolisierte dabei den schwangeren Bauch oder die Brüste der Landschaftsgöttin, besonders wenn es sich um Zwillings- oder Doppelhügel handelt. Nicht selten kommt ein Profil in der Landschaft vor, das dann das Gesicht oder den liegenden Körper der Göttin zeigt. Doch nicht nur in der Landschaftsmythologie sind matriarchale Spuren erkennbar, sondern auch in der Sprachgeschichte. Das mittelhochdeutsche Wort hoger ist sprachverwandt mit altindisch kucam (weibliche Brust), mit litauisch kaukara (Hügel) und altorientalisch (hebräisch) hoq, das Busen und Schoss bedeutet. Im Kontext der matriarchalen Mythologie erhalten diese sonst isolierten Wörter wieder ihren konkreten Sinn und zeigen die Gedankenwelt der frühen Menschen auf. Hervorgehoben wurde der weibliche Landschaftskörper mit immer wieder ähnlichen Analogien: Kopf, Brust, Bauch, Nabel und Schoss-(Dreieck), die alle als künstlerische Sinnbilder ein Kontinuum von der Altsteinzeit bis in die Bronzezeit bilden. Die Anfänge der Kunst in der Höhlenmalerei und Eiszeitplastik sind auch der Beginn der matriarchalen Gedankenwelt, in der die eine Ahnfrau in einer mehrtausendjährigen Geschichte und Tradition als gleichgestaltetes Göttinbild erscheint. Sie zeigt ihren (Natur)-Körper, ihre kulturelle und biologische Schöpfung, den Mittelpunkt der Existenz und ihre Integration des Daseins. Durchwegs ist sie „raumbekleidet", d.h. nackt, und zeigt damit ihre Allverbundenheit und den mythologischen Kontext. Oft hebt sie die Arme zur sogenannten Ka-Stellung empor und präsentiert sich in der Position der Geburt. Mit den Armen bildet sie dann eine Art Horn oder einen Halbmond, ebenso mit den offenen Beinen, jedoch gespiegelt. Diese Ka- und Geburtsstellung zeigt die Göttin in der Schöpfung, wobei sich das Wort Ka selbst schon von car ableitet, das Stein, Horn, Mond und Wachstum bedeutet. Man stelle sich als Gegenbild einmal eine nackte Mariendarstellung vor, etwas Unmögliches, was alleine schon den patriarchalen Kulturbruch aufdeckt. Denn gezeigt wird ja nicht eine „Göttin", obwohl dies volkstümlich und unterschwellig manchmal mitgemeint ist, sondern eine Magd des Herrn.

Wer die Landschaft und ihre Mythologie als „Erfindung" oder „Mystifizierung" abtut, verkennt die kulturgeschichtlichen Zusammenhänge und spielt indirekt der patriarchalen Verdrängung in die Hände. Denn einst sprach man nicht von einem „Vaterland", sondern von der Landschaft der Göttin. Die Insel Zypern war das Land der altorientalischen Aphrodite-Astarte, ebenso waren Malta oder Irland (Land der Eire) Inseln einer Göttin. Ägypten nannten die Menschen Masr (mut, mwt), ein Wort, das auch Mutter bedeutet. Die Pyrenäen erhielten ihren Namen von der mythologischen Pyrene, die ein Aspekt der baskischen Göttin Mari ist. Selbst in patriarchalen Zeiten erscheint eine Marianne, Britannia, Helvetia, Germania, Skadi oder „Mütterchen Russland" (Baba), die zur ideologischen Mobilisierung missbraucht werden. Dazu gesellen sich die zahlreichen Stadtgöttinnen wie Athene, Genf-Genava oder Mari im Nahen Osten. In Epen und Sagen erscheint die Landschaftsgöttin als verflüchtigte Fee, weisse Frau oder hässliche Alte, die sich in eine schöne Frau wandelt. Sie selbst spricht dann von sich als der „Herrin der Landschaft", die als Königsmacherin und Schicksalsverkünderin auftritt. Die Identität von Göttin und Landschaft ist hier greifbar, denn im Herbst/Winter ist sie graue Winteralte, im Frühling junges Blumenmädchen und im Sommer eine Frau im schönsten Kleid. Wie die Natur selbst hat auch sie ihren Zyklus von Wachsen, Blühen, Welken und Wiederkehren, was das Grundmuster aller jahreszeitlichen Feste und Rituale bildet.

ZWISCHEN ORIENT UND EUROPA

Innin-Inanna

Einen Entstehungsort der Ackerbaugesellschaft finden wir im Nahen Osten zwischen Mesopotamien und Palästina, eine Gegend, die auch Fruchtbarer Halbmond genannt wird. Vor etwa 9000 Jahren ging hier die Gesellschaft von Sammlerinnen und Jägern dazu über, sesshaft zu werden und Ackerbau und Viehzucht zu betreiben. Die klimatischen Bedingungen waren günstig und das lebensnotwendige Wasser im Zweistromland von Euphrat und Tigris reichlich vorhanden. Wahrscheinlich kamen die Menschen vom Zagros-Gebirge, vom Iranischen Hochland, von Nordsyrien oder Armenien herab in die Ebene, indem sie den grossen Flüssen folgten. Die Sammlerinnen-Gesellschaft war matrifokal organisiert, und aus der Pflanzen- und Tierkenntnis entstand die Pflanzen- und Tierzucht einer matriarchalen Konsensgesellschaft der Jungsteinzeit. Dieser Übergang ist nahtlos und ohne Zwang, er geschah auch nicht überall gleichzeitig.

Die neolithische Göttinkultur des Ackerbaus mit entsprechenden „Frauenfigürchen“ verbreitete sich vom Fruchtbaren Halbmond aus gegen Westen ins Nildelta und weiter nach Nordafrika, das damals eine fruchtbare Savanne war und noch keine Wüste. Über das Mittelmeer, Kleinasien und Südrussland gelangte der Ackerbau nach Europa, bis um 4000 v.Chr. die Neolithisierung im Abendland abgeschlossen war. Nach Süden hin gelangte die Ackerbaukultur über die Arabische Halbinsel in den Jemen, und nach Osten weiter sogar bis ins Industal mit ähnlichen landwirtschaftlichen Bedingungen.

In dieses „Goldene Zeitalter“ kamen um 4200 v.Chr. andere Menschen von Norden her ins Zweistromland, vermischten sich mit der ansässigen Bevölkerung, in deren Kultur sie gänzlich eingingen. Die Rede ist von der sumerischen Kultur und ihren Städten. Sehr wahrscheinlich waren die späten Einwanderer aus dem Norden Proto-Semiten oder Proto-Indoeuropäer, die aus ihrer nördlichen Heimat abwanderten. Ab 3800 v.Chr. ist dann eine Semitisierung von Nordsyrien her nach Mesopotamien erkennbar, ebenso ab 3000 v.Chr. ein indoeuropäischer Einfluss. Auch diese Völker nahmen die höherstehende Kultur der Vorgänger an, bildeten aber eine dominante kriegerische Herrscherklasse. In den sumerischen, semitischen und indoeuropäischen Sprachen finden wir daher verschiedene Sprachreste und Mythologien der matriarchalen ackerbautreibenden Vorgängerkultur wieder, die wir auch in Nordafrika und Europa antreffen. Beispiel dafür war das sumerische Mar (Schoss, Bauch) und das baskische Göttinwort Mari, die in Höhlen als Stein verehrt wird.

In Sumer hiess die bedeutendste Göttin Inanna, die mit der Göttin Ishtar gleichgesetzt wurde. Sie war die Grosse Göttin und Ahnfrau, die das Land Sumer personifizierte: die Erde, das Wasser (Flüsse, Regen), das Meer und die Berge. Bekannt ist das Keilschriftzeichen (mùš), mit dem man den Namen der Göttin schrieb und heute liest als: in-na(-an)-na. Dieses Zeichen aus vier Keilen hat sich aus einem Sinnbild entwickelt, nämlich aus dem Schilfringbündel. Solche Bündel aus Schilfrohr dienten als Stützpfeiler und Pfosten der Schilfhütten in der Sumpf- und Lagunenlandschaft am Unterlauf von Euphrat und Tigris. Das konkrete Symbol der Inanna war demnach die Schilfrohr-Säule bzw. der Schilfrohr-Pfeiler, was eine allgemeine Darstellungsart der Göttin beschreibt. Bekannt ist, die Göttin in einem Stalaktiten/Stalagmiten zu verehren oder in einer steinernen Bildsäule, aber auch als heiligen Baum oder Holzpfeiler, wie sie in Palästina Asherah genannt und von den Jahwisten blutig bekämpft wurden. In Knossos auf Kreta besteht der minoische Palast aus einer Säulengalerie, wobei oben jeweils die kretischen Mondhörner angebracht sind. Die Säule mit dem Halbmond darüber ist ein altes Sinnbild der Göttin, das auch in Phönizien wiederkehrt, meist sogar noch in dreifacher Ausführung.

Inanna repräsentiert sich somit in einem Schilfrohr oder in einer Schilfrohrsäule. Dies ist ein schönes und friedliches Sinnbild, dazu ein mythologisches, denn Schilf wächst dort, wo Wasser und Erde zusammenkommen. Die matriarchalen Menschen sahen in diesem konkreten Natursymbol das Land und ihre Ahnfrau verkörpert, die einst aus Lehm (Wasser und Erde) die ersten Menschen schuf. Sie war auch Nuah, die den fruchtbaren Schlamm mit der Flut brachte und aus der Schoss-Arche Pflanzen, Tiere und Menschen entstehen liess. Das Wort Inanna selbst dürfte vorsumerischer Herkunft sein und etwa INNIN geheissen haben. Damit kommen wir in die Anfänge des matriarchalen Ackerbaus vor über 9000 Jahren in dieser Region. Sprachgeschichtlich deutlich erkennbar sind zwei Wortteile, nämlich IN und NIN. Dieses Nin oder Nun lässt sich kaum trennen vom altorientalischen (ägyptischen) Wort NUN, das heiliges Urmeer, Wasser oder Regen bedeutet, aus dem alles Leben entstand. In Ägypten ist das erste Urpaar Naunet und Nun bekannt, wobei Nun den Namen der Göttin trägt. In Sumer wird Nin zu Nanna, der ebenfalls den Namen der Göttin usurpiert und sich als Mondgott präsentiert. Er überquert in seinem sichelförmigen Boot täglich den Nachthimmel. INNIN war demnach nicht nur Wassergöttin, sondern auch Mondgöttin, was die nahe Verwandtschaft von Wachstum und Mond aufzeigt. Eine akkadische Variante von Nanna ist der Mondgott Sin, der ebenfalls einen Göttinnamen trägt. Dies ist kaum erkennbar, doch haben wir einen alteuropäischen Beleg eines Flussnamens. In Irland gilt der Shannon als mythologischer Fluss mit einem alten Namen. Die Menschen nannten ihn „die Witwe“, also eigentlich „die Alte“, eine Bezeichnung für die Landschaftsgöttin. Diese erscheint als Quellgöttin Sinann, eine Umschreibung für die Göttin Danu von Irland. Es ist bemerkenswert, dass im äussersten Westeuropa die ältere matriarchale Mythologie und ihre Spuren länger überleben konnten als im östlichen Herkunftsland. Berücksichtigen wir noch die sprachlichen Veränderungen von Danu zu Sanu (d > s), wie es zum Beispiel das akkadisch-arabische sanu (bewässern) zeigt, wird die Vermännlichung der Mond- und Wassergöttin noch greifbarer.

Bleibt noch der erste Wortteil IN. Im Sumerischen erscheint das Wort wieder als An, im Akkadischen als Anu. Beides soll Himmelsgott bedeuten. Dem gegenüber steht der alteuropäischen Göttinname Anu oder die altorientalische Anahita, eine Quell- und Wassergöttin. Sehr verräterisch ist jedoch das Keilschriftzeichen von An, nämlich ein achtstrahliger Stern, der so bezeichnend ist für die Venus, dem Planeten der Inanna und der Ishtar als Morgen- und Abendstern. Ein weiterer Ortsname ist Anatolien, das mit „Land der Mutter“ übersetzt wird. In diesem Sinnbezirk bedeutet IN oder AN ursprünglich Himmel, Wasser (Fluss, Regen, Quelle) oder Mutter. Somit können wir INNIN interpretieren als: Mutter Mond, Mutter

Wasser, Himmel Wasser (Regen), Wasser Wasser (Fluss) etc., was alles im Sinnbild des Schilfrohrs, der Schilfrohrsäule und des Wachstums enthalten ist.

Das astrale Symbol der Inanna-Ishtar war der Halbmond mit dem achtstrahligen Venus-Stern. Diese Komposition finden wir oft im Frauenschmuck wieder, aber auch in der Heraldik der patriarchalen Araber. Ihr Tiersymbol war die Taube oder die heilige Kuh, die sie als nährende, milchgebende Mutter zeigt, aber auch als Landschaftsgöttin, die ihr (Milch)-Wasser als Regen, Fluss oder Quelle den Menschen schenkt. Auch dieses Sinnbild ist in der Sprachgeschichte Irlands sehr schön erhalten, indem der alte Flussname Boyne auf ein Bo-Vinda zurückgeht, das weisse Kuh bedeutet. Eine weitere Parallele zwischen Alteuropa und Altorient ist ein Beiwort der Inanna, das eine bestimmte Eigenschaft oder einen speziellen Aspekt der Grossen Göttin hervorhebt. Man nennt sie in Sumer auch Nu-gig, was mit patriarchaler Interpretation als „Hierodule" oder „Tempeldirne" übersetzt wird. Sicher ist damit ihr erotischer Aspekt gemeint, der besonders in der Heiligen Hochzeit gefeiert wird, in der die Sakralkönigin-Priesterin die Göttin darstellt und der König ihr männlicher Partner als Dumuzi oder Himmelsstier. Naturpoetisch umschrieben „reitet" sie als Regenmacherin auf ihrem Stier, bis das Wasser das Land segnet und erblühen lässt. So war es auch mit Europa und dem Stier oder mit der kretischen Pasiphae und dem Minotauros. Daher bedeut „Nu-Gig" eigentlich heiliger Schoss der Inanna, was auch sprachlich stimmig ist. Denn Gig meint etwa numinos, heilig und Nu Yoni-Schoss, Geschlechtsteil. Zusammengesetzt erhalten wir eine alte Bezeichnung der Inanna: Heiliger Schoss.

In Europa und besonders in Irland, England, Wales und Schottland kennen wir eine mythologische Frauengestalt, die bis in die frühchristliche Zeit hinein in den romanischen Kirchen erscheint. Gemeint ist „die Alte", die Landschaftsgöttin, die ihre offenen Beine und ihren Schoss zeigt. Das Volk verehrte diese Personifikation des Landes bis ins Mittelalter und berührte ihren Schoss vor jedem Kirchgang. Man nennt sie Sheila-na-gig, ein Wort, dessen Bedeutung im Dunkeln liegt. Wie so oft bei unverständlichen Wörtern ist es ein Doppelwort, bei dem wir den zweiten Teil „nagig" mit dem sumerischen Nu-Gig der Inanna erklären können. Dieses konnten wir mit „Heiliger Schoss" identifizieren, so dass auch der erste Wortteil „sheila" oder „sheela" in diesem Sinn Erklärung findet. Das Altirische tradiert nun ein Wort suil, das Auge, Öffnung und im weiteren Sinn Schoss bedeutet. Übersetzt heisst somit Sheila „Schoss-Öffnung" oder „die Frau mit dem Schoss", was genau dem Nu-Gig der Inanna mit dem „Heiligen Schoss" entspricht.

In der Mythologie der Inanna feiert sie nicht nur die Heilige Hochzeit mit ihrem männlichen Partner, sondern sie steigt auch in die Unterwelt hinab. Das Land ist trocken und öde, alles ist dem Tod geweiht. So geht Inanna zur Winteralten in die Unterwelt, um das Leben und die Fruchtbarkeit wiederkehren zu lassen. Hier begegnet sie der Göttin Ereshkigal, der Göttin über Tod und Leben, des Schicksals und der Weisheit. Doch Ereshkigal ist keine Fremde, sondern der Unterweltaspekt der Inanna, gleichsam ihre Grossmutter, wie sie in Europa als Baba erscheint. Von hier bringt sie Fruchtbarkeit und das Wasser des Lebens, das den Tod überwindet. Trotz redaktioneller Überarbeitung und verschiedener Versionen werden diese Zusammenhänge erkennbar. Beim Gang in die Unterwelt muss sie durch sieben Tore hindurch, bei jedem legt sie Schmuck und ein Kleid ab, bis sie nackt vor Ereshkigal steht. Ebenso muss Inanna bei der Rückkehr durch sieben Tore schreiten. Diese „sieben Tore" erinnern sehr stark an die sieben Windungen des klassischen Labyrinths. In der Volkstradition steht das Labyrinth meistens in Zusammenhang mit Ritual-Spielen, bei denen zu einer schönen Frau im Zentrum von zwei Burschen um die Wette gerannt wird. Der Sieger darf dann die Frau „heiraten". Doch das Labyrinth erscheint auch auf Steinen und in Höhlen, so dass es zugleich ein Schoss-Symbol ist, ein heiliger Zugang zur weiblichen „Wölbung", die als Unterwelt gedacht wurde. Überall, wo das Labyrinth örtlich oder architektonisch beschrieben wird, hat es diesen Bezug zur unteren Welt.

In der Zeit der Heiligen Hochzeit steht im Zentrum des Labyrinths die schönste Frau der Welt, eine Bezeichnung für die Sakralkönigin als Repräsentatin der Göttin. Zu ihr gelangen die männlichen Partner durch die Windungen des Labyrinths. In der Zeit der Wandlung steht jedoch der Greisin-Aspekt der Landschaftsgöttin im Mittelpunkt. Hier geht es um Tod und Wiederkehr, um die Jenseitsreise einer jungen Frau zu ihrem eigenen unterweltlichen Aspekt. Dort wird sie begabt und bringt Segen und Fruchtbarkeit mit für das Land, die Tiere, die Pflanzen und die Menschen. In alten Zeiten stand im Zentrum des Labyrinths ein unbehauener Stein, meistens ein schwarzer Stein, der den alten und jungen Aspekt der Landschaftsgöttin repräsentiert. Selbst das Wort Labyrinth drückt diese Begebenheit aus. Es ist vorindoeuropäischer Herkunft und bedeutet soviel wie „Steinkreis" oder „Kreise um einen Stein" (lab < pal = Stein). Wir werden diesen Zusammenhängen nochmals begegnen, wenn wir die Kaaba in Mekka beschreiben.

Nut, Neith, Neter

Die ägyptische Geschichte beginnt offiziell mit der ersten Dynastiebildung um 3000 v.Chr. Bodenfunde haben jedoch den Nachweis erbracht, dass sich ab 7000 v.Chr. der Ackerbau vom Fruchtbaren Halbmond aus nach Ägypten ausbreitete. Die vordynastische Zeit Ägyptens selbst weist auf eine Göttinkultur hin, ebenso die neolithischen Funde ab 6000 v.Chr. aus dem Sudan. Dort wurden zahlreiche Göttindarstellungen gefunden, teilweise in Analogie zum weiblichen Körper, teilweise in abstrakter Kegelform. Auf jeden Fall unterscheiden sie sich kaum von den anderen Göttinstatuen im Nahen Osten, die ab dieser frühen Zeit hergestellt wurden. Nordafrikanisch-sudanesische, libysche und nahöstliche Einflüsse sind in Ägypten zweifellos gegeben und müssen in der Kulturgeschichte dieser Region ebenso berücksichtigt werden wie eine einstmals blühende Sahara. Zeitlich fällt auf, dass die ägyptische Reichs- und Dynastiebildung mit semitischen Einflüssen in Mesopotamien übereinstimmt, wo Akkad durch frühe Semiten, die vermutlich von Nordsyrien her eindringen, erobert wird. Dazu ist mit indoeuropäischem Einfluss zu rechnen, der ab 3000 v.Chr. anhält und eine Herkunft aus einem Gebiet zwischen Iranischem Hochland und Armenien-Kaukasus aufweist. Dass es immer wieder Einfälle in das fruchtbare Ägypten gab, bezeugen nicht zuletzt die Hyksos-Eroberungen in der Zeit ab 1600 v.Chr. Diese kriegerischen Hyksos waren indoeuropäischer Herkunft und militärisch schlagkräftig. Sie setzten Pferde als Waffen ein und bauten Streitwagen, was ihnen einen kriegstechnischen Vorteil brachte. Ab 1500 v.Chr. taucht das Pferd auch in Libyen und in der Sahara auf, Zeugnisse davon sind zum Beispiel verschiedene Felszeichnungen der Region.

Wie in Mesopotamien mit den Flüssen Euphrat und Tigris, so ist auch Ägypten ein Geschenk des Nils. Das Wasser tritt als Flut periodisch über die Ufer und bringt den erwünschten fruchtbaren Schlamm, aus dem neues Leben entsteht. Diese natürliche „Bewässerungsanlage“ und der zyklische Regen ermöglichten den Ackerbauer/innen eine friedliche Existenz und Kultur ab 7000 v.Chr. Wie in Sumer vermischten sich die Menschen der frühen Jungsteinzeit mit einwandernden Völkern, die sich adaptierten und zu dem wurden, was wir um 3000 v.Chr. frühägyptische Kultur nennen. Die ältesten Göttinnen waren in diesem Sinn nicht ägyptisch, sondern ragen weit in die Vorgeschichte zurück. Berücksichtigen wir auch hier die verschiedenen Umdeutungen, redaktionellen Bearbeitungen und Widersprüche in der ägyptischen Mythologie, taucht ein sehr alter Göttinname auf, nämlich NUN. Dieses Nun wird patriarchal als männlicher Urgott der anfänglichen Gewässer ausgegeben und soll eine Frau namens Naunet gehabt haben. Wir erkennen dasselbe Verzerrungsmuster wie bei Noah, der den Göttinnamen Nuah oder Nun trägt, oder bei dem sumerischen

Mondgott Nanna, der den Namen der Göttin Inanna usurpierte. Gerade IN-NIN (> Inanna) belegt das alte Wort Nin oder Nun, das Wasser oder Mond bedeutet. Nach unserer Aufschlüsselung war Nun/Naunet eine alte Göttin des Urozeans und der Gewässer, aus denen alles Leben entstanden ist. Sie bringt die Fruchtbarkeit des Nils mit der feuchten Erde und schuf die Menschen, die Tiere und die Pflanzen aus ihrem Urwasser.

Eine weitere archaische Göttin war Nut oder Nout. Oft wird sie in yonihafter Bogenstellung ∩ dargestellt, auf Zehenspitzen stehend, den Körper gebeugt, nackt, mit Sternen übersät und auf die Fingerspitzen gestützt. Sie ist das grosse Himmelsgewölbe, der heilige riesige Innenraum des Kosmos, an dem die Sterne als Ahnenseelen bei der Göttin hängen. Sie zeigt ihren Schoss, ihren Nabel und ihre Brüste zur Erde, gleichzeitig nimmt sie bei der Abenddämmerung die Sonne in sich auf, um diese nach der Unterweltreise bei der Morgendämmerung wiedergebären zu lassen. Eine Variante davon zeigt Nut als nackte ausgestreckte Frau, die ebenfalls die Sonne aufnimmt und wieder hervorbringt. Diese Darstellung finden wir zusammen mit den Sargbemalungen, so dass sie die grosse Wandlerin ist, die vom Leben zum Tod und vom Tod zur Wiedergeburt führt. Die Sonne ist dabei mythologisch ihr Sohngeliebter oder Brudergatte, der sich im Pharao verkörpert. Ihr Tiersymbol ist die heilige Kuh, aus deren Euter die Milchstrasse entstand. So war Nut auch mit den himmlischen Wassern verbunden, die als Regen die Erde befeuchten und begrünen, gleich dem Nil auf der Erde, und wir verstehen, warum die Göttin der Sterne und der Nacht nebst der Sonne auch den Mond als ihr eigenes Doppel geboren hat. Ein anderes Tiersymbol war das Mutterschwein, das die biologische und kulturelle Schöpfung der Nut versinnbildlicht sowie ein Tiersymbol der Göttin Isis wurde.

Eine Spielart von Nut ist die Göttin Neith. Sie gilt ebenfalls als Schöpfergöttin und steht mit dem Urozean in Verbindung. Eines ihrer alten Tiersymbole ist die Schlange Apophis, die im Urgewässer aus dem Speichel der Neith entsand. So schuf Neith gleichsam aus sich selbst heraus die Wasserschlange, denn Ophis bedeutet griechisch Schlange und Ap altorientalisch Wasser. Der Mund der Neith ist durchaus mit dem Muttermund vergleichbar, aus dem das Leben, das Wasser und die Leben schöpfende Schlangenkraft hervortritt. Auch in Gestalt der heiligen weissen Kuh wurde sie verehrt, die das Sonnenkalb Ra hervorbrachte. Dieses wurde von ihr allmorgendlich geboren, vereinigte sich als goldener Stier am Mittag mit ihr und erlebte am Abend durch sie seine Jenseitsreise. Dabei war sie Io, die heilige Kuh, die am Morgen weiss, am Mittag rot und am Abend schwarz ist. Das Stierkalb wie sie selbst war Sinnbild des sich immer wieder erneuernden Zyklus der Natur und der Vegetation der Landschaftsgöttin. Die Ägypter nannten sie auch „Gottesmutter“, ein Titel, der später auf Maria übertragen wurde. In ihren dreifachen Aspekten erscheint sie als Jungfrau (Amazone), Mutter und Greisin, die im Heiligtum von Sais im Nildelta von sich sagt: „Ich bin alles was war, was ist und was sein wird, niemand hat je meinen Schleier gelüftet." Neith zeigt sich dadurch nochmals als Triade von Vergangenheit, Gegenwart und Zukunft, also die Existenz überhaupt. Der heilige Schleier verweist auf einen Brauch, den wir bei der Kaaba in Mekka wiederfinden. Dort ist ein sakraler schwarzer Stein, der als Meteorit vom Himmel gefallen sei, in ein schwarzes Tuch gewickelt. Dieser Vergleich macht deutlich, dass im Heiligtum von Sais die Göttin Neith als schwarzer Stein verehrt wurde, gleich den Kultstätten der Kybele in Kleinasien, der Aphrodite in Zypern oder der Astarte in Byblos. Dazu erklärt der Stein auch ihren libyschen Namen, der Beth oder Bat hiess. Die Araber nennen den Stein von Mekka al-Bait, ein Wort, das sprachverwandt ist mit den Steinwörtern Beth oder Baetyl, die als Ortsnamen in Ägypten (Nekh-Beth) oder Palästina (Bethel) wiederkehren.

Wie die Göttin Nun stammt auch Nut-Neith aus vordynastischer und vorägyptischer Zeit, die uns in die Anfänge des neolithischen Ackerbaus vor 9000 Jahren führen und zu Impulsen aus dem Fruchtbaren Halbmond. Aus dieser Region kamen kulturelle Errungenschaften nach Nordafrika, in den Mittelmeerraum und nach Europa. Dies lässt sich auch sprachgeschichtlich mit dem kleinen Beispiel Nut-Neith nachweisen. Bisher konnte keine befriedigende Interpretation des Namens gegeben werden, so dass wir einen Umweg machen müssen. In der ägyptischen Theologie der Priesterkaste taucht ein Begriff auf, der allgemein als Gott (Theos) übersetzt wird. In koptischer Zeit schrieb man diesen Ausdruck mit NOYT, ein Wort, das auf die Wortwurzel NTR zurückgeht und etwa als Neter oder Netscher ausgesprochen wird. Das Schriftzeichen von ntr ist ein hölzerner Stab oder ein Pfeiler, an dessen Ende ein Tuch, ein Wimpel oder ein Gewebe angebracht ist. Es besteht nun kein Zweifel, dass hier ein abstraktes Symbol eines heiligen Baumes vorliegt, der mit einem Stofftuch versehen ist. Dieses Motiv kehrt im Volksbrauchtum vom Nahen Osten bis nach Europa wieder und zeigt, wie die Menschen die Landschaftsgöttin als heiligen Baum verehren und von ihr Schutz und Segen erhoffen, indem sie Textilien anbringen. Schon die Göttin Neith wurde in Sais als „grosse Weberin" bezeichnet, ein Titel, den alle Schicksalsgöttinen aufweisen, die das Leben aus ihrer Materie knüpfen.

Neter als Stab, Säule oder Pfeiler erinnert auch an die Göttin Inanna, die im Schilfrohr oder in der Schilfrohrsäule ihr konkretes Symbol fand. Sie personifizierte dadurch das ganze Land Mesopotamien, und so repräsentiert auch NTR das fruchtbare Land aus Wasser und Erde am Nil. Das Wort Neter setzt sich aus zwei Teilen zusammen, nämlich aus Net und

Ter, also net-ter gesprochen. Der erste Teil Net ist unverkennbar das Grundwort für die Göttinnennamen Nut und Neith, wie es im Koptischen als Nout erscheint. Doch damit haben wir noch nicht erklärt, was ntr wortwörtlich bedeutet. Wenden wir uns dem zweiten Wortteil TR oder Ter zu, ist dieses recht gut belegt. Es leitet sich aber nicht von „Stier" ab, sondern von tar oder tur, das allgemein Wasser bedeutet, so im arabischen tarr (bewässern) oder im baskischen turri (Brunnen). Dieses alte und sehr verbreitete Wasserwort weist uns also den Weg zu ntr mit der Bedeutung „Wasser der Nut". Doch was meint schliesslich Nut? Wie so oft ist net-ter ein Doppelwort mit gleicher Signifikation. Dazu kann man Wörter, die nur aus Konsonanten bestehen, sowohl von links nach rechts (ntr) als auch von rechts nach links (rtn) lesen. Es entsteht dann ein Ortsname wie Radanu, Rodanus oder Jordan etc., die alle Wasserwörter sind, wie auch der libysche Triton-See, dessen Name sich aus dem verdoppelten Tar-Riton ableiten lässt. Somit ist NT (Nut, Neith) die Inversion von TN mit den Formen Dan, Don, Donau, Danu, Tinit, (d)Anahita etc., die wiederum bekannte Wasserwörter sind. Unser NTR, Neter oder Nut-Tar bedeutet eigentlich „Wasser Wasser", also Urwasser, aus dem das Leben entstanden ist. Dies bezeichnet die Göttin Nut-Neith bzw. ntr, von der sich auch das Wort Natron ableitet, das ursprünglich „Geburtsflüssigkeit" bzw. Salzwasser meint. Mit Natron wurden jeweils die Mumien konserviert, so dass die Toten zum fötalen Anbeginn im Mutterleib zurückkehren, d.h. zur Göttin Nut-Neith.

Kulturgeschichtlich war das östliche Mittelmeergebiet seit der frühen Jungsteinzeit ein grosser Zivilisationsraum, dazu Land oder Wasser (Meer, Fluss, See) der Göttin Nun bzw. Nut-Neith. Von Libyen und dem Nildelta aus gelangte Nut alias Dan nach Kreta, wo sie Danaë, die Göttin mit der Schlange, genannt wurde. Von dort wanderte sie weiter nach Griechenland, in einer Zeit, wo es noch keine indoeuropäischen Eroberungen gab, sondern nur die pelasgische Vorbevölkerung, die die Göttin mit Athene bezeichnete. Ihr Name selbst entstand aus dem Grundwort Then (A-then-e), das auf Danaë und in der Inversion auf Neith zurückgeht. Im Heiligtum von Athen war sie ebenfalls die Göttin der Künste, der Weisheit und des Schicksals mit einer Schlange Erechtheus, so wie Neith mit ihrer Schlange Apophis. Zudem kannte man in Delphi eine Göttin namens Nete, die dann zur Muse wurde.

Wenn nun Neter mit „göttlich" übersetzt wird, sagt dies recht wenig aus. Ideologisch wird es aber, wenn ntr zu einem semitischen Allvater oder zu einem indoeuropäischen Deus gemacht wird. Hier schreitet die Verschleierung zur patriarchalen Vermännlichung. Kein Wunder, dass im christlichen Missionseifer in ntr ein Beleg eines sogenannten Hochgottes gesucht wird. Doch schon die ägyptischen Priester haben einiges verzerrt und eifrig umgedeutet. So wird aus der Göttin Nun der Urwasser ein männlicher Nun und eine ihm zugesellte Gattin Naunet. Dazu kommt die Unterbindung der ursprünglichen Genealogie, denn nach Nun geht die weibliche Abstammung folgerichtig weiter in Nut (Tefnut, Neith). Dies wird jedoch unterbrochen, indem ein Atum-Re aus dem männlichen (!) Nun entstanden sein soll. Der sonnenhafte Atum-Re hat seinen Namen Atum von der Muttergöttin Mut (a-tum < mut) erhalten oder gestohlen. Ausserdem soll er sich durch „Selbstbegattung" geschwängert und die Göttin der Feuchtigkeit Tefnut und den Gott der Atmosphäre Shu hervorgebracht haben. Atum-Re schaltet das Weibliche bzw. die Göttin völlig aus, übernimmt deren Funktionen und imitiert das Leben-Hervorbringen der Schöpfergöttin, die einst aus sich selbst kreierte. Von hier aus ist es nur ein kleiner Schritt zu einem monotheistischen Sonnenkult des Aton oder zu einem egoistischen Allah und Jahwe, die das Weibliche und das Sexuelle gänzlich eliminiert haben und abstrakt aus dem Mund bzw. mit Wörtern „schöpfen".

Doch selbst die Vermännlichung der Nun und die Selbstbegattung des Atum-Re genügten den Ägyptern nicht. Zu stark war ihnen die Schöpfergöttin Nun noch bekannt, so dass vor ihr ein Gott Ptah die Welt erschaffen haben soll. Dieser bemächtigte sich des heiligen Eies, dem weiblichen Symbol für die Leben schöpfende Göttin Nun, Nut-Neith oder Isis, und fabriziert daraus die Welt. Allein schon der Sprachvergleich zeigt uns, dass dieser Ptah (pt) mit dem indoeuropäischen Pater verwandt ist, was Herrscher, Gebieter und auch Vater bedeutet. So gehört er sicher nicht zum ursprünglichen Pantheon der vorpharaonischen Zeit und kann als konstruierte Voransetzung entlarvt werden.

Hathor, Isis, Kandake

Die direkte Nachfolgerin der Nut-Neith ist die Göttin Hathor, die auch als ihre Tochter gelten kann. Wie ihre Mutter verkörpert sie sich in der heiligen Kuh, die ihren Sohngeliebten mit der Milch stillt. Dieser hiess Horus, ein Titel, den die Pharaonen trugen und sich so als die sonnenhaften Söhne der Hathor sahen sowie von ihr die Legitimation der Regentschaft erhielten. Zahlreiche Abbildungen zeigen Hathor mit der typischen Doppelspiral-Frisur, wie sie den jungen Pharao säugt. Ihr Name wird manchmal gedeutet als „Haus des Horus" bzw. „Schoss des Horus", was die Herkunft des Pharao deutlich zeigt, aber auch die Rückkehr zur Wandlung und Wiedergeburt durch den Göttin-Schoss. Dies ist eine deutliche Parallele zu ihrer Mutter Nut-Neith, die ihren Sonnensohn abendlich aufnahm und morgendlich wiedergebärt. Wie von Nun und Nut-Neith sagte man auch von Hathor, dass sie sich in der Urzeit selber schuf, also von sich aus die Schöpfung der Welt in Gang setzte. Ihr eigentlicher Name war Hat-

Hert, d.h. „Schoss des Himmels", der dann zu Hat-Hor wurde. Sie ist die Garantin des Thrones überhaupt, von der der Pharao als Brudergatte seine Macht erhält, denn sie ist wie die Göttin Isis auch seine „Schwester". Dazu weist ihr Name „Schoss des Himmels" direkt auf ihre Mutter Nut-Neith hin, denn diese ist das grosse Himmelsgewölbe, der riesige kosmische Innenraum der Nacht als sakraler Schoss, was sich in der gewölbten Haltung der Nut zeigt. Mit ihrem Körper beschreibt sie einen mächtigen Bogen ∩ oder ein umgekehrtes U, das ein Yoni-Symbol ist. In diesem Sinn verkörpert Hathor mit ihrem Namen Hat-Hert den himmlischen Schoss der Nut-Neith.

Hathor und die altorientalische Göttin Astarte sind im Nahen Osten nicht immer voneinander zu unterscheiden. So kennen wir Astarte-Darstellungen mit der typischen Hathorfrisur, die sie nackt zeigen, mit hervorgehobenem Schoss-Dreieck und Bauchnabel, aus denen ein Baum wächst. Dieser Lebensbaum erinnert an den hölzernen Stab Neter, dem Zeichen der Nut-Neith, der die Göttin als heiligen Baum symbolisiert. Doch Hathors Zeichen ist vor allem die riesige Kuhhornkrone, die sie auf dem Kopf trägt, und das Schlangendiadem vor der Stirn, das beides auch die Göttin Isis als Zeichen besitzt. In der Mitte des „Horngeweihs" befindet sich die Sonnenscheibe, die auf Horus hinweist. Die Kuhhornkrone selbst ist ein Zeichen des Mondes als heilige Sichel. Viele gehörnte Tiere sind durch ihr auffallendes Geweih der Mondgöttin geweiht: Kuh, Stier, Steinbock oder Hirsch. Zusammen mit der Sonnenscheibe bilden sie ein Mondin-Sonnen-Symbol, das auf die Göttin und ihren männlichen Partner hinweist. Auch Ishtar besass ein solches geweihtes Zeichen, jedoch in einer anderen Komposition. Bei ihr gesellte sich zum U-förmigen Halbmond der achtstrahlige Venusstern, der in der Mitte platziert war. Mond und Venus sind beides ihre weiblichen Embleme.

Die Kuhhornkrone nannte man in Ägypten auch Kara-Zeichen, was ein aufschlussreiches Wort überliefert. Kara ist eine Zusammensetzung von Car und Ra, die beide gut belegt sind. Ra bedeutet Sonne und Car wiederum „hart" und dann Stein, Mondhorn und Wachstum. Kara ist tatsächlich die Kuhhornkrone oder das Mondhorn-Geweih. In Nord- und Westafrika ist dieses Car aber noch weiter verbreitet. Die Göttin Isis erscheint oft in der Ka-Haltung, das heisst mit erhobenen Händen. Sie bildet dabei mit ihrem Körper ein Kreuzsymbol mit Armen, die einen Halbmond darstellen. Schon aus der vordynastischen Zeit Ägyptens kennen wir verschiedene Göttinstatuen in der Ka-Position, was eine lange Tradition matriarchaler Sinnbilder bezeugt. Das Wort Ka leitet sich direkt von Ca(r) ab, das allgemein als Lebenskraft-Symbol gedeutet wird. Wortwörtlich meint Ka(r) jedoch Mondhorn oder wachsender Sichelmond. In der Volksüberlieferung Nordafrikas ist Ka zudem die göttliche Wirkung, die in jeder

Frau bewirkt, dass sie Leben hervorbringen kann. Der Zyklus der Frau, ihre Materie und ihre Schöpfungskraft sind identisch mit dem heiligen Ka, das in allen Wesen die Lebensenergie ausmacht. Ka findet sich im Lebensfluss, im Lebenswasser und im Schoss der Frau. Es geht unmittelbar zurück auf den Einfluss der Mondin Ca(r), ihr wachsendes Horn, das das Wachstum der Pflanzen, der Tiere und der Menschen erzeugt und bewirkt.

Bei der Mädchen-Initiation Afrikas findet die Ka-Geste ihre heilige Anwendung, wir finden das Wort aber auch in ganz unterschiedlichen Formen, so bei der Göttin Ceres oder ihrer Tochter Kore. Bekannt ist eine Göttin Cardia und ein Volksstamm der Karer, die sich nach ihrer Ahnfrau Car nennen. Selbst an der Donau finden wir einen Stamm der Carnuten. Der Name Kreta leitet sich ebenso von Car ab wie Carnac in der Bretagne oder Karnak in Ägypten. Die Kauri-Muschel ist ein altes Symbol für die Yoni der Frau und findet sich in zahlreichen Stätten als Grabbeigabe bis in die Altsteinzeit zurück. Die Kauri ist dabei das Lebenssymbol par excellence und deutet auf die Wiedergeburt der verstorbenen Person hin, die nicht selten in einer Embryonalstellung bestattet wurde. Auf die Verehrung der heiligen Kuh haben wir mehrmals hingewiesen, da sie nicht nur nährt, sondern auch ein Car-Horn trägt. Männliche Symboltiere, die den weiblichen Car-Halbmond aufweisen, sind der Stier, der Hirsch (franz. cerf) oder der Steinbock. In der vorkeltischen Mythologie Europas ist ein Cer-nunnos bekannt, der als eine Art Herr der Tiere abgebildet wird und eine Hirschmaske trägt.

Sehr aufschlussreich für die frühdynastischen Verhältnisse in Ägypten sind archäologische und schriftliche Funde in Oberägypten bzw. im heutigen Sudan. Dort fand man Reste eines Reiches, das Napata und Meroe genannt wird und etwa von 800 v.Chr. bis 300 n.Chr. existierte. Trotz der jungen Zeitspanne erscheint Meroe nicht im leeren Raum, sondern geht auf bronze- und jungsteinzeitliche Spuren zurück. Für uns sind vor allem die mutterrechtlichen Bedingungen im Königshaus interessant, die noch am besten bekannt sind. Wir treffen in Meroe auf eine eigentliche Königinnen-Dynastie mit einem Titel für die Königinmutter oder königliche Schwester: Kandake. Sie ist die Mutter des Thronfolgers, gleichzeitig aber auch die „Schwester“-Prinzessin, die beide Königsmacherinnen sind und den Thron garantieren. Denn nur durch die Abstammung von einer Kandake kann ein Mann König werden, der mit ihr verwandt sein muss und ihre Tochter heiratet. Idealerweise heiratete der Sohn der Kandake die Erbprinzessin, also seine Schwester, durch welche er den Thron erlangt. Sie war wie Isis oder Hathor die Inhaberin der Königswürde und identisch mit dem Thron, der gleichzeitig auch das Land symbolisierte. Wer also die Kandake heiratete, erhielt Amt, Würde, Thron und Land durch ihre Matrilinie, bis sich ein Nachfolger für den Thron einstellte. So erstaunt es nicht, dass die Schriftzeichen der Isis einen Thron und ein Ei darstellen. Das Ei symbolisiert den Ursprung und die Leben schöpfende Kraft der Göttin und Sakralkönigin. Der Thron war einst ein einfacher Stein, der die Ahnfrau und ihr Land repräsentierte. Auf diesem weiblichen Thron der Landschaftsgöttin sass der männliche Partner der Kandake, nachdem er seine Initiation und Inthronisation durch die Königinmutter erfahren hatte. Eindeutig erhält ein Amtsinhaber seine Legitimation durch die Kandake, die auch Qore genannt wird und dann die Regentin meint. Der Kronprinz oder Regent heisst Paqara (pqr), dessen „Vater" nicht relevant war. Er war Gottessohn, gezeugt von Amun und der Kandake, d.h. die Königinmutter empfängt die Ahnenseele des alten Königs und Vorgängers, der Amun war, um einen Nachfolger und Kronprinzen für den Thron hervorzubringen, der den wiedergeborenen Amun verkörpert.

Das Wort Kandake leitet sich ab von kdke mit der Endung -ke, so dass wir einen Wortstamm kd oder kt erhalten. Dieses kd (< kdi, kandi) ist im Meroitischen gut belegt und bedeutet allgemein Frau und weiblich. Die Königinmutter ist also einfach „die Frau" im Sinne von Ahnin, Stammfrau und Königin, was auf ihre Tochter übergeht. Als Regentin heisst sie Qore mit dem Prinzen Paqara oder besser Pa-Qara. Wir sehen, dass sich Pa-Qara von Qore ableitet und das Wort seine Bedeutung in unserem Car wiederfindet. Qore ist die Gehörnte, die Geweihte, die Mondhornträgerin und Sichelmondin, die ihr heiliges Emblem des Hornes ihrem Brudergatten Pa-Qara als einem Cer-nunnos überreicht. Auf Abbildungen hält die Kandake-Qore manchmal einen Schlangenstab in der rechten Hand, während sie in der linken einen Pflanzenstab (neter?) umschliesst. Vorne an der Stirn trägt sie das Schlangendiadem und auf dem Kopf das Isis-Selket-Zeichen: Einen Skorpion mit Menschenkopf und Hörnerkrone. So sitzt sie auf dem Löwenthron, während der Kronprinz neben ihr platziert ist.

Ich denke, das erklärt einiges, auch warum antike Schriften wiederholt berichten, die „Äthiopier" seien von einer Frau regiert. Das Beispiel wirft aber auch ein Licht auf die inneren Verhältnisse im Pharaonenreich, besonders in der frühdynastischen Zeit, denn der Gottessohn in Ägypten war genauso ein Pa-Qara bzw. Horus. Ich möchte die meroitische, mutterrechtliche Situation als Relikt einer älteren Tradition werten, denn im Kulturvergleich stehen diese Spuren keineswegs isoliert da, wie Berichte aus dem ganzen Mittelmeerraum und aus Afrika zeigen.

Wir haben schon öfters auf die Göttin Isis hingewiesen, die wie Hathor die Kuhhornkrone und das Schlangendiadem trägt sowie den jungen Pharao säugt. Sie ist eine alte Göttin aus vordynastischer Zeit und wurde zum Inbegriff Ägyptens überhaupt, das sie wie alle Göttinnen personifiziert. In Ägypten selbst erhielt sie immer mehr Attribute, und durch griechische und römische Vermittlung gelangte sie in den gesamten Mittelmeerraum und nach Europa, wo sie mit einheimischen, gallo-römischen Göttinnen verschmolz. Doch ihre Wurzeln liegen in der neolithischen Zeit ihrer nordafrikanischen Heimatregion. Die griechische Umschreibung Isis geht auf ein ägyptisches I-Set zurück, das wiederum auf die Göttin Ua Zet (Ua Set, Ua Djit, Uto, Wadjet) verweist. Diese war eine Schlangengöttin (Kobra, Uräusschlange) und erfand den Papyrus, ohne den die ägyptische Kultur nicht zu denken wäre. Die Papyruspflanze symbolisierte genauso die Landschaft von Wasser und Erde am Nil, wie es das Schilfrohr der Inanna in Mesopotamien tut. I-Set verkörpert sich im Papyrus, einem friedlichen Symbol des Gedeihens, wie andere Landschaftsgöttinnen sich in einem heiligen Baum repräsentieren. Und so wurde sie auch „die Grüne" genannt, was die Lebenskraft und Schöpfung andeuten soll.

Bezeichnenderweise bedeutet Set im Arabischen immer noch „Frau" und zeigt die lange Verehrung der Isis-Iset an. Umso aufschlussreicher sind die weiteren archaischen Symbole der Isis-Iset, nämlich das weisse Ei und der Thronsitz. Das Ei bedeutet Ursprung, Abstammung und Lebenskraft, es ist aber auch mit seiner Form und Farbe ein Mondsymbol der Vollmondin, die als Bewirkerin allen Lebens gilt. Solche Zusammenhänge sind keine Mystifizierungen, sondern zeigen die tiefen Einsichten und Erkenntnisse der bildhaften matriarchalen Naturphilosophie, die nicht getrennt ist vom konkreten Leben der Menschen. Wie schon beschrieben, war die Urform des Thrones ein Stein, ein Nabelstein (Omphalos) oder ein Baetyl, wie er zum Beispiel in der Bibel als Bethel vorkommt. Meistens wird dieses Wort mit „Haus Gottes" übersetzt, was nur die eine Hälfte wiedergibt. Denn Beth bedeutet primär Stein, dann „Haus" und in diesem Sinn auch Schoss, so wie Hathor das Haus/der Schoss des Horus ist. Wir erhalten ein sehr anschauliches Bild, wie der männliche Partner der Göttin auf ihrem Schoss-Stein Baetyl als Thron seinen Platz einnimmt. Auch hier verrät uns die logische Bildersprache die ursprünglichen Zusammenhänge, die landschaftsmythologisch erschlossen werden können. In diesem Sinn meint I-Set ursprünglich nicht nur Frau, sondern auch Stein, was wir als synonym betrachten können.

Ishtar, Ashera, Aphrodite

Die Region von Palästina, des Jordanlandes, von Phönizien, Libanon und Syrien gehörte einst zum Fruchtbaren Halbmond mit seiner langen Tradition des Ackerbaus. Eine der frühesten Städte der Jungsteinzeit, Jericho, befindet sich in diesem Gebiet, und die unzähligen Göttinstatuen, die hier gefunden wurden, sprechen eine deutliche Sprache, welche Landschaftsgöttin von der Bevölkerung verehrt wurde. So ist dieser westliche Teil des Fruchtbaren Halbmondes eines der Gebiete, von wo aus die Kenntnis der Landwirtschaft vor 9000 Jahren in den Mittelmeerraum verbreitet wurde.

Ab dem 4. und 3. Jahrtausend drangen semitische Stämme von Norden in dieses alte Kulturgebiet ein und vermischten sich mit der altneolithischen Vorbevölkerung. Diese lebte in einer matriarchalen Konsensgesellschaft ländlicher oder städtischer Natur in einem Clanverband oder mit einer Stammeskönigin als Mittelpunkt. Die semitischen „Einwanderer" integrierten sich einerseits in diese altorientalische Kultur, denn sie war auf einem hohen Zivilisationsstand. Andere wiederum eroberten Gebiete und bildeten patriarchale Frühdynastien, indem sie das matriarchale Königshaus der Stammesmutter usurpierten und sich als ihre Könige ausgaben. Ein Beispiel dafür ist der König Sargon von Akkad, der sich in matrilinearer Art und Weise rühmt, nur seine Mutter aber keinen Vater zu kennen. Bei dieser Usurpation entstand eine Klassengesellschaft, bestehend aus einer Herrenschicht, die sich aus matriarchalem Adel und patriarchalen Kriegerkönigen zusammensetzt, sowie aus dem Volk, das grösstenteils seine alte Sozialstruktur behielt. Andere semitische Stämme suchten neue Gebiete, wo sie sich ansiedeln konnten.

So waren Konflikte und Kriege um Wasser und fruchtbares Land vorprogrammiert, die uns noch in der Bibel brutal beschrieben und als Landnahme eines „gelobten Landes" ausgegeben werden. Dabei waren die Ursemiten keineswegs Erzpatriarchen, denn auch sie kannten einst eine matriarchale Gesellschaftsform und durchliefen einen längeren Prozess der äusseren und inneren Patriarchalisierung. Sicher war es nur eine kleine Gruppe im Volk, die immer wieder als „Propheten" und Propagandisten auftraten. Diese gingen gegen die eigenen Stammesmütter und Göttinnen vor, besonders aber gegen die alte Göttinkultur der eroberten Bevölkerung. Sprachgeschichtlich müssen die Ursemiten in ihrer nördlichen Heimat mit den Urindoeuropäern in Kontakt gewesen sein, denn es gibt einen alten gemeinsamen Sprachschatz. Ab 3000 v.Chr. ist im Nahen Osten ohnehin mit indoeuropäischem Einfluss zu rechnen.

Eine dieser altorientalischen Göttinnen war die akkadische Ishtar, die als achtstrahliger Stern verehrt wurde, das heisst als Planet Venus, dem Morgen- und Abendstern. Zudem war ihr Emblem der Sichelmond. Die Menschen beobachteten damals schon, dass die Venus etwa sieben Monate als Morgenstern erscheint, dann einige Zeit verschwindet, um dann wiederum etwa sieben Monate als Abendstern sichtbar wurde. Dieser siebenmonatige Zyklus taucht unter anderem in der Mythologie auf, denn Inanna-Ishtar steigt durch sieben Tore in die Unterwelt zu ihrem Greisin-Aspekt Ereshkigal, um durch sieben Tore wieder zur Welt der Lebenden zurückzukehren. Dass dies in einem labyrinthischen Kultdrama der sieben Windungen rituell nachvollzogen wurde, deuteten wir schon an.

Ishtar, der Venus-Stern, wird phönizisch zu Astarte und palästinisch zu Ashera. Zusammen mit Anat, einer weiteren altorientalischen Göttin der

Region, beschreibt das Alte Testament ziemlich genau die Verfolgung und Eliminierung dieser drei Göttinnen und ihrer männlichen und weiblichen Anhängerschaft, wobei vorher ihre stetige Verleumdung stattfindet. So erscheint das Göttinwort Ashera/Astarte in der biblischen Redaktion als Ashtoret, um dieses durch die Angleichung an bosheth (Schande, Schändlichkeit) zu verzerren und anzuschwärzen. Dadurch wird aus der Leben schöpfenden und Leben erhaltenden Ishtar-Ashera die verleumdete „Schandhafte".

Ashera selbst wurde von der alten Bevölkerung und auch noch nach der israelitischen Eroberung auf Höhenheiligtümern und in heiligen Hainen verehrt. Die Hügel- und Bergheiligtümer hiessen bamah oder bamoth (Anhöhen). Es könnte sein, dass dieses Wort auf ein palma bzw. pal-ma zurückgeht, wobei Pal allgemein Stein, Hügel oder Berg bedeutet und Ma die Silbe für Mutter oder Mond. In Europa ist das vorindoeuropäische Palma bekannt als Balme oder Baume und meint unter anderem Höhle oder Gesteinsabri. Die heiligen Haine wiederum nannte man wie die Göttin selbst Asheroth. Es ist nun interessant zu sehen, was unter einem Asherah-Hain verstanden wurde. Ein solcher heiliger Platz enthielt einen sakralen Stein, einen Baum, eine Höhlung, eine Quelle und einen Altar (Feuerstelle). Doch besonders eine Asherah, das heisst einen hölzernen Pfeiler oder eine Säule. Es besteht kein Zweifel, dass sich die Göttin Ishtar-Astarte-Ashera in diesem abstrakten Symbol verkörpert und die Landschaft selbst personifiziert, wobei das Sinnbild der heilige Baum ist. Wir können die Ashera-Säule direkt vergleichen mit der Schilfrohrsäule der Inanna, mit dem hölzernen Stab Neter der Nut-Neith oder mit dem Papyrus der Göttin I-Set. Aber auch mit allen heiligen Bäumen der Region, denen die Menschen weisse Tücher anhängen.

Es ist nämlich äusserst aufschlussreich, dass der jahrtausendealte matriarchale Ashera-Kult bis ins 20. Jahrhundert überlebt hat, wie Berichte immer wieder belegen. Abschätzig wird er im Islam als Volksglauben und „heidnischer" Rest bezeichnet, den es zu tilgen gilt. So wird im Libanon, der „weisses Land" bedeutet, von einem Dorf Radschar am südlichen Abhang des Hermon-Gebirges berichtet, dass dort einige grosse Bäume nahe beieinander stehen, die von den Einwohnern „Schadscharat el Ashera" genannt werden, d.h. Bäume der Ashera. Die Menschen dort sagen, dass die Bäume der „lis Sitt el-Kebiri" gehörten, also der Grossen Frau. Diese Grosse Sitt, man erinnere sich an unsere I-Set (Isis), finde man überall im Libanon. Ebenso findet man solche Ashera-Bäume in der Nähe von Afka, wo einst der Venustempel stand und ursprünglich der Astarte geweiht war. Der römische Kaiser Konstantin, der aus politischen Gründen zum Christentum überging, liess diesen Tempel in der Spätantike zerstören. Doch sollen die Bäume sowohl von Moslems als auch von

Christen verehrt werden, indem sie an die Zweige Tücher und Lappen hängen und so um Fruchtbarkeit bitten.

Bemerkenswert ist zudem, dass vor allem Frauen diesen Baumkult praktizieren. In der Nähe von Nablus in Palästina im Dorf Rafat erhebt sich eine hohe alte Eiche. Diese wird „Sitt al-balluta", also Frau der Eiche genannt. An ihren Ästen hingen weisse Stofftücher, und in ihrem Schatten waren kleine Steinpyramiden aufgerichtet. Männer und Frauen gelobten jeweils, sich auf diese Weise bei der Frau der Eiche zu bedanken, wenn ihnen ein Wunsch (besonders Kinderwunsch) gewährt wurde. Ein anderer Baum im Dorf selbst wuchs aus einem Steinhaufen heraus und hiess „Sitt al-ghara", was Frau des Lorbeerbaumes bedeutet. Frauen gingen dort alleine hin, weinten bei der Ahnfrau, klagten ihr Schicksal und baten um Hilfe bei familiären Problemen, vor allem um Kindersegen. Wenn die Baumfrau sie erhörte, hingen die Dorffrauen weisse Stoffe an die Äste und zündeten abends eine Kerze oder eine Lampe unter dem Baum an. Bei Dürre und Trockenheit versammelten sich Frauen und Männer gemeinsam am Baum und baten die Ahnin um Regen: „Sitt al-ghara bnitradjaki, rashq al-matar yidkhul fiki" (Frau des Lorbeerbaums, wir bitten dich, dass Regen auf dich fällt!). Dabei besprengten sie den Baum mit Wasser.

Es ist bezeichnend, dass dieser matriarchale Baumkult die frühe Patriarchalisierung, die Jahwe-Propaganda, die Christianisierung und die islamische Allah-Bewegung überlebt hat, jedoch nicht die moderne Industrie-Gesellschaft bzw. den Strassenplaner. Denn der Göttinbaum fiel einer Strassenerweiterung zum Opfer, obwohl die älteren Frauen entsetzt protestierten. Damit starb auch die direkte Naturverehrung und die Tradition der Baumfrau, die bis in die Jungsteinzeit zurückreicht.

Die hölzerne Ashera-Säule steht auch in Zusammenhang mit phönizischen Abbildungen von steinernen Pfeilern, meistens in der Dreizahl. Eine Komposition ist, dass alle drei Ashera-Pfeiler gleich lang sind, wobei sich über ihnen jeweils eine Mondsichel befindet. Eine Spielart ist, die erste Säule kürzer, die mittlere am höchsten und die dritte wieder kurz zu bemessen. Auch über diesen schwebt ein Halbmond. Diese Darstellung zeigt deutlich die drei Mondphasen mit dem aufsteigenden Sichelmond (1. kurze Säule), mit dem Vollmond (2. höchste Mittelsäule) und den absteigenden Halbmond (3. kurze Säule). Zudem kann anstatt der Säule auch ein Menhir stehen. Auf jeden Fall erinnert diese stufenweise Komposition an die europäischen Matronen-Darstellungen der Antike, bei der drei Frauen mit Fruchtkörben gezeigt sind, wobei die Mittlere etwas erhöht sitzt. Ersetzen wir die dargestellten Frauen durch drei Bildsäulen, ergäbe sich genau unsere dreifache gestufte Zusammensetzung der altorientalischen Ashera-Pfeiler. Diese drei „Mütter" (Matronen) oder heiligen drei

Frauen gehen auf ein vorkeltisches und vorindoeuropäisches Erbe zurück, was ihre alten Namen verraten. Sie heissen in der Volkstradition Mitteleuropas Anbeth, Wilbeth und Borbeth, was sprachgeschichtlich schon einiges älter ist als die griechische Bezeichnung Margaretha, Katharina und Barbara. Bei diesen drei Bethen finden wir nämlich das altorientalische Beth oder Baetyl wieder, das allgemein Stein bedeutet. Gemeint ist der Nabelstein der Landschaftsgöttin, die dreifach erscheint. So verkörpern sich die drei Bethen ursprünglich in drei Säulen, die den weissen Neumond, den roten Vollmond und den Schwarzmond symbolisieren. Erst später kommen die bildlichen Darstellungen hinzu sowie die enge Deutung als „Matrona". Denn die Bethen waren genauso die drei Schicksalsfrauen wie „die Alte" der Landschaft.

Wie wir gesehen haben, bedeutet Beth oder Bait nicht nur Stein, sondern auch Haus und im weiteren Sinn Schoss. Genau dies drückt der Name Omphalos-(Nabel)-Stein aus, der eigentlich ein Schoss-Stein ist. So trägt der Schwarze Stein der Kaaba in Mekka den Namen al-Bait und zeigt ein Yoni-Zeichen. Zudem kennen wir einen altorientalischen (hebräischen) Namen Betulat, der fälschlicherweise mit „Jungfrau" übersetzt wird. Die Verwandtschaft zum Steinwort Baetyl ist unverkennbar, dazu war Betula ein Titel der phönizischen Göttin Anat (Anbeth!), die keine „Jungfrau" im patriarchalen Sinn war. Betulat meint dann auch einfach „Frau" oder „Schoss", und so sehen wir, dass Stein und Frau oft dieselbe mythologische Bedeutung haben, denn gemeint ist die Leben schöpfende Grosse Ahnfrau des Stammes, die sich im Nabelstein verkörpert.

Im heiligen Hain der Ashera, der sie selbst und das Land bezeichnet, repräsentiert die ganze Anordnung die Ahnfrau. Sie ist der hölzerne Ashera-Pfeiler, der heilige Baum, die Quelle, die Höhle, der Altar mit dem Feuer und der Mazzebah-Stein, wie er genannt wird. Dieser heilige Stein ist ein Kegel oder ein aufrechter Menhir, den man mit Öl oder Blut als Gaben beschmierte bzw. salbte, wobei ein weiterer Stein den männlichen Partner der Ashera repräsentieren dürfte. In der Frühzeit der israelitischen Stämme salbten einige von ihnen einen Mazzebah und leiteten ihre Herkunft vom Stein ab. Tatsächlich praktizierten breite Bevölkerungsschichten der Israeliten einen Stein- und Baumkult, der so eng mit der Göttin verbunden war. Auch die „Himmelskönigin" wurde von Frauen und Männern immer wieder angerufen und gegen die verleumderische Propaganda vonseiten des Jahwekultes verteidigt, denn allgemein verband das Volk mit der Erinnerung an die Ashera eine glücklichere Zeit mit genügend Nahrung und ohne Krieg.

Erkenntnisreich ist zudem der Name Mazzebah (Mehrzahl Mazzeboth). Eine Erklärung könnte sein, im zweiten Teil des Wortes (ebah) ein altorientalisches Steinwort (eben) zu sehen und den ersten Teil (mazze) vom

Salben abzuleiten. So bedeutet tatsächlich Messias der Gesalbte, so dass wir Mazzebah mit „Salbstein“ gleichsetzen können. Stutzig macht aber, dass es noch eine andere Schreibweise gibt, nämlich Manzeba. Auch hier haben wir zwei Morpheme: man und zeba, die beide gut belegt sind. Man oder Men finden wir im Wort Menhir wieder und bedeutet Stein. Zeba, Sheba oder Shaiba ist der arabische Ausdruck für alte Frau und Greisin. Damit wäre Manzeba der „Stein der Alten“, was unmittelbar die Landschaftsgöttin und Ahnfrau meint. In Europa existiert genau dieselbe Bezeichnung für einen Ahninstein, nämliche „Alte Mutter“ (Muma Veglia). Ich denke, damit haben wir gezeigt, wie umfassend die Ashera selbst und ihr heiliger Hain ist, dazu auch, in welche frühen Zeitschichten wir in der Betrachtung der Göttinkultur gelangen.

Im phönizischen Afka, wo einst ein Heiligtum der Astarte stand und später der Aphrodite geweiht wurde, befand sich ein schwarzer Stein der Ishtar-Astarte-Ashera, ebenso in Sidon, in Byblos und in Askalon. In Kouklia (Alt-Paphos) stand der Stein der zyprischen Aphrodite, in Sais derjenige der ägyptischen Göttin Neith oder in Kleinasien ein solcher der Göttin Kybele. Alle diese Göttinnen repräsentierten sich in einem heiligen schwarzen Stein, wie er heute noch in Mekka verehrt wird. Sie sind identisch mit dem Ort und der Landschaft, wobei sie sich besonders im Stein als Mittelpunkt und Zentrum verkörpern. Auch in Europa finden wir diese Traditionen im Volksglauben, denn die vielen schwarzen Madonnen wurden einst nicht in einem Bild verehrt, sondern gehen auf die Landschaftsgöttin als heiligen schwarzen Stein zurück, den man oft in der Nähe der Kirche noch ausgraben kann. In Afka selbst, dem Heiligtum der Astarte-Aphrodite, entspringt eine Quelle, die zum Fluss Adonis wird und der in Byblos ins Meer fliesst. In Byblos hiess Astarte auch Venus aphacite, von Aphaca (Afka), dem Ort der Quelle. Die griechische Aphrodite ist nun niemand anderes als die „Aphacische“, d.h. die Astarte von Aphaca mit der heiligen Quelle als Ursprung des Lebens, die den Schoss der Göttin meint. Aus ihr entspringt die Fluss- und Lebensschlange Adonis, bewässert das Land und ergiesst sich ins Meer. So befruchtet sich Astarte-Aphrodite selbst oder mit einem männlichen Partner. Sein Name wird fälschlicherweise als „Herr“ (adonai) gedeutet, was nicht dem Orts- und Flussnamen entspricht. Denn a-Dun-is enthält ein bekanntes Wasserwort Don, Donau oder Jordan, das mit der Göttin Danu in Zusammenhang steht. Ebenso entspricht der Quellname Aphaca einem allgemeinen Wasserwort Apa, Apha, womit Aphrodite nochmals charakterisiert ist als alte Landschaftsgöttin der Fruchtbarkeit, der Gewässer, der Wandlung und der Wiedergeburt des Lebens.

Auf jeden Fall haben die Griechen ihren Namen Astarte-Aphaca gründlich missverstanden oder absichtlich verdreht und verzerrt, denn sie ist keine griechische, sondern eine altorientalische Göttin, existent lange bevor es Griechen im bekannten Sinn überhaupt gab. Mit allem Zwang wurde sie in das griechisch-olympische Pantheon eingebaut. So soll sie aphro-dite, die „Schaumgeborene“ sein, entsprungen dem Geschlechtsteil eines Uranos, das ins Meer gefallen sei. Wir sehen in dieser lächerlichen Deutung, wie die alte matriarchale Mythologie und ihre logischen Zusammenhänge der Naturphilosophie verdreht und umgedeutet werden, damit daraus eine patriarchale Mythe sprich Ideologie wird, in der die umfassende Landschaftsgöttin des Todes und des Lebens zur Tochter eines Allvaters verkommt und schliesslich zum sexuellen Ausbeutungsobjekt als „Liebesgöttin“. Nicht anders ergeht es der schon erwähnten Athene mit ihrem alten Namen Then, Don, Tinit, die aus dem Orient und Nordafrika stammt. In der erfindungsreichen olympischen Religion soll sie dem Kopf des Allvaters Zeus entsprungen sein und seine Weltordnung verkünden, so zum Beispiel die patriarchale Herrschaft dadurch legitimieren, dass sie „von keiner Mutter“ abstamme. Wir sehen hier eine doppelte Verdrehung und Verzerrung der Göttingestalt, die schliesslich sogar zur Frauenunterdrückung missbraucht wird. Aber sie wird noch anderweitig ausgebeutet, indem sie wie Ishtar, Inanna oder Astarte zur Kriegsgöttin mutiert. Aus den umfassenden, Leben erhaltenden und friedlichen Göttinnen mit ihren Emblemen Schilfrohr oder Baum werden Banner- und Schlachtengöttinnen für patriarchale Eroberungskriege.

Heba, Chawwa, Eva im Paradies

Wer das Alte Testament zwischen den Zeilen liest, wird darin einiges über die alten Göttinnen Anat, Astarte und Ashera in Erfahrung bringen. In der Negativdarstellung, Verfolgung und Dämonisierung lernen wir durch die einschlägigen Bibelstellen, dass es einen Göttinkult gab mit einer alten Naturverehrung mit Priesterinnen und dass eine breite Bevölkerung bis zum Königshaus die „Himmelskönigin“ verehrte. Auf der anderen Seite steht die Jahwe-Bewegung mit einem ausgrenzenden Monotheismus, der sich im Prozess der Patriarchalisierung herausentwickelte. Träger der Jahwe-Propaganda sind selbstberufen „Propheten“ und Priester, die sich immer wieder in die Politik der Königshauses einschalten und im Namen einer „höheren Macht“ das Volk beeinflussen. In dieser Herrschaftspolitik werden nicht nur die alten Göttinnen verleumdet und ihre Verehrer/innen eliminiert, sondern auch die mythologische Gestalt Jahwes instrumentalisiert, um an die Macht zu kommen und diese zu sichern.

Die Bibel selbst ist dabei nur Werkzeug, denn sie ist weiter nichts als eine Textsammlung mit Schriften unterschiedlicher Herkunft und aus verschiedenen Zeiten. Die Raffinesse der Redakteure und Bearbeiter bestand darin, mythologische Motive umzudeuten, neue Gestalten einzubauen sowie poetische Sprache als historistische Tatsachen auszugeben. Geschichtsfälschungen kommen dabei ebenso vor wie Verzerrungen, Verleumdungen und Verdrängungen. Dies betrifft besonders die matriarchalen Spuren innerhalb des semitischen Volkes oder die matriarchale Mythologie anderer Stämme. Ein gutes Beispiel dafür ist das Hohelied, das wahrscheinlich von einer Frau geschrieben wurde und Motive der Heiligen Hochzeit darstellt, also die erotische Begegnung der Sakralkönigin als Repräsentantin der Landschaftsgöttin und ihres männlichen Partners. Diese Motive sind nicht biblisch sondern altorientalisch, denn entsprechende Kulttexte finden sich an verschiedenen Orten des Nahen Ostens. Erstaunlich ist, dass das Hohelied in die Textsammlung aufgenommen wurde oder dort verblieb. Wahrscheinlich hatte es die Funktion eines Ausgleichs gegenüber den dauernden Kriegsberichten und Morden in der Bibel. Besonders in der allegorischen Auslegung erkennen wir eine subtile Umdeutung, das Volk und Jahwe in die Beziehung einer „Gotteskinderschaft" zu bringen, die früher von der Göttin ausging, denn die Menschen waren ihre natürlichen Töchter und Söhne.

Ein weiteres Beispiel ist die Genesis-Geschichte. Das Kernmotiv der Schöpfung stammt zweifellos von einer altorientalischen Mythologie mit matriarchalem Hintergrund. Sehr alt ist die Darstellung einer Himmels- oder Erdgöttin, die aus sich selbst Pflanzen, Tiere und Menschen schuf. Oder sie nimmt von sich ein Stück Materie sprich Lehm, d.h. Wasser und Erde, bildet daraus Menschen und belebt sie. Später spielt sie mit einem ihrer Tiersymbole, der Schlange, mit der sie die Schöpfung beginnt. Tatsächlich finden wir in der Paradiesgeschichte diese archaischen Schichten wieder. So gehören zum inneren Kern der Erzählung die einstige Göttin Eva, die Schlange und Adam. Dies lässt sich auch sprachgeschichtlich nachweisen. So bedeutet adam „Erdling" und ist mit dem Wort adamah „rote Erde" verwandt. Diese rote Erde, aus der ein Mensch besteht, ist die Materie oder das Weise Blut der Frau, aus dem sie den Körper des Kindes im matriarchalen Sinn bildet. Daraus entstand auch die Blutsverwandtschaft, die matrilinear durch die Mutter vermittelt wird. Einen letzten Rest dieser Zusammenhänge erkennen wir noch bei Maria, obwohl sie im Dienst des Patriarchats steht, einen „Erlöser" in die Welt zu bringen. Dieser hatte keinen menschlichen Vater, sondern ist wie alle Kronprinzen ein wiedergeborener „Gottessohn", alleine durch die Königinmutter legitimiert. So sehen wir, wie die matriarchale Mythologie Stück für Stück missbraucht wird, bis sie zur Farce einer „Heilsgeschichte" verschiedener Religionsstifter (Buddha, Konfuzius, Jesus) verkommt.

Der Erdling Adam ist aus der roten Materie der Göttin Eva entstanden. Der Name der Schlange wird mit Nahash überliefert, ein Wort, das nicht vom indischen Naga/Nagini zu trennen ist. Die Nagini erscheint als Fluss-

und Wassergöttin, sie ist eine schöne Frau mit Schlangenkörper und bringt dem Land Segen und Fruchtbarkeit. Um 600 v.Chr. lebte die letzte Königin von Jerusalem namens Nehusta. Dazu ist bekannt, dass im Tempel von Jerusalem eine Schlangengöttin verehrt wurde, die ebenfalls Nehustan hiess. Damit ist im alten Jerusalem ein altorientalischer Schlangenkult bezeugt, aber auch die Identität von Landschaftsgöttin und Königin, die beide „die Schlange" genannt wurden. Nehusta war die Schöpfergöttin, die aus sich heraus und mit der heiligen Schlange die Welt schuf. Schönes Beispiel dazu sind auch die minoischen Schlangengöttinnen in Kreta. Doch für Jerusalem haben wir noch weitere Angaben. In einer ägyptischen Schrift aus dem 14. Jahrhundert v.Chr. wird ein Throninhaber von Jerusalem erwähnt mit dem Titel Abdi-Heba. Dieses Abdi ist ein bekanntes Wort mit der Bedeutung „Diener", und Heba bezeichnet die lokale Göttin der Region Jerusalem.

Heba, Hewa oder ʿEwa ist der alte Name der Eva, die Stammesgöttin. Die Bibel nennt sie „Leben" und „Mutter aller Lebendigen", was eine Umschreibung für die Schöpfergöttin ist. Die eigentliche Bedeutung ihres Namens finden wir im Aramäischen, wo ein Chawwa erscheint und allgemein eine Schlange bezeichnet. Eva ist Chawwa, die Schlangengöttin und Königin Nehustan im 6. Jahrhundert v.Chr. in Jerusalem, genauso wie sie 800 Jahre früher die Göttin Heba ist. Diese Zusammenhänge belegen eine beständige Tradition ihrer Verehrung, und zwar lange bevor eine Jahwe-Bewegung überhaupt existierte.

Eva und die Schlange sind eine Gestalt, die in der Umdeutung auseinandergerissen wurde. Ebenso ist Adam aus ihr entstanden, der Lehm-Geborene, und demnach ihr Sohn. Im Königshaus des alten Jerusalem im 14. Jahrhundert v.Chr. ist Heba-Eva ein Titel der Stammes- und Mutterkönigin mit einer Erbprinzessin gleichen Namens und einem Kronprinzen, der Abdi-Heba genannt wird. Er sitzt auf ihrem Thron und regiert in ihrem Namen, doch die Verhältnisse sind klar, denn er ist der „Diener" der Heba. Diener meint hier, dass er durch die Heba legitimiert ist, Regent zu sein, und ihr Gehilfe ist. Doch ein Adam oder Abdi wird er nur durch die Schlangengöttin Heba und Sakralkönigin. Diese reicht ihm einen (Granat)-Apfel als Gabe, der ihn bezeichnet und zur Heiligen Hochzeit einlädt. Der Apfel ist hier die Liebesfrucht und seine Bezeichnung meint selbst schon oft einfach Schoss. Adam feiert mit Heba die Inthronisation und nimmt wortwörtlich auf dem steinernen Thron Platz, der die Schlangengöttin selbst repräsentiert.

Im Paradies befindet sich auch ein Baum, den wir zweifellos als einen heiligen Baum der Göttin interpretieren können, als eine Ashera oder Heba. Somit ist der heilige Hain schon ziemlich vollständig, denn Paradies bedeutet „Garten“, d.h. heiliger Bezirk, der in Palästina Ashera genannt wurde.

An dieses matriarchale Kernmotiv lagern sich nun verschiedene Umdeutungen und Verzerrungen an, aber auch fremde Zusätze. Eine Verdrehung ist sicher, Eva aus einer Rippe entstehen zu lassen. Dieses Motiv ist ein patriarchales Verdrängungsmuster, denn wann hat je ein Mann ein Kind geboren? Aus der logischen, natürlichen und biologischen Schöpfung der Göttin wird eine künstliche und irrige Geburt eines Mannes, der die Grosse Kulturbringerin schamlos imitiert. Doch Adam bzw. Jahwe stehen nicht alleine in diesem Irrgarten. Schon der ägyptische Atum-Re praktizierte Selbstbegattung und machte die weibliche Genesis nach. Jahwe folgte ihm, jedoch schuf er in einer völlig asexuellen Art und Weise mit Wörtern aus dem Mund. Aphrodite soll aus den Genitalien des Uranos entstanden und Athene aus dem Kopf oder Knie des Zeus entsprungen sein. Diese Perversion ist typisch patriarchal, denn dadurch wird ein männlicher Schöpfergott vor die Göttin geschoben und ihre Leben hervorbringende Funktion vereinnahmt.

Das lässt sich sehr gut am Beispiel der Genesis zeigen, denn eine Jahwe-Bewegung gab es im 14. Jahrhundert v.Chr. noch nicht, jedoch eine Göttin Heba. Somit existierte auch keine Rippe. Diese ist ein fremder Zusatz bzw. eine Umdeutung eines altorientalischen Wortes Ti. Dieses Ti hat die Bedeutung von Gebein oder Knochen, aber vor allem von Erzeugen und Hervorbringen. Gemeint ist die alte Vorstellung, dass im Knochen des Menschen die Lebensessenz und Vitalkraft vorhanden ist. Die Gebeine werden dann der Mutter Erde zurückgegeben, damit die Ahnfrau diese wieder „befleischt“, d.h. zur Wiedergeburt durch eine junge Frau führt. Diese junge Frau ist Heba-Eva, die einen „Knochen“ (die besagte Rippe) in einer Geburt hervorbringt. Dadurch ist der Erdling Adam gleichsam der doppelt (Wieder)-Geborene.

Doch wie kommt die altorientalische Genesis der Heba eigentlich zur Gestalt des Jahwe? Jahwe ist tatsächlich ein fremdes Element in der Schöpfungsgeschichte. Die Bedeutung seines Namens bzw. dessen Wortwurzel wurde nie gänzlich geklärt, auch heisst es ja, dass er nicht nach seinem Namen gefragt werden will, und tun wir dies doch, so antwortet er, dass er der sei, der er sei. Das klingt sehr nach Vertuschung oder brahmanischem Verwirrspiel, denn die indischen Allväter antworten etwa ähnlich spekulativ. Ausserdem stiehlt Jahwe den alten Göttinnen ihren Namen, die er an seine Wortwurzel assimiliert. So gleicht er den Namen Iahu seinem Wort an. Iahu ist die erhabene Taube, eine Bezeichnung für die altorientalische Göttin Ishtar und der Aphrodite-Venus. Eine Variante von Jahwe ist Jehowa, das eigentlich je-Howa heisst, denn Je- ist nur Vorsilbe. Die Form Howa aber ist eindeutig von der Göttin Heba oder Hewa abgeleitet, so dass wir wiederum ein Diebesgut vor uns haben.

Um nun zum eigentlichen Namen von Jahwe zu gelangen, müssen wir einen kleinen Umweg machen. Eine ausserbiblische Überlieferung besagt, dass Adam eine erste Frau hatte, nämlich Lilith. Diese Lilith-Geschichte lagert sich an die Heba-Genesis an, so dass Eva zur zweiten Frau Adams erklärt wird. Dies klingt nicht sehr überzeugend, und so ist es auch. Denn Lilith gehört zu einem ganz anderen Motivkreis. Folgen wir der patriarchalen Jahwe-Logik, schuf er Adam und Lilith als erste Menschen. Sie sind also Stammeltern, wie Adam und Eva. Diese Lilith soll aber keineswegs gehorsam gewesen sein, sowohl gegenüber ihrem Adam als auch gegenüber Jahwe. Schon allein dieses moralische Motiv zeigt, dass wir es mit einer jüngeren Erzählschicht zu tun haben, die eingefügt wurde. Unter anderem soll Lilith beim Geschlechtsverkehr die Missionarsstellung abgelehnt haben und auf Adam „geritten" sein. Auch hier deutet die Erzählung mythologisch-poetische Sprache um und stellt sie historistisch dar, was ebenfalls auf einen jüngeren Einschub hindeutet. Im Kulturvergleich erhellt sich nämlich dieses alte erotische Motiv. So ritt Europa auf ihrem Stier nach Kreta mit eindeutigen Absichten. Pasiphae „verliebte" sich in einen Stier, und auch Astarte empfing ihren El als Stierheros. All dies gehört zu einer typischen Mythologie des Regenmachens und zum Umkreis der naturpoetischen Heiligen Hochzeit.

Somit beschreibt die Adam-Lilith-Szene den altorientalischen Vegetationskult und die Verbindung einer Göttin-Sakralkönigin als heilige Kuh mit ihrem männlichen Stierheros. Sie reitet auf ihm, um Regen zu machen und das Land zu segnen. Lilith ist tatsächlich mit dem Wasser verbunden und „die Feuchte", denn sie verlässt den Gehorsam verlangenden Adam und bringt viele Kinder hervor, die die Welt bevölkern. Sie ist dadurch eine grosse Stamm-Mutter und Ahnfrau, die aus sich selbst heraus die Schöpfung vollbringt. Ihr Name bedeutet soviel wie heiliger Schoss, eine Bezeichnung für eine Göttin wie auch ihrer Sakralpriesterin, die in der Heiligen Hochzeit die Ahnin repräsentiert. Lilith, der heilige Schoss, ist ein Beiwort für die „Vulva-Frau" Ishtar, Astarte oder Ashera, die einen männlichen Partner besass. Dieser war nicht Adam sondern El, der Regenmacher und Stierheros. Der El-Kult war in Phönizien und Palästina weit verbreitet, und auch Jahwe wurde vom Volk als ein El aufgefasst. Beide wurden so ähnlich gedacht, dass sie miteinander verschmolzen. El war aber ein Altorientale, Jahwe hingegen nicht. Sprachgeschichtlich geht sein Name auf eine Wortwurzel yaw oder juv zurück, was indoeuropäischer Herkunft ist und Jugendlicher, Kalb oder junges (Stier)-Rind bedeuten kann. Ins Semitische ist es als Lehnwort übernommen worden.

So kann Jahwe, der selbst das Goldene Kalb ist, mit dem Stierheros El-Baal verschmelzen. Und sogar sein Priester Moses erscheint als gehörnter Mann, wie zahlreiche Abbildungen seines Wesens belegen. Da nun Jahwe El wird, gesellt er sich auch zu dessen Göttin, die Ashera heisst. Ihr Beiname ist Lilith, der Schoss, und sie ist nicht Adams erste Frau, sondern die Göttin des jungen Kalbes Jahwe. Auf ihrem Stierheros El-Jahwe reitet Lilith-Ashera, um in der Heiligen Hochzeit Regen zu machen.

Diese kulturgeschichtlich-matriarchalen Zusammenhänge werden in der Region Sinai, Negev und Rotes Meer deutlich, denn dieses Gebiet war eine alte Landschaft der Göttin. Nicht ohne Absicht spielt sich ein bedeutender Teil der biblischen Geschichte in diesem geographischen Umkreis ab. Gemäss Überlieferung soll sich Lilith von Adam getrennt haben und liess sich am Roten Meer nieder. Dort habe sie sich mit „Dämonen" vereinigt und täglich hundert Kinder geboren. Damit ist Lilith-Ashera eindeutig eine grosse Stammfrau der Ackerbauer/innen der Region, die sie als Ahnfrau verehren. Von der Göttin leiten sie ihre Herkunft ab und feiern ihre universelle Fruchtbarkeit, die besonders in der Heiligen Hochzeit von „Kuh" und „Stier" für Pflanzen, Tiere und Menschen Segen bringt. In der Metapher des Regenmachens werden diese Vorgänge beschrieben. Die biologische Schöpfung und kulturelle Abstammung von Lilith-Ashera werden naturpoetisch als Geburtsvorgang überliefert. Dieses Motiv wird mit der Geschichte Israels verbunden, das heisst die poetische Sprache erscheint als Historismus einer verdrängenden Halbwahrheit. Denn bei der sogenannten Flucht aus Ägypten soll sich das Meerwasser geöffnet und hinter den Flüchtenden wieder geschlossen haben. Das Wasser ist eindeutig mythologischer Art und bezeichnet den Urozean, das „Rote Meer", aus dem alles Leben hervorkommt. Das Volk Israel stammt mit diesem Bild vom „Roten Meer" ab, das mit der Göttin Lilith-Ashera verbunden ist. Aus ihrem Schoss-Wasser entstehen die Menschen und Völker und damit auch die Israeliten.

So steckt in der matriarchalen Mythologie sowohl Geschichte als auch Naturphilosophie, die sich in poetischer Sprache äussert. Das „Rote Meer" ist ein mythologischer Ursprungsort mit keiner bestimmten Geographie. Dieses wird umgedeutet und soll sich auf Einwirkung Jahwes geöffnet haben, wobei der ganze matriarchale Kulturhintergrund verdrängt wird. Dabei war Lilith-Ashera-Astarte die eigentliche Stamm-Mutter der Völker dieser Region. Lilith wird dann auch arg verleumdet und dämonisiert; sie erscheint als Dämonin und Nachthexe, die vor allem Männer aussauge. Diese patriarchale Verzerrung zeigt, mit welchen Mitteln die Jahwe-Bewegung arbeitet. Ganz ähnliche Verhältnisse treffen wir auch beim geschichtsträchtigen Berg Sinai.

Die Landschaftsgöttin personifiziert nicht nur ihr Gebiet, sondern sie manifestiert sich an besonderen Plätzen und Stätten, die zu Kultplätzen und Zentren der Verehrung werden. Dies kann ein Stein, eine Quelle oder ein Berg sein. Lange vor der biblischen Geschichte war die Region um den Berg Sinai eine heilige Stätte. Dort versammelten sich die Völker der Göttin und feierten ein grosses Fest, das wir gemäss den biblischen Überlieferungen herausfinden können. Doch zunächst wollen wir uns mit dem Berg selbst beschäftigen. Die Frage ist, warum gerade dieser Ort der Halbinsel Sinai solche Heiligkeit erlangte. Aufschlussreich ist wiederum die Sprachgeschichte. Im Wort „Sinai" steckt der Name des akkadischen Mond- und Wassergottes Sin, eine Variante des sumerischen Mondgottes Nanna. Doch wir konnten zeigen, dass beide ihren Namen von einer Göttin haben. In einem unvollständig überarbeiteten Text aus Babylon heisst es von Sin in einer Gebetsformel: „Mutterschoss, Erzeuger aller Dinge, gnädiger Vater, der du die ganze Welt in deine Obhut genommen hast". Die Umdeutung tritt klar hervor, denn sie befindet sich im „androgynen" Übergangsstadium der Vermännlichung. Beim Sinaigebirge kamen Sandsteinkegel ans Licht im Heiligtum der „Herrin der Türkisen", was darauf hindeutet, dass beim oder auf dem Berg nicht ein Mondgott Sin, sondern eine Mondgöttin in Gestalt eines Kegels verehrt wurde. Solche Kegelsteine sind vergleichbar mit einem Baetyl-Stein (Bethen), einem Nabelstein (Omphalos), einem schwarzen Stein der Astarte-Aphrodite oder einem Menzeba (Mazzeba), dem Stein der Alten als Landschaftsgöttin.

Sin selbst bedeutet wortwörtlich Wasser. Der Name ist eine Ableitung von Don, Danu, Jor-Dan (d > s), wie es schon beschrieben wurde. Sprachverwandt ist der irische Fluss Shannon der Göttin Sinann, die man sich als „die Alte" dachte. Damit ist der Sinai der Berg der Mond- und Wassergöttin Sinann, was auch ein weiterer alter Name des Berges belegt. Dieser hiess einst Horeb und bezeichnete die Region des Sinai. Der Ortsname ist nicht klar gedeutet worden, doch im Kontext des Sprachvergleichs und der matriarchalen Mythologie transparent. Im phönizischen Sidon im Heiligtum der Astarte-Ishtar nannte man die Göttin mit ihrem Beinamen Europa, das im Arabischen als Aruba wiederkehrt. Europa-Aruba ist die Frau, die auf dem Stier reitet, wie Ashera-Astarte, und ihr Name bezeichnet eine Eigenschaft dieser Göttin. Wortwörtlich bedeutet Aruba „die Dunkle" oder „die Abendliche" im Sinn von Sonnenuntergang. Gemeint ist der Morgen- und Abendstern, der Planet Venus, der als achtstrahliger Stern das Emblem der Göttin Inanna-Ishtar war. Aruba-Ishtar, die Venus, gab dem Berg Horeb alias Sinai ihren Namen, denn Horeb leitet sich ab von einem Car-Aruba (> caruba, horeb), wobei Car sowohl Berg als auch Horn und Mond bedeutet.

Selbst die Betrachtung des Gebirges Horeb-Sinai bestätigt die sprachlichen und mythologischen Zusammenhänge. Von einem bestimmten Punkt der Region aus erscheint das Gebirge als riesige liegende Frau in ihrer ganzen Fülle, als schwangere Berggöttin, die in der Geburt die Schöpfung hervorbringt. Solche Frauenberge mit einem mächtigen Bauch und Nabelpunkt oder hervorragenden Brüsten sind keine Seltenheit, sondern in der Landschaftsmythologie bekannt. Eines der schönsten Beispiel sind die „Paps of Anu", die Brüste der Göttin Ana in Irland.

Das heilige Horeb-Sinai-Gebirge als liegende Landschaftsgöttin

Einen weiteren Hinweis auf die Göttin Astarte-Ashera erhalten wir durch archäologische Funde. Bei Ausgrabungen in Kuntillet Ajrud von 1975, einem Ort im Sinai-Negev auf dem Pilgerweg nach Elat, fand man einen bemalten Krug aus dem 8. Jahrhundert v.Chr. Dieser zeigt verschiedene Tiere und einen Lebensbaum, der die Göttin Ashera repräsentiert, die von zwei gehörnten Tieren (Steinböcke) flankiert wird. Dazu kommt eine weitere Tierszene, die eine Kuh und ein Kalb zeigt. Die Kuh schleckt in bekannter Ikonographie des Nahen Ostens das Rind, das am Euter Milch trinkt. Schönste Parallelbeispiele dazu sind die ägyptischen Hathor-Darstellungen, die die Göttin als heilige Kuh präsentieren, an deren Euter der junge Pharao trinkt, um seine Sohnschaft, Abstammung und Legitimation darzustellen. Mit diesen zwei Abbildungen erscheint die Göttin gleich zweimal, nämlich als Lebensbaum und als heilige Kuh, wobei sich der männliche Partner im Tiersymbol zeigt: In Doppelgestalt als zwei flankierende Steinböcke am Asherabaum und als säugendes Stierkalb.

Ashera und ihr gehörnter Heros sind damit naturpoetisch deutlich tradiert. Nun befinden sich aber auch noch menschliche Gestalten auf dem Krug. Die Szene zeigt eine sitzende Frau (auf einem Thron?), die eine Leier spielt. Neben ihr etwas voran stehen zwei männliche Gestalten, nackt und ihren Penis zeigend. Einer von ihnen trägt eine Art Dreifach-Gehörn, wie es in Europa durch Stier-Darstellungen mit drei (Mond)-Hörnern bekannt ist. Die männliche und weibliche Abbildung nimmt damit Bezug auf die zwei männlichen Steinböcke am weiblichen Lebensbaum oder auf das männliche Rind am Euter der Kuh. Tatsächlich erscheinen diese beiden männlichen Gestalten, die ein Doppelwesen darstellen, in einem menschlich-tierischen Ausdruck.

Der Lebensbaum, die Kuh und die Leierspielerin sind alles Aspekte der Göttin Astarte-Ashera, hingegen verkörpern die Steinböcke, das Stierkalb und der gehörnte Mann als Vegetationswesen in Doppelgestalt den Heros der Göttin. Diesen nährt sie mit den Früchten des Baumes und mit ihrer Milch. Bei der Leierspielerin könnte es sich um eine der Göttin geweihte Frau handeln, die den Namen der Ahnfrau trägt, nämlich eine Ishtaritu, eine Qedeschah oder Lilith. Es sind Tempelfrauen, die unter anderem auch die Heilige Hochzeit mit dem Vegetationsheros feiern, der als Stier der Kuh beschrieben wird. Dieser Stier war El-Baal-Jahwe, ein Titel für den Heros. Die Bilderszenen auf dem Krug von Kuntillet Ajrud sind wahrscheinlich älter als eine darüber befindliche Inschrift. Diese wurde als Verdeutlichung und Interpretation der Szenen angebracht und konnten entziffert werden. Die Inschrift lautet: „Ich segne euch durch Jahwe von Samaria und durch seine Ashera." Gemeint ist mit diesem Wortlaut ein Jahwe, als er noch „verheiratet" und ein Stierheros war. Wie viele andere männliche Partner der Göttin wurde er zunächst in Tiergestalt gedacht und abgebildet sowie dann als halb tierisches und halb menschliches Wesen als der gehörnte Vegetationsgeist. Er wurde von der Göttin Ashera geboren, als ihr Kalb genährt und erfreute sich an ihren Früchten des Lebensbaumes, die ihn weiter zur Heiligen Hochzeit führen und dann zur Wandlung und Jenseitsreise durch ihre Hand, bis er zur grossen Freude durch die heilige Kuh wiedergeboren wird.

Erst in einem späteren Schritt wird Jahwe der junge Stier zum alleinigen Vegetationsgott, der die Göttin Ashera ebenso verdrängt wie alle anderen Göttinnen und deren entsprechende Vegetationsheroen (Baal, El). Und durch die monotheistische Jahwe-Bewegung wird er zum jenseitigen Allvater, der ausserhalb der Welt mit Wörtern aus seinem Mund, die Göttin imitierend, in eine altorientalische Schöpfungsgeschichte eingebaut wird, die wir heute Genesis nennen.

Dies ist der matriarchale Hintergrund der Geschehnisse am Göttinberg Horeb-Sinai. Das Volk versammelt sich an einem alten Kultplatz der Region, den schon ihre Ahnen aufgesucht haben. Sie feiern die Mond-, Wasser- und Berggöttin Ashera-Astarte-Aruba-Ishtar-Sinann in ihrer Tiergestalt als heilige Kuh und ihren männlichen Partner als „Goldenes Kalb". Die liegende Berggöttin selbst ist schwanger und gebar ihren gehörnten Sohn, das junge Jahwe-Kalb als morgendliche Sonne, wie wir es von Hathor und Horus kennen. Am Mittag ist er nicht mehr das Milch trinkende Rind, sondern der goldene Stier, der die Kuh begattet. Die Menschen freuen sich, feiern die Heilige Hochzeit ihrer Göttin und tanzen mit dem Goldenen Kalb. Während das Volk am Fuss des Göttinberges das zyklische Vegetationsfest feiert, besteigt ein initiierter Erwählter der Ahnin freiwillig ihren Körperberg Horeb-Sinai. Er steigt gleichsam auf ihren Bauch-Nabel und trifft dort die Göttin in Gestalt der Sakralkönigin. Auf diesem riesigen Schoss-Thron feiern sie die Heilige Hochzeit und das „Regenmachen", verhüllt von einer dunklen Regenwolke, die den baldigen Segen für die Landschaft und die Menschen bringt.

So ein Erwählter wurde ein Moses genannt, was wortwörtlich „Kind" oder „Geborener" der Göttin heisst. Tatsächlich wurde er aus dem Nil geboren, aus dem heiligen Wasser der Landschaftsgöttin. In diesem Sinn ist „Moses" der Titel des jungen Kalbes, so wie Horus der Sohn der Hathor war, deren Name „Schoss des Horus" bedeutet. Moses wuchs heran und wurde zum Goldenen Kalb, zu einem gehörnten Stier der Göttin. Aus Moses wurde Jahwe, den er als Erwählter und später Priester repräsentiert. Das zeigen die Abbildungen von Moses ganz deutlich, die ihn immer gehörnt darstellen, als ein Cernunnos, geweiht mit dem Mondgeweih, dem Emblem der Göttin Ashera-Sinann-Horeb. So steigt er als ein goldener Jahwe auf den Hügelbauchberg und feiert in der Regenwolke auf dem Gipfel der Landschaftsgöttin Heilige Hochzeit mit der Tempelfrau Ishtaritu oder Nu-Gig, wie sie in Akkad und Sumer hiessen.

In diese matriarchale Konzeption und Mythologie werden rückwirkend Verzerrungen und Umdeutungen vorgenommen, und zwar von der monotheistischen Jahwe-Bewegung. Dabei wird auch die Gestalt des Vegetationsheros Jahwe instrumentalisiert. Von einem Kalb und Stier wird er zu einem eifersüchtigen Allgott, der keine Götter neben sich duldet. Seine Göttin Ashera wird dämonisiert und gänzlich verdrängt. Sie taucht in der Bibel völlig isoliert auf, und wenn sie einmal erwähnt wird, dann nur in verleumderischer Absicht. Und als Partnerin Jahwes sowieso nicht, denn dann müsste die biblische Geschichte ihre Verdrehungen zugeben und würde das ganze ideologische Gebäude zusammenfallen. Moses soll nun gegen die Verehrung des Goldenen Kalbes gewesen sein, ein Tiersymbol, das er als Gehörnter selber repräsentiert. Gerade solche Widersprüche und Risse in den Überlieferungen zeigen uns die Manipulationen an, denn um dies zu verhindern, heisst es deutlich, dass man nicht vom Baum der Erkenntnis (der Göttin Ashera) essen darf. Auch soll Moses auf den Göttinberg steigen, um die Gesetzestafeln in Empfang zu nehmen, und dies direkt aus der Hand Jahwes. Da er aber selbst ein Jahwe ist, hat er „Gesetze“ wohl aus einer anderen Hand bekommen. Wieder hilft uns die matriarchale Mythologie, die Widersprüche aufzulösen. Denn durch die Heilige Hochzeit von Moses-Jahwe mit der Göttin Ashera-Ishtaritu wird er gleichsam durch sie inthronisiert, darf auf dem Thron und Schoss der Göttin sitzen und spricht in ihrem Namen Recht. Erst durch die Vereinigung mit der Ashera wird er zu einem Sakralkönig, gleichzeitig wird er in die Gesetze und Traditionen der Göttin eingeweiht, die er gegen Aussen zu vertreten hat. Spricht er nicht in ihrem Sinn, wird er durch die Sakralkönigin entthront, was buchstäblich einer Ent-Weihung der Hornkrone gleichkommt.

Moses erfährt in diesem Sinn eigentlich die matriarchalen Überlieferungen der Stammes-Ahninnen, ihre Naturphilosophie und sozialen Traditionen, die als Prinzipien die mutterrechtliche Gesellschaft begründen. In patriarchaler Verdrehung werden diese einem Allvater zugeschrieben, der sie erfunden haben soll. Tatsächlich hat er diese erfunden, und zwar die patriarchalen Gesetze als Novum, die in einer Imitation als „Gottes Worte“ ausgegeben werden. Dabei werden Traditionen zu Gesetzen umgedeutet oder neue Bestimmungen eingeführt. Und da sie vom Ort der Göttin kommen und Jahwe in den Mund gelegt werden, erscheinen die patriarchalen Gesetze göttlich legitimiert und allgemein verbindlich. Wer sich nicht daran hält, wird eliminiert, wie die Geschichte zeigt. Damit ist die matriarchale Mythologie der Ashera und ihres Jahwe endgültig zur Ideologie geworden, um die Herrschaft und Macht der Jahwe-Bewegung und ihrer „Propheten“ zu sichern.

Das zeigen uns auch die sogenannten Zehn Gebote, die in ihrer kulturgeschichtlichen Tragweite nicht verstanden werden können, ohne den matriarchalen Hintergrund zu kennen. Denn die meisten von ihnen beziehen sich auf vorpatriarchale Verhältnisse und sind Reaktionen auf bestehende Praktiken. Gerade durch das Verbot erfahren wir etwas über alte matriarchale Traditionen. So bedeutet etwa „Du sollst keine anderen Götter neben mir haben“, dass es sich um die Errichtung eines patriarchalen Monotheismus handelt, der andere Göttinnen und Götter nicht respektiert, vor allem aber Jahwes Göttin Ashera eliminieren soll. Gegen Ashera und die Göttinstatuen gerichtet ist auch „Du sollst dir kein Bildnis machen“, zudem würde ein Bildnis zeigen, dass Jahwe einst ein Stierheros war. „Du sollst den Namen des Herrn nicht nennen“ verhindert, dass der Name Jahwe eigentlich Stierkalb bedeutet und er Göttinnennamen vereinnahmt hat, nämlich Iahu der Ishtar und Je-Howa der Heba-Eva. „Du sollst Vater und Mutter ehren“ zielt darauf ab, die biologisch-patriarchale Vaterschaft in einer matriarchalen Gesellschaft zu etablieren. „Du sollst nicht ehebrechen“ meint, dass die matriarchale Besuchsehe und die alten Heiratsregeln verleumdet werden und nur die patriarchale Zwangsehe gilt. Dies sind einige Beispiele, wie das Erbe der Ahnin und ihre überlieferten Traditionen verdreht und umgedeutet werden, um patriarchale Gesetze zu erlassen. Sie zeigen aber auch, dass viele „Gesetze“ konstruiert und ideologisch sind, denn sie richten sich vor allem gegen die Göttinkultur des vorpatriarchalen Orients.

Allat, Manat, Jerusalem und Mekka

Die Arabische Halbinsel und besonders Mekka gelten als Zentrum der islamischen Welt, vergleichbar mit Rom oder Jerusalem. Die Islamisierung Arabiens und eines Grossteils des Mittelmeergebietes hat auf die europäische Geschichte massgebend eingewirkt. Aber auch gegen Osten drang der Islam, nach Zentralasien und Indien sowie bis nach Indonesien. Heute ist es eine der sogenannten Weltreligionen, und doch kennen wir die Ursprünge der Araber und des späteren Islams kaum. Dies liegt einerseits daran, dass in den islamischen Ländern die freie Erforschung der vorislamischen Kulturgeschichte aus ideologischen Gründen behindert wird. Die Zeit vor dem Islam gilt als „Heidentum“, als Zeit der Dunkelheit und der Unwahrheit. Andererseits ist die Islamwissenschaft eben am Islam interessiert und nicht an der kritischen Erforschung einer problematischen Herrschaftsentwicklung. Denn der Islam entstand nicht in einem leeren Raum. Das arabische „Heidentum“ ist reich an Naturverehrung, an alten Kulten und Stätten bis hin zu matriarchalen Spuren, die sich in Randgebieten und bei den Beduinen noch finden lassen. Doch diese Schätze zu heben, wartet noch auf seine Erforschung.

Vor etwa 9000 Jahren entstand im Fruchtbaren Halbmond eine matriarchale Ackerbaugesellschaft, die sich nach Westen und Osten ausbreitete. Teile davon gelangten nach Süden auf die Arabische Halbinsel, besonders an die Küstenregionen. Das Klima war milder als heute, und das Wasser liess kleine Paradiese entstehen, wie wir dies als letzte Reste noch im Jemen studieren können, wo es grosse Bewässerungsanlagen gab. Noch heute sprechen wir von der Königin von Saba und meinen damit eine Frau aus einem reichen und blühenden Land. Dieses legendäre Land lag vielleicht in Südarabien oder in Ostafrika, doch auf jeden Fall war es ein Königinnen-Reich mit einer alten Kultur und Mythologie. Denn Land von Saba meint eigentlich Land der Shaiba, das heisst Landschaft der alten Frau. Diese Shaiba personifizierte die fruchtbare Erde und war die Ahnfrau der Königin von Saba sowie mit ihr identisch. Ganz ähnlich ist es mit dem Namen Arabien, der sich von Aruba herleitet, dem Morgen- und Abendstern. Dies ist die Venus, der Planet der Göttin Inanna-Ishtar. Ihr weiteres Emblem war der Halbmond, der zusammen mit dem achtstrahligen Venussymbol einen alten Frauenschmuck bildet. Als vereinnahmte Symbole zieren sie heute so manche Staatsfahne.

So war dieses Land einst gänzlich altorientalisch. Ab 4000 v.Chr. wurde die Arabische Halbinsel von Norden her teilweise semitisiert, ab 3000 v.Chr. ist auch mit indoeuropäischen Einflüssen vom Iranischen Hochland her zu rechnen. Durch Klimaänderung und Trockenheit verursacht, änderten verschiedene Stämme ihre Ökonomie. Aus Ackerbauer/innen und Viehzüchter/innen wurden Tierzüchter und Nomaden. Ökonomisch war dies eine Sackgasse, denn Nomaden brauchen viel freies Land und sind auf Produkte der Ackerbaugesellschaft angewiesen. Sie bilden keine selbständige Wirtschaftsform. Doch auch im Nomadismus unter schwierigen klimatischen Bedingungen waren diese Stämme teilweise matriarchal organisiert, was wir am Beispiel der Berber in der Sahara studieren können. Dennoch entstanden patriarchale Gruppen, die sich weiter patriarchalisierten. Ein Beispiel dafür ist das arabische Heidentum. Gerade im Kult und in der Mythologie weisen die vorislamischen Araber noch zahlreiche matriarchale Spuren auf. Ein weiterer Patriarchalisierungsschub kam im 7. Jahrhundert n.Chr. mit der monotheistischen Allah-Bewegung und der Gruppierung um Mohammed. Auch dieser gibt sich als „Prophet" aus, wie wir dies von der Bibel und der Jahwe-Bewegung her kennen.

Bevor wir nun auf die Kulturgeschichte der Region von Mekka und der Kaaba eingehen, möchte ich ein aufschlussreiches Beispiel in Jerusalem beschreiben. Dort ist der heiligste Ort der Tempelberg, der als kleiner Sinai gelten kann. Er wird von Christen, Juden und Muslimen beansprucht. Christliche und jüdische Fundamentalisten wollten den darauf befindlichen Felsendom schon mehrmals sprengen, was von den Behörden nur knapp vereitelt werden konnte. Ironischerweise gehört er landschaftsmythologisch gesehen keiner der drei Religionen, sondern geht auf eine alte Naturverehrung zurück.

Wie wir gesehen haben, lebte in Jerusalem im 14. Jahrhundert v.Chr. ein Abdi-Heba, ein Diener der Göttin Heba-Eva, die als heilige Schlange Nahash-Nagini verehrt wurde. Heba war auch ein Titel der Mutter- und Stammeskönigin des Landes, in deren Namen der Abdi Adam Recht sprach. Jerusalem war ein Ort der Initiation und der Inthronisation, bei der die Sakralkönigin den männlichen Partner auf den Thron wählte (Liebesapfel) und mit ihm die Heilige Hochzeit feierte. Dieser Ort des „Regenmachens" ist oft auf Hügeln und Bergen, wie wir am Beispiel des Horeb-Sinai-Gebirges gesehen haben. In Jerusalem war es der heutige Tempelberg mit seinem Felsendom, der als riesiger Thron der Landschaftsgöttin Heba-Nahash galt. Dort feierte sie mit Abdi-Adam, und das Volk feierte am Fuss des Berges mit. Interessanterweise taucht noch ein anderer

Name beim Berg auf, nämlich Moria. Dies ist ein alter Göttinname und geht zurück auf die Mari, die z.B. von den Basken als Stein verehrt wird. Mari bedeutet im Sumerischen Bauch oder Schoss, so dass es sich beim Tempelberg mit der Heiligen Hochzeit einst ebenfalls um einen Hügelbauchberg handelte wie beim Horeb-Sinai-Massiv. Die Landschaftsgöttin ist sogar heute noch präsent, und zwar im Felsendom als Felsplatte, auf der heilige Fussabdrücke zu sehen sind.

Diese Stätte war demnach nicht nur der Ort der Heiligen Hochzeit, sondern mit dem Fuss-Stein auch der Platz der Initiation und Inthronisation, indem die zukünftigen Könige ihren Fuss in die Stapfen des Felsens stellten. Die Ahnin selbst verkörperte sich in diesem Felsen, und wenn sie den jungen Mann akzeptierte, feierte sie mit ihm in der Gestalt der Sakralkönigin Heilige Hochzeit. Zudem war der Stein ihr Thron, von dem aus der König in ihrem Namen regierte. Für die Menschen war dieser Stein auch Ansprechpartnerin, bei dem sie die Ahnfrau um Hilfe und Segen anriefen. Eine subtile Form dieser Ahnen- und Steinverehrung finden wir noch in der Klagemauer, die unmittelbar beim Tempelberg steht und Tausende von Wünschen entgegennimmt. Ebenso zur Ahnenverehrung führt die Überlieferung, dass man beim Stein zur Unterwelt gelange sowie der biblische Bericht, dass Abraham hier seinen Sohn opfern wollte, es sich somit auch um einen Opferstein handelt. Daher ist dieser Stein-Thron mehrschichtig, nämlich die Repräsentation der Landschaftsgöttin von Jerusalem, ein Ahnensitz, ein Braut- und Hochzeitsstein, ein Krönungsstein sowie ein Opfer- und Rechtsstein.

Um 1000 v.Chr. liess König Salomon hier nicht zufällig einen Tempel errichten, doch war er sicher nicht alleine im Hof. Noch um 600 v.Chr. ist eine Königin Nehusta von Jerusalem mit der Schlangengöttin Nehustan erwähnt. Und die Frauen der Stadt wandten sich für Hilfe und Beistand an ihre „Himmelskönigin", das heisst an die Göttin Ashera.

In der Folgezeit zog auch Jesus in Jerusalem ein und erlangte hier gleichsam seine Krönung. Auch Mohammed liess es sich nicht nehmen, vom Engel Gabriel nach Jerusalem geführt zu werden. Auf dem Tempelberg angekommen, soll sich eine Leiter vom Himmel herabgesenkt haben. Mohammed gelangte in den Himmel zu Allah, der ihm die Regeln des Islam übergab. Gleich Moses auf dem Sinai gelangte er auf den Moria-Tempelberg, zum Göttin-Fuss-Stein der Initiation und Inthronisation. Wie diesem sollen ihm die Gesetze von Gott (Jahwe, Allah) gegeben worden sein, und nicht von der Ahnfrau. Doch auch Allah kann die Göttin nicht gänzlich verdrängen, denn sein Name ist von der altorientalischen Allatu abgeleitet.

In der Region von Mekka finden wir zahlreiche Spuren einer alten Naturverehrung der Göttin. Die Quraishiten verehrten eine Allat als Schutzgöttin des Eides und als Venusstern. Ihr Hauptkultort bei Taif in der Nähe von Mekka besass einen weissen Granitblock, der sie verkörperte. Der akkadische Name Allatu entspricht dem Unterweltaspekt der Göttin Ishtar, genauso wie Ereshkigal ein Aspekt der Inanna ist. Das arabische Allat und die vermännlichte Form Allah ist demnach ein Beiwort der Ishtar-Astarte-Ashera, deren Emblem der Venusstern ist. Die Quraishiten verehrten auch eine Manat als Schicksals- und Abendsterngöttin. Ihr Hauptkultort in Kudaid bei Mekka zeigte einen schwarzen Stein als ihr Sinnbild, wobei der Abendstern wiederum die Venus bezeichnet. Die dritte Göttin war al-Uzza, die Beschützerin von Mekka mit ihrem Morgensternemblem. Ihr heiliger Bezirk war Suqam bei Mekka, wo drei Akazien-Bäume (Samurabäume) ihren Thronsitz bildeten. Sie war also auch eine Baumgöttin. Dort wurde sie durch eine alte Frau, Prophetin und Seherin repräsentiert. Auf Anordnung Mohammeds wurden die Samurabäume gefällt, ihr Diener im Heiligtum erschlagen und der Tempelfrau der Kopf gespalten. Dies wird im frühen Islam als ruhmreiche Tat eines gehorsamen Handlangers der Allah-Bewegung beschrieben.

Die erwähnten drei Göttinnen bilden wiederum eine heilige Triade: Allatu-Ishtar ist dabei die Venus, Manat die Abendsterngöttin (Venus) und al-Uzza der Morgenstern (Venus). Alle drei sind somit Aspekte der Ishtar-Ashera als achtstrahliger Venusstern. Eine andere arabische Bezeichnung dieser Göttin war Aruba, die Dunkle, die Abendliche, was sich auf die Venus bezieht. Im phönizischen Sidon hiess sie im Astartetempel Europa, die auf ihrem Stier Baal-El ritt, um Regen zu machen. Als Mohammed die Quraishiten islamisieren wollte, verlangten diese, dass sie die drei heiligen Frauen weiterhin verehren dürften. Der Engel Gabriel soll darauf Mohammed bewogen haben, diese drei Frauen als Fürsprecherinnen bei Allah aufzunehmen oder als seine drei Töchter auszugeben. In der ausserkoranischen Tradition gelten sie immer noch als die drei Töchter Allahs. Doch diese Zusage, um die Quraishiten zu gewinnen, soll Mohammed dann am nächsten Morgen zurückgenommen und die Göttinnen als Dämoninnen verdammt haben. So wurden sie nicht in den Koran aufgenommen, ausser eben in der Stelle, wo sie verleumdet werden. Dieser Widerspruch lässt sich dadurch erklären, dass die patriarchale Korantradition und monotheistische Allah-Bewegung die drei im Volk hochverehrten Frauen aus der Überlieferung tilgen wollten, zumal eine davon, Allatu-Allat, schon sprachgeschichtlich immer wieder die männliche Form Allah in Frage stellt. In der christlichen Tradition entsprechen ihnen die vorkeltischen Bethen, die als heilige drei Frauen geduldet werden, da sie ebenfalls volkstümlich sind.

Interessant ist eine Bezeichnung, die der Koran den Göttinnen Allat, Manat und al-Uzza gibt. So seien sie die drei Qaraniqh, ein Wort, das unsicher mit Kraniche übersetzt wird. Vielleicht steht dieser Vogel in einem mythologischen Zusammenhang mit den drei Frauen. Jedoch ist qaraniqh eher eine Angleichung eines alten unverstandenen Wortes an das ähnlichklingende „Kranich". Denn wir erkennen deutlich eine Wortwurzel karan-, die sich aus Car und Ra zusammensetzt. Wie wir gesehen haben, bezeichnet KarRa die Kuhhornkrone der Hathor und Isis in Ägypten. Zudem ist Ka(r) die Geste der erhobenen Hände und meint den liegenden Halbmond. Damit verbunden ist die Leben schöpfende Kraft Ka überhaupt, die sich im Mond und in jeder Frau manifestiert. Ein Titel der meroitischen Mutter- und Stammeskönigin Kandake in Ostafrika war Qore, was auf ihren Regierungsaspekt hinweist. In diesem Sinn sind die drei Qaraniqh nicht die drei Kraniche, sondern die drei Gehörnten, die Kuhhorn tragenden Mutter- und Stammesköniginnen der Quraishiten, die sie als Mond- und Venusgöttinnen verehrten.

Rund um Mekka finden wir immer wieder heilige Stätten der Qaraniqh, und so war auch die Stätte selbst ein sakraler Ort der Göttin. Heute ist es ein Tummelplatz für Pilger aus aller Welt, mit einem riesigen Flughafen und einer Wächtergarde, die Nicht-Muslimen den Zutritt zur Stadt verwehrt. Hier demonstriert das islamisch-arabische Patriarchat seine Macht, das mit westlichem Hightech seine Missionierungen durchführt. Doch wovor haben die Herrscher Angst? Könnten wir vielleicht herausfinden, dass sie in der Kaaba eine Göttin verehren und die matriarchale Mythologie gänzlich usurpiert und umgedeutet haben, um ihre Herrschaft zu sichern? Tatsächlich ist ja der heilige schwarze Stein al-Bait einiges älter als der Islam, nämlich eine Repräsentation der Qaraniqh als Nabelstein der Welt.

Auch die heutigen Pilgerprozessionen sind nichts anderes als umgedeutete Prozessions-Rituale, die einst die Göttin und ihre Landschaft verehrten. Doch wir wollen uns den Ursprüngen der Kaaba zuwenden. Die ganze Region von Mekka war der Landschaftsgöttin geweiht mit heiligen Hügeln und Quellen. Anfänglich wurde sie in einem Harim, einem heiligen Hain verehrt, der einem Ashera-Garten gleicht. Im Zentrum stand ein schwarzer Meteoritstein, eine Quelle Zamzam und eine Höhle Ghabghab. Möglicherweise kam auch noch ein Baum hinzu, wie wir im Hain der al-Uzza gesehen haben. So ist unser Paradiesgarten fast vollständig, und es fehlen noch die Ahnen. Der Zentrumsstein selbst repräsentiert die Ahnfrau des Landes. Er sei eigentlich nicht ganz schwarz, sondern weise eine dunkelrötlich-bräunliche Farbe auf. Ausserdem trage er ein Yoni-Vulva-Zeichen auf sich. Die patriarchale Legende will, dass er einst weiss gewesen sein soll und dann durch die Sünden der Menschen, die ihn berührten, schwarz geworden sei. Eine Variante dieser Geschichte berichtet, dass er durch menstruierende Frauen seine Farbe erhalten habe. Ich denke, damit wird deutlich, um wen es sich beim schwarzen Stein von Mekka handelt. Zudem nennen sich die Hüter des Heiligtums Beni Shaiba, das heisst „Söhne der Alten“. Diese Alte ist aber wiederum die Steingöttin, die einen männlichen Partner bei sich hatte. Dieser hiess Hubal und personifizierte sich in einer roten Steinstele. Auch er wurde sicher „der Alte“ genannt, was einfach Ahne meint. Schon zu Beginn war der schwarze Meteorit in einem schwarzen Tuch eingewickelt, das den heiligen Schleier der Göttin bezeichnet.

Um den Hain herum waren 360 Ahnenbilder platziert, die abwertend als „Götzen“ oder „Idole“ überliefert sind. Diese symbolisierten gleichsam das Mondjahr und den Mondkalender, dazu waren sie die Ahnenbildnisse der umliegenden Stämme. Diese versammelten sich zu ganz bestimmten Jahreszeiten am Nabelstein, um ihre zyklischen Vegetations- und Jahreskreisfeste zu feiern. So sind Wallfahrten jährliche Zusammenkünfte der Menschen, bei denen sie ihre Ahnin und die entsprechenden irdisch-kosmischen Vorgänge der Natur dramatisieren. In der Region von Mekka existieren verschiedene heilige Stätten, zu denen die Menschen Prozessionen durchführten, doch Mekka als Nabel der Welt fokusiert den ganzen Jahreszyklus der Landschaftsgöttin. So kamen die Menschen zum heiligen Hain und führten „Kultspiele“ durch. Sie dramatisierten und aktualisierten dabei die matriarchale Mythologie der Göttin, die sie in heiligen Ritualen nachspielten und vergegenwärtigten. Und dies alles im Einklang mit den Naturgeschehnissen, die den Zyklus der Ahnfrau beschreiben. Eines dieser Rituale war, den heiligen Hain zu umkreisen, und zwar sieben Mal, anfänglich linksdrehend und dann rechtsdrehend. Männer und Frauen waren dabei nackt, was vom Islam verboten wurde. Heute sind die Pilger in ein weisses Tuch gehüllt, das sie dann als ihr Leichentuch gebrauchen. Ihre Kleider hängen sie vorher an einen Baum, der die Ashera symbolisiert.

Es ist nun äusserts interessant, die alten Bedeutungen, Funktionen und Rituale in Mekka zu studieren. Denn Mekka war damals noch kein Rummelplatz, sondern Ahninstätte und Ritualplatz. Eine Funktion war, den Stein der Alten zu küssen. Heute wird dies von jedem Pilger verlangt, doch einst stand der Kuss nur einer Person zu. Es war der Erwählte des Stammes, der freiwillig einen Initiationskuss beim schwarzen Stein leistete. Sollte er den Stein nicht küssen, wurde er nicht Stammeskönig. Er wurde es auch nicht, wenn der Stein ihn nicht akzeptierte, das heisst, wenn die Ahnfrau und Landschaftsgöttin im Stein ihn nicht als Sohn und Kronprinz annahm und ihn durch ihre Legitimation zum König machte.

Der Kuss ist aber nur ein äusseres Zeichen der Inthronisation. Dahinter verbirgt sich die Heilige Hochzeit der Mutter- und Stammeskönigin mit einem männlichen Partner, der zu einem neuen Hubal wird. Tatsächlich ist die Heilige Hochzeit von Mekka in vorislamischer Zeit überliefert. Berichtet wird von einem Liebespaar Isaf und Naila, die sich heimlich liebten und vom Jemen nach Mekka geflohen seien. Sie stammen also vielleicht vom Reich der Königin von Saba ab, wenn nicht sogar die Königin selbst mit Naila identisch ist. Isaf und Naila gelangten in den heiligen Hain und liebten sich dort im Verborgenen. Die Legende berichtet, dass sie als „Strafe“ in Steine verwandelt wurden. Diese Geschichte macht deutlich, dass hier ein Ort der Heiligen Hochzeit war. Zudem bedeutet der Name Naila „die Küssende“, was auf die erotische Venusgöttin Ishtar-Ashera hinweist. Auch die Steine werden jetzt klar als verwandelte Gestalten beschrieben, denn aus dem initiierten Isaf wird durch die Hochzeit mit der Naila-Sakralkönigin ein Hubal auf ihrem Thron, der in einer roten Steinstele verkörpert ist. Naila selbst repräsentiert sich im schwarzen Stein mit seinem Yoni-Symbol.

Der weitere Sinn der Heiligen Hochzeit war auch in Mekka das Regenmachen. Allgemein hatten Wallfahrten in Arabien den Zweck, bei den Ahnen um Regen anzusuchen. Das Regenmachen von Isaf und Naila war lebensnotwendig für das Land und seine Menschen, was noch als letzter Rest im Kuss erscheint. Mekka selbst war einmal ein heiliger Ort des Wassers und Regenmachens, denn der Ortsname leitet sich vom Arabischen mqh ab, ein Wort mit der Bedeutung von tränkend, Wasser spendend und Regen. So ist Mekka eigentlich der Ort des Regenmachens, was auf die Heilige Hochzeit der Göttin Allat und ihres Herospartners hinweist.

Nach der Initiation und Hochzeit im Frühling kommt die trockene Zeit des Jahres, in der die Sonne und Hitze alles versengt und das Land gleichsam sterben lässt. Dies ist der orientalische Winter, eine Jahreszeit, in der die Landschaft als ausgetrocknete hässliche Alte erscheint, ihr Vegetationsheros stirbt und in die Unterwelt entrückt. Isaf-Hubal-Dumuzi erfährt seine Wandlung und Jenseitsreise, steigt hinab in den Erdschoss, vorbei an sieben Toren und gelangt zu einem anderen Aspekt der Naila-Venus, nämlich zur Todesgöttin Ereshkigal oder Allatu, die beide Unterweltaspekte der Inanna-Ishtar sind. Doch diese Unterwelt, die auch in einem Hügelbauchberg sein kann, ist keineswegs schrecklich oder höllisch, denn hier gibt es Essen und Reichtum in Überfluss. Wenn die Trockenheit am unerträglichsten ist und die Dürre das Leben zu vernichten droht, steigt eine Inanna-Ishtar-Naila in die Unterwelt, durch die sieben labyrinthischen Tore, und die Göttin über Leben und Tod lässt durch das Lebenswasser alles wieder erblühen. Der wiedergeborene Isaf-Hubal gelangt mit Ashera-Naila zu den Menschen und ihrer Landschaft, die im Frühlingskleid steht, und überall, wo die Göttin ihren Fuss hinsetzt, ergrünt die Vegetation, die bald in der Heiligen Hochzeit ihren Höhepunkt findet.

Dieses dramatische Geschehen wird von den Pilgern in Mekka nachvollzogen. Sie geben wie Inanna ihre Kleider ab und hängen sie an einen Baum. Dieser Baum ist Ashera selbst, die den Heros bzw. den Pilger zu sich nimmt. Er steigt in die Unterwelt hinab, indem er linksdrehend den Göttinstein umkreist und so zu ihrem Nabelzentrum und Schoss hineinschreitet. Dies tut er ursprünglich nackt, wobei er mit seinen Umkreisungen einen siebenfachen konzentrischen Kreis bildet, das ein klassisches Schoss-Symbol der Landschaftsgöttin ist. Die sieben Umkreisungen erinnern auch an die sieben Tore der Unterwelt oder an die sieben Windungen des Labyrinths. Der Heros-Pilger stirbt also gleichsam in den Erdschoss der Kaaba hinein, ein arabisches Wort (qaba), das selbst schon „Höhle" bedeutet. Hier gelangt er zum Zentrum und begegnet dem schwarzen Aspekt der Göttin, der Alten des Todes und des Lebens, beim schwarzen Stein al-Bait. Gleichzeitig bedeutet dies für ihn eine Wende und Wandlung, in der er vom Tod in ein neues Leben geführt wird. Er schreitet nun rechtsdrehend aus dem Nabel und der Kaaba-Höhle heraus, was die rechtsgehende Umkreisung andeutet. Als verjüngter Heros tritt er hervor, geboren von der Göttin, die ihn als Sohn und Kronprinz annimmt und in dessen Fuss-Stapfen der „büssende" Pilger als Novum tritt.

Der heilige Hain von Mekka wurde seit der Islamisierung mehrmals umgebaut und umgedeutet, so dass sich der Stein mit dem Yoni-Zeichen heute in der östlichen Ecke der Kaaba befindet. Die Ahnenbilder wurden zerstört und das nackte Umkreisen verboten. Doch Mohammed war schlau genug, den schwarzen Stein zu küssen, um so eine Sohnschaft zur „Alten Mutter" vorzutäuschen, die ihn als Herrscher und „Propheten" legitimieren soll. So wird auch im Islam der Patriarchalisierungsprozess weitergetragen und die Reste der matriarchalen Mythologie für eine unterdrückende Ideologie missbraucht, die die Menschen durch Zwang zum rechten Glauben bekehren will. Denn auch hier ist die patriarchale Herrschaft über den Menschen und die Natur der Göttin im Namen eines höchsten Gottes oberstes Ziel, dessen Zweck die missionarischen Mittel heiligt.

EINLEITUNG

Die Überprüfung des verfügbaren, archäologischen und dokumentarischen Materials über Mythos und Ritual im Mittleren Osten und dem östlichen Mittelmeergebiet, mit dem ich mich in den letzten Jahren beschäftigt habe, hat die einzigartige Stellung des Göttinkultes in dieser Tradition enthüllt. Seine Bedeutung und seine Verbreitung war so bemerkenswert, dass er eine genauere Erforschung verlangte, als ihm bisher zuteil geworden war, um die Rolle, die er über die Zeitalter hinweg gespielt hat, richtig einzuschätzen, besonders in den Religionen des Nahen Ostens. Er war eindeutig ein wesentliches Element, das sehr tief in der langen und komplexen Geschichte der Überzeugungen und Praktiken verwurzelt war, die mit den geheimnisvollen Vorgängen von Fruchtbarkeit, Geburt und Zeugung zusammenhängen – in der Natur, bei den Menschen und bei den Tieren.

Ob nun die Grosse Göttin die früheste Offenbarung des Göttlichen war oder nicht, ihr Symbolismus war zweifellos das überdauernde Element der archäologischen Funde aus der Alten Welt. Das reicht von gemeisselten Venus-Skulpturen aus dem Gravettien der Altsteinzeit über die stilisierten Bilder der ausgemalten Höhlen bis zu den Sinnbildern und Inschriften des Kultes, als er im Fruchtbaren Halbmond, im westlichen Asien, dem Industal, der Ägäis und Kreta zwischen dem fünften und dritten Jahrtausend vor Christus begründet wurde. Überdies wird nun mehr und mehr ersichtlich, dass er während seiner Verbreitung vom Ursprungsgebiet in der südrussischen Steppe und im westlichen Asien einen weitreichenden Einfluss hatte und eine bedeutende Rolle in der folgenden Entwicklung der Religionen im alten Orient spielte, von Indien bis zum Mittelmeer, von der Jungsteinzeit bis zur Zeit Christi.

Mit dem Aufkommen des Ackerbaus und der Zähmung von Tieren wurde die Göttin klarer definiert. Auch das wachsende Bewusstsein um die Dualität von Männlich und Weiblich im Zeugungsprozess spielte dabei eine Rolle. Die parthenogene Ahnin verkörperte das göttliche Prinzip der Mutterschaft. Später wurde sie mit dem jugendlichen Gott als ihrem Sohn oder Gemahl verbunden. Während sie die vorherrschende und bedeutsamere Gestalt blieb, übernahm der Kult einen zweifachen Aspekt im Drama der Jahreszeiten, in dem beide Partner im gemeinsamen Zeugungsprozess ihre jeweilige Rolle spielten. Bis er endlich, nachdem die mit verschiedenen religiösen Ansätzen verbundene Grosse Mutter aufgetaucht war, im Christentum einen mystischen und theologischen Inhalt bekam. Da wurde er in kirchlicher Terminologie als Mater Ecclesia, Mutter Kirche, interpretiert und die jungfräuliche Mutter des inkarnierten Gottessohnes als die Madonna.

Ein Themenbereich und ein Kult von solcher Beständigkeit und Bedeutung darf nicht einfach abgetan werden. Während er in einer Vielfalt verschiedener Zusammenhänge erforscht und diskutiert wurde, anthropologisch, archäologisch, philologisch, psychologisch und theologisch, wurde meines Wissens keine einzige Untersuchung der Erläuterung des Göttinkultes als solchem gewidmet, trotz einer Fülle von archäologischen und dokumentarischen Daten, die zur Verfügung stehen. Sein weit verbreiteter Einfluss, besonders im Nahen Osten und im östlichen Mittelmeerraum, wird immer deutlicher. Aber sein Ursprung, seine Entwicklung, Verbreitung und sein Ziel zeigen eine Reihe von Problemen, die komplizierter sind und mehr im Dunkeln liegen, als es auf den ersten Blick erscheinen mag. In dieser Untersuchung werden sie geprüft, um die Rolle einzuschätzen, die der Kult und seine wichtigsten Figuren spielen. Und es sollen die Intentionen erkannt werden, die mit den Riten und dem damit zusammenhängenden Glauben verfolgt wurden. Die psychologischen Aspekte liegen ausserhalb meines Bereiches. Dennoch hoffe ich, dass eine objektive Prüfung der Tatsachen, die ziemlich häufig die Gemüter der Akademien und ihrer einzelnen Mitglieder erregt haben, für jene von Interesse sein werden, die mit diesen oder anderen Interpretationen der Phänomene in verwandten Fachbereichen beschäftigt sind.

E.O. James, Oxford

I

DIE MORGENRÖTE DES GÖTTINKULTES

DER KULT IN DER ALTSTEINZEIT

Weil man für die menschliche Existenz sowohl Nachkommenschaft als auch ein angemessenes Mass von Nahrung braucht, waren die Förderung und Bewahrung des Lebens von der Altsteinzeit bis heute von grundlegender Dringlichkeit. Dies fand in einem tief verwurzelten und hoch entwickelten Kult seinen magisch-religiösen Ausdruck. Wann und wo er genau entstand, liegt immer noch im Dunkeln. Aber auf jeden Fall wurden aus dem westlichen Asien, der südrussischen Steppe und dem Tal des Don weibliche Figurinen nach Ost- und Mitteleuropa eingeführt. Man nennt sie „Venus", und sie wurden aus Knochen, Elfenbein und Stein hergestellt, oft mit übertriebenen weiblichen Organen. Es handelte sich um eine asiatische Völkerwanderung am Anfang der Altsteinzeit. Man nennt sie jetzt Gravettien-Kultur und die Zeit davor Aurignacien. Das Verbreitungszentrum der Klingenspitze, Gravette genannt, waren das westliche Asien und die europäisch-asiatischen Steppen. Dann hat die Gravette offenbar ihren Weg nach Europa hinein gefunden, durch die Löss-Landschaften der Donau bis nach Mähren und Österreich, wo sie mit dem Brünn-Typus des homo sapiens zusammengebracht wurde, dem die Statuetten in dieser Gegend zugeschrieben wurden.

Die weiblichen Statuetten

Es war hauptsächlich in Osteuropa und Westasien, wo man Knochen und Elfenbein zur Herstellung von Werkzeug und von menschlichen Figuren der Venusdarstellung verwendete, mit Hängebrüsten, breiten Hüften, runden Hinterteilen und übermässiger Korpulenz, die an Schwangerschaft denken lässt. So wurden Beispiele dieses Typus in Kostienki, Gagarino,

Mezine und speziell in Mal'ta und nahe dem Baikalsee in Sibirien gefunden, wo ihre Produktion ein hohes Niveau erreichte und formbestimmend wurde.[1] Als sich die Technik von der südlichen russischen Steppe nach Mittel- und Westeuropa verbreitete, wurde sie roher und konventioneller. Bei der gedrungenen Spielart war das Gesicht selten ausgearbeitet, obwohl bei der Elfenbeinstatuette eines Mädchens der Grotte du Pape, Brassempouy-Landes, die eher zum mittleren Aurignacien als zum Gravettien gehört, eine Ausnahme von dieser Regel gemacht wurde. Hier ist das Gesicht ausgearbeitet. Und wie in dem Beispiel aus oolithischem Kalkstein von Willendorf nahe Wien ist das Haar geflochten. Bei der Venus von Willendorf ist der Bauch vorstehend und das Hinterteil stark entwickelt, während die Arme nur leicht angedeutet sind. Spuren von rotem Ocker tauchen auf dem porösen Kalkstein auf, und die Betonung liegt auf den Geschlechtsmerkmalen der nackten Figur. 1926 wurde in der gleichen Schicht eine elegantere Form in Elfenbein vom Stosszahn eines Mammuts entdeckt.[2] In der Haute Garonne hat die geschickt ausgeführte, seltsame Elfenbeinfigurine von Lespugue Beine, die miteinander verschmelzen und spitz zulaufen. Die grossen Brüste bilden eine Art Lendenschurz vom Hinterteil bis zur hinteren Seite der Waden.[3] Das repräsentiert eine weitere Vielfalt der Technik im Gegensatz zu der schlanken Figur aus dem Magdalénien von Laugerie Basse in der Dordogne, welche die „unzüchtige Venus" genannt wird.

Göttinstatue von Willendorf,
Österreich

Göttinköpfchen von Brassempouy,
Grotte du Pape, Frankreich

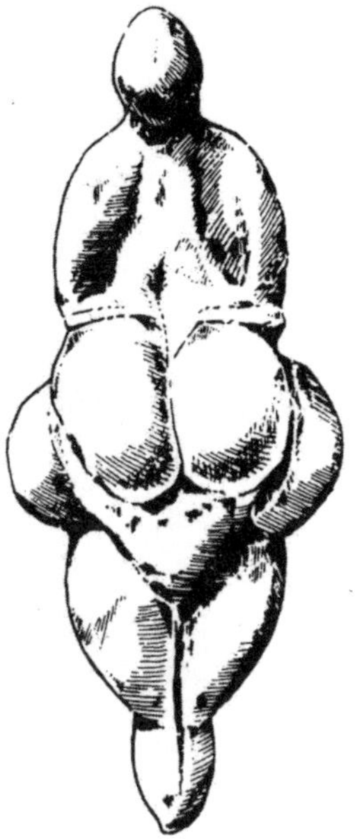

Göttinstatue von Lespugue,
Aurignacien, Frankreich

Göttinstatue von Gagarino, Russland

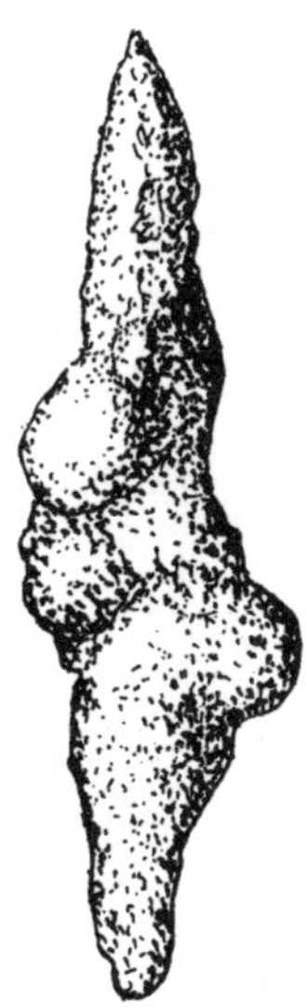

Göttinstatue von Savignano,
Italien, ca. 20000 v.Chr.

Göttinstatue von Dolni Vestonice,
Mähren, Tschechien

Göttindarstellung von Mezirice, Ukraine

Göttinstatue von Mal'ta, Baikalsee, Sibirien, ca. 16000 v.Chr.

Göttinstatue von Jelisejewitschi, Ukraine, ca. 20000 v.Chr.

Göttindarstellung in der Höhle La Madelaine, Dordogne, Frankreich

Absolon brachte 1929 eine Venus nordöstlich von Willendorf nahe Unter-Wisternitz südlich von Brünn in Mähren zutage, die zwischen den schlanken und den grotesken Spielarten eine mittlere Position einnimmt.[4] Hierauf folgten weitere Entdeckungen in Wisternitz (Vestonice) zwischen 1934 und 1937. Man fand eine Anzahl von plastischen Darstellungen mit menschlichen Zügen, die aus gemahlenen und verbrannten Mammutknochen modelliert waren, mit Lehm und Fett vermischt wie die Venus-Statuen. Auch einen kleinen Elfenbeinkopf fand man, in der Form eines menschlichen Portraits geschnitzt. Keith meinte, er repräsentiere eine Frau, die ein feines belebtes Gesicht zeigt,[5] in auffallendem Kontrast zu den rohen plastischen Darstellungen und zu bestimmten Figurinen, die für kultische Zwecke genügten. Normalerweise war in diesen Fällen nur wichtig, die weiblichen Geschlechtsorgane zu betonen. Und so wurden sie in grober Weise übertrieben dargestellt, wie in den betrachteten Beispielen. Ähnliche Statuetten wurden von Sireuil in der Dordogne geborgen, in den Grimaldi-Höhlen an der französisch-italienischen Grenze bei Menton sowie in der italienischen Emilia in Savignano sul Panaro.[6]

Göttin in Fels mit geritztem Horn, Laussel,
Dordogne, Frankreich, ca. 25000 v.Chr.

An einem geschützten Felsen in Laussel im Beunetal nahe Les Eyzies in der Dordogne wurde die bekannte Figur einer nackten Frau in einen Steinblock geritzt. Sie ist offensichtlich schwanger, hält in ihrer rechten Hand ein Bisonhorn und ist etwa 45 cm hoch. Der Körper ist mit roten Pigmenten bemalt, die in altsteinzeitlichen Ritualen häufig als Leben spendende Kraft verwendet wurden, als Ersatz von Blut. Das Gesicht ist ohne Konturen und eiförmig, obwohl sich der Kopf im Profil auf das Horn richtet. Am Boden befinden sich vier ähnliche Reliefs, von denen zwei Hörner aufweisen, und ihre Köpfe sind den Hörnern zugewandt. Das eine ist eine männliche Figur, offensichtlich dabei, mit Pfeil und Bogen zu schiessen (falls solche Waffen in der Altsteinzeit verwendet wurden). Eine andere Figur wurde eher als Geburt oder Kopulation interpretiert.[7] Aber mich hat nicht überzeugt, dass es sich hier um die Darstellung einer Kopulation handelt, nachdem ich mir vor einigen Jahren das Originalrelief im Hause von Madame Lalanne in Bordeaux genau angeschaut habe. Ein erotisches Element mag der Tradition eigen sein, aber eher Geburt als Empfängnis scheint der Zweck der Darstellung zu sein. Der wesentliche Zweck des Kultes war das Spenden von Leben durch die äusseren Zeichen mütterlicher Fruchtbarkeit.

Muscheln und Amulette

Für diesen Zweck scheinen in der Altsteinzeit auch Muscheln als Amulette verwendet worden zu sein. Das kann man an ihrem häufigen Auftauchen in Gräbern erkennen, wo sie offenbar eine Leben spendende Bedeutung hatten. So wurden in der Grotte des Enfants (Grotte der Kinder) auf den Grimaldi-Friedhöfen zwei Reihen von durchlöcherten Muscheln um den Kopf eines Jugendlichen herum gelegt, dessen Skelett mit Eisenoxid rot gefärbt worden war. An den Armen der kauernden Frau, die mit ihm begraben wurde, befanden sich Muschel-Armbänder, und zwischen den Schädeln lagen zwei geschlängelte Reihen von Kieselsteinen, zudem stiess eine weitere an das Kinn der Frau an.[8] In der benachbarten Grotte du Cavillon fand man nicht weniger als 7868 Meeresmuscheln, von denen 875 mit einem Loch versehen waren. Ohne Zweifel gehörten sie zu Halsbändern. 200 davon lagen in der Nähe von Köpfen. Am Schädel war eine Kopfbinde aus Meeresmuscheln, und 22 durchbohrte Hirschzähne lagen in der Nähe des Stirnknochens.[9] In Barma Grande, der fünften Höhle dieser Serie, war das Skelett eines Jungen in einem mit rotem Ocker umrandeten Grab ähnlich geschmückt: Mit Nassamuscheln und Tierzähnen, alle mit Löchern versehen, zusammen mit Elfenbeinanhängern, einem Halsband und zwei grossen Kaurimuscheln, die ursprünglich eine Art Strumpfband waren.[10] Die junge Frau in diesem Grab hatte ziemlich die gleiche zeremonielle Ausrüstung, einschliesslich eines Kragens aus Muscheln,

Zähnen und Wirbelsäulenknochen. In der sechsten Höhle Baousso da Torre fand man einen Muschelkragen, eine Kopfbinde und ein Gitter mit Muschelanhängern.

Im Bereich des Abris Cro-Magnon bei Les Eyzies in der Dordogne, wo 1868 die ersten Knochen-Überreste eines Mannes aus der Altsteinzeit gefunden wurden, befanden sich zwischen den Gebeinen 300 Meeresmuscheln, hauptsächlich Littorina littorea, und durchbohrte Anhänger. Eine Meile entfernt hingegen, am gegenüber liegenden Ufer der Vézère in der Laugerie-Basse, waren Kaurimuscheln sorgfältig und paarweise auf einem Leichnam arrangiert; zwei Paar auf der Stirn, eins nahe den Schultern, vier nahe den Knien und Schenkeln und zwei auf jedem Fuss.[11] Eine solche Verteilung konnte kaum einem anderen Zweck als einem magisch-religiösen zur Wiederherstellung des Lebens für die Verstorbenen gedient haben. Ebenso die verbreitete Praxis, pulverisierten Ocker in altsteinzeitliche Gräber zu geben, mit dem die Muscheln und Halsbänder als Grabbeigaben korrespondieren. Weil Blut oder roter Ocker offenbar als belebende Elemente galten, wurden bestimmte Muscheln wie die Kauri, die genauso geformt ist wie „die Pforte“, durch die ein Kind die Welt betritt, mit dem weiblichen Prinzip verbunden. Und sie wurden offenbar als Fruchtbarkeitsamulette verwendet.[12] Daher ist es naheliegend, dass dieses weit verbreitete Detail von altsteinzeitlichen Begräbnisritualen die Funktion eines Leben spendenden Ritus hatte. Es war eng verbunden mit den weiblichen Figurinen und anderen Symbolen, die später zum Göttinkult gehörten. Tatsächlich mag dieser Ritus vom Osten nach Europa gefunden haben, und zwar gemeinsam mit den Venusstatuen und dem Rest der Gravettien-Kultur. Und wie wir im folgenden sehen werden: Die Verehrung der Göttin war immer sehr eng mit dem Totenkult und seinen späteren Entwicklungen verwandt.

Der Fruchtbarkeitstanz

Aber diese Art von Ritual wurde in der Altsteinzeit nicht nur praktiziert, um die menschliche Spezies fruchtbar zu machen, die Erde und die Toten wieder zu beleben, sondern auch, um die Fruchtbarkeit bei den Tieren zu stimulieren, von denen der frühe Mensch im Hinblick auf seine Ernährung abhing. So liegt im Tal der Beune, nicht sehr weit von Laussel, in Richtung Les Eyzies, eine lange, tunnelähnliche Höhle, die als Combarelles bekannt ist. Darin sind Massen von Tier-Einritzungen aus dem Pleistozän zu finden, zum Beispiel Rentiere, Bisons, Mammute, Pferde, Löwen, Bären und ein Rhinozeros, zusammen mit einer Reihe von menschenähnlichen Figuren an der Wand einer Nische. Vielleicht waren dies maskierte Tänzer, mit Häuten bekleidet und Schwänze tragend. Auf einer Silhouette wird die Form eines Mammutkopfes angedeutet, die Stosszähne sehen aus wie Arme. An einer anderen Stelle scheint ein dicker Mann einer Frau zu folgen, manchmal interpretiert als hätte dies eine erotische Bedeutung.[13] Aber der wesentliche Zweck der Szene scheint die Darstellung eines rituellen Fruchtbarkeitstanzes gewesen zu sein, um den Tieren, von denen der Mensch für seine Ernährung abhing, die Fruchtbarkeit zurück zu geben. Dasselbe gilt für die Eingravierungen auf Hirschhorn, die drei maskierte Figuren in der Haut einer Gemse darstellen. Der Fund stammt vom Abri Mège in der Dordogne. Dies gilt auch für diejenigen mit Tierköpfen in den Höhlen von Marsoulas, nahe Salies du Sarlat in der Haute Garonne. Auf einer Schieferplatte in Lourdes ist ein Mann mit einem langen Bart, einem Pferdeschwanz und wahrscheinlich einem Hirschgeweih abgebildet. Vergleichbare menschenähnliche Muster wurden in der Höhle von Altamira entdeckt und in derjenigen von Hornos de La Peña in Kantabrien nahe Santander.

Dass Tänze ausgeführt wurden, um Fruchtbarkeit zu fördern, wird an den Tonmodellen eines weiblichen Bison gezeigt, der von einem männlichen verfolgt wird. Sie sind auf einem vorspringenden Felsen platziert, in einem kleinen Raum am Ende einer langen, engen Passage im Tuc d'Audoubert auf dem Besitz des Grafen Bégouen in Ariège nahe St. Girons, ca. 700 Meter vom Eingang entfernt. In einer nahegelegenen Nische befanden sich Stücke von Ton in der Form eines Phallus, und auf dem weichen Tonboden der Galerie gab es menschliche Fussabdrücke sowie einen unvollständigen Bison von 13 Zentimetern Länge. Rechts waren 50 kleine Fersenabdrücke, von denen man annimmt, dass sie von jungen Tänzern stammten, die vielleicht in Gegenwart des Ton-Bisons einen Fruchtbarkeitstanz um den kleinen Hügel in der Mitte ausführten.[14]

Ähnliches fanden die abenteuerlustigen Söhne des Grafen in der nach ihnen benannten Höhle Les Trois Frères vor. 1918 gingen sie zum ersten Mal hinein und fanden dort neben einem immensen Angebot von Malereien und Eingravierungen eine geheimnisvolle maskierte Figur, die als „der Hexer" bekannt ist. Er wurde in Schwarz an die Wand eines kleinen Raumes gemalt, der am Ende eines gewundenen Korridors liegt, vor einer Art Fenster. Über die Bedeutung und den Zweck dieser 75 Zentimeter hohen und 50 Zentimeter breiten Figur, die sich vier Meter über dem Boden befindet, kann man nur mutmassen. Der Kopf zeigt das ganze Gesicht mit runden, eulenähnlichen Augen, zwischen denen sich eine Nase befindet. Die Ohren sind die eines Wolfes, und die zwei Geweihe über der Stirn die eines Hirschen. Die Klauen sind die eines Löwen, und der Schwanz ist der eines Pferdes oder Wolfes. Die Arme sind erhoben und horizontal miteinander verbunden. Sie enden in zwei Händen. Die Füsse und Zehen sind sorgfältig gezeichnet, um eine tanzähnliche Bewegung anzudeuten.

Ob diese maskierte Figur, wie zuerst vermutet, den wichtigsten Zauberer oder Schamanen repräsentierte, der die Merkmale oder Funktionen der Tiere verkörperte,[15] oder, wie man jetzt glaubt, den Geist darstellt, der die Jagdexpeditionen und die Fortpflanzung von Wild unter sich hatte[16] – sie weist jedenfalls auf einen Kult hin, in dem Tiere und menschliche Wesen in gemeinsamem Bemühen zusammengebracht wurden, um den Überfluss der Spezies zu bewahren und anzukurbeln, von der der Mensch in seinem Überleben abhing. Die geheimnisvollen Kräfte der Ernährung und Fortpflanzung gehörten zu den wesentlichen Bereichen des emotionalen Interesses. So dachte man sich eine rituelle Technik aus, um diese auf übernatürliche Weise zu kontrollieren, denn die Natur ist des Menschen „lebendige Speisekammer", wie Malinowski bemerkt hat.[17] So putzte sich ein Ritual-Experte mit der Haut und dem Geweih eines Hirschen oder den Federn eines Vogels heraus, und er imitierte das Verhalten der Spezies, die er verkörperte, in dem Glauben, dass er für die entsprechende Zeit und für den vorgeschriebenen Zweck auch das war, was er darstellte. In dieser Eigenschaft glaubte er, dass er aus der geschlechtlichen Vereinigung von Männlich und Weiblich Nachwuchs hervorkommen lassen könnte. Und er glaubte, dass er fähig sei, das Jagdglück zu kontrollieren, indem er Tiere abbildete, die von Speeren und Geschossen verwundet waren. Wenn er zudem bei seinen Gemälden Gesänge anstimmte, werde er die Tiere fangen und töten.

Die Figuren der maskierten Tänzer in Tierverkleidung legen einen Kult nahe, in dem der Ritual-Experte die „Geister" der Tiere verkörperte und auf dramatische Weise in einer Serie von heiligen Handlungen das repräsentierte, was erreicht werden sollte. Der Lebenswille als ursprüngliche Emotion wurde durch vorwegnehmende Riten eingelöst, die den Charakter einer vorausschauenden Darstellung entweder einer erfolgreichen Jagd oder der Fortpflanzung der Spezies zeigen. Es war nicht so sehr, dass „Gleiches Gleiches hervorbringt", als dass das Ritual eine praktische Tätigkeit realistisch darstellte. Und wenn das gewünschte Ergebnis zustande kam, führte dies nachträglich zur Idee des „Sympathiezaubers". Die ursprüngliche Aufgabe war, einem lebendigen Impuls Ausdruck zu verleihen. Der Drang, aktiv zu sein, nimmt symbolisch Gestalt an. Das Ritual war das Ventil für aufgestaute Emotionen. Der Zweck der ausgeführten Handlungen und ihre Repräsentation in sichtbarer Form war, die Beute zu sichern oder eine erfolgreiche Geburt von Nachkommen durch die rituelle Technik zu bewirken und auf diese Weise den Druck in einer prekären Situation zu lindern, von der das menschliche Wohlergehen und Überleben abhing. Das Symbol wurde gleich angesehen und behandelt wie das spirituelle Wesen, das es durch die Kraft seiner übernatürlichen Qualität vertrat. Daher wurde im Kult die Kraft der nachahmenden Tänze und der Amulette, Malereien und Verkleidungen mit diesem Ziel verwendet.

In einem grossen Höhlenheiligtum wie Les Trois Frères, Niaux, Font-de-Gaume oder Lascaux müssen die Zeremonien eine gemeinschaftliche Organisation mit sich gebracht haben. Denn man wollte zusammen versuchen, natürliche Mächte und Vorgänge zum Gemeinwohl zu kontrollieren. Die heilige Tradition, sei es im Zusammenhang mit der Nahrungsversorgung, dem Geheimnis von Geburt und Fortpflanzung oder dem Tod, entstand und funktionierte als Antwort auf den Wunsch, jetzt und in Zukunft zu leben. Daher war sie auf die kritischen, hemmenden oder störenden Notwendigkeiten und Situationen des Alltagslebens sowie der Alltagserfahrung konzentriert. Und sie hatte die Tendenz, einen gemeinschaftlichen Charakter anzunehmen, um die Gruppe zu befähigen, sich zu orientieren sowie mit den allgegenwärtigen Zufällen und schwächenden Umständen zurecht zu kommen. Die Ritual-Experten erfüllten dabei eine stellvertretende Funktion.

Die Verbreitung des Göttinkultes

Da man der Ansicht war, dass individualisierte göttliche Wesen für die Kontrolle der Lebensprozesse verantwortlich sind und allgemeinen Respekt sowie eine stilisierte Form erhielten, sahen die Menschen die Muttergöttin vor allem im westlichen Asien und in Südosteuropa in einer bestimmenden Position, denn sie war die Leben spendende Kraft par excellence. Während sich die Menschen des Magdalénien auf die Launen der Jagd als Hauptquelle der Nahrungsbeschaffung verliessen, waren, wie schon erwähnt, ihre Vorgänger im Gravettien und Aurignacien besonders am mütterlichen Aspekt des Mysteriums von Geburt und Fortpflanzung interessiert. Offenbar stand ihre Wiege in der Gegend des Kaspischen Meeres, wo der Göttinkult später sehr wichtig wurde, so dass hier wahrscheinlich die eigentliche Heimat des Kultes liegt. In seinem westlichen Zweig in Europa wurde er ausreichend etabliert, um eine beständige Tradition zu werden, besonders in der mediterranen Phase, wo er sich offenbar fortsetzte, ohne durch die solutreischen und magdalenischen Stadien der altsteinzeitlichen Entwicklung zu gehen.[18]

Im solutreischen Zwischenspiel, das in dem bergigen Land von Nord-Ungarn sein Zentrum hatte, dort, wo es in seiner frühesten Phase zeitgleich mit der späteren Aurignacien-Kultur bestand, gibt es Hinweise auf Einflüsse des Gravettien, nicht nur im Zusammenhang mit Klingenwerkzeugen, sondern auch mit Relief-Skulpturen. (Zum Beispiel dem Tierfries auf Kalkstein in Le Roc, Charente).[19] Ebenso im Zusammenhang mit Elfenbein-Statuetten wie die männliche Figur von Brünn, Perlen-Halsketten wie die in Predmost und mit Löchern versehene Kieselsteine in der Laugerie-Haute.

Die Menschen des Magdalénien perfektionierten die Schnitzkunst genau wie die der Höhlenmalerei, die ihren Höhepunkt in den grossartigen, bunten Malereien in Altamira, Font-de-Gaume und Lascaux fand. Sie waren hauptsächlich auf Frankreich und das kantabrische Spanien beschränkt, mit Vorposten in Bayern, Belgien und Südengland. Anderswo fuhr die Aurignacien-Tradition fort, sich unabhängig zu entwickeln, wie sie es tat, wo Menschen des Solutréen nie eindrangen, das heisst nördlich und südlich von einem Gebiet, das sich von Nord-Ungarn bis zu den Pyrenäen erstreckt, und nach Nordwest-Frankreich, Ost- und Süd-England.

In Frankreich entstand die Kultur des Magdalénien aus einer Kombination von Gravettien- und Solutréen-Einflüssen. Aber ausserhalb dieser begrenzten Region verblieb die Kultur der Oberen Altsteinzeit eigentlich im Aurignacien, wie sich in den Grimaldi-Höhlen in Menton und in Cresswell Crags in Derbyshire zeigt. Daher ist es kaum denkbar, dass es irgendeinen endgültigen Bruch in der Tradition gab, in der der Venuskult aufkam. Von dort aus war es in gebührender Folge bestimmt, dass die Tradition in den Genuss der Verehrung der Grossen Göttin kam. Ferner gab es im Zwischenspiel von Solutréen und Magdalénien in Zentral- und Westeuropa das gleiche Bestreben nach Fruchtbarkeit, das in den heiligen Tänzen und den mit ihnen verbundenen Riten Ausdruck fand, mit denen die Fortpflanzung der Spezies unterstützt wurde, von der der Mensch für sein Überleben abhing.

So ist die berühmte Tanz-Szene in den geschützten Felsen nahe dem Dorf Cogul, 12 Meilen von Lérida in Katalonien entfernt, die jetzt so verblasst ist, dass man sie kaum sehen kann, wohl mit dem Fruchtbarkeitskult der Venus verbunden. Jetzt noch sichtbar sind neun Frauen mit schmaler Taille und Hängebrüsten, bekleidet mit Kappen und Glockenröcken, die ihnen bis zum Knie reichen, aber ohne Gesichtszüge, zusammen mit einer kleinen männlichen Figur die, weil der Penis nicht erigiert ist, kaum eine phallische Bedeutung haben kann, wie es vorgeschlagen wurde.[20] Die Szene war offenbar die Arbeit einiger altsteinzeitlicher Künstler, vielleicht zu verschiedenen Zeiten, und die kleine, dunkelbraun-männliche Figur mag zu der frühen, schwarzen Gruppe von Frauen hinzugefügt worden sein. Es ist naheliegend, dass die Einfügung mit einem Fruchtbarkeitsritus verbunden war, in dem die Frauen um ein männliches Emblem gruppiert waren, vielleicht das eines Jungen, um die Hervorbringung von Leben zu ermöglichen. Es ist jedoch undenkbar, dass in dieser frühen Zeit ein männlicher Gott irgendeine Rolle im Kult der Grossen Göttin spielte. In dieser altsteinzeitlichen Phase dominierten stilisierte weibliche Figuren in Ton, gemalt oder als Reliefs, mit Hängebrüsten, kleinen rudimentären

Köpfen, Wespentaillen und manchmal Glockenröcken.[21] Der Kult bestand seit seinem Auftauchen im Gravettien, entwickelte sich im Aurignacien über verschiedene Stadien in Europa, Nordafrika und dem Mittleren Osten weiter, bis sich unter jungsteinzeitlichen Bedingungen eine neue Lebensweise ergab.

DER KULT IN DER JUNGSTEINZEIT

Als man vom Sammeln zur Produktion von Nahrung überging, fuhr das weibliche Prinzip fort, im Kult das Bestimmende zu sein – im Kult, der sich um die geheimnisvollen Vorgänge von Geburt und Fortpflanzung gebildet hatte. Die Frau als Stammesmutter war vor allem die Spenderin des Lebens, und in dieser Stellung spielte sie die wesentliche Rolle beim Hervorbringen von Nachkommen. Als Ackerbau und Viehzucht die etablierten Wege wurden, die Nahrungsversorgung sicherzustellen, mussten die beiden Pole der schöpferischen Kraft, die eine weiblich und aufnehmend, die andere männlich und erzeugend, in ihrer jeweiligen symbolischen Bedeutung wahrgenommen werden. Aber obwohl phallische Sinnbilder ab der Jungsteinzeit mehr aufzukommen scheinen, behielt das mütterliche Prinzip, personifiziert in der Grossen Göttin, die führende Rolle im Kult, besonders im westlichen Asien, auf Kreta und in der Ägäis, wo der männliche Gott der Göttin untergeordnet war. In der körperlichen Tatsache der Paarung von Männlich und Weiblich ist das Hervorbringen von Leben wesentlich. Aber offenbar gab es zuerst eine gewisse Unsicherheit über die Bedeutung der Vaterschaft.[22] Weil die genaue Funktion des männlichen Partners im Verhältnis zu Empfängnis und Geburt weniger offensichtlich war und weniger klar verstanden wurde, überrascht es kaum, dass er eher als „Beiwerk" angesehen wurde und nicht als wirkende Kraft. Folglich waren die Mutter, ihre mütterlichen Organe und Attribute Leben spendende Symbole par excellence.

Die Arpachiyah-Figurinen

Im Bezirk Mosul im nördlichen Irak, zehn Meilen entfernt vom Tigris und der alten Stadt Ninive, im Erdwall Tell Arpachiyah, dessen Anfänge auf 4000 vor Christus zurück gehen, wurden zahlreiche weibliche Statuetten des Venus-Typs gefunden, die keine Köpfe haben. Einige davon sind roh und rund modelliert, andere flach, aber alle haben Hängebrüste, der Nabel steht vor, die Taille ist schlank und die Hinterteile sind sehr ausgeprägt. Die meisten sind in einer kauernden Stellung ausgeführt, die an ein Gebären denken lassen. Einige scheinen einen Zustand der Schwangerschaft anzuzeigen. Wie in den altsteinzeitlichen Venusfiguren wird der Kopf nur selten gezeigt, und die kauernde Spielart zeigt eine Tendenz zum Konventionellen. Der Körper ist in einigen Fällen auf einen Pflock oder Kegel reduziert, doch er hält die Beine in einer Sitzposition einfachster Form. Der bemalte Typus mit geneigtem Kopf und Hängebrüsten, der an der Stelle gefunden wurde, die man als die T.T.6-Ebene des Erdwalls bezeichnet und die zur Höhe der halafischen Chalkolithikum-Periode gehört, wurde mit einem Gewand in rotem Pigment und zwischen den Brüsten gekreuzten Klammern geschmückt. Die gestutzten, wie eine Violine geformten flachen Formen in sonnengetrocknetem Ton, bemalt oder unbemalt, haben einen hohen, pflockähnlichen Kopf, vorstehende Brüste und einen vorragenden Nabel, und manchmal sind sie mit Löchern versehen, so dass sie wahrscheinlich als Amulette getragen wurden. Einige der Terrakotta-Figurinen haben allerdings hohle Körper, auch eine Vasen-Gestalt ist zu erkennen.[23]

Diese bemerkenswerte Sammlung weiblicher Figurinen ist deswegen von besonderem Interesse, weil sie zeigt, dass diese Sinnbilder des Göttinkultes, die denen der Altsteinzeit unmissverständlich ähneln, in einer Vielzahl von Formen im nördlichen Irak weit verbreitet waren, wahrscheinlich im fünften Jahrtausend vor Christus, lange bevor sie im östlichen Mittelmeerraum auftauchten. Ferner wurden sie mit der Doppelaxt und der Taube, dem Stierkopf und der Schlange in Zusammenhang gebracht, so wie in Kreta und der Ägäis.[24] Obwohl die Statuetten in ihrem Muster und der Technik ihrer Herstellung von geringerer Qualität sind, gleichen sie den gravettischen Modellen und stellen eine wichtige Verbindung zwischen den altsteinzeitlichen und späteren chalkolithischen und bronzezeitlichen Zeugnissen des Kultes in Anatolien, auf Kreta und in der Ägäis im Westen sowie Persien, Beluchistan und dem Industal im Osten her. Manchmal zeigen sie nur die weiblichen Organe, so dass sie wahrscheinlich nur als Glücksbringer und Amulette zur Vermehrung der Fruchtbarkeit und Erleichterung der Geburt verwendet wurden.

In einer viel späteren parallelen Gruppe von fünf nackten, weiblichen Figurinen in Tell Beit Mirsim im Süden Palästinas (wahrscheinlich die kanaanitische Stadt Kirjathsepher) wurde nach Albright „der Prozess der Geburt“ in der übertriebenen Hervorhebung der Vulvaregion dargestellt. Es handelt sich um einen Versuch, das Hervorkommen eines Kinderkopfes im Moment der Geburt anzudeuten, zweifellos, um die Geburt magisch zu beschleunigen.[25] Albright sagt, es sei kaum denkbar, dass Figuren dieser Art, wo immer sie gefunden wurden, die Göttin selbst darstellten, sondern sie seien vor allem Hilfen zum Gebären und für die Fruchtbarkeit. Dennoch glaube ich, dass sie ein wichtiges Element des überaus weit verbreiteten Göttinkultes ausmachen.

Wenn einmal das mütterliche Prinzip in einer Person dargestellt wurde, konzentrierte sich der Kult entweder auf eine einzelne Göttin, die Grosse

Mutter mit ihren Funktionen und Symbolen, oder auf eine Anzahl von unabhängigen und gesonderten Gottheiten, die ihre jeweiligen Rollen in den Prozessen von Geburt, Zeugung und Fruchtbarkeit ausfüllten. Zuerst war er wahrscheinlich auf das Geheimnis der Geburt konzentriert, einschliesslich aller wichtigen Aspekte von Fruchtbarkeit und Ernährung als lebenswichtige Themen für den Menschen. Denn Nahrung und Kinder waren zu allen Zeiten die beiden wesentlichen Erfordernisse. Mallowan sagt, dass ohne Zweifel „Fruchtbarkeitsverehrung verbunden mit einem Kult der Muttergöttin tatsächlich eine der ältesten und lang andauerndsten Religionen der Alten Welt gewesen sein muss.“[26]

Göttinstatue der Zagros-Stätte Tepe Sarab im Iran, 6. Jahrtausend v.Chr.

Göttinstatue der Halaf-Kultur aus Chagar Bazar, Syrien

Im Chalkolithikum wurde er zum prägenden Einfluss vom mittleren Nahen Osten bis nach Anatolien, zur Ägäis, Kreta und bis nach Persien, Beluchistan und Indien. An den frühesten neusteinzeitlichen Fundplätzen war er aber, abgesehen von Tell Arpachiyah, im westlichen Asien nicht sehr verbreitet, jedenfalls nicht vor der Halaf-Periode, in der weibliche Figurinen im Überfluss angefertigt wurden. In Tell Hassuna im nördlichen Irak nahe Mosul westlich des Tigris wurden in der Halaf-Grabschicht einige weibliche Ton-Statuetten von der Ebene IV geborgen, die denen ähneln, die in Arpachiyah gefunden wurden.[27] Auf Ebene V hat eine hokkende Frau in rotem Ton, die nur unzureichend erhalten und nicht gebrannt ist, einen Auswuchs am linken Schenkel. Der Kopf wurde in fünf Bruchstücken in grünlichem Ton gefunden, von denen zwei gebogene Hörner andeuten. Es macht den Eindruck, als wenn ein Schilfrohr durch den mittleren Teil zur Verstärkung hindurch ging.[28] In den Nach-Hassuna-Schichten kamen Tonstatuetten zutage. Und in dem, was von der Halaf-Zeit übrig blieb, werden sie vorherrschend, überall von der syrischen Küste bis hin zu den Zagros-Bergen, wo diese Halaf-Kultur gedieh.

Die Halaf und Ubaid-Perioden

In Tepe Gawra nahe Ninive, nordwestlich von Arpachiyah auf dem Weg der Karawanen zum Iran, kommen sie in den unteren Schichten des Erdwalls häufig vor, und sie folgen einem bestimmten Muster. Männliche Figuren herrschen auf den Töpferwaren und bei Stempelmustern vor, aber sie sind in Form von Figurinen selten. Figurinen bilden immer Frauen ab, meist in hockender Position und so, dass sie ihre Brüste halten. Die Köpfe sind bloss aus Ton geformt, die Gesichtszüge manchmal sehr ungenau gezeichnet, die Augen in schwarzer Farbe gemalt. Horizontale Linien auf Schultern, Armen und Füssen mögen irgendeine Form von Schmuck darstellen oder möglicherweise Kleidung. In ähnlicher Weise tauchen Terrakottafiguren auf, wie wir gesehen haben, und zwar in Arpachiyah und auch in Tell Halaf und Chagar Bazar in Nord-Syrien. Dort weisen sie zusätzliche Details wie Kleidung und Tätowierungen auf und sitzen auf kreisrunden Stühlen wie zum Gebären. Auch tragen sie Turbane.[29] In Gawra wurde eine für die Epoche typische, „violinförmige“ Darstellung eines Torsos mit vorstehenden Brüsten gefunden, und zwar auf der Ebene B von Ebene A, bei dem alle Details des unteren Teils des Körpers betont werden, im Kontrast zur Taille und den Hüften. Das Schamdreieck wird unter dem Nabel durch eingeritzte Linien markiert. Der Kopf ist nur ein kurzer Vorsprung, während der Rücken flach ist. An diesem Fundort ist er ein einzelnes Beispiel für diese Art von Stilisierung, und er mag speziell dem Zweck einer sicheren und schnellen Geburt gedient haben.[30]

Zwei bemalte Göttinnenstatuen aus Ton mit rötlicher Streifenbemalung, Tell Halaf

Göttinstatue der Halaf-Kultur,
mit Brustgestik und Schossdreieck

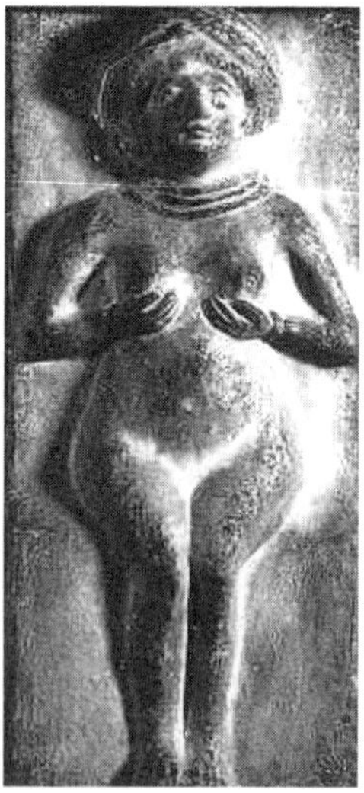

Göttin in Kuchenform,
Palast von Mari, Syrien

Die geschichteten Ablagerungen im Erdwall haben identische Figurinen geliefert, die an Hals und Schultern in Braun, Rot oder Schwarz bemalt sind und die gleiche Art schmaler Köpfe haben, oder auch gar keine Köpfe. Einige haben keine Arme, keine Knie, aber hervorstehende Brüste und einen bemalten Rock oder Wickelrock, der von den Schultern aus in zwei Bahnen zwischen den Brüsten herunter hängt. Sie haben auch gemalte Striche auf dem Rücken und auf den Schienbeinen, die Tätowierungen oder Narben sein könnten, und horizontale Linien am unteren Rücken, die möglicherweise die Wirbelsäule darstellen. Gut gepolstertes Hinterteil, Ausdehnung des Bauches oder Hervortreten des Nabels kommen in Gawra nicht vor. Nur eine Figurine hat voneinander getrennte Beine, und diese Figur hat keine Arme, keinen Kopf, und die Brüste sind nicht gekennzeichnet.[31] Zwei andere aus der Ubaid-Periode sind so stilisiert, dass ausser den Brüsten wenig oder nichts darauf hindeutet, dass es sich um menschliche Figuren handelt.[32] Und es ist schwierig auszumachen, ob sie zum hockenden oder aufrechten Typus gehören. Aber in Gawra ist hokkende Körperhaltung die Regel, und sogar in den stilisierten Kegeln wird sie meistens angedeutet. Die hervorstechendsten Typen sind entweder die von Halaf, die Spielart mit spitzen Knien und Armen, die die Brüste umfassen, schmalen und geschmückten Köpfen und Bändern über Hals und Schultern; oder ein späterer Typus ohne Arme mit vorstehenden Brüsten und einem Rock, der mit gekreuzten Bändern an den Schultern aufgehängt ist. Anstelle der spitzen Knie neigt sich der Schoss, und die Beine sind sehr kurz. Beide sind in den untersten Schichten häufig zu finden, aber sie werden immer weniger zahlreich, und am Ende der Ubaid-Periode auf Stratum XIII verschwinden sie völlig. Die einzige männliche Figur, die in dem Erdwall gefunden wurde, hat einen Flecken, der am Ende des Phallus aufgemalt war, und stammt aus dem Tempel (Stratum X). Sehr wahrscheinlich handelt es sich um ein Kultobjekt.[33]

In Süd-Mesopotamien wurde eine Serie von Tonfigurinen mit verlängerten, grotesken Köpfen und Reptilzügen geborgen, und zwar aus dem Bereich unterhalb den Ablagerungen von der Sintflut in Ur. Der Bereich gehörte zu den ersten Siedlern in den Marschen des Euphrat-Deltas (Ubaid I und II). Die Körper sind gut modelliert, sie haben anliegende Füsse und die Hände an der Taille, oder sie halten ein Kind an der Brust. Manchmal sitzt es auf den Hüften. Bänder und Streifen sind auf den nackten Körper gemalt, um Ornamente oder Tätowierungen anzuzeigen. Die Geschlechtsteile und die Teilung zwischen den Beinen sind durch gerade Einritzungen dargestellt. Einige sind grünlich, was aus dem Brennen des Tons resultiert; andere sind farblich viel heller. Beide repräsentieren den schlanken Typus, in Schwarz und Rot bemalt und mit Erdpech-Perücken auf dem Kopf.[34] Einige kleine Tonmodelle überlebten die

Al'Ubaid-Periode und wurden formlose, groteske Figuren, ganz ohne das handwerkliche Können, mit dem die früheren Figurinen hergestellt worden waren. In Abu Shahrain (Eridu), 14 Meilen von Ur entfernt, fand H. R. Hall den oberen Teil einer ähnlichen Figur, die einen monströsen Kopf mit schnabelähnlichem Profil und abgeflachten Schultern hat. Wahrscheinlich war es ein Mann in ziemlich derselben Stellung wie die der Frauen von Al'Ubaid, allerdings weniger gekonnt angefertigt.[35]

Die Warka-Periode

Im Erdwall von Warka, der Erech, das alte Uruk in Mesopotamien, eingrenzt, ähneln die weiblichen Statuetten denen von Ur, und zwar sowohl was ihre Form anbetrifft, als auch im Hinblick auf die schwarz aufgemalten Ornamente. Eine hat einen zylindrischen Körper und einen auswärts gebogenen Fuss. Die Teilung zwischen den Beinen ist mit einer Einritzung markiert und die Arme sind flügelähnlich. Nackte Frauen, die ihre Brüste halten, mit breiten Hüften und schmalen Taillen erscheinen auch auf rechteckigen Reliefs. Sie haben Mandelaugen und runde Gesichter. Um den Hals herum sind Ketten, und an den Armgelenken deuten eingeritzte Linien Armbänder an. Aber manchmal ist der Kopf monströs, mit einer Schnauze und Augen-Schlitzen in Ton-Streifen sowie mit einer Haarfrisur wie eine Bergspitze. Andere sind klein und haben keine Gesichtszüge ausser einer langen Nase. Bei einigen wurde ein diagonales Band über die Schultern und unter dem rechten Arm hindurch gemalt. Das Haar ist um den Kopf herum geschlungen, und häufig hängen Locken bis zu den Schultern herab. Zwischen den Ebenen C und D vom Anu Ziqqurat fand man den oberen Torso und die Arme einer sehr kleinen, weiblichen Figur in leichtem, durchscheinendem Stein, exzellent mit am Ellenbogen gebeugten Armen und geballten Fäusten modelliert, sehr wahrscheinlich als Amulett verwendet.[36]

In der frühen dynastischen Protoliteraten-Periode in Khafaje hat der obere Teil einer scheibenartigen, menschlichen Figur vom Sin Tempel V eine vorstehende Schnabelnase und eine vorspringende Stirn-Region. Die Augen werden durch Schnitte über einem angesetzten Tonkügelchen mit einem horizontalen Schlitz repräsentiert, und die Augenbrauen durch angesetzte, eingekerbte Streifen, die Haare bedeuten sollen. Tonfigurinen in den Jemdet-Nasr-Schichten (Sin Tempel VIb und Schicht 12c des Haus-Bereiches) und von Tell Asmar, mit einer ähnlichen Darstellung des Gesichtes, haben Brüste in der Form kleiner Kügelchen, und die Betonung liegt auf ihren Geschlechtsmerkmalen.[37] Im Sin Tempel IV zeigt eine kleine, 10 Zentimeter grosse Figur eine Frau in einem kurzen Rock. Sie hat die Hände unter den Brüsten gefaltet. Der obere Teil des Körpers ist nackt, der Kopf unbedeckt und das Haar hängt bis zur Taille herunter. Das runde Gesicht ist nur ansatzweise ausgeprägt, ausser der sorgfältig modellierten Hakennase; die Augen sind tief, die Augenbrauen gefurcht und die Brüste stehen vor. Die Technik entspricht derjenigen der Tonfiguren der früheren Perioden.[38]

Anatolien

In Anatolien hat der Erdwall Alishar Hüyük, 45 Kilometer südöstlich von Yozgad im Zentrum der Hochland-Region, der zuerst 1926 von Dr. Osten entdeckt wurde,[39] eine Anzahl von weiblichen Keramikfigurinen mit betonten Geschlechts-Charakteristika hervorgebracht. Gefunden wurden sie auf Ebene II, die sich während der Landnahme des Ortes durch eine zudringliche Gruppe von Menschen verschiedener Herkunft aufbaute. Diese Menschengruppe zeichnete sich durch Keramikarbeiten aus, die an der Drehscheibe hergestellt wurden und die der kappadokischen Keramik ähneln. Bei den Figurinen spielen drei die Hauptrolle, die ausgeprägter konstruiert sind. Bei einer von ihnen ist der obere Teil nackt, und die Arme zeigen an, dass die Hände, obwohl sie fehlen, im Original die Brüste hielten. Darunter reicht ein Kleid bis zu den Füssen. Zusätzlich zu der halbkreisförmigen Frisur gibt es fünf Ketten und scheibenförmige Ornamente. Die anderen beiden Figurinen repräsentieren Männer, aber einer von ihnen zeigt betonte Brüste, kombiniert mit einer phallischen Erhebung, die nahelegt, dass es sich um eine göttliche Figur handelt, die männliche und weibliche Attribute kombiniert.[40] Bei den Ton- und Keramik-Typen ist das Gesicht in konventioneller Weise dargestellt, mit übertriebener Nase und Scheiben, die die Augen darstellen. Bei denen von Frauen sind die kegelförmigen Brüste sehr vorstehend, und sie werden häufig von den Händen berührt. Der vorgetretene Bauch legt in einigen Fällen eine Schwangerschaft nahe, und auf einer halbkugelförmigen Brust ist eine kleine Einsenkung, die die Brustknospe anzeigt.[41] Gelegentlich werden die Geschlechtsorgane durch horizontale Schwünge angezeigt, mit einem Dreieck oder mit einer rechteckigen Einritzung, die nach unten offen ist. Der Nabel ist durch eine kreisförmige Einsenkung markiert.[42]

Im alten Erdwall Yümük Tepe, etwa zwei Meilen nordwestlich des kleinen Hafens von Mersin in Kilikien an der südlichen türkischen Küste, auf der direkten Linie von Ost nach West gelegen, brachte die Neilson-Expedition unter John Garstang mehrere weibliche Figurinen zutage, die den Kult der Grossen Göttin zu symbolisieren scheinen. Eine aus der bronzezeitlichen Schicht VIII ist aus Stein, ihre Gefährtin von Schicht IXB aus Keramik.[43]

In der früheren Chalkolith-Schicht erschien ein noch roheres Beispiel zwischen den Resten der Dorfgemeinschaft, die Ackerbau, Viehzucht und die entsprechenden Kulturpraktiken betrieb.[44] Der Fund geht zurück auf eine Zeit vor der Halaf-Kultur (ca. 4000 v.Chr.), als eine halbnomadische Lebensweise zugunsten einer sesshaften, Ackerbau betreibenden aufgegeben wurde.

Iran und Turkestan

Aus einer Zeit, als in Persien die Produktion von Nahrung das Sammeln ersetzte und verdrängte, wurden an prähistorischen Fundstellen im Iran eine Menge Figurinen gefunden, die eine nackte Göttin darstellen. Jedoch war die älteste Statuette, die in Tepe Sialk am westlichen Rand des trokkenen Plateaus im Nordwest-Iran gefunden wurde, eine bekleidete, männliche Figur, bei der es keinen Hinweis gibt, dass sie ein Kultobjekt war.[45] In der ältesten Schicht von Tepe Hissar gibt es keinerlei menschliche Figurinen.[46] Diese Schicht kann nicht aus sehr viel früheren Zeiten als die späte Uruk-Periode und Sialk III am Beginn des dritten Jahrtausends vor Christus stammen. In Tepe Giyan nahe Nihavend, südlich von Hamadan, traten andererseits um etwa die gleiche Zeit nackte Figurinen auf. Sie haben Haare und Augen, die aufgemalt sind, aber die weiblichen Organe sind nicht besonders betont.[47] Kurz gesagt, während es im frühen Iran im Nordosten keine Spuren des Kultes gibt, scheint er im Süden und Südwesten geblüht zu haben.

So wurden in Ton modellierte Frauen von Susa in Elam geborgen, wo das nächste bekannte Material, vergleichbar mit dem von Giyan V, Sialk III und Hissar I, in der ersten Siedlung auftaucht (die nun als Susa A ausgezeichnet ist).[48] Bei diesen Frauenfiguren sind die Augen und die Brüste mit Tupfen aufgetragen, die Nase und die Augenbrauen mit dicken Rollen markiert, die auf die platte Scheibe geklebt wurden sowie auf ein eingeritztes Schamdreieck.[49] Von der ersten elamitischen Periode (ca. 2800 v.Chr.) wurde auf der Akropolis eine Statuette gefunden, bei der eine der auswärts gebogenen Hände auf dem Bauch ruht und die andere die Brust hält.[50] Bei einer anderen Figurine mit einem zylindrischen Körper sind die Hände gefaltet, der Kopf scheint mit einem Turban bedeckt zu sein. Die Augen werden mit eingeritzten Linien markiert, und an jedem Arm befinden sich zwei Armreifen.[51] Ganz ähnlich bei einem späteren Beispiel, das jetzt im Ashmolean Museum in Oxford zu finden ist. Hier wird zusätzlich zu einem Turban und Armreifen eine Kette von zwei Bändern mit grossen Perlen und einem rosettenförmigen Anhänger in der Mitte gezeigt und einer weiteren Kette, die über die Brust geht.[52] In der wichtigsten, elamitischen Periode war der Gebrauch von Halsketten bei diesem Typus von Figurinen üblich.[53]

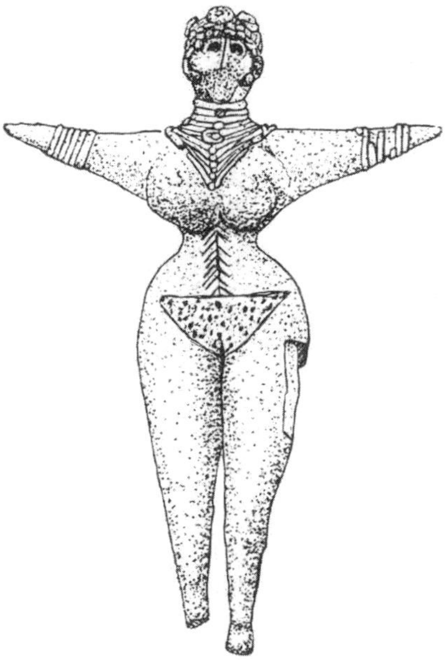

Göttinstatue von Turang Tepe,
Iran, 3. Jahrtausend v.Chr.

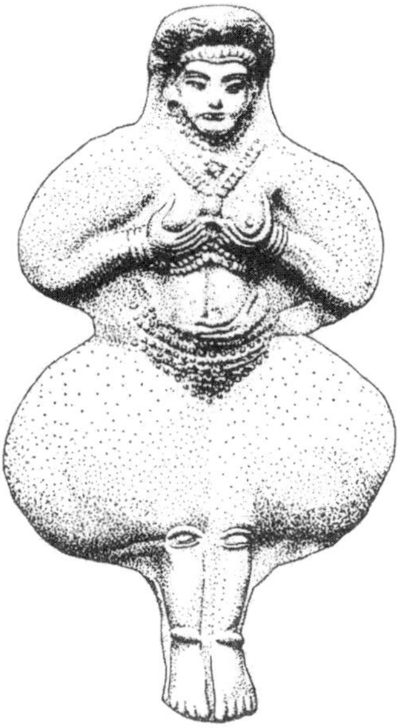

Göttinstatue von Susa, Iran,
2. Jahrtausend v.Chr.

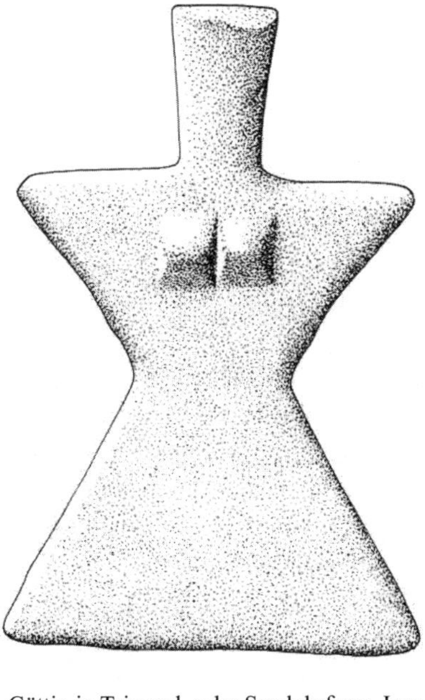

Göttin in Triangel- oder Sanduhrform, Iran

Im russischen Turkestan in Anau nahe Askabad in Transkaspien an der Grenze der Hochebene sind bei all den bruchstückhaften Figurinen nackter weiblicher Formen die Brüste und üblicherweise der Nabel klar markiert. Eine Halskette wird auf mehreren Torsi gezeigt, aber im Gesicht ist nur die Nase durch einen Vorsprung markiert, und die Augen durch kleine Eindrückungen. Die Hüften sind stark entwickelt, und die Beine werden zu einem Punkt zusammen gebracht. Bei einer Art ist die Vulva in einer realistischen Weise durch eingeschlagene Zeichen markiert.[54] Sie wurden in der mittleren Schicht von Süd-Kurgan gefunden, wo die Kultur einige Ähnlichkeiten mit der von Hissar III aufweist. Es ist auch bedeutungsvoll, dass weder in Tepe Hissar noch in Anau Figurinen in den frühesten Ablagerungen aufgezeichnet wurden. Dies zusammen mit der Veränderung in der Technik des Töpferns in den früheren und späteren Schichten legt nahe, dass in den Nordiran und in das Turkestan jener Zeit ein neues Volk eindrang.[55] Und dass dieses neue Volk es war, das den Göttinkult bei denen einführte, die in Anau siedelten und in den benachbarten, ausgedehnten Ruinen des alten Merv, das heute Ghiaur Kala genannt wird. Denn auf der Akropolis und auf der Hochebene der Stadt wurden weibliche Torsi geborgen, manchmal in einer sitzenden Haltung sowie Rot, Schwarz und Gelb bemalt. Eine stehende, mit einer Robe bekleidete Frauenfigur auf einem Relief ist mit Halsornamenten geschmückt, obwohl der Kopf fehlt. In ihrer Hand hält sie einen Spiegel vor ihre Brust, die linke Hand ist weiter unten platziert.[56]

DIE BRONZEZEIT DES WESTLICHEN INDIEN

Beluchistan

Obwohl der Ablauf der Ereignisse im westlichen Indien vor der Zeit von 3000 vor Christus im Dunkeln liegt, wurden offenbar in den geschützten Bergtälern in Beluchistan kleine Ackerbau-Gemeinschaften in Dörfern gegründet, ähnlich den frühen iranischen Siedlungen am Rande der persischen Wüste (z.B. Sialk und Giyan), als in sich abgeschlossene bäuerliche Gesellschaften mit einer einheitlichen vorgeschichtlichen Kultur. Dabei hatten sie aber alle ihre eigenen, örtlich unterschiedlichen Züge. Bei den Töpfereitechniken, die sie angenommen hatten, waren im südlichen Persien rötlich-gelbe Töpfereiwaren charakteristisch, im Norden rote. Schwarz auf Rot dominierte im Zhob-Tal im Norden, Schwarz auf Rötlich-Gelb im Süden in Nal, Quetta und Kulli sowie in Amri in Sind, wo man vom Typus her die frühesten Scherben fand.[57]

Nun wurden sowohl in der Kulli-Kultur an den Hügeln von Süd-Beluchistan, die in Makran zeitlich früher als 3000 vor Christus entstand, und in der Zhob-Tal-Kultur im Norden zahlreiche Tonfigurinen von Frauen gefunden. Diejenigen aus den Kulli-Fundstätten sind an der Taille in einem Sockel mit flachem Boden auswärts gebogen, die Arme gebeugt mit den Händen auf den Hüften. Wenn die Brüste überhaupt gezeigt werden, sind sie nicht sonderlich übertrieben. Dies trifft auch auf die restlichen weiblichen Organe und Züge zu. Die grotesk dargestellten Gesichter haben Augen aus Tonkügelchen. Das Haar ist sorgfältig frisiert und entweder geflochten oder mit einem Band gehalten. Ovale Anhänger, die Kaurimuscheln ähneln, hängen manchmal an dreireihigen Ketten, unter denen Schnüre von Glasperlen bis zur Taille herunterhängen, jede mit einem Anhänger. Über den Ohren sind kegelförmige Ornamente angebracht, und an den Armgelenken mehrere Armringe, ebenso am linken Arm und am Ellbogen.

Bei den Kulturen nördlich und nordöstlich von Quetta um den Zhob-Fluss herum, der nordöstlich in Richtung Indus-Ebene fliesst, wurden an verschiedenen Stellen eine Reihe von Terrakottafigurinen gefunden (zum Beispiel Dabar Kot, Periano Ghundai, Sur Jangal und Mogul Ghundai). Dies ist die Provinz der roten Töpferwaren, obwohl sie in der bekanntesten Aufzeichnung über Rana Ghundai, in der von Brigadier E. J. Ross zwischen 1935 und 1940 durchgeführten Ausgrabung, nicht erwähnt wird.[58] Anderswo gehören sie zur dritten Abfolge in der Rana Ghundai-Sequenz, die man vielleicht dem dritten Jahrtausend vor Christus zuschreiben kann. Sie bestehen aus weiblichen Tonfiguren, die mit der Taille in kleinen Sockeln enden, wie die der Kulli-Serie. Sie sind mit Halsketten geschmückt. Aber wie Professor Piggott aufzeigt, sind die Köpfe mit einer Frisur oder einem Schal bedeckt, die Stirnen hoch und glatt, die Nasen wie die von Eulen geformt und schnabelförmig. Die Augenhöhlen sind rund, die Münder wie Schlitze und die Brüste übertriebener dargestellt als ihre Gegenstücke im Süden.[59]

In ihrem Stil und ihren Zügen sind sie so gleichförmig, dass A. Stein mutmasst, sie könnten eine Schutzgöttin darstellen,[60] während Piggott[61] zum Schluss kommt, dass sie „eine grimmige Verkörperung der Grossen Göttin zu sein scheinen, die auch die Hüterin der Toten ist – eine unterweltliche Gottheit, die sich gleichermassen um die Ernte und die Saat kümmert, die in der Erde begraben liegt.“ Dass sie Bedeutung für die Fruchtbarkeit hatten, wird durch einen in Stein gehauenen Phallus gezeigt, der beim Erdwall von Mogul Ghundai nahe dem linken Ufer des Zhob-Flusses gefunden wurde, südwestlich von Fort Sandeman und beim benachbarten Erdwall von Periano Ghundai am rechten Ufer des Flusses, wo sehr auffällig eine Vulva abgebildet ist.[62]

Das Indus-Tal

In Sind und Punjab blühte von 2500 bis 1500 vor Christus die bemerkenswert homogene, städtische Zivilisation, die durch die Ausgrabungen im Indus-Tal und darum herum in Harappa, Mohenjo-daro und Chanhudaro seit 1922 entdeckt wurde. Die Menge der dort ans Licht gebrachten weiblichen Terrakotta-Figurinen legt nahe, dass wie in Beluchistan der Göttinkult in der heute allgemein bekannten „Harappa-Kultur" begründet ist. Die Mehrzahl der Statuetten ist bis auf einen kleinen Rock nackt, manchmal mit Medaillons geschmückt, die mit einem Gürtel um die Lenden festgemacht sind. Möglicherweise wurde der Rock aus Schnüren gefertigt wie der Gürtel, der in Mohenjo-daro gefunden wurde.[63] Eine kuriose Frisur von variierender Grösse, die korbähnlich wie ein Fächer geformt ist und vorspringende Seiten hat, sind ein gemeinsames Merkmal vieler dieser Figurinen.[64] Schwarze Flecken auf den Körben, die vermutlich durch Rauch entstanden sind, haben Mackay zu der Vermutung veranlasst, dass sie manchmal als kleine Lampen verwendet wurden, und zwar im Zusammenhang mit Kulthandlungen, die mit der Grossen Göttin zu tun hatten. Die Statuen, so denkt er, waren ein Bild der Grossen Göttin.[65]

Göttinstatue von Mehrgarh,
Industal, 3000 v.Chr.

Siegelbild der Göttin Sak-Ambari
(Aditi?), die eine Reispflanze gebärt.
Harappa, Industal, 2500 v.Chr.

Göttin-Priesterin von Mohenjo-daro, 2500 v.Chr., Harappa-Kultur

Diese Vermutung wird dadurch gestützt, dass ähnliche Frisuren in Syrien und dem östlichen Mittelmeerraum auftreten, ebenso eine Fülle von Schmuck wie Ketten aus Glasperlen mit Anhängern, Schmuckkragen mit Metallringen, Armspangen und Armbänder aus Spiraldraht, Fingerringe und Fussringe aus Glasperlen oder getriebenem Metall.[66] Einige der kleinen Tonfigurinen aus den oberen Schichten wurden mit um die Knie gefalteten Händen hingesetzt, roh modelliert und ganz ohne Verzierungen.[67] Andere waren in Haltungen, als ob sie rituelle Tänze vollführten, so wie es durch die Figuren auf einer Scheibe aus glasiertem Ton gezeigt wird.[68] Auf einer weiblichen Figur könnte eine Ausbuchtung oben am Kopf Hörner darstellen, obwohl sie auch Tauben sein könnten, ein wichtiges Sinnbild im Göttinkult.[69] Gehörnte Masken mit einer magisch-religiösen Funktion wurden ebenfalls entdeckt.[70]

Was die Gesichtszüge anbelangt, dienen flache Kügelchen aus Ton, die leicht oval oder mandelförmig gestaltet sind, als Augen. Die Pupille ist nur in seltenen Fällen eingeritzt, die Nase in den Ton hinein gedrückt. Der

Mund ist mit einer Einritzung angedeutet, manchmal durch das Hinzufügen eines schmalen gefalzten Tonstreifens als Lippen. Die aufwändige Frisur machte das Formen von Ohren überflüssig. Viele der Bilder sind schwer beschädigt, vielleicht weil nur die, die zerbrochen waren, weggeworfen wurden. Der Rest wurde als wertvoller Besitz mit dem Haushalt weggetragen, wenn die Stadt verlassen wurde, wie die „Götter des Haushalts“ von Rachel in der Geschichte von Jacob im Buch Genesis.[71] Um ihre Leben spendenden Eigenschaften besonders zu betonen, waren viele von ihnen mit einem roten Überzug oder Anstrich übermalt, so wie es heute manche Hindu-Figuren sind; eine Praxis, die in vorgeschichtlicher Zeit auch im Alten Ägypten, Mesopotamien und Malta üblich war.[72]

Wie John Marshall sagt, repräsentierten diese heiligen Bilder „eine Göttin mit Attributen, die denen der Grossen Muttergöttin, der ‚Königin des Himmels‘, sehr nahe waren und die eine besondere Beschützerin der Frauen war“.[73] Deswegen mögen sie in den Wohnungen und Strassen von Mohenjo-daro und Harappa als Schutzgöttin gedient haben, so wie die Grosse Göttin immer noch die Beschützerin der Häuser und Dörfer in Indien ist, die über Geburt und tägliche Bedürfnisse wacht. Als Göttinnen des Hauses wurden sie vielleicht in fast jedem Haus in den alten Städten des Indus-Tales in eine Wandnische gestellt und genauso verehrt, wie ihre Nachfolgerinnen heute bei den leseunkundigen Menschen, die die ganze Zeit mit dem Überlebenskampf für ihre wachsende Familie beschäftigt sind, mitten im Wagnis ihres schwierigen Schicksals.[74]

Ob die Göttinnen, die über das Geheimnis der Geburt wachten, einen Sohn und Partner als männlichen Gegenpart hatten, kann aus den zur Verfügung stehenden Zeugnissen nicht ersehen werden. In der Harappa-Kultur kehren männliche Götter, häufig mit Hörnern, immer wieder,[75] aber offenbar waren sie nicht weit verbreitet, und sie wurden bei der Erklärung der Bilder nur selten mit Göttinnen in Verbindung gebracht. Das trifft auch auf die Doppelgöttinnen im modernen Indien zu.[76] In Ton sind sie selten, und anders als die in Röcke gekleideten weiblichen Statuetten sind sie ganz nackt, obwohl auf einer der männlichen Figuren rote Linien an den Armen und am Hals Armringe sowie eine Schal-Kette darstellen könnten.[77] Normalerweise tragen sie keine Kopfbedeckung, oder sie haben nur ein einfaches Band um die Stirn, damit das Haar in Ordnung gehalten wird.[78] Es wurde kein Versuch gemacht, die Geschlechtsorgane zu verbergen.

Dass wenigstens einige von diesen männlichen Figuren eine Gottheit repräsentieren, wird durch ihren Schmuck angedeutet. Das bekannte, geschnitzte Siegel von Mohenjo-daro, das einen männlichen Gott mit drei Gesichtern zeigt, der in einer als Yoga-Position interpretierten Stellung sitzt, die Fersen zusammen gehalten und die Arme ausgestreckt, ist mit

Armringen bedeckt. Auf der Brust sind dreieckige Ketten oder Drehmomente, die den Figurinen von Kulli und Zhob in Beluchistan ähneln, und an den Armen einige Armreifen. Ein Hörnerpaar krönt den Kopf, dazwischen eine Frisur. Am Ende des Taillenbandes befindet sich ein Vorsprung, der ein Phallus sein mag. Die Figur hat drei Gesichter, eins frontal und zwei im Profil, und an jeder Seite sind vier Tiere: Ein Elefant und ein Tiger rechts, ein Rhinozeros und ein Büffel links. Unter der Estrade, auf der er sitzt, befinden sich zwei Hirsche.[79] Sowohl die Form als auch der Symbolismus zeigen an, dass hier ein Prototyp des Hindu-Gottes Shiva abgebildet ist, und zwar in seiner Eigenschaft als Pasupati, als Herr der Tiere und Prinz des Yoga. Auf verschiedenen anderen Siegeln erscheint eine ähnliche nackte Figur, die mit dem Pipal-Baum (dem heiligen Feigenbaum) und Kult-Tieren verbunden ist.[80] Eine von ihnen hat drei Gesichter, alle mit Armreifen, Frisuren und Hörnern. Die Blumen oder Blätter, die zwischen den Hörnern aus dem Kopf heraus wachsen, legen ein Fruchtbarkeitsmotiv nahe.

Auf einem anderen Siegel wird eine gehörnte Göttin mitten in einem Pipal-Baum gezeigt, vor dem eine gehörnte Figur kniet. Dahinter steht eine Ziege mit einem Menschengesicht und eine Reihe von sieben Frauen, die alle einen Zweig auf dem Kopf tragen. Hinten haben sie einen langen Schweineschwanz, aber keine Hörner.[81] Weil der Feigenbaum noch immer als Leben spendender, heiliger Baum angesehen wird, dem Frauen Opfergaben darbringen, um natürliche Nachkommenschaft zu sichern, mag die Praxis von der Harappa-Kultur herstammen. Dort scheint sie eine feste Einrichtung gewesen zu sein. Davon zeugen diese Szenen, in denen die männlichen und weiblichen Fruchtbarkeitsorgane, häufig in Verbindung mit dem Feigenbaum, eine so wichtige Rolle spielen.

Zusätzlich zu diesen Siegel-Amuletten und Figurinen wurden in Harappa einige konische Lingas aus Kalkstein gefunden, die mit den phallischen Sinnbildern von Mogul Ghundai vergleichbar sind, und die in Indien noch immer unter den Saiviten zu Leben spendenden Zwecken verwendet werden. Im Licht der Shiva-Figur von Mohenjo-daro ist es wahrscheinlich, dass diese Kegel Kultobjekte waren, die als Fruchtbarkeits-Glücksbringer und Amulette verwendet wurden.[82] Obwohl es möglich ist, dass einige von den glatt geschabten, grossen Steinen in der Siedlung von Mohenjodaro und einige von den schön geformten Kegeln aus Chalzedon, Karnallit, Lapislazuli, Alabaster, glasiertem Ton und Kalkstein „Schachfiguren“ für Brettspiele gewesen sein könnten. Aber die realitätsgetreu modellierten Beispiele sind fraglos Phalli,[83] ebenso wie wellenförmige Steinringe den weiblichen Gegenpart repräsentierten (Yoni oder Vulva).[84] Manchmal werden sie zusammen gebracht, um die Vereinigung der beiden Organe anzuzeigen, wie zum Beispiel bei den Yoni-Sockeln des Lingam. So hat wahrscheinlich ein konventionell dargestellter Lingam in gelbem Sandstein von Harappa mit fein geschnittenen Rollen und Halsbändern eine Yoni-Basis gehabt. Und sechs weitere tauchten in einem irdenen Topf auf, zusammen mit einigen kleinen Muschel-Stückchen, einem Einhorn-Siegel, Steinstösseln und einer Steinpalette. Einige kegelförmige Miniatur-Baetyls haben eine Art Ring um den Körper, der als eine mögliche Yoni angesehen wird.[85]

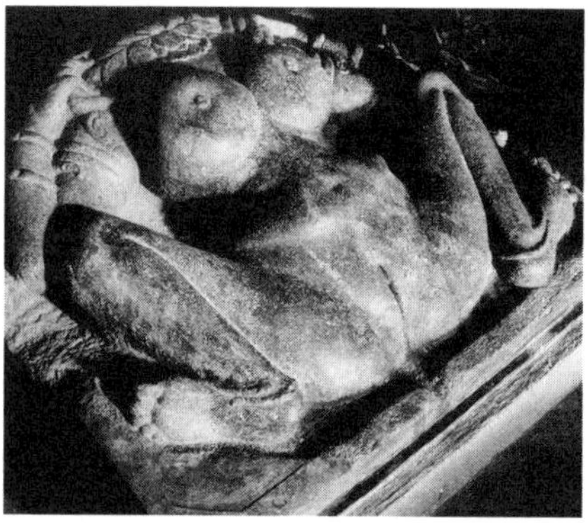

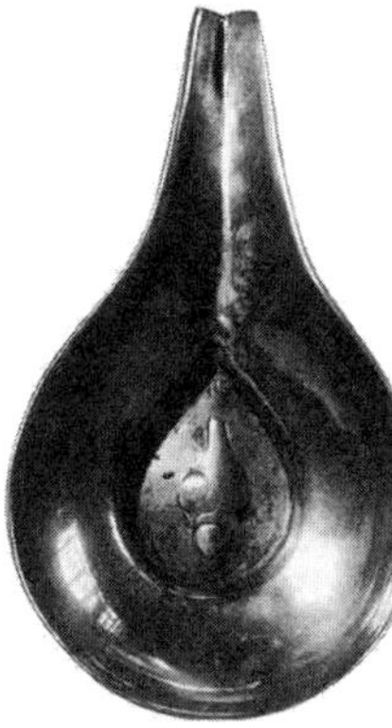

Verehrung der heiligen Schoss-Yoni der Göttin in Indien: als Steinplastik und in Gefässform

Deshalb scheint es, dass die weit verbreitete Verehrung des Lingam beim Shiva-Kult im hinduistischen Indien sehr tief in der vorgeschichtlichen Zeit der Harappa-Kultur begründet ist. Sie geht zurück auf das dritte Jahrtausend vor Christus in der Form von grossen und kleinen, kegelförmigen Linga und Yoni-Ringen wie ihre Gegenstücke aus dem Hinduismus. Hinter diesem Phalluskult liegt das Geheimnis der Geburt. Und das Vorherrschen der weiblichen Statuetten über männliche Figuren in den frühesten Schichten all der Kulturen, in denen sie im Alten Osten, vom Indus-Tal bis zum Mittelmeerraum vorkommen, legt nahe, dass zuerst die Aufmerksamkeit auf die weiblichen und mütterlichen Aspekte des Zeugungsprozesses gerichtet war, egal, ob die göttliche Personifizierung eine Jungfrau, eine Mutter-Göttin oder mehrere Göttinnen war. Wenn Göttinnen dieser Art auftauchten, waren sie in ihren frühesten Repräsentationen nicht von einem Gemahl oder einer männlichen Figur irgendeiner Art begleitet, sei dieser nun jünger oder älter. Ihre vorrangige Funktion war es, Fruchtbarkeit in den verschiedenen Aspekten und Attributen zu fördern, das heilige Tor zu bewachen, durch das das Leben die Welt betrat, und oft eine Rolle in der Sorge um die Toten und ihre Wiederbelebung zu spielen, obwohl in der Harappa-Kultur diese Rolle nicht vorausgesetzt wurde. Dort wie in Beluchistan waren die Göttinnen hauptsächlich mit Hausaltären und dem Wohlbefinden des heimischen Lebens verbunden. Manchmal scheint es, dass sie über das Dorf oder die Stadt wachten, als der Kult sich weiter entwickelte.

ÄGYPTEN UND DAS ÖSTLICHE MITTELMEERGEBIET

Im Nil-Tal wurden drei kleine Frauen-Figurinen in den Gräbern der badarischen Zeit gefunden. Eine hat eine sehr schmale Taille und ist sonst ziemlich dick, die Brüste sind klein und spitz, die Arme vorn verschränkt, und ein breites Schamdreieck hat horizontale Linien. Die zweite hat wenig Taille, ist nicht dick, die Brüste sind lang und hängend, das Dreieck ist schmal mit einigen vertikalen Linien, und die Brustknospen sind deutlich markiert, ebenso Nase und Augen. Die dritte Figur ist sehr grob geformt, ohne Arme und Beine, die Hängebrüste sind abgebrochen. Das Dreieck ist breit und flach, es hat diagonale Linien, die Taille ist angedeutet, das Hinterteil dick, der Kopf klein und vorn am Hals mit einer Perlenschnüre versehen. Es gibt drei Winkel in der Mitte des Rückens. In gewisser Hinsicht ähneln sie amratischen Statuetten.[86]

Göttin mit heiligem Schweinekopf, Ägypten, 3600 v.Chr.

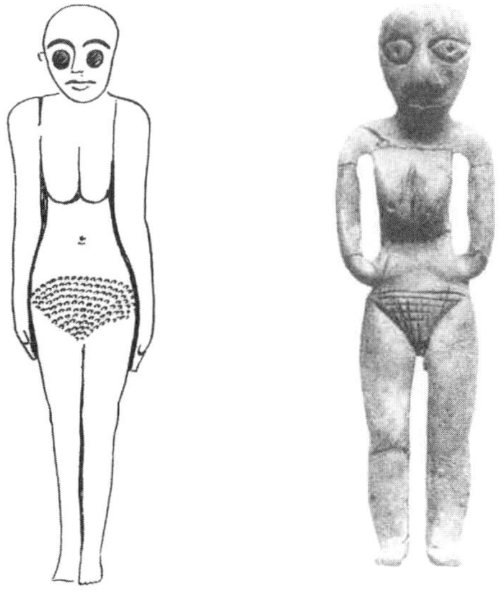

Göttindarstellungen von Negade I, Badari-Kultur, Ägypten, 4000 v.Chr.

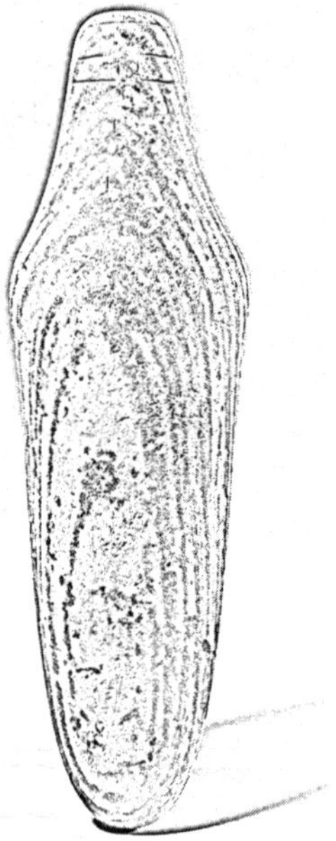

Göttinstein von Kadruka, Sudan, Neolithikum

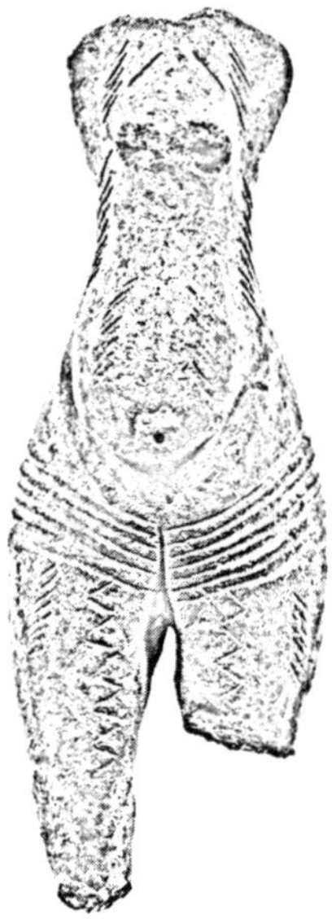

Göttinstatue von el-Kadada, Sudan, Neolithikum

Göttinstatue von Halfa Degheim, Sudan, Neolithikum

Göttinstatue von Mamarija, Ägypten, 4000 v.Chr.

Diese Figurinen des sogenannten „dicken (steatopygen) Typus“ sind alle weiblich, und Petrie verbindet sie mit den altsteinzeitlichen Brassempouy-Beispielen.[87] Sie sind fast alle aus der frühen Periode (SD. 31-34), und sie tauchen bis zu den protodynastischen Zeiten nicht mehr auf, wo sie in Hierakonpolis und Abydos reichlich vorhanden sind.[88] Hängebrüste sind verbreiteter als ein stark betontes Hinterteil, und die Ähnlichkeiten sind am deutlichsten bei den Töpferei- und Tonfiguren, wo das Schamdreieck und die schmale Taille immer wieder auftauchen. Ob die Steatopygen-Gruppe zu einer frühen Rasse gehört, wie Petrie behauptet,[89] oder nicht – sie fällt in die gleiche Kategorie wie die aus der Venus-Tradition, und sie wird wie auch anderswo mit einer schlanken Spielart kombiniert.

Auf Zypern, das von mykenischen Zeiten an der östlichste Ausläufer der ägäischen Kultur wurde,[90] entdeckte man violinförmige, kauernde und flache Steinfigurinen in der Chalkolithikum-Stadt Khirokitia (4000 bis 3500 v.Chr.), die praktisch keine Hinweise auf ihr Geschlecht haben.[91] In der Erimi-Kultur beim Übergang vom Chalkolithikum zur frühen Bronzezeit sind die Geschlechtsteile hingegen betont, manchmal mit einer gemalten Verzierung auf den weiblichen Terrakotta-Statuetten. Wie in Arpachiyah im Nord-Irak wurden sie in der Nachbarschaft der Tholoi und in Verbindung mit Fruchtbarkeits-Amuletten und -Ornamenten gefunden, die ein Modell einer Göttin an einem Anhänger einschliessen.[92] Sie sind dem Typus getreu und mögen als das Resultat eines kulturellen Kontakts mit dem westlichen Asien eingeführt worden sein, wo, wie wir gesehen haben, der Göttinkult in der Zeit des Chalkolithikums fest etabliert war.[93]

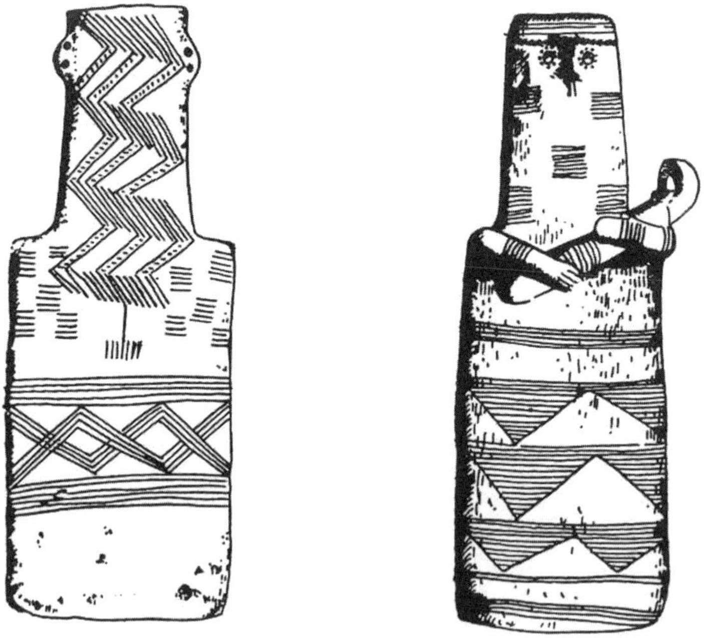

Göttindarstellungen von Zypern, 3. Jahrtausend v.Chr.

Göttinstatue aus Ton von Zypern, ca. 1400 v.Chr.

Die erste Stadt Troja (ca. 3000 oder 2750 v.Chr.) hatte auf dem Hellespont als Treffpunkt der Handelsrouten zu Land und zu Wasser eine Schlüsselstellung inne – und zwar von Mesopotamien bis zur Ägäis über die Anatolische Ebene hinauf zur Meeresenge. Dort in Troja wurde eine relativ grosse Figur des Göttin-Typus gefunden, ungefähr herzförmig und in flachem Relief auf eine Stele gemeisselt, die den Torweg flankiert, betont durch das Arrangement des Haares mit einer Serie von Löchern auf jeder Seite des Kopfes. Die Nase ist ziemlich lang, und das linke Auge sowie der Mund sind betont, was ein eulenähnliches Erscheinungsbild abgibt. Links scheint ein Teil eines Stabes oder Szepters mit einem kugelförmigen Knopf zu sein. Unter dem Gesicht kann man rechts etwas entdecken, das möglicherweise ein Arm oder eine Hand ist.[94] In der zweiten Stadt (ca. 2600 v.Chr.) gab es immer wieder Töpfe mit ähnlichen Figuren, die an solche aus Anatolien und Sumer erinnern,[95] während in den ersten vier der alten Städte von Thermi in Lesbos, die zeitlich parallel zur ersten Stadt Troja erblühten, Verbindungen mit dem Troad, dem südlichen und mittleren Anatolien sowie Mesopotamien bestehen. Auch mit den Kykladen und Thessalien.

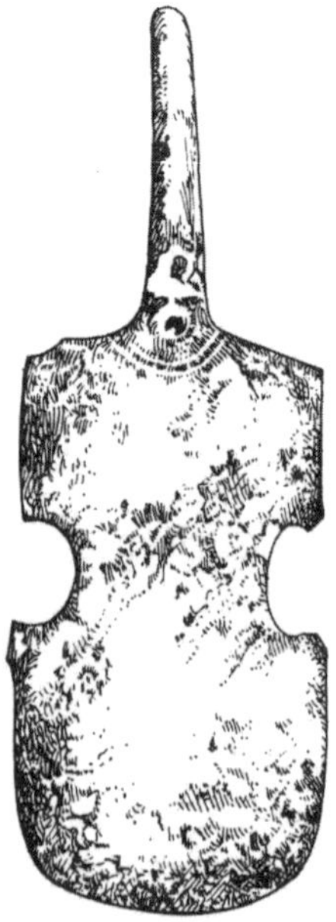

Göttinstatue von Troja,
Kykladen, 3. Jahrtausend v.Chr.

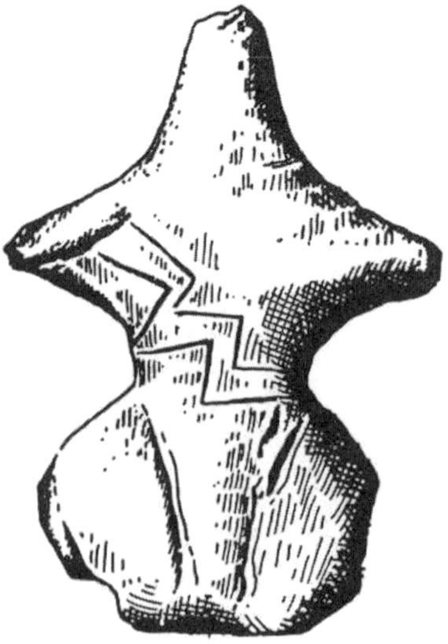

Göttinstatue von Kreta,
4. Jahrtausend v.Chr.

Die Stein-Statuetten wurden in den unteren (das heisst früheren) Thermi-Städten auf sehr herkömmliche Weise angefertigt. Der Violin-Typus herrscht vor. Später wurden sie durch Terrakotta-Figurinen in Ton ersetzt, schlecht gebrannt und oft nur noch fragmentarisch. Einige sind angezogen und geschmückt, obwohl der Kopf und die Arme häufig fehlen. Vielfach sind Bänder über der Brust gekreuzt, und sie treffen sich tief unten am Rücken. Die gestochenen Punkte auf Brust und Schultern mögen ein Halsband vorstellen. Manchmal, wenn das Geschlecht angezeigt ist, sind Nase und Brüste plastisch dargestellt, aber generell sind die Geschlechtsorgane betont, jedenfalls dann, wenn sie überhaupt gezeigt werden. Die Hüften können eckig oder rund sein, und die Beine getrennt, die Arme vor den Brüsten gefaltet. Am Hals und unter der Taille sind Fransen oder Reihen von Stickerei, vielleicht ein Gürtel oder Kragen für das Kleid. Anhänger wurden auch in Menschenform gemacht, und zwar durch Hinzufügen von Brüsten und oben zum Aufhängen mit einem Loch versehen. Die violinförmigen Beispiele wurden manchmal mit vielen Löchern versehen, offenbar zum Einstecken von irgendeiner Art von Zierde.[96]

Auf den Kykladen, wo die Kultur im dritten Jahrtausend vor Christus ihren Höhepunkt erreichte, tauchen sehr rohe Violin-Figurinen in Marmor auf, und zwar in den ärmeren, vorgeschichtlichen Gräbern von Antiparos, aber die Technik verbessert sich bei denen vom Friedhof im Südosten. Das Schamdreieck wird bei den weiblichen Statuetten beständig dargestellt, und in einem Fall wird die Sitzposition angezeigt. In Amorgos entdeckte man einen weiblichen Torso mit dem Arm einer anderen Person um ihren Rücken, und in einigen der Gräber einzelne Marmorbeine. Der Kopf war immer spitz, der Klinge eines Steinwerkzeuges ähnelnd, und überall gab es viel mehr weibliche als männliche Statuetten, was nahelegt, dass ein Göttinkult praktiziert wurde.[97]

Auf dem Festland, wo abgesehen dem Fund eines Steinkopfes von einem Erdwall im Dorf Topuslar im nordöstlichen Griechenland die Züge plastisch dargestellt waren, haben die thessalischen Steinfiguren wenig oder gar keine Ähnlichkeit mit denen auf den Kykladen. Dies trifft auch auf die violinförmige Variante zu, wo der Hals viel länger ist als bei den kykladischen Arten, ohne plastisch dargestellte Züge.[98] Die Mehrzahl der Terrakotta-Beispiele sind weiblich und liegen nur in Bruchstücken vor. Jene aus der ersten und zweiten Periode der Jungsteinzeit sind entweder stehende dicke Figuren mit langen Hälsen und Händen, die ihre Brüste berühren. Oder sie sitzen, haben weniger entwickelte Schenkel und Hinterteile, die Hände liegen manchmal auf den Knien statt auf den Brüsten. Eine Darstellung zeigt eine Frau auf einem vierbeinigen Stuhl sitzend und ein Kind stillend. Alle sind kunstvoll hergestellt und poliert. Details wie dem Haar und anderen Zügen schenkte man besondere Aufmerksamkeit.

Dies im Gegensatz zum gestaltlosen, degenerierten Typus am Ende der zweiten Periode (Jungsteinzeit B) und der dritten oder Chalkolithikum-Periode, bis sie in der Bronzezeit ein Ende finden. Was die Technik anbetrifft, so sind die Terrakotta-Figurinen, die am Fundort bei Dimini nahe dem Golf von Volo geborgen wurden, deren Blütezeit von der zweiten bis zur vierten thessalisch-vorgeschichtlichen Periode reicht, weniger gut gearbeitet als die von Sesklo Tsangli und den anderen Fundstellen, wo die erste Periode repräsentiert war.[99]

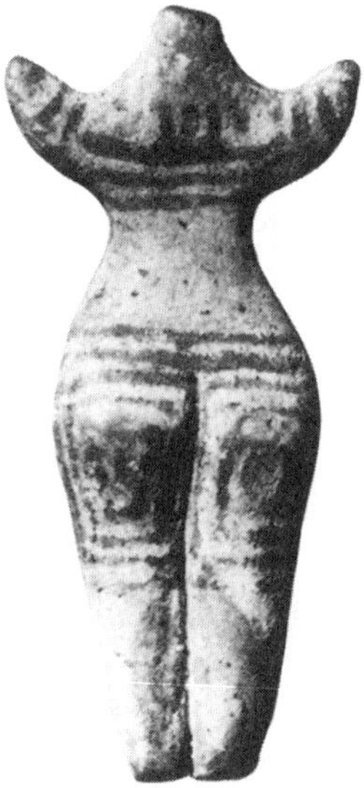

Göttinstatue von Bulgarien, ca. 4000 v.Chr.

Fisch-Göttin von Lepenski Vir, Donautal, Balkan, ca. 6000 v.Chr.

Weil diese jungsteinzeitlichen, thessalischen Figurinen mit Thrakien und dem Norden eher eine Verwandtschaft aufweisen als mit den Metallverwendern im Troad, Anatolien, dem ägäischen Becken und Kreta, ist es möglich, dass sie eine eigenständige Phase in der Entwicklung und Verbreitung des Göttinkultes vom Nahen Osten repräsentierten, wo Generationen von friedlichen Bauern-Gemeinschaften in relativer Abgeschiedenheit von ihren kriegerischen Nachbarn lebten, bis sie von den Menschen überfallen wurden, die Dimini und die angeschlossenen Gebiete befestigten. Einige von ihnen mögen von Vinča auf der Löss-Bank der Donau und dem umliegenden Bereich zwischen Belgrad und Nis gekommen sein. Hier wimmelt es auch von weiblichen Figurinen in Ton und Stein, die roh modelliert sind, mit Betonung auf den Genitalien. Die älteren, kompakten Statuetten sind dickleibig, sie stehen oder sitzen, manchmal auf einem Thron. Das Gesicht ist dreieckig. Bei den ausgefeilteren Varianten sind die Nase und die Augen mit eingeritzten Linien oder mit Bemalungen angezeigt, ausser bei den absonderlichen Beispielen mit einem vogelförmigen Gesicht und einer monströsen Nase. Der obere Teil des Körpers ist nackt, mit oder ohne Verzierungen, und zwei rechteckig geschnittene Lendentücher hängen von einem Gürtel herunter. Verbindungen in Typus und Technik bestehen zwischen der Ägäis, den Kykladen, den Mähren- und Vardar-Tälern einerseits und Anatolien sowie der Vinča-Koros-Region andererseits.[100]

Das Minoische Kreta

Es war jedoch im minoischen Kreta, wo der Kult im östlichen Mittelmeergebiet seinen vollsten Ausdruck fand. Dort sind auf der frühesten jungsteinzeitlichen Ebene in Knossos alle wesentlichen Typen von Tonfigurinen in Südosteuropa, dem ägäischen Becken, Anatolien und dem westlichen Asien vertreten, obwohl die Mehrzahl zur sitzenden Art gehört.[101]

Bei allen ist der Kopf abgebrochen, oder sie erscheinen hockend, bis in der folgenden Periode in Zentralkreta Versuche unternommen wurden, ausgeprägte Gesichtszüge beizufügen. Bei einem jungsteinzeitlichen Exemplar aus Marmor wird Dickleibigkeit mit einer ausgedehnten Kontur durch die verkürzten Beine des hockenden Typs angezeigt. Es gibt Ähnlichkeiten mit den westasiatischen Typen, besonders denen vom nördlichen Syrien und dem nördlichen Irak.

Weil die frühesten jungsteinzeitlichen Einflüsse von Kleinasien nach Kreta um 4000 vor Christus zu spüren waren, kann es keinen Zweifel geben, dass von diesen Zentren aus die Göttin-Sinnbilder zusammen mit der Doppelaxt und der Taube eingeführt wurden. Doppelaxt und Taube traten, wie wir gesehen haben, bei der Arpachiyakultur und anderswo in der Chalkolithikum-Zeit im alten Mittleren Osten auf, 1000 Jahre bevor sich der Kult im östlichen Mittelmeerraum etablierte. Als dies jedoch geschehen war, wurde Kreta im Grunde genommen seine Geburtsstätte im Westen, und später stellte Kreta die ursprüngliche Heimat der phrygischen Mysterien (zum Beispiel Rhea) dar.[102] Hier wurde die minoische Göttin in Ton und Porzellan als Erdmutter dargestellt, die Bergmutter, die Herrin der Bäume und Königin der wilden Tiere, mit ausgestreckten oder erhobenen Armen. Häufig hält sie Schlangen, oder die Arme werden von Schlangen umschlungen. Oft ist sie mit einem Volantrock bekleidet und trägt eine hohe Krone. Manchmal ist sie von einer Priesterin oder einem Abbild ihrer selbst begleitet, zusammen mit Doppelaxt, Hörnern der Heiligung und Votivgewändern.[103] Auf einigen der Siegel wird sie als unter ihrem Baum sitzend gezeigt, wo sie die ersten Erntefrüchte erhält. In späteren, minoischen Szenen (etwa 1500 v.Chr.) sieht man sie als Göttin der Jagd, von Löwen begleitet und mit einem Speer in der Hand. Oder der Speer wird durch eine Säule oder einen Berg ersetzt, die bzw. der zwischen zwei wilden Löwen steht.[104]

Göttinnen-Priesterinnen auf einem goldenen Siegelring der minoisch-mykenischen Kultur

Aber diese minoischen Figuren gehören zu einer Zeit in der Entwicklung des Göttinkultes, als die Muttergottheit als klar definierte Personifizierung des weiblichen Prinzips aufgetaucht war, und zwar so, wie es in den jungsteinzeitlichen „Idolen" oder den altsteinzeitlichen Venusstatuen nicht abgebildet wurde. Dass sie alle sich in derselben Tradition befinden, wird durch ihre technischen Gemeinsamkeiten, ihre Verbreitung sowie ihre magisch-religiöse Bedeutung und Funktion nahe gelegt. Ausserdem kann es, wie Evans aufgezeigt hat, kaum ein Zufall sein, dass all die verschiedenen Zentren von der Ägäis bis Elam, wo sie vorkommen, die „späteren Szenen des Kultes wurden, unter variierenden Namen und Attributen, von einer Serie von Grossen Göttinnen, die oftmals Ideen von Mutterschaft und Jungfräulichkeit kombinierten." Weiterhin behauptet er, dass „es in Kreta selbst unmöglich ist, diese ursprünglichen Bilder von denen zu trennen, die in den Schreinen und Heiligtümern der Grossen Minoischen Göttin auftauchen.“[105]

Priesterinnen-Göttinnen beim Baumkult, Siegelring, minoisches Kreta, 1500 v.Chr.

Es mag sein, dass sie anfangs die mütterlichen Attribute und Funktionen der Mutterschaft symbolisierten, ohne irgendeine sehr spezielle Personifikation der allumfassenden Göttin der Fruchtbarkeit oder einer Seite von getrennten und unabhängigen Fruchtbarkeitsgottheiten. Nichtsdestotrotz repräsentierten sie die Vorläufer des Göttinkultes und geben dem tief verwurzelten Geheimnis von Geburt und Zeugung, von Fruchtbarkeit und Wiedergeburt Ausdruck. Mit der Entwicklung von begrifflichem Denken und technischem Geschick wurden die besonderen Merkmale und Funktionen, die mit der Grossen Göttin verbunden waren, zur Göttlichkeit erhoben. Sie wurden in einem oder mehreren Wesen differenziert und personifiziert, welche die wichtigsten Gesichtspunkte des Zeugungsprozesses in seinen vielfachen Formen und Phasen, verschiedenen Symbolen und Sinnbildern ausmachen. Die Art der Darstellung war notwendigerweise durch das verwendete Medium bestimmt (zum Beispiel Relief, zylindrische Siegel, Terrakotta-Votivgaben, Tonfigurinen, Tonscherben und Sarkophage) und ebenso durch den Zweck, für den sie bestimmt waren.

WESTEUROPA

Malta

Auf der heiligen Insel Malta, die offenbar ab dem dritten Jahrtausend vor Christus Treffpunkt einer Anzahl von kulturellen Strömungen von Westasien, Ägypten, dem östlichen Mittelmeerraum, dem Balkan und Italien war,[106] hat eine fettleibige, weibliche Statue des westasiatischen Typs immense Proportionen. Sie stand im wichtigsten Hof des Tempels in Hal Tarxien, über zwei Meter hoch, bekleidet mit einem Plisseerock und mit dicken, birnenförmigen Beinen. Obwohl sie nur in Bruchstücken vorhanden ist, ähnelt sie sehr den dicken Figurinen ohne Kopf, die in nennenswerter Zahl in Hagar Qim und im grossen, in Fels gehauenen Hypogäum in Hal Saflieni gefunden wurden. Im Gefolge waren offenbar Priester, die lange Röcke und kurzhaarige Perücken trugen, wie chaldäische Amtspersonen. Vor der Statue brachten sie auf dem nahegelegenen Altar Brandopfer dar. Das Blut floss in einen zylindrischen Steinkessel mit einem hohlen Fundament. Der Kessel war aussen mit Markierungen versehen, und er hatte oben ein tiefes Loch, um das Blut aufzunehmen, während in den tassenförmigen, zylindrischen Spitzen der Säulen Räucherwerk verbrannt wurde.[107]

Die maltesischen, jungsteinzeitlichen Megalith-„Tempel" scheinen wie die Tholoi in Arpachiyah vor allem Heiligtümer gewesen zu sein, bevor sie Beinhäuser wurden, wenn man nach ihrer Struktur, Verzierung und ihren Kultobjekten urteilt. So waren in dem riesigen Hypogäum von Hal Saflieni mit seinen unterirdischen, mit Kuppeln versehenen und mit Spiralen dekorierten Gewölben, Höhlen und Kammern mit grossen, davor gestellten dreifachen Steinen rund 7000 Bestattungen enthalten. Dazu entdeckte man Muschelketten, Amulette, Ton- und Alabasterfigurinen des nackten, dicken Typs, die mit denen vergleichbar sind, die in Hagar Qim und in der tarxischen Gruppe gefunden wurden, zusammen mit einem stark gebrannten Tonmodell einer schlafenden Frau, die auf einer Couch liegt. Der Kopf ist auf ihren Arm gebettet und wird von einem Kissen unterstützt.[108] Wie Zammit vorschlägt, kann dies anzeigen, dass das Modell in der Ausübung des „Tempelschlafes" (Inkubation) bei der Befragung von Orakeln verwendet wurde, mit Schlafkammern für Menschen, die dort schliefen, damit die Priester im Dienste der Göttin ihre Träume deuteten. Denn Sinnbilder ihres Kultes gibt es in dem Heiligtum im Überfluss. Die Brüste der schlafenden Figur sind gross und vorspringend, der Bauch ist quer gefurcht, die Hüften sind enorm. Über dem Volantrock ist der Körper nackt, er ähnelt in allen wichtigen Details dem Typus von Tarxien und Hagar Qim. Es gab noch ein ähnliches Terrakotta-Modell, sehr dick, nackt bis zur Taille, mit Resten von rotem Pigment. Es liegt auf dem Gesicht und obwohl der Kopf fehlt, ist das Kopfkissen vorhanden.[109]

Göttinstatue von Hagar Qim, Malta, 2400 v.Chr.

Schlafende Göttin-Priesterin von Malta im Hypogäum von Hal Saflieni, ca. 3000 v.Chr.

Daher scheint es, dass in diesen grossen Schreinen mit ihrer westasiatischen Anmutung ein komplexer und geordneter Kult praktiziert wurde, der sich um die Verehrung der Göttin drehte und der, wie wir gesehen haben, tief in der Tell Halaf-Kultur und in verwandten Kulturen verwurzelt war. Die jungsteinzeitlichen Töpferwaren an den Fundstellen, die einer nordostanatolischen und kretischen Tradition eher entsprechen als der des östlichen Mittelmeerraums und der Ägäis,[110] unterstützen die Schlussfolgerung, dass Verbindungen des Göttinkultes mit Westasien über das Hinterland von Südwestkleinasien und Thessalien bestanden, obwohl es auch Anzeichen von jungsteinzeitlichen kretischen, kykladischen und siculischen Einflüssen gibt, allerdings vor der Verwendung von Metall um 3000 vor Christus. Von Metall ist in den maltesischen Tempeln keine Spur zu finden.

Die Iberische Halbinsel

Indem der Göttinkult nach Westen wanderte, verbreitete er sich auf der iberischen Halbinsel, wo er in Almeria riesige Mengen von weiblichen Figuren hervorbrachte, von denen viele aus den Megalithgräbern und -Hütten in Los Millares am Fluss Andarax geborgen wurden. Tatsächlich waren sie so zahlreich, dass sie zusätzlich zu ihrer wichtigen Rolle im Totenkult offenbar einen Platz bei den normalen, heiligen „Gerätschaften" in jedem Haushalt gefunden hatten, wie in Mohenjo-daro im Industal. Hier jedoch ist es der ägäische Typus der Steinstatuette, der zusammen mit Schiefer-Schmuckplatten ohne Gesichter, Knochen- oder Elfenbeinzylindern und mit „Eulen-Augen" dekorierten Rinderknochen auftritt. Oft sind die Statuen fast bis zur Unkenntlichkeit stilisiert und nie so übertrieben korpulent wie die maltesischen Figuren. In Al Garcel auf der Hochebene nahe der Mittelmeerküste von Südostspanien in einer an Kupfer, Silber und Blei reichen Gegend, legt ein kleines, violinförmiges „Idol", das für die östliche Mittelmeer-Tradition charakteristisch ist, nahe, dass die ersten, neusteinzeitlichen Siedler auf dem westeuropäischen Kontinent (etwa 2700 v.Chr.) mit dem Kult vertraut waren. Zweifellos hatten sie ihn von den östlichen Mittelmeerinseln und dem Fruchtbaren Halbmond mitgebracht, denn es bestand eine Verwandtschaft mit den Kulturen der Badarier, der Merimdianer und der Fayum. Ähnliche Beispiele kehrten in El Castillo nahe Pavia und Alemtejo in Portugal wieder.[111] Von El Garcel verbreitete sich der Kult in den Südwesten der iberischen Halbinsel hinein, wo zylindrische Marmor-Figurinen mit eingemeisseltem Gesicht und Augen ein Charakteristikum wurden, das sich von den almerianischen Knochen mit „Eulenaugen" unterscheidet. Der ägäische Typus der Steinfigurine, vereinfacht zu einer flachen Scheibenfigur aus Schiefer, wie sie in Almeria üblich war,[112] tritt in Gemeinschaftsgräbern auf dem Plateau von Granada wieder auf, in der Nachbarschaft von Guardix, Gor und Gorafe.[113] Ähnliche Entwürfe sind auf Krummstäben und Scheibenidolen in den Gräbern von Palmella in Portugal eingeritzt, ausserdem auf Knochen und almerianischen Statuetten. Auf den portugiesischen Hochländern sind Schiefer- und Marmorfigurinen unter den Grabbeigaben der Kammergräber,[114] und an der nordöstlichen, spanischen Küste kommen in Katalonien sporadisch Knochenstatuen vor.[115] Aber wie die megalithischen Grabmäler, mit denen der Kult auf der iberischen Halbinsel auf das engste verbunden war, im Hinterland und im Norden, werden sie konventioneller und verkümmerter.

Augengöttin aus einem Megalithgrab von Estremadura, Spanien

Göttindarstellung von Idanha-a-Nova, Portugal, 2500 v.Chr.

Nordwesteuropa

Durch den immer wieder von neuem auftauchenden Symbolismus in Form von Menhir-Statuen und ähnlichen Entwürfen in der Bretagne, dem Pariser Becken, der Marne und den Kanalinseln wird aufgezeigt, dass die Verehrung der Grossen Göttin in ihrer Verbreitung entlang dem atlantischen Küstengebiet und von den Pyrenäen bis zur Seine-Oise-Marne-(S.O.M.) Region in Frankreich ein wichtiges Element in der Megalithkultur war. Die weiblichen Figuren mit Brüsten und U-förmigen Halsketten in Aveyron, Tarn, Gard und auf Guernsey entsprechen der Göttintradition. Dabei hat Abbé Breuil etwas entdeckt, was er für das Gesicht und die Züge der Göttin hält – in typisierten „Rundschild"- und „Tintenfisch"-Mustern auf den Totenbänken eines Grabmals auf der Insel Gavr'inis im südlichen Morbihan.[116] In dieser Gegend waren die Täler der Seine und Oise Kultzentren mit einem charakteristischen Zug der S.O.M.-Kultur, eingeführt aus dem Süden Frankreichs, aus Sardinien und von den Balearen. Der Kult verbreitete sich über das Rhonetal in das Pariser Becken und in die Kalkstein-Niederungen der Champagne hinein. Nachdem er bei Bestattungen bedeutungsvoll geworden war, erreichte er die Halbinsel Armorica als bedeutendes Pilgerzentrum mit ihren Kontakten nach Spanien und mit Erweiterungen zu den Kanalinseln sowie der Mündung der Loire.

Menhir-Göttin von St. Sernin
(Aveyron), Frankreich

Göttindarstellung in einem Felsgrab,
Petit Morin, Frankreich

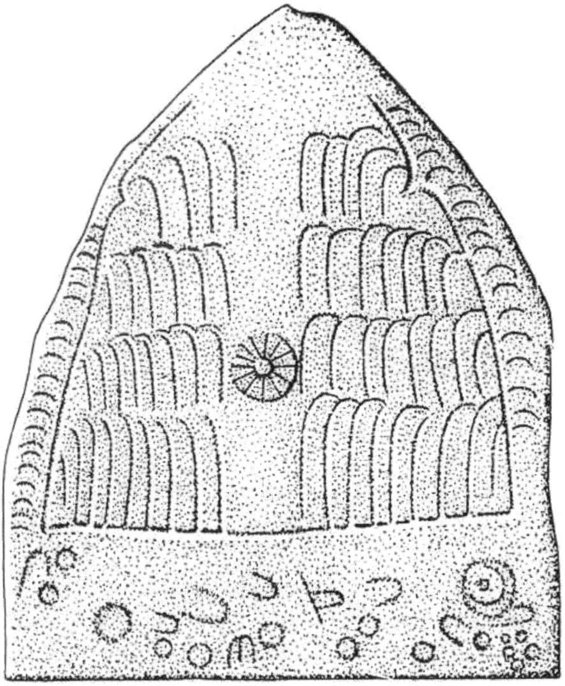

Kegelförmiger Menhir als Göttindarstellung; mit Symbolen verziert
und einem 13-speichigen Rad, Locmariaquer, Bretagne, ca. 4000 v.Chr.

In seiner nördlichen Verbreitung machte der Göttinkult seinen Weg über den englischen Kanal nach Britannien, wo er auf den Kalksteinniederungen und Hochländern von Wessex bis Devon entdeckt wurde. In Maiden Castle in Dorset wurde ein typisierter Torso mit zwei Löchern an der Basis zum Einsetzen von Beinen gefunden. Und von Windmill Hill nahe Avebury in Wiltshire – dem Ort, welcher der jungsteinzeitlichen Kultur A in Britannien ihren Namen gab – wurde eine weibliche Statuette zusammen mit in Kreide gemeisselten Phalli geborgen.[117] Ein geschnitztes Objekt aus Knochen von der Ebene der jungsteinzeitlichen Besetzung in Trundle über der Goodwood-Rennbahn in Sussex ähnelt einem Phallus.[118] Und in einem langen Karren auf Thickthorn Down, Cranbourne Chase, Dorset, wurde ein überzeugendes, gut geschnitztes Beispiel in Verbindung mit der Windmill Hill-Kultur entdeckt.[119] Ähnliche Funde wurden im Whitehawk Camp auf der Rennbahn von Brighton dokumentiert, mit dem für die Windmill Hill Jungsteinzeit A-Kultur typischen eingedämmten Feldlager, sowie in Feuersteinminen bei Blackpatch auf den Sussex Downs.

Göttin von Grimes Graves,
Norfolk, England

Göttin von Capdenac, Chasséen-Kultur,
Frankreich, 4. Jahrtausend v.Chr.

In den Feuersteinminen bei Grimes Graves in Norfolk wurde 1939 die dicke, in Kreide gemeisselte Figur einer schwangeren Frau ans Licht gebracht. Sie befand sich in Grube 15, und ein Phallus lag unter ihr, ebenfalls in Kreide auf der linken Seite eingemeisselt. Vorne waren Blöcke aus Feuerstein in Form eines Dreiecks aufgerichtet, mit einer Kreideschale an der Basis, der weiblichen Figur gegenüber, und sieben Hirschgeweihsprossen auf dem „Altar", vielleicht als Votivgaben. Diese bemerkenswerte Rituallagerstätte wurde als Schrein einer Erdgöttin gedeutet. Sie war in einem sterilen Schacht untergebracht, um ihre Produktivität wieder herzustellen, oder um die Mine als Ganzes zu einem reichen Bett aus Feuerstein zu machen,[120] womit die Idee vom Überfluss der Erde auf die Mineralien ausgedehnt wurde. Aber diese Statuette ist eher mit den altsteinzeitlichen Venusstatuetten als mit der iberischen Technik verwandt. Dabei legt der damit verbundene phallische Symbolismus anatolische und minoische Einflüsse nahe. Es besteht aber ein Unterschied zu den Figurinen der Mittelmeerküste und Westeuropas, wo das Geheimnis von Geburt, Zeugung und Fruchtbarkeit in all ihren Formen und Phasen hauptsächlich in den verschiedenen Frühformen des Göttinkults und seiner Tradition Ausdruck fand.

II

DER GÖTTINKULT IN MESOPOTAMIEN UND ÄGYPTEN

Egal, ob man den sehr alten, um das Geheimnis von Geburt und Fruchtbarkeit zentrierten Kult in seinen alt- und jungsteinzeitlichen Ausdrucksformen zu Recht als den einer einzelnen Göttin oder von mehreren Göttinnen beschreiben kann, die all die Prozesse von Zeugung und Fruchtbarkeit kontrollieren – es kann mit Sicherheit in diesem Zusammenhang folgendes behauptet werden: Dass ein solches göttliches Wesen oder Wesenheiten mit dem Aufkommen von Ackerbau und Viehzucht im alten Nahen Osten auftauchte und klar definiert wurde. Im ersten Fall nahm sie offenbar als unverheiratete Göttin den grössten Einfluss, und zwar von Indien bis zum Mittelmeergebiet. Langdon zeigt auf, dass in Mesopotamien „das Ausmass der Verehrung anderer Götter irgendwie von der politischen Bedeutung der Städte abhing, wo ihr Hauptkult bestand. Bevor jedoch das System der Naturgötter aufkam und die komplexe Theologie der Offenbarungen die Religion mit einem riesigen Pantheon versorgte, in dem das männliche Element dominierte, hatten die produktiven Kräfte der Erde in prähistorischen Zeiten eine Göttlichkeit zur Verfügung gestellt, in welcher das Weibliche vorherrschte.“[1]

DIE MUTTERGÖTTIN IN MESOPOTAMIEN

Als Landwirtschaft und Zähmung von Tieren aufkam, wurde die Funktion des Mannes im Zeugungsprozess deutlicher, und sie wurde als wichtiges Element in der Situation erkannt. Die Leben spendende Mutter, sei es als Erdmutter oder in jeder anderen Eigenschaft, wurde mit der Rolle der Ehefrau betraut, damit der Mann seine wichtige Rolle als Erzeuger spielen konnte, obwohl er zum Beispiel in Mesopotamien der Diener oder Sohn der Göttin blieb, der Hervorbringerin allen Lebens. Ausserdem wurde die Erdgöttin, als der Geburtskult in Ackerbau-Gemeinschaften mit dem Zyklus der Jahreszeiten und dem Vegetationsritual in Verbindung gebracht wurde, so wie in den Gemeinschaften des Tigris-Euphrat-Tales, als die Leben spendende Kraft in der ganzen Natur verstanden. Und so war sie verantwortlich für die periodische Erneuerung des Lebens im Frühjahr nach der Unfruchtbarkeit des Winters oder der sommerlichen Trockenheit. Daher nahm sie die Form der Göttin mit vielen Gesichtern an, sie war sowohl Mutter als auch Braut. Sie war unter vielen Namen und Beinamen bekannt, so wie Ninhursaga, Mah, Ninmah, Inanna-Ishtar, Nintu oder Aruhu. So war in der sumerischen Mythologie die Göttin Ninhursaga, „die Mutter des Landes", Ninsikil-la, „die reine Dame", bis sich Enki ihr näherte, der Wassergott der Weisheit, und sie eine Reihe von Gottheiten gebar. Dann wurde sie Nintu ama Kalamma, „die Dame, die gebiert, die Mutter des Landes". Als sie ihn akzeptiert hatte, war sie Dam-gal-nunna, „die grossartige Gattin des Prinzen" (Enki). Und weil sie als fruchtbarer Boden empfangen und die Vegetation geboren hatte, war sie Nin-hur-sagga, „die Herrin des Berges", wo die Natur im Frühling ihre Kräfte und Fruchtbarkeit auf den üppigen Hängen manifestierte.[2]

Relief der Ishtar (Lilith) aus Mesopotamien, 2000 v.Chr.

Ishtar oder ihre „Tänzerinnen" mit Tieren und Musikanten, Mesopotamien, ca. 2000 v.Chr.

Inanna-Ishtar und Dumuzi-Tammuz

Ähnlich verlief es mit Inanna, obwohl sie als heiratsfähiges Mädchen dargestellt wurde und berichtet wird, dass sie den göttlichen Bauern Enkidu als Ehemann akzeptiert und die Annäherungsversuche des göttlichen Schäfers Dumuzi abgelehnt habe.[3] Nichtsdestotrotz, als sumerischer Gegenpart von Ishtar wurde ihre Hochzeit mit Dumuzi-Tammuz jährlich in Isin zur Frühlings-Tagundnachtgleiche gefeiert, um die Lebenskräfte in der Natur zu wecken. Wie auch immer die relativen Verdienste des Schäfers und des Bauern als ihrer jeweiligen Verehrer in der mythisch-poetischen Tradition ausgelegt wurden, die rituelle Situation erforderte die Vereinigung der Göttin, die generell Fruchtbarkeit verkörperte, mit dem Gott, der die schöpferischen Kräfte des Frühlings darstellte, um die schlafende Erde und den Prozess der Fruchtbarkeit in dieser Jahreszeit wieder zu erwecken. Daher war es ihre Hochzeit mit Dumuzi, die dem Vegetationszyklus Ausdruck verlieh. Als „treuer Sohn der Wasser, der aus der

Erde kam“ war er im Wesentlichen der junge, leidende Gott, der von seiner Gemahlin-Mutter abhängig war, der Göttin Inanna-Ishtar. Jedes Jahr starb er innerhalb des normalen Zyklus der Jahreszeiten und ging hinüber ins Land der Dunkelheit und des Todes, von wo es für normale Sterbliche keine Rückkehr gab. Inanna jedoch als Himmelskönigin war fest entschlossen, die niederen Regionen zu besuchen, um ihren Liebhaber-Sohn zu retten. (Unter ihren vielen ehelichen Bündnissen war sie auch die Frau von Anu, dem mesopotamischen Himmelsgott.)

Sie schmückte sich mit all ihren Insignien und hatte all ihre passenden göttlichen Erlasse dabei. So machte sie sich auf die gefährliche Reise. Sie wies den Boten Ninshubur an, in der Versammlungshalle der Götter und in ihren wichtigen Städten auf der Erde Alarm auszulösen, sollte sie innerhalb von drei Tagen nicht zurück sein. Als sie am Tor des Furcht erregenden Ortes ankam, erhielt sie unter Vorspiegelung falscher Tatsachen Eintritt. Aber als man sie erkannte, wurde sie durch die sieben Tore geführt, und an jedem verlor sie einen Teil ihrer Kleidungsstücke und Juwelen. Als sie am Lapislazulitempel von Ereshkigal, der Königin der Unterwelt, ankam, war sie splitternackt und verwandelte sich sofort durch den „Blick des Todes“, der auf sie fiel, in einen Leichnam. Am vierten Tag folgte Ninshubur den Anweisungen, und Enki, der Wassergott der Weisheit, schmiedete einen Plan, um ihr das Leben wieder zu geben. Er schuf sechs Lebewesen ohne Geschlecht, sandte sie in die Unterwelt mit der „Nahrung des Lebens“ und dem „Wasser des Lebens“, womit sie ihren Leichnam bestreuen und besprengen sollten. Dies taten sie, und sie wurde wieder lebendig. Begleitet von einigen Schatten, Gespenstern und Hyänen verliess sie das Land der Verstorbenen und stieg zur Erde auf, wo sie in Sumer zusammen mit ihren Geister-Begleitern von Stadt zu Stadt wanderte.[4]

Hier bricht die sumerische Version des Mythos ab. Aber es kann kaum bezweifelt werden, dass die Fortsetzung sich nicht sehr von der in der späteren Geschichte unterschied, denn diese Version folgt sehr dem semitischen „Abstieg von Ishtar in die Unterwelt“, der auf akkadischen Tafeln aus dem ersten Jahrtausend vor Christus niedergeschrieben wurde. So zeigen jetzt neue Dokumente, dass Inanna den Schäfergott Dumuzi bei ihrer Rückkehr mitbrachte. Aber weil er bei ihrem Abstieg zu seiner Rettung keine Trauer zeigte, sondern „sich aufs hohe Ross setzte“, übergab sie ihn den Dämonen, offenbar, um ihn dorthin zurück zu bringen, woher er gekommen war. Aber auch hier bricht der Text an der wesentlichen Stelle ab.[5] Trotzdem ist klar, dass Inanna im Grunde das sumerische Gegenstück zur akkadischen Ishtar war. Und in dieser Eigenschaft stand sie etwa in der gleichen Beziehung zu Dumuzi wie Ishtar zu Tammuz, der Verkörperung der schöpferischen Kräfte des Frühlings und des herbstlichen Nachlassens im jahreszeitlichen Kreislauf. Im semitischen Mythos jedoch scheint es, obwohl der genaue Grund dafür, warum Ishtar ihre Schwester Ereshkigal in der Unterwelt besuchte, nicht genannt wird, dass dieser Grund die Rettung des Schöpfergottes Tammuz war. Denn offenbar war es ihre gemeinsame Rückkehr, welche den Fluch aufhob, der während ihrer Abwesenheit auf ihm lag.[6]

Dieses Thema des leidenden Gottes und der sorgenvollen Göttin wurde in den Tammuz-Liturgien aufgeführt, und dann beim jährlichen Fest, als Marduk eine Tammuz-Rolle übernommen hatte, womit er Enlil als Kopf des Pantheons ersetzte, nachdem die Stadt Babylon (etwa 1728 v.Chr.) Hauptstadt geworden war. Begleitet wurden die Aufführungen von bitterem Klagen und dem Singen von Grabgesängen über dem Bildnis des toten Gottes. Denn die verbrannte Erde des Sommers schien eine Rückkehr der Verwüstung anzudrohen, da Ishtar über trockenen Feldern und in leeren Schafherden wanderte, während ihr Sohn-Geliebter in der Unterwelt war.[7] In den Klagegesängen der Priester und Menschen wurde der Schrei des leidenden, jugendlichen Gottes wiederholt, bis er von der Göttin erlöst und der oberen Welt als ihr „auferstandenes Kind" wiedergegeben wurde. Da verwandelten sich Sorge in Freude und Niederlage in Sieg. Das wurde in dem jährlichen Frühlingsfest mit einer dramatischen Wiederaufführung der kosmischen Schlacht zwischen den wohlwollenden Kräften gefeiert, die durch Marduk angeführt wurden, und den Gastgebern des Chaos unter Tiamat. Thema war auch die Gefangenschaft von Marduk in einem Berg (dem Land der Toten), seine Befreiung und seine Wiedervereinigung mit der Göttin.

Die Heilige Hochzeit der Göttin und des Königs

In diesem wiedererzeugenden Ritual spielten sumerische Könige den Part von Dumuzi-Tammuz, der die Leben spendenden Kräfte des Frühlings durch die Vereinigung mit Inanna-Ishtar verkörperte, der Quelle allen Lebens, indem sie die heilige Hochzeit mit der Königin oder einer Priesterin feierten, um die Fruchtbarkeit in der Natur wieder herzustellen. In einer Hymne auf Ishtar als Planet Venus, geschrieben für den Kult des zum Gott gemachten Königs von Isin-Dagan (dem dritten König der amoritischen Dynastie, ca. 2258 bis 2237 v.Chr.) in der Rolle des Tammuz, gibt es Hinweise darauf, dass er eine Affäre mit der Muttergöttin zur Zeit ihrer Rückkehr aus dem Land der Toten hatte, von wo sie Tammuz mitbrachte. Bilder der Göttin und des Königs, wie sie auf einem Marmorbett beisammen sind, liegen im Heiligtum. Und als die Vereinigung stattgefunden hatte, wurde der König das Symbol von Leben und Tod, denn dadurch erlangte er den Status des sterbenden und wieder belebten Gottes.[8] Aber durchgängig wird die Göttin als diejenige dargestellt, welche die Initiative ergreift. Der König ging zu ihrem „weithin berühmten Tempel“, er brachte ihr Kuchen, „um den Tisch für das Festmahl zu decken.“ Sie umarmte ihren geliebten Mann, der ihrem Willen gehorchte und die Gunst geniessen durfte, die sie ihm zu erweisen beliebte.

Der Reichtum des neuen Jahres und der Überfluss der heiligen Hochzeit wurden von der Königin gewährt. Ihr Gemahl war nur das Instrument, das sie verwendete, um ihre Gaben zu verschenken. Dies hat Frankfort zu dem Schluss veranlasst, dass nur diejenigen Könige zu Göttern erhoben wurden, die von einer Göttin dazu aufgerufen worden waren, mit ihr das Lager zu teilen.[9] Aber egal, ob dies generell beachtet wurde oder nicht, zweifellos war die heilige Hochzeit eines örtlich Regierenden mit einer Göttin bei den sumerischen Neujahrsfeierlichkeiten eine rituelle Regel von grosser Bedeutung, um das Wiederbeleben der Natur im Frühling zu sichern.

In Mesopotamien war „Mutter Erde“ die unerschöpfliche Quelle neuen Lebens. Deswegen wurde die göttliche Kraft, die in der Fruchtbarkeit und in all ihren vielfältigen Formen manifestiert war, in der Göttin personifiziert, die als Inkarnation der Fortpflanzungskräfte der Natur, als Mutter der Götter und der Menschheit angesehen wurde. Sie erneuerte die Vegetation, sie betrieb das Wachstum der Feldfrüchte und die Vermehrung von Mensch und Tier. In ihrer Gestalt als Inanna-Ishtar wurde ihre Hochzeit mit dem Schöpfergott Dumuzi oder Tammuz gefeiert, der die schöpferischen Kräfte des Frühlings verkörperte, um die Erneuerung des Lebens und die Jahreswende zu symbolisieren und hervor zu rufen, wodurch die Erde vom Verhängnis der Unfruchtbarkeit befreit wurde. Aber diese Vereinigung wurde erst erreicht und vervollständigt, nachdem der ständige Kampf zwischen den beiden gegensätzlichen Kräften der Natur, der Fruchtbarkeit und der Unfruchtbarkeit, erfolgreich beendet war und nachdem Tammuz in der Fülle seiner virilen Männlichkeit vom Land der Toten errettet war. Von dieser Wiederkehr des „auferstandenen Kindes“ der Göttin hing die Wiedergeburt des neuen Lebens aus dem ausgedörrten Boden ab.

Das Akitu-Fest in Babylon

Als Babylon Hauptstadt wurde und Marduk die Gestalt des Tammuz als zentrale männliche Gottheit im jährlichen Fest ersetzte, das im Akkadischen als Akitu bekannt war und im Frühling während der ersten elf Tage des Monats Nisan gefeiert wurde, spielte nun der König die Hauptrolle. Zusätzlich zu einer sorgfältig ausgearbeiteten Serie von Reinigungsriten und dem Rezitieren der Schöpfungsgeschichte, der *Enuma elish*, schloss es am fünften Tag die Abdankung und die Wiedereinsetzung des Königs im Schrein von Marduk ein. Dort vor der Statue des Gottes wurden ihm all seine königlichen Insignien und Regalia abgenommen. Er wurde vom Hohepriester auf die Wange geschlagen, in die Knie gezwungen und musste erklären, dass er gegenüber der Göttlichkeit des „Herrn der Länder“ nicht nachlässig gewesen war oder Babylon zerstört hatte. Dann wurde er in sein Amt wieder eingeführt, nachdem er ein Negativbekenntnis abgelegt hatte: „Ich war nicht nachlässig...“ Am sechsten oder siebten Tag wurde Marduk, sein göttlicher Gegenspieler, von seinem Sohn Nabu aus dem Berg (das heisst der Unterwelt) befreit, in dem er gefangen gehalten worden war. So werden auf den Siegeln des sargonischen Zeitalters in der Mitte des dritten Jahrtausends vor Christus kämpfende Gruppen gezeigt, die sich möglicherweise auf die Schlacht bezogen, die während des Festes geführt wurde, um den Gott zu befreien.

Marduk bekämpft die Ur-Schlange Tiamat

Und es scheint sich bei der Göttin, die auf einem Berg sitzt, aus dem Kopf, Arme und Beine der gefangen gehaltenen Gottheit hervorspringen, um Inanna-Ishtar zu handeln, die Tammuz-Marduk sucht und aus seinem Berg-Grab heraus geleitet.[10] Der auf wundersame Weise wiederbelebte Gott wird gezeigt, wie er aus dem Boden herauskommt, die Göttin hilft ihm dabei, während ein anderer Gott die Vegetation auf dem Berg herauszieht und zerstört. Er personifiziert die Sonne, deren Strahlen im Sommer allem Leben feindlich gegenüber stehen. Beim Akitu-Fest wurden am achten Tag nach der Freilassung von Marduk und dem Wiedereinsetzen des Königs die Statuen verschiedener Götter, die an dem Fest teilnahmen, in der Kammer des Schicksals zusammengetragen, damit sie ihrem Anführer (Marduk) ihre gemeinsame Kraft für die Eroberung der Mächte des Todes zuführen und das „Schicksal“ für das folgende Jahr beschliessen konnten. Der wiederbelebte Herrscher führte, nachdem er göttliche Lebenskraft empfangen hatte, die Statue von Marduk in einer triumphalen Prozession zum Fest-Haus (Bit akitu) ausserhalb der Stadt. An dieser Stelle sind die Feststellungen in den liturgischen Texten und die Aufschriften der neubabylonischen Könige verworren. Aber es ist möglich, dass es in dem Fest-Haus war, wo die urzeitliche Schlacht zwischen Marduk und Tiamat stattfand, die von Sennacherib auf seinen Kupfertüren abgebildet waren. Der König selbst personifizierte den „siegreichen Prinzen“, der die Mächte des Bösen bei der Jahreswende besiegt hatte. So wurde offenbar beim Abschluss der Riten in Bit akitu ein Bankett gehalten, um den Sieg zu feiern. Und nach der Rückkehr zu den Esagila am elften des Monats Nisan wurde eine Heilige Hochzeit zwischen dem König und einer Priesterin vollzogen, die wahrscheinlich von königlichem Geschlecht war.[11] Dafür wurde ein mit Grün geschmückter Schrein errichtet, der eine heilige Brautkammer oder Kapelle enthielt, gigunu genannt, offensichtlich auf einer der Ebenen des Ziqqurat.[12] Darin wurde das gemeinsame Lager eingerichtet, zu dem Zweck, die Fruchtbarkeit der Felder, der Herden und der Menschheit wieder herzustellen, und zwar durch den Geschlechtsverkehr der menschlichen Verkörperungen der Göttin und des Gottes, von denen die Fruchtbarkeit abhing. Aber in dieser Vereinigung war die Göttin der aktive Partner, obwohl der König in der Eigenschaft von Tammuz als Sohn-Gatte von Ishtar die schöpferische Kraft in der Natur darstellte. Sie rief ihn zu ihrem Lager und gab ihm dadurch einen göttlichen, aber dienenden Status im schöpferischen Prozess. So wurde Lipit-Ishtar zum Gott gemacht, und zwar während eines Vorspiels zu seiner heiligen Hochzeit mit Ishtar. Dies geschah dadurch, dass er mit dem Fruchtbarkeitsgott Urash verschmolzen wurde, nachdem er von Anu, dem Gott des Himmels, zum König von Isin ernannt worden war. Und die Isin-Texte lassen keinen Zweifel daran, dass die Initiative der Göttin zugeschrieben wurde.[13]

DIE GÖTTIN IM NIL-TAL

Die ägyptische Monarchie und die Göttin

In Ägypten war andererseits eher der Pharao als die Göttin dominierend. Denn weil er die Inkarnation des Sonnengottes und der lebende Sohn von Osiris war, übte er seine Leben spendenden Funktionen selbständig aus, kraft seiner göttlichen Herkunft und seines göttlichen Amtes. Das begann in der fünften Dynastie (ca. 2580 v.Chr.), als von der Priesterschaft von Heliopolis die Sonnentheologie etabliert wurde. In all den sich aneinander annähernden Traditionen und Mythologien, die von fernen, vorgeschichtlichen Zeiten her überliefert waren, wurde seine Göttlichkeit so fest etabliert, dass er im Nil-Tal zum Inbegriff des Göttlichen wurde. Vor Beginn der dynastischen Periode (ca. 3200 v.Chr.) war das Land in eine Reihe von Verwaltungsbereichen aufgeteilt, die von örtlichen Göttern regiert wurden. Von ihnen erhielten die Nomarchen (das sind die Clan-Oberhäupter) ihre Autorität. Wenn der Bereich ein Königreich wurde und der

Nomarch ein König, sah man ihn als Sohn eines Königs an, der seine Regentschaft und seine Funktionen kraft seines göttlichen Status ausübte.

Während der ersten protodynastischen Zivilisation kam eine Gruppe Asiaten ins Nil-Tal, die Verehrer von Horus waren, einer Himmelsgottheit vom Falken-Clan. Von der Nachbarschaft von Koptos aus machten sie ihren Weg zum westlichen Delta, und sie setzten eine einzelne Linie von Königen mit zentralisierter Verwaltung ein. Sie erklärten Hierakonpolis im dritten Bezirk zum vordynastischen Zentrum dieser Verehrung. Andere Falkengötter wurden mit Horus identifiziert, und König „Skorpion", der wahrscheinlich dem traditionellen Begründer der Dynastie, Menes, vorausging, beanspruchte für sich, die Inkarnation von Horus zu sein. Ober-Ägypten, das östliche Delta und die Wüstenregionen blieben jedoch unter der Herrschaft von Seth, dem einheimischen Gott, bis seine Verehrer von den Horus-Eroberern nach Süden getrieben wurden, die Edfu (Behdet) zu ihrem Kultzentrum machten. Von nun an wurde Horus als der Behdetiter bekannt, und mit der Vereinigung der „beiden Länder" (Ober- und Unter-Ägypten) zu einer Nation wurde er die herausragende Figur im Königsamt, das als das letzte der protodynastischen Könige in sichtbarer Form und von diesem Zeitpunkt an in der Person des Pharao verkörpert war. Er bekam den Namen Horus verliehen. Zudem wird der Falkengott Horus in den Pyramidentexten als Quelle von Leben und Tod dargestellt, von Regen und himmlischem Feuer. Dadurch wurde der regierende König mit einem alten Himmels- und Wettergott verbunden, bevor er durch den Sonnengott ersetzt wurde.

Im östlichen Delta in Busiris (Per-Usire oder Djedu), der Hauptstadt des neuen Bezirks, wurde der Kult des Osiris, eines anderen alten Herrschers, zu einer frühen Zeit etabliert. Von ihm dachte man, dass er ein zum Gott gemachter, menschlicher König war. Dieser Tod- und Auferstehungskult scheint ebenfalls von Osten her in das Nil-Tal eingedrungen zu sein und sehr starke Verwandtschaft mit dem von Tammuz im westlichen Asien gehabt zu haben. In beiden personifizierte der göttliche Held Vegetation und Wasser, und er stand in einer sehr intimen Beziehung mit der mit Geburt und Fruchtbarkeit verbundenen Göttin bzw. mit dem Königsamt. Trotzdem war die Beziehung von Osiris zu seiner Schwester-Gattin Isis sehr abweichend von jener, die Tammuz zur Göttin Ishtar hatte. Denn in der Tat hatte der regierende Monarch in Ägypten den Thron als Horus inne, dem lebenden Sohn von Osiris. Dem stand das mesopotamische Verständnis vom König als Instrument und Diener der Göttin gegenüber. Es ist noch immer ein Gegenstand der Debatte, wie und unter welchen Umständen Horus der Ältere mit dem Sohn von Osiris identifiziert wurde. Vielleicht war Osiris ursprünglich Oberhaupt und Anführer der zweiten Welle von Einwanderern aus dem westlichen Asien. Dieser wurde dann zum Gott gemacht, nachdem er den Einheimischen des nördlichen Teils vom Delta Ackerbau beigebracht hatte. Zuerst mögen sie ihn als Bruder ihres eigenen Gottes Seth und ihrer Göttin Isis von Sebennytes angesehen haben, die möglicherweise der vergöttlichte Thron wurde, die „Thron-Frau“, die den Prototyp des lebenden Königs in seiner Eigenschaft als Horus gebar.[14]

Die Enneade von Heliopolis

In der Zwischenzeit drang während der zweiten vordynastischen Zivilisation eine andere Gruppe von Invasoren, die wahrscheinlich aus dem östlichen Mittelmeerraum kam, in das Delta ein und siedelte sich in Heliopolis an. Weil sie Verehrer von Re waren, dem Sonnengott, wurde diese Stadt, die sie am Kopf des Deltas bauten, das Zentrum der Sonnentheologie, die einen sehr tiefen Einfluss auf die folgende Entwicklung der ägyptischen Zivilisation ausübte. Es war dort in der fünften Dynastie (ca. 2580 v.Chr.), wo die Priesterschaft die Sonnen-Linie der Könige mit ihrem Gott Atum-Re gleichsetzte. Dann verbanden ihn die Priester mit Osiris in der Ausarbeitung ihrer Enneade, in welcher die Götter in Paaren gruppiert wurden, die auf Atum-Re zurückgingen, den Obersten des Sonnen-Pantheons. Atum ging bei der Schöpfung aus Nun hervor, den Wassern des Chaos, und wurde ein Aspekt von Re, der Personifizierung der Sonne, der in Form eines Phönix oben auf dem ursprünglichen „Sandhügel“ erschien. Dies wurde das Zentrum der Erde, und darauf wurde „das Haus des Obelisken“ als grosser Sonnentempel errichtet. Atum-Re paarte sich mit sich selbst und brachte Shu hervor, den Gott der Atmosphäre, und seine Gemahlin Tefnut, die Göttin der Feuchtigkeit. Von diesen stammten Geb, der Erdgott, und Nut, die Göttin des Himmels ab, die Eltern von Osiris und Isis sowie Seth und Nephtys.

Nun
(Wasser des Chaos)

Atum-Re ♀♂ Atum-Re

Tefnut (Göttin der Feuchtigkeit)	♀♂	Shu (Gott der Atmosphäre)
Nut (Göttin des Himmels)	♀♂	Geb (Erdgott)
Nephthys ♀♂ Seth		Isis ♀♂ Osiris

Als nach der Vereinigung von Ober- und Unter-Ägypten Re der Kopf dieser Grossen Enneade von Heliopolis wurde, vereinigte er in sich all die schöpferischen Kräfte in der Natur und war bei der Kontrolle seiner Regierung im Nil-Tal absolut. Deswegen wurde er im Zeitalter der Pyramiden mit Atum gleichgesetzt, dem ursprünglichen Sonnengott, der den Rest der Götter aus sich selbst geschaffen hatte, während er auf dem Ur-Hügel stand, mitten in den Wassern des Chaos (Nun). Und so wurde Re auch dafür anerkannt, dass er den Rest der Enneade von Heliopolis gezeugt hatte. Folglich wurde er der Schöpfer, der sich selbst geschaffen hatte, die Quelle des Lebens und des Wachstums, der Vater der Götter ebenso wie die Personifizierung der Sonne und ihrer vielfachen Aspekte.[15] So übernahm er die Rolle, die anderswo die Grosse Göttin inne hatte, und wie sie trug er viele Namen. Als Erzeuger der Götter wurde er mit „Schöpfer" und „Körper" von Atum angesprochen, denn von ihm rührten die übrigen acht Götter der Enneade her, einschliesslich Horus, Khepri (die aufgehende Sonne) und Re-Harakhte, der jugendliche Gott des östlichen Horizonts, bis er schliesslich in der achtzehnten Dynastie mit grosser Pracht in Karnak und Luxor als Amon-Re verehrt wurde, „der König der Götter", der Höchste im Himmel und auf der Erde.[16]

Re und Horus der Ältere jedoch waren im Grunde königliche, himmlische Götter, die vor allem mit dem Thron und seiner Stabilität in Verbindung gebracht wurden. Osiris war andererseits der Gott des Volkes, der der Menschheit seine wohltätigen Geschenke zuteil werden liess. Nachdem er selbst der Bosheit seines Bruders Seth zum Opfer gefallen war, wurde er durch die Hilfe und das Eingreifen seiner ergebenen Schwester-Gattin Isis wieder ins Leben zurückgebracht. Anubis war der Bestattungs-Arzt, und Horus sein posthumer Sohn. So wurde er der Richter der Toten. Hinter dieser Mythologie mag das friedliche Eindringen der asiatischen Nomaden liegen, die, nachdem sie sich im östlichen Abschnitt des Deltas angesiedelt und Ackerbau praktiziert hatten, die Horus- und Re-Gruppen in einem Bündnis mit sich selbst zusammen schweissten und auf diese Art ein vereinigtes Königreich Unter-Ägypten schufen. Nachdem sie dies erreicht hatten, kurbelte die Ausbreitung des Osiris-Clans nach Abydos die Feindseligkeit der Seth-Gruppe an, die sie zurück zum östlichen Delta trieb und Osiris in Busiris ermordete, wo ein Teil seines zerstückelten Körpers begraben sein soll. Der traditionelle Todeskampf von Horus, dem Sohn des Osiris, mit seinem Onkel Seth mag eine Erinnerung an die vordynastischen Stammeskonflikte sein, die aus der Eroberung von Ober-Ägypten durch die Horuskönige resultierten und in der Vereinigung der „beiden Länder" in einer einzigen Monarchie, die auf der Basis einer Kombination der Sonnen- mit der Osiris-Theologie gefestigt wurden. Dies fand in der grossen Enneade Ausdruck, in der Atum-Re weiter als oberster

Herrscher regierte. Aber der alte Himmelsgott Horus wurde zu Osiris gemacht, als „die Saat von Geb“ ihn in den posthumen Sohn von Osiris transformierte, der von Isis geboren wurde, um den Mord an seinem Vater zu rächen. Überdies wurden die himmlischen Götter und Göttinnen des Sonnenzyklus in Beziehung mit der Erde und den irdischen Gottheiten der osirischen Tradition gebracht, sowie mit dem Totenkult.

Diese heliopolitanische Enneade war formuliert worden, bevor man die Pyramidentexte von der fünften Dynastie aufbewahrte. Sie wurde das gültige Muster, dem die anderen Städte und Bezirke in ihren Götter-Stammbäumen folgten (z.B. Memphis, Hermopolis und Theben). Deswegen bestimmte sie die Art, auf die im dynastischen Ägypten die kosmische Ordnung betrachtet wurde. Anders als in Mesopotamien, West-Asien und der Ägäis wurde im Nil-Tal die Erde nicht als Göttin, „Mutter Erde“, angesehen. Im Gegenteil, die Erde wurde als männlicher Gott Geb dargestellt, oder in der Theologie von Memphis als aus einem Ei ausgebrütet, das Ptah geschaffen hatte, der oberste Schöpfer, der in der Enneade von Memphis über Atum erhoben wurde.[17] In ähnlicher Weise war es zu Beginn der ägyptischen Zivilisation der männliche Gott Min von Koptos, der die generative Kraft in der Natur darstellte – gleichsam als mitschöpferische Kraft, der „die Wolken öffnete“ und auf diese Weise der Vegetation Leben gab.[18]

Nut und Re

Der Himmel wurde als Frau angesehen, als Göttin Nut, die auch die Göttin des Westens war. Der Sonnenstern in seiner täglichen Bahn trat in sie ein, um von Nut im Himmel wiedergeboren zu werden. Er fand Eingang in sie, indem er sie befruchtete. Sein Kommen wurde von ihr als das des „Stieres des Himmels“ begrüsst, des dominierenden männlichen Wesens und der Verkörperung männlicher Fruchtbarkeit.[19] „Oh, Re, befruchte den Körper von Nut mit dem Samen jenes Geistes, der in ihr sein muss.“[20] In ähnlicher Weise wurde der Erdgott Geb der Stier der Himmelsgöttin Nut genannt.[21] Der Himmel wurde wie die Königinmutter als „die Kuh, die den Stier geboren hatte“ beschrieben; die aufgehende Sonne war das Kalb, das von ihr jeden Morgen geboren wurde.[22]

Als himmlischer Gegenspieler von Nun war Nut die „Herrin des Himmels“, welche die Götter gebar, und auch die „Herrin der beiden Länder“ auf der Erde und Eigentümerin der Toten in der Unterwelt.[23] Wie Isis wurde sie gewöhnlich mit Kuhhörnern abgebildet, und häufig in Form einer grossen Kuh mit Sternen auf ihrem Körper. Ihre Beine entsprachen den vier Säulen an den Hauptpunkten des Kompass. Die Sterne waren ihre Kinder, während die Seelen der Toten bei Nacht auf ihrem Körper als Sterne gesehen werden konnten. Sie war „diejenige mit tausend Seelen“

(Kha-bewes), aber sie war zu fern, um ein Objekt der Verehrung zu sein. Deswegen hatte sie keine Tempel, obwohl sich im „Osireion“ in Abydos Skulpturen von ihr auf dem Dach einer Kammer befanden, hinter dem Tempel von Seti I, der zur neunzehnten Dynastie gehörte. Im Laufe der Zeit nahm sie die Attribute vieler Göttinnen an, wie ihre verschiedenen Titel anzeigen. In einem Mythos war sie die Himmelsmutter, die den Sonnengott hervorbrachte, und manchmal wurde Re als auf ihrem Rücken sitzend gezeigt. In Denderah wurde sie mit Hathor gleichgesetzt, der Muttergöttin par excellence, deren Name „Haus des Horus“ bedeutet. Dies war auch jene Bezeichnung des Himmelsbereiches, der Qebhu genannt wird.[24]

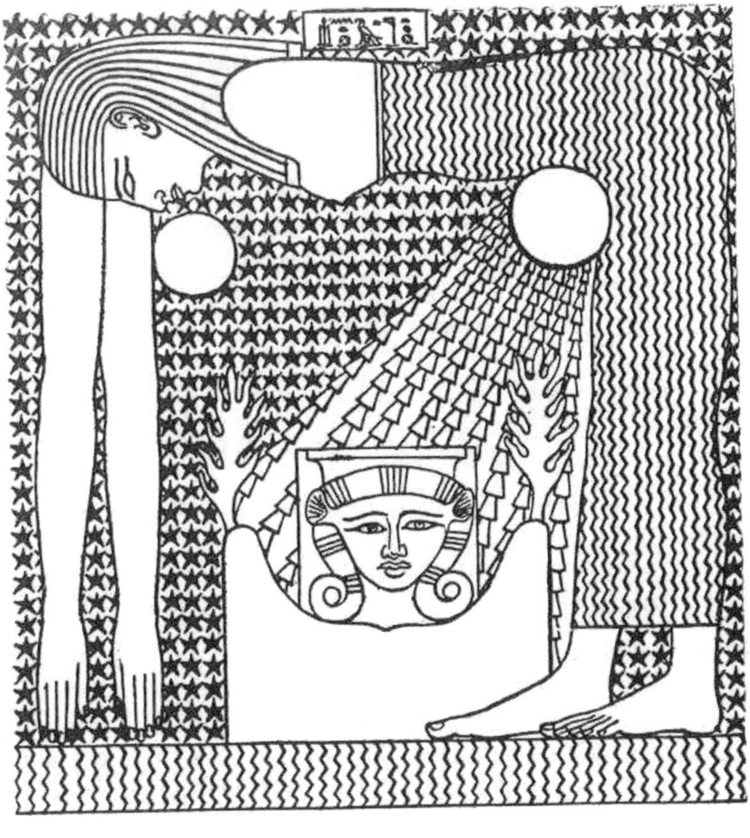

Nut verschluckt und gebärt die Sonne; Strahlen fallen auf das Bild von Hathor

Göttin Nut als Himmelsgewölbe mit dem Sonnenzyklus, um 400 v.Chr.

Hathor und Horus

Verehrt in Gestalt einer Kuh, wurde Hathor die Mutter von Horus dem Älteren, und später, als all die grossen Göttinnen ihre Züge und Attribute trugen und unter verschiedenen Namen verehrt wurden,[25] erklärte man sie zu einer seiner vielen Ehefrauen. Dennoch war sie nicht ausschliesslich die Frau von Horus, wie Junker behauptete,[26] denn ursprünglich war sie seine Mutter, genau wie Ishtar die Mutter von Tammuz war. Jedoch war sie nie die Gattin von Osiris oder die Mutter seines Sohnes Horus, des posthumen Nachkommens, den Isis gebar. Erst als man alle gebärenden Göttinnen mit Hathor identifizierte, wurde Isis mit ihr gleichgesetzt und nahm ihre Hörner an. Als „Thron-Frau“ war sie es (Isis), von der man sagte, dass sie den Prototyp des lebenden Königs in seiner Eigenschaft als Horus gebar. „Du bist Horus, Sohn von Osiris, der älteste Sohn, Sohn von Hathor“[27] – trotz der Behauptung, dass Hathors Sohn der himmlische Horus war. Weil beide Göttinnen mütterliche Funktionen ausübten und mit dem zusammengesetzten göttlichen Wesen Horus in Verbindung gebracht wurden, der so eng mit der Königswürde in Bezug stand, überrascht es nicht, dass bei dem komplexen Mythos und Ritual, das um sie herum entstanden war, eine Menge Verwirrung herrschte.

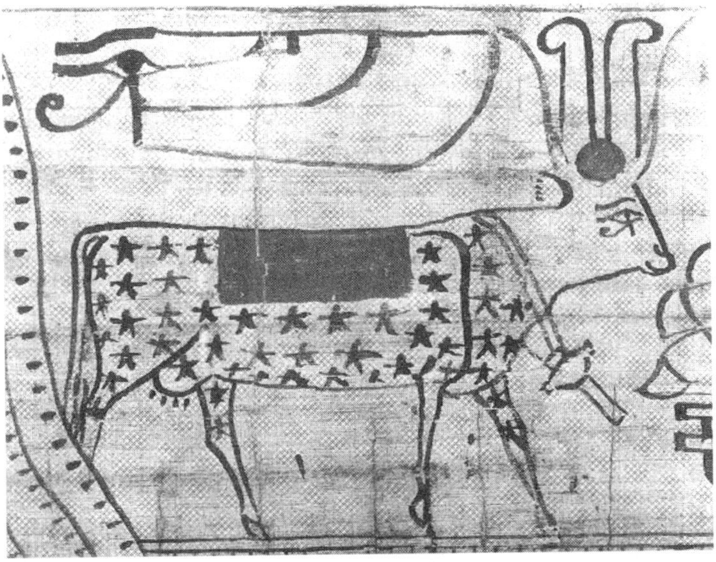

Hathor als göttliche Himmelskuh mit Sternen übersät, Papyrus, 1000 v.Chr.

Die Grosse Göttin Neith

In der achtzehnten Dynastie wurde die sehr alte Göttin Neith von Sais im westlichen Delta mit Isis und Hathor identifiziert. So wurde sie auf einmal die Frau von Osiris, die Mutter von Horus und „die grosse Kuh, die Re gebar“. Tatsächlich war sie „die grosse Göttin, die Mutter all der Götter“, und zwei der Königinnen der ersten Dynastie (z.B. Neit-Hotep und Meryt-Neit) nahmen ihren Namen an. Sechzehn von siebzig der Stelen um den Grabstein von Zer trugen Namen, die mit Neith zu tun hatten.[28] Schliesslich wurde sie in den späten, dynastischen Zeiten vor allem als eine Gestalt der Hathor angesehen und repräsentierte als Kuh-Göttin verschiedene

Aspekte der Mutterschaft. Obwohl sie ursprünglich wie Nut eine Personifikation des uranfänglichen wässrigen Chaos gewesen war, mit der sie vielleicht identifiziert wurde, wenn ihr Name Neith oder Net mit Nut verwandt war, wie Brugsch vorschlug. Aber ihre ältesten Symbole, Pfeile oder Schild, verbinden sie mit Jagd oder Krieg, bevor sie eine Personifikation der präkosmischen Wasser und des Himmels wurde. In jedem Fall kombinierte sie in sich eine Anzahl von Göttinnen und ihre jeweiligen Funktionen, die schliesslich zu einer Gestalt zusammenwuchsen, so dass diese mit Isis und Hathor identifiziert wird.[29]

Schon in der vierten Dynastie wurde sie gleichzeitig als Mutter und Tochter von Re angesehen, und sie besass auch die Kraft, jeden Tag den neuen Sonnengott zu empfangen und zu gebären. Weil sie „Öffnerin der Wege“ genannt wurde, war sie eine Art weibliches Gegenstück zu Anubis und eine Schützerin der Toten. Sie gab den Verstorbenen im Nachleben die Wiedergeburt.[30] Als Isis gebar sie zum ersten Mal einen Gott, und als Hathor brachte sie Re hervor.[31] Als „Herrin des Himmels“ und „Herrin der Götter“ nahm sie eine Rolle im Pantheon ein, die mit der von Re, Ptah oder mit Hathor als oberster Göttin verglichen werden kann. In der sechsundzwanzigsten Dynastie stieg sie zu einer hervorragenden Rolle auf, als sich die Pharaonen von Sais auf der Höhe ihrer Macht befanden. Nach dem Fall der Dynastie (663-525 v.Chr.) verfiel ihr Ansehen. Bis dann war sie das himmlische Wesen par excellence, die schöpferische und regierende Kraft im Himmel, auf der Erde, in der Unterwelt, von jeder Kreatur und jeder Existenz.[32] Sie war ewig und hatte sich selbst geschaffen. Sie personifizierte seit frühester Zeit das weibliche Prinzip, aus sich selbst existierend, sich selbst erhaltend und alles durchdringend. So glaubte man, dass sie ohne männlichen Partner den transzendenten Sonnengott Re hervorgebracht hat. Ganz ähnlich wie in der Theologie von Memphis Ptah alle Dinge praktisch aus dem Nichts geschaffen hatte, indem er als „Herz“ dachte und als „Zunge“ befahl. In ihrer Rolle als universelle Mutter „machte sie den Keim von Göttern und Menschen, die Mutter von Re, die Atum in uranfänglichen Zeiten aufweckte, die existierte, als nichts anderes war, und die das schuf, was existierte, nachdem sie in das Sein gekommen war.“[33]

Isis mit den vielen Namen

Die populärste und wichtigste all der mütterlichen Gottheiten war jedoch Isis, der Prototyp der Mutterschaft und die Verkörperung der Liebe und Treue einer Ehefrau. Um sie herum sammelten sich Mythen und Legenden, zusammen mit einem Mysterienkult. All dies verlieh ihr eine einzigartige Stellung im Göttinkult, trotz der Tatsache, dass sie im Vergleich zu Inanna-Ishtar, Nut, Hathor oder Neith keine Muttergöttin war. In der Enneade von Heliopolis war sie die Tochter von Geb und Nut, die Schwester-Gattin von Osiris und die Mutter seines Sohnes Horus. Zudem war sie laut den *Streitschriften von Horus und Seth* im Chester Beatty Papyrus auch die Tochter von Neith, während Plutarch sie als Tochter von Thot darstellte. Wie wir gesehen haben, war sie eine vordynastische Göttin des zwölften Bezirks von Unter-Ägypten, Sebennytos. Und sehr wahrscheinlich wurde sie zuerst dort in die Osiris-Tradition eingegliedert, die von Djedu kam, der Hauptstadt des neunten Bezirks, Per-Usire, dem „Haus des Osiris". Da ihr Name „Sitz" oder „Thron" bedeutet, ist es denkbar, dass sie ursprünglich der zur Göttin gemachte Thron war. Und weil die Inthronisation lange ein wesentliches Element bei der Einsetzung des Königs spielte, wurde „der Thron, der den König machte" zur Grossen Göttin, die mit der geheimnisvollen Kraft der Königswürde verbunden war.[34]

Dargestellt in weiblicher Form mit einer Geier-Frisur, die Hörner von Hathor und die Sonnenscheibe mit zwei Federn, überdeckt vom Hieroglyphen-Symbol ihres Namens (Thron), und manchmal die Doppelkrone von Unter- und Ober-Ägypten tragend, geschmückt mit der Feder der Wahrheit (maat) und in ihren Händen ein Papyrus-Szepter sowie die crux ansata (Zeichen des Lebens) mit dem uraeus über ihrer Stirn, der ihre göttliche Herkunft zeigte, war sie ohne Frage die grösste und wohltätigste Göttin in Ägypten. Sie verkörperte alles, was im mütterlichen Prinzip, seinen Attributen, Funktionen und Pflichten am wichtigsten war. Oft wurde sie mit ihrem Sohn Horus auf dem Schoss gezeigt, wie die Jungfrau mit dem Kind in der christlichen Ikonographie. Und im Totenbuch sowie auf einer Stele von einem Grab in Saqqara wird sie gezeigt, wie sie in der Gerichtshalle hinter Osiris steht. In den späteren Beispielen ist sie entweder mit dem aufgehenden Mond oder mit Lotosblumen gekrönt, und in einer Hand hält sie ein Sistrum, in der anderen ein Füllhorn. Ein langer Schleier bedeckt ihren Kopf, und sie ist in eine Tunika mit Fransen gekleidet, die bis zu ihren Füssen reicht.

In ihren unterschiedlichen Eigenschaften wurde sie nicht bloss in einiger Hinsicht mit fast jeder Göttin in Ägypten identifiziert, als „die Göttin mit den vielen Namen", sondern am Ende wurde sie trotz ihrer Unterwürfigkeit Osiris gegenüber mit der Grossen Göttin Westasiens, Griechenlands und Roms gleichgestellt, ebenso mit den grossen, einheimischen Göttinnen des Niltales (z.B. Hathor, Neith, Bast von Bubastis). Wie später gezeigt wird, war ihre Suche nach den sterblichen Überresten ihres ermordeten Brudergatten Osiris im Delta von Byblis, wie sie in der klassischen Literatur beschrieben wurde,[35] identisch mit der von Demeters Suche nach ihrer Tochter Kore (Persephone) in Eleusis. In Verbindung mit dem Memphis-Kult von Serapis in Alexandria verbreitete sich die Verehrung von Isis schnell in der hellenistischen Periode, bevor sie ein vorherrschendes Element im Wirrwarr der Religionen im römischen Reich wurde (und zwar vor und nach Beginn der christlichen Ära). In ihren Heiligtümern auf dem campus martius in Rom, in Pompeji, Tithorea und Philae, um nur einige der Kultzentren zu nennen, zog die synkretistische Verehrung der Göttin während des ersten Jahrhunderts vor Christus mehr und mehr Anhänger an, da sie sich trotz offiziellem Widerspruch durch das ganze Reich hindurch, von Athen, der Ägäis und den benachbarten Inseln aus verbreitet hatte. In diesem Prozess verlor sie jedoch viel von ihrem ursprünglichen Charakter und nahm so viele Züge der griechischen und asiatischen Kulte auf, dass es sehr schwierig ist, zu bestimmen, in welchem Masse diese späteren, byblitischen Fassungen in den klassischen Quellen als repräsentativ für eine reine ägyptische Verehrung von Isis und Osiris angesehen werden können.

Isis in Ka-Stellung (erhobene Hände), Flachrelief, Theben, 1422 v.Chr.

Isis mit mächtiger Kuhhornkrone stillt den Horus, 800 v.Chr.

Jedoch befassten sich alle Göttinnen mit Mutterschaft als ihrer wesentlichen Funktion. Sie gebaren Götter, stillten Könige und verliehen ihnen ihre Göttlichkeit oder Unsterblichkeit. Aber obwohl Isis in dieser Tradition steht und die Pharaonen als ihr Sohn Horus regierten, was ihre göttliche Macht anbetraf, so waren sie Horus, der Sohn von Hathor. Isis stellte die königliche Herkunft zur Verfügung, die dem Throninhaber sein Nachfolgerecht sicherte, und zwar durch seine menschliche Mutter, die Königin, die Trägerin seiner Inkarnation war, wobei seine Göttlichkeit von Hathor und dem königlichen Gott Horus kam.[36] Dennoch wurden alle Muttergöttinnen als mehr oder weniger synonyme, göttliche Gestalten behandelt. Hathor, Isis, Nut und Neit wurden nie ganz eindeutig unterschieden, besonders nicht im Hinblick auf die königliche Heilige Hochzeit, auf Mythos und Ritual.

Die Hochzeit von Hathor und Horus

Dies wurde in der hellenistischen Periode offensichtlich, als am 18. Tag des 10. Monats (Payni) das Bild von Hathor aus ihrem Tempel in Denderah am westlichen Ufer des Nil, 40 Meilen nördlich von Theben von ihren Priestern mit dem Schiff nach Edfu (Behdet) gebracht wurde, damit sie ihren Mann Horus besuchen konnte. Mit ihm war sie 14 Tage lang zusammen.[37] Am Vorabend des Festes, das zu Ehren des Sieges von Horus über Seth gegeben wurde, machten Horus von Edfu und sein Gefolge eine Prozession, um die Göttin und Horus von El-Kab zu treffen. Sie gingen an Bord ihres Schiffes, um triumphal in Edfu einzuziehen. Zwischendurch rasteten sie, um Geb ein Opfer zu bringen. Als sie ihr Ziel erreicht hatten, verbrachten die verschiedenen Götter und ihre Gefolgsleute die Nacht nahe dem Tempel in Edfu, dann gingen sie zu einem „oberen Tempel" auf der Ebene der Wüste weiter. Dort vollzogen sie die vorgeschriebenen Riten, um den Sieg von Horus in seiner Schlacht zur Genugtuung von Isis zu ehren, die frohlockte, „weil er (Horus) diese Last mit einem frohen Herzen getragen hat."

Als „alles, was befohlen wurde, auch ausgeführt war", löste sich die Prozession auf und ging in die Hallen der Herde, um eine Ziege und einen Ochsen als Brandopfer darzubringen. Nachdem „Die Verehrung des Horus, dessen Erbe sicher gestellt ist" und vier andere Bücher gelesen worden waren, wurden Re Opfer dargebracht, der mit „all seinen Namen" angerufen wurde. Brotlaibe, Krüge mit Bier, Datteln, Milch, Gänse und Wein wurden ihm gebracht. Dann riefen die Priester: „Lob dir, Re; lob dir, Khepre, in all diesen deinen schönen Namen. Du kommst stark und mächtig hierher und bist schön aufgestiegen, und du hast den Drachen (Apophis) vernichtet. Neige dein schönes Gesicht vor dem König." Dann wurden vier Gänse frei gelassen. Sie sollten in die vier Winde fliegen und die Götter informieren, dass „König Horus von Edfu, der grosse Gott, der König des Himmels, die weisse Krone genommen und die rote Krone dazu genommen hat." Vier Pfeile wurden in die vier Himmelsrichtungen geschossen, um die Feinde der Götter zu töten. Ein Ochse wurde geschlachtet, und sein rechtes Bein wurde einem Mann mit dem Namen

Horus zugeworfen. Eine Reihe von Zeremonien wurde mit dem Ziel ausgeführt, die Feinde der Götter und des Königs zu vernichten. Nachdem dies ausgeführt worden war, endete das Tagesritual. Der Abend wurde mit Lustbarkeiten verbracht, man „trank vor dem Gott" (also Horus von Edfu).[38]

Weil Hathor von Denderah nach Edfu segelte, „um die glückselige Umarmung mit ihrem Horus zu vollziehen", muss während des Festes eine rituelle Hochzeit stattgefunden haben.[39] So soll der junge Horus am vierten Tag empfangen worden sein. Er wurde am 28. Tag des 8. Monats (Pharmuthi) geboren. Dies wurde durch ein ähnliches Hochzeitsfest in Luxor bekräftigt, das in der zweiten Hälfte des zweiten Monats (Paophi) gefeiert wurde. Es ist auf Reliefs auf den Wänden des Hofes von Amenhotep III. dargestellt, auf denen das Bild von Amon, seiner Gemahlin Mut und ihres gemeinsamen Sohnes Khonsu gezeigt wird. Sie werden in Kähnen auf dem Fluss vom Tempel in Karnak zu seinem harîm in Luxor befördert, geleitet von König und Königin, den Priestern, Musikern und Adligen.[40] Als Verkörperung von Hathor führten die Königin als „Frau des Gottes" und die Musik-Priesterinnen als seine Konkubinen, jedoch unter der Königin Herrschaft, ihre Funktionen im „südlichen harîm von Amon" (dem Tempel von Luxor) aus. Dort sollte die Vereinigung des Gottes und der Königin stattfinden, wenn er zu diesem Zweck beim Fest von Opet in Theben das Heiligtum in all seiner Herrlichkeit besuchte.[41] Deswegen wurden auf diesen Reliefs die Empfängnis und die Geburt des Pharao abgebildet.[42] Ebenso ist bei den Geburtsszenen im Tempel von Hatschepsut in Deir el Bahari abgebildet, wie die Kinderkönigin ihrem himmlischen Vater Amon und den Göttinnen gezeigt wird.[43]

Königin Hatschepsut, Tochter von Amon-Re

Königin Hatschepsut war das einzige, überlebende Kind von Thutmose I. und seiner Halbschwester. Sie regierte als Pharao durch Geburt in einem Land, wo Frauen vom Zugang zum Thron ausgeschlossen waren. Diese ungewöhnliche Position der Königin Hatschepsut erforderte spezielle Vorschriften. Deswegen wird auf den Reliefs in ihrem Tempel Amon-Re in Gestalt von Thutmose I. gezeigt, damit er mit seiner Königin Verkehr haben konnte, einer Prinzessin, die direkt von Ahmose I. abstammte und den gleichen Namen trug. Der Text erklärt, dass Amon, nachdem sie auf diese Weise eine Ehefrau von königlichem Blut geworden war, „sofort zu ihr ging; dann hatte er Verkehr mit ihr" und tat kund, „dass nun Khenemet-Amon-Hatschepsut der Name meiner Tochter ist, die ich in deinen Körper gepflanzt habe... Sie soll ein wohltätiges Königsamt in diesem ganzen Land ausüben."[44] Als „Tochter seiner Lenden, die er liebte, das göttliche Bild" wurde sie gezeigt. Sie lebte für immer auf dem Thron des

Horus. Sie wurde von den Göttern anerkannt und verehrt, war von ihrem Lebensschutz und Wohlbefinden umgeben, gestaltet auf ausdrücklichen Befehl von Amon auf der Töpferscheibe von Khnum, dem widderköpfigen Gott.[45] Aber weil sie beanspruchte, als König zu regieren, nicht als Königin, wurde sie als Junge repräsentiert, wahrscheinlich als Zugeständnis an die Tradition der Folge in der männlichen Linie.

Nach ihrer Geburt unter himmlischem Jubel und nachdem sie den Göttern und Adligen gezeigt worden war, wurde sie zur Zeit des Amtsantritts abgebildet, als sie die alten Schreine in jedem Teil Ägyptens mit grossem Pomp besuchte, „schön anzusehen“ und „wie ein Gott“. Bei ihrer Ankunft in Heliopolis wurde sie von König Thutmose I. gekrönt und in Gegenwart der Edelleute und Staatsoffiziellen, die ihr huldigten, auf seinen Thron vor Amon-Re gesetzt. Sie wird gezeigt, wie ihr beim Betreten des Heiligtums die weisse Krone Unter-Ägyptens und dann die rote Krone Ober-Ägyptens von den als Horus und Seth verkleideten Priestern aufgesetzt wurde. Sie erscheint mit der Doppelkrone auf einem Thron zwischen den beiden Göttern des Südens und des Nordens sitzend (Horus und Seth), die unter ihren Füssen Blumen und Papyruszweige zusammenbinden, die Wahrzeichen von Unter- und Ober-Ägypten. Das soll die Vereinigung der beiden Länder symbolisieren. Schliesslich wird ihre Prozession an den Wänden des Heiligtums dargestellt, um aufzuzeigen, wie sie die Bereiche von Horus und Seth in Besitz nimmt, die sie in Zukunft schützen will. Sie ist dabei mit Krone und Schleier aufgeputzt und hält die Geissel und den Dreschflegel des Osiris in ihren Händen. Die Szenen schliessen damit ab, dass sie zum Schrein des Amon geführt wird, wo sie von ihrem himmlischen Vater als seine Tochter umarmt und gebührend von ihm auf dem Thron eingesetzt wird.[46]

Obwohl die besonderen Umstände, unter denen Hatschepsut Zugang zum Thron erhielt, zu ihrem göttlichen Status führte – mit Zustimmung der Götter und indem ihr auf den Reliefs in ihrem Tempel in Deir el Bahari besondere Aufmerksamkeit zuteil geworden war –, geschah das alles nur, um sie mit ihren Vorgängern als Fleisch gewordener Gott in eine Linie zu bringen; der lebende Horus, empfangen und geboren in einer heiligen Ehe, in welcher der Pharao als Sonnengott verkleidet eine sexuelle Beziehung mit der Königin als Ehefrau des Gottes hatte, mit dem Ziel, einen Thronerben zu zeugen. Im Falle von Hatschepsut wurde jeder Aspekt der Zeugung mit dem göttlichen Eingreifen des himmlischen Vaters Amon-Re verbunden, um ganz klar zu machen, dass sie tatsächlich von ihm abstammte und von ihm dazu bestimmt war, als seine Tochter zu regieren. Aber dies war nur deswegen so, weil eine Frau, die den königlichen Status annahm, eine offizielle Auslegung und Rechtfertigung als göttlichen Ratschluss brauchte. Jedoch war es nur der alte Glaube und die alte Praxis im Hinblick auf die Monarchie, die trotz ihres Geschlechts auf sie angewandt wurde. Die Vorgehensweise war die normale Methode, die königliche Folge beizubehalten.

Königinnen von Theben als „Gottes Ehefrau“

Statt dass der König eingeladen wurde, das eheliche Lager der Muttergöttin zu teilen, wie es in Mesopotamien üblich war, schlief er in Ägypten mit der Königin in seinem göttlichen Status als Inkarnation des Sonnengottes. Als „Stier des Himmels“ war er der domestizierende Mann, die Verkörperung männlicher Fruchtbarkeit.[47] Und in dieser Eigenschaft befruchtete er die Königin, welche „die Kuh, die den Stier trug“ genannt wurde, denn Re schwängerte den Körper von Nut „mit dem Samen des Geistes, der in ihr sein muss“.[48] So war die Gemahlin des alten Königs von Heliopolis die Frau des Sonnengottes auf Erden, und sie wurde mit Hathor gleichgesetzt, seiner himmlischen Gattin, die ihn befähigte, der körperliche Vater des Pharao zu werden. Weil ihr Mann der Hohepriester von Re war, war von der fünften Dynastie an seine Frau theoretisch die Hohepriesterin. Und am Ende wurde Ahhotep, die Mutter von Ahmose I., dem Begründer der achtzehnten Dynastie, als „Gottes Ehefrau“ beschrieben.[49] Der Titel „göttliche Ehefrau“ wurde jedoch nur von Königin Neferu in der elften Dynastie angenommen, und erst in der achtzehnten Dynastie ist „Gottes Ehefrau“ die Bezeichnung für die Königinnen als Haupt-Priesterinnen von Amon-Re.

Von diesem Zeitpunkt an wurden königliche Erbinnen in Ägypten immer auffallender. Königinnen, die ihren Titel geerbt hatten, trugen die Titel „königliche Tochter“, „königliche Schwester“, „grosse königliche Ehefrau“, „erbrechtliche Prinzessin“, „Herrin der beiden Länder“, ebenso wie die Priesterinnen-Bezeichnung „Gottes Ehefrau“. Jedoch waren sie nicht auf eine Königin-Gemahlin beschränkt, und sie konnten auf Priesterinnen von Hathor und jene, die aufgrund ihres Amtes in der Göttintradition standen, ausgeweitet werden. Aber die göttlichen Ehefrauen von Amon und die Mütter des Gottes Khonsu (der in Theben der Sohn von Amon und Nut wurde) waren von königlichem Rang, während der Titel „göttlicher Anbeter“ (Neter tuat) praktisch die Unabhängigkeit vom Thron von Theben mit sich brachte. Tatsächlich überschattete in der zweiundzwanzigsten Dynastie die Ehefrau Gottes den Thron und die Priesterschaft des Amon, und es blieb nur für Asurbani-palto, Theben 663 zu erobern, um Amon-Re auf den Rang eines örtlichen Gottes zu beschränken. Mit der Einrichtung der saitischen Linie (ca. 663-525 v.Chr.) wurde eine Folge von fünf „Ehefrauen Gottes“, die nicht länger Ehefrauen des Pharaos waren, Gouverneurinnen. Neben ihnen waren die Hohepriesterinnen im Staat nur wenig mehr als Galionsfiguren.[50] Die Praxis von Schwester-Ehen herrschte noch immer vor, und die Nachfolge bei den Hohepriesterinnen folgte mit dem Titel „Meisterin von Ägypten“ der weiblichen Linie, die den Priesterinnen von Theben zugeteilt war.

Im Tempel des Osiris in Karnak hat eine lebensgrosse Alabasterstatue von Königin Amenertas, der Tochter des Kashta, wahrscheinlich von seiner Frau Shepenapt II., der thebanischen Priesterin-Herrscherin, die die Krone mit ihren beiden Brüdern teilte, die folgende Inschrift: „Dies ist ein Geschenk für den thebanischen Amon-Re von Apt an den Gott Mentu-Re, den Herrn von Theben. Möge er alles, was gut und rein ist, wodurch die göttliche (Natur) lebt, alles, was der Himmel zur Verfügung stellt und die Erde hervorbringt, der angenehmsten, gnädigsten, freundlichsten und liebenswertesten Königin von Ober- und Unter-Ägypten geben, der Schwester des Königs, der immer lebenden Tochter des verstorbenen Königs, der Ehefrau des Göttlichen – Amenertas – möge sie leben.“

„Ich war die Ehefrau des Göttlichen, eine Wohltäterin ihrer Stadt (Theben), eine grosszügige Spenderin ihres Landes. Ich habe den Hungrigen Nahrung, den Dürstenden zu Trinken und den Nackten Kleidung gegeben.“[51]

Viele Jahre lang hatte Königin Amenertas als Prinzessin-Priesterin Herrschaft über Theben. Und als die äthiopische Dynastie um 663 vor Christus zu Ende war, wurden ihre Rechte als Herrscherin den neuen saitischen Regierenden übertragen, und zwar von Shepenart III., der königlichen Tochter von Pankhy II. und Amenertas, von der sie das thebanische Fürstentum geerbt hatte.[52] So wurde bei der Thronbesteigung des saitischen Königs Psammetichus I. (663-603) seine Tochter Nitaqert zur rechtmässigen Erbin von Shepenart, der früheren Königin, gemacht.[53] So sollte metaphorisch die Sonnen-Folge durch die Linie der Priesterinnen von Amons Harem übertragen werden, ganz ähnlich wie Hatschepsuts Stellung durch Amons Eingreifen geregelt wurde. Diese Einführung bewahrte man lange, nachdem die irdischen Verkörperungen der Götter und Göttinnen aufgehört hatten, dynamische Zentren der vereinigten Nation zu sein, die in ihrer göttlichen Herrschaft gefestigt war.

III

Palästina und Anatolien

DER GÖTTINKULT IN PALÄSTINA

In Palästina ist der Göttinkult in den zur Verfügung stehenden dokumentarischen und archäologischen Quellen weniger klar definiert als in denen des Alten Ägypten und Mesopotamiens. Trotzdem wurde, wie wir gesehen haben, in dieser Region bei fast jeder wichtigen Ausgrabung eine Fülle von weiblichen Figurinen, Amuletten, und „Astarte"-Plaketten geborgen, und zwar von der Chalkolithikum- und Bronzezeit bis zur frühen Eisenzeit.[1] Allerdings ist die Identifikation der Figuren, auf denen bestimmte Göttinnen abgebildet sind, oft mehr auf Mutmassungen begründet als anderswo im westlichen Asien. Einige von ihnen sind jedoch in ihrer Form und ihren Zügen mit den ägyptischen Beispielen verwandt. Sie zeigen nackte Frauen mit einer Hathor-Frisur und manchmal das Schamdreieck.[2] Eine Lotosblüte oder ein Papyrus-Szepter mochte mit der ausgestreckten Hand gehalten werden,[3] wie bei vielen ägyptischen Hathor-Figuren der zwölften Dynastie und später,[4] während bei anderen in der kassitischen Periode in Mesopotamien eine Federfrisur häufig vorkommt. In Syrien und Palästina wurden diese verschiedenen Züge im Göttinkult der späten Bronzezeit zusammengebracht, später im Ägypten der 19. Dynastie in einer Göttin mit dem Namen Qadesh.

Baal und Anat in den ugaritischen Texten

Was Palästina betrifft, so haben die wichtigsten Göttinnen, deren Namen in den literarischen Quellen häufig und durchgängig auftauchen, Anat, Asherah, Astarte und Ashtaroth, viel gemeinsam: Auf den bildlichen Darstellungen der weiblichen Figurinen in ihren Formen und Verzierungen sowie in ihrem kultischen Zusammenhang. So gibt es in den ugaritischen

Texten, die 1929 in Ras Shamra (dem alten Ugarit) an der Nordküste Syriens von Schaeffer entdeckt und von H. Bauer und E. Dhorme dechiffriert wurden, unmissverständliche Hinweise auf den Göttinkult als integrales Element im grossen Baal-Anat-Epos. Diese Tontafeln wurden in alphabetischer Keilschrift in einem archaischen, kanaanitischen Dialekt geschrieben, ähnlich dem alten Hebräischen und Phönizischen. Sie stammen hauptsächlich aus dem 14. Jahrhundert vor Christus, obwohl sie ursprünglich auf eine viel frühere Zeit zurückgehen. Aus diesen Tontafeln wurde ersichtlich, dass frühe kanaanitische Mythen und Rituale viel mit den anderen des westlichen Asien gemeinsam hatten. Wie die babylonischen Tafeln scheinen diese ugaritischen Texte Teil der Archive des örtlichen Tempels und deswegen vor der Zeit in der Mitte des zweiten Jahrtausends vor Christus zusammengestellt worden zu sein. Unterschiedliche Beispiele desselben alphabetischen Skripts wurden in Beth Shemesh und am Berg Tabor gefunden. Aber wie es nur zur Verwendung auf Tontafeln geeignet war, die niemals das normale Schreibmedium in Palästina waren, handelte es sich um eine kanaanitisch-hurritische Dialekt-Bearbeitung von Keilschrift, die nur für kurze Zeit verwendet wurde. Die beachtliche Anzahl von grossen und kleinen Bruchstücken mythologischer Texte zeigt, dass während der Keilschriftzeit die Literatur fruchtbar war und darin die Mythe von Aleyan-Baal und der Göttin Anat, seiner Gemahlin und Schwester, die auch „Herrin des Berges“ genannt wird, eine wesentliche Rolle spielte.[5]

Göttin und Herrin der Tiere von Ras Shamra, Ugarit, Syrien, 1300 v.Chr.

Göttin der Schöpfung und Geburt, von Tieren flankiert; Luristan, Iran, 700 v.Chr.

Wie anderswo im Nahen Osten und der Ägäis war sie die wichtigste Beschützerin des Sturm- und Wettergottes, der in den Ras Shamra-Texten als Aleyan-Baal bezeichnet wird. Voller Kraft und Energie stieg er zur wichtigsten Figur in der ugaritischen Mythologie auf, nachdem er El verdunkelt hatte, die ferne und schattenreiche oberste Gottheit, den Ahn der Götter und der Menschheit. So nahm Baal eine ähnliche Stellung wie Marduk in Babylonien ein, als er als jüngerer Gott Anu und Enlil an der Spitze des Pantheons ersetzte – eine Rückkehr in beide Bereiche der Themen der älteren und jüngeren Götter. Nachdem er als Personifikation des Sturmes, des Windes und der Wolken Herr über Regen und Wachstum auf den Feldern war, wurde Baal das Gegenstück zu Tammuz als Fruchtbarkeitsgott der Vegetation, dessen Abstieg in die Unterwelt das Darniederliegen der Erde verursachte, allerdings in einer Weise, die dieser komplexen und noch immer sehr bruchstückhaften Mythologie eigen ist.

Im Baal-Anat-Zyklus, in dem die Glorifizierung Baals als des Helden das zentrale Thema darstellt, scheint es, dass er in einen königlichen Palast im Himmel gesetzt wurde, nachdem er den Drachen Yam oder Nahar besiegt hatte. Zuerst weigerte er sich, Fenster darin zu haben, vielleicht als Vorsichtsmassnahme gegen einen seiner Feinde (z.B. Yam, den Herrn des Meeres, oder Mot, den Regierenden der Unterwelt), damit sie ihn nicht durch die Fenster hindurch angreifen. Als diese Befürchtungen zerstreut wurden, befahl er, dass ein Gitter angebracht wurde, vermutlich, damit der Regen auf die Erde fiel, wenn es geöffnet wurde.[6] Dr. Gaster sieht in der Episode eine mythologische Interpretation einer Regen machenden Zeremonie beim Herbst-Fest, als die Fenster im Tempel von Ras Shamra geöffnet wurden, um die Öffnung der „Fenster des Himmels" zu simulieren, durch die der Regen frei gelassen wurde.[7] Schaeffer hat den geistreichen Vorschlag gemacht, dass der Regen, der beim Dekret von Baal fallen sollte, vielleicht durch das Himmelslicht im Dach des Tempels angesichts des Gottes heruntergehen sollte, der von einer Stele dargestellt wurde, die im Heiligtum stand.[8]

Wie auch immer, Baal war derjenige, der Fruchtbarkeit verlieh, genährt durch den vitalisierenden Regen, über den er Kontrolle ausübte. Er war „der Reiter der Wolken", und in Syrien galt Regen als ursprüngliche Quelle der Fruchtbarkeit – nicht ein Fluss wie der Nil in Ägypten oder der Euphrat in Mesopotamien. Weil er mit dem Regenfall gleichgesetzt wurde, welcher der Erde Leben gab, war er „Herr über die Furchen des Feldes" und „Prinz, Herr der Erde".[9] Als sein Feind Mot, der Gott der Unfruchtbarkeit und des Todes, es fertig brachte, ihn zum Abstieg in die Unterwelt zu veranlassen, wo er getötet wurde, lag alle Vegetation darnieder, und unter allgemeiner Klage gab es keine Fruchtbarkeit mehr.[10] Um diese verheerende Situation zu heilen, ging seine Schwester-Gattin Anat mit Hilfe der Sonnengöttin Shapesh auf die Suche nach Baal. Sie jagte jeden Berg im Lande, klagte ebenso bitterlich wie Demeter oder Adonis um Kore und Attis, „ihn begehrend wie eine Kuh ihr Kalb oder ein Schaf sein Lamm.“[11]

Aus welchen Gründen er in die Unterwelt stieg und getötet wurde, kann im Moment aus den bruchstückhaften Texten nicht bestimmt werden. Jedoch scheint es, dass er in den Weiden von Shelemmet tot aufgefunden wurde, und obwohl El auf diese Weise seinen Rivalen los war, nahm er am Klagen und Trauern über seinen Verlust teil. Unter dem Namen von Letepen, Gott der Gnade, stieg er von seinem erhöhten Thron im Himmel. Er sass in Sack und Asche auf der Erde, zerfleischte sich und weinte: „Baal ist tot“ – einen Refrain, der von Anat wiederholt wurde, als sie seinen Körper fand.[12] Sie nahm seine sterblichen Überreste auf die Höhen von Sapan, seinem früheren Wohnsitz,[13] vollzog das vorgeschriebene Begräbnisritual und begrub ihn.[14] Nachdem sie dies pflichtgetreu erledigt hatte, beklagte sich Anat beim obersten Gott El, denn sie wusste, dass ihre Rivalin Asherah, die Gemahlin von El, versuchen würde, für einen ihrer Söhne (Attar) auf den unbesetzten Thron Anspruch zu erheben. Sie verspottete Asherah und ihre Brut, da sie über das Ableben des Fruchtbarkeitsgottes (Baal) Freude zum Ausdruck brachte. Eine heftige Diskussion folgte und Attar erkannte, dass er die Thronfolge nicht würde antreten können.[15]

In der Zwischenzeit hatte Anat ihre Suche nach Mot fortgesetzt, von dem sie wusste, dass er für den Tod ihres Liebsten verantwortlich war. Als sie ihn endlich gefunden hatte, ergriff sie ihn, zerriss seine Gewänder und forderte ihren Bruder-Gatten zurück. Er gab zu, dass er ihn getötet hatte, „er hatte ihn wie ein Lamm in seinem Mund gemacht und in seinem Kiefer wie eine kleine Ziege“. Daraufhin zerschnitt Anat den Mot mit einer Sichel (harpé), gab ihn in ein Sieb, verbrannte ihn, mahlte ihn in einer Mühle, verstreute sein Fleisch über die Felder, wie den zerstückelten Körper von Osiris, und verfütterte ihn an die Vögel.[16] Kurz gesagt, sie behandelte ihn wie geerntetes Getreide, was im Hinblick auf Mot als Gott des Todes und der Unfruchtbarkeit, der in der Unterwelt wohnte, unüblich ist. Aber Folgerichtigkeit ist kein charakteristischer Zug mythologischer Traditionen dieser Art, und in der jahreszeitlichen Volkskunde wurde der Geist des Korns oft so behandelt wie Mot und mit dem Tod gleichgesetzt.[17]

Obwohl Mot in den ugaritischen Texten eine Reihe von Rollen spielte, war er trotzdem im Grunde genommen beim Vegetations-Thema der Gegenspieler von Baal.[18] Weil Baal der Gott des Regens und der Fruchtbarkeit war, war sein Gegner Mot der Gott der Trockenheit, „der über jeden Berg zum Herzen der Erde wandert, über jeden Hügel zu den Eingeweiden der Erde“, und der sie verwüstet, weil er allen lebenden Dingen den Lebensatem nimmt.[19] Als er von Anat wie geerntetes Getreide behandelt wurde, starb er als erschlagener Korn-Geist bei der Ernteversammlung. Er meldete die Jahreszeit der Unfruchtbarkeit an, bis das Leben wieder hervorkam und erneuert war, nämlich dann, wenn Baal aus der Unterwelt zurückkehrte, dem Land des Todes, wohin er die Regen produzierenden Wolken mitgenommen hatte. Dann „regnen die Himmel Öl und die Wadis fliessen vor Honig“.[20]

Weil das Thema der immerwährende Kampf zwischen Leben und Tod in der Natur war, sei es in jährlichem oder siebenjährigem Wechsel, konnte keine der widerstreitenden Kräfte endgültig zerstört werden. Deswegen überlebte Mot trotz Anats drastischer Behandlung und führte den Kampf fort, als Baal ins Leben zurückkehrte. Bei ihrer ersten Begegnung war Baal vor Angst völlig gelähmt gewesen, und er kehrte weinend nach Hause zurück, weil sein Feind sich ihm genähert hatte. Er war bereit, ohne Widerstand sein Sklave zu werden.[21] Dieser Verlust von Lebenskraft war typisch für das Abfallen der Vitalität und für die sterbende Vegetation in der trockenen Jahreszeit, obwohl die Sommerfrüchte noch immer reifen mochten. Die Rückkehr des Regens und die Erneuerung der vollsten Vitalität fand mythologischen Ausdruck in der energischen Schlacht, die von Baal gegen Mot mit Hilfe der Sonnengöttin Shapesh geführt wurde. Baal griff mit seiner gesamten Macht und all seinen Hilfsmitteln an. Sie bissen wie Schlangen, liessen einander bluten wie wilde Stiere und traten wie Schlachtrösser. Keiner gab nach, bis am Ende die Sonnengöttin dazwischen ging. Sie drängte Mot, den Kampf aufzugeben, da er bezwungen war, und in die Unterwelt zurückzugehen, da seine Regierungszeit endete. Nun war Baal daran, Leben aus der Erde hervor zu bringen, und daher schien es nutzlos, das Ringen weiter zu führen.[22] Deswegen „stürzte“ El „Mots Thron“ und „brach das Szepter seines Herrschaftsbereiches“, wodurch er ihn dazu zwang, sich zu ergeben und Baals Königsamt anzuerkennen. Darauf endete die Trockenheit, und Fruchtbarkeit war auf der Erde wieder hergestellt.[23] So gewannen Anats Bemühungen um ihren Bruder-Gatten am Ende die Oberhand.

Tatsächlich war sie während seiner mannigfachen und stürmischen Karriere immer in ihrer doppelten Rolle als Schwester und Gattin an seiner Seite. Sie zögerte nicht zu drohen, gegen ihren Vater El, den Führer des Pantheons, alle Gewalt einzusetzen, woran sie sich erfreute, wenn er nicht ihren Wünschen im Hinblick auf Baal entspräche.[24] Im Aqht-Text werden sie und Baal als auf unterschiedlichen Seiten stehend geschildert, das ist wahr, aber sonst kämpften sie immer zusammen. Anat als die Göttin des Krieges und der Schlacht, in Blut schwelgend, obwohl sie nie aufhörte, sich besonders um Liebe und Fruchtbarkeit zu kümmern. In den

Ras Shamra-Texten wurde dieser Aspekt ihres Charakters in gewissem Masse von Aleyan-Baal überschattet, der die Rolle des Lebensspenders par excellence angenommen hatte. Als seine Gemahlin war sie seine Helferin, aber sie hatte nie die vorherrschende Position von Inanna-Ishtar in Mesopotamien inne. Mit ihr hat Baal leidenschaftlichen, sexuellen Verkehr, der in einer Weise beschrieben wird, der nahe legt, dass er ursprünglich mit der Heiligen Hochzeit im jährlichen Fest-Kult verbunden war, wenn die Texte tatsächlich dramatisch rezitierte Kult-Rituale waren.[25] So wurde es jedenfalls mit einiger Plausibilität vorgeschlagen.

Zum Beispiel gibt es in den „Gnädigen Götter"-Texten (52; zuerst 1933 von Virolleaud veröffentlicht)[26] eine erotische Szene zwischen zwei Mädchen, die vielleicht Anat und Asherah waren. Beide werden gleichzeitig als Töchter und Ehefrauen von El bezeichnet.[27] Dr. Gaster unterstützt die Ansicht, dass sie das Libretto für ein heiliges Drama waren, das sich an gewisse „gnädige und schöne Götter" richtet, die als „Prinzen" und „Hochgestellte" bezeichnet wurden. Man führte die Texte beim kanaanitischen Frühlingsfest der ersten Früchte auf. Der alte, oberste Gott hatte seine Bewunderer mit der Behendigkeit beeindruckt, mit der er Wasser zum Kochen geschöpft und getragen, sowie mit seiner Schiesskunst, mit der er einen Vogel zum Verspeisen geschossen hatte. Das alles kann sexuell gedeutet werden. Dann küsste und verführte er sie, so dass sie schwanger wurde und zwei Söhne gebar, Shahru, die Dämmerung, und Shalma, den Sonnenuntergang.[28] Die Geburt wurde El ordnungsgemäss angekündigt, und sie wurden „gnädige Götter" genannt, die „an den Brüsten der Herrin und königlichen Hoheit" (Asherah) saugten.[29]

Die rohe Episode hatte offenbar mit der Heiligen Hochzeit (hieros gamos) zu tun, wohl während des Neujahrsfestes, als El die Hauptgottheit im Fruchtbarkeitskult war, bevor er durch Baal ersetzt wurde. Sie repräsentiert den Höhepunkt eines heiligen Tanzes bei einer rituellen Hochzeit zwischen den Priestern von El und den Tempelpriesterinnen, um symbolisch die Geburt bestimmter Götter (z.B. Shahru und Shalma) zu verwirklichen. Aber auch um Fruchtbarkeit zu fördern, den Überfluss von Brot und Wein zu sichern, wenn die Ernte der ersten Früchte am Beginn des Sommers gefeiert wurde, oder möglicherweise am Ende eines Zyklus von sieben Jahren.[30] Wie auch immer die genaue Gelegenheit für dieses Ritual gewesen sein mag, es gibt jeden Hinweis, dass die Heilige Hochzeit in ihrem üblichen Aufbau ein wesentliches Element beim zu Grunde liegenden Thema des Dramas darstellte.

In der sexuellen Symbolik jedoch wird Els Impotenz angedeutet. Deswegen ist es nicht überraschend, dass Anat auch die Ehefrau des virilen, jüngeren Gottes Baal wurde, des Reiters auf den Wolken,[31] und ihre Vereinigung wurde als die eines Stieres mit einer Kuh geschildert.[32] Als man über Baal sagte, dass er eine junge Kuh liebe,[33] war dies folglich nur ein mythologischer Ausdruck für seine Vereinigung mit Anat. Da Asherah angeblich mit El in seinem fortgeschrittenen Alter[34] eine sexuelle Beziehung hatte, ist es dennoch wahrscheinlich, dass sie ursprünglich seine Gemahlin darstellte, und zwar, als er Führer des Pantheons war, bevor Baal die dominante Figur und die mächtigste Kraft in der Natur wurde.[35] Als der ältere Gott El unterwürfig gegenüber dem jüngeren Gott Baal oder von ihm verdunkelt wurde, nahm Anat den Status seiner (Baals) Ehefrau und Schwester an, während El als ihr Vater angesehen wurde. Aber trotz ihres hohen Ansehens in den A.B.-Texten, und obwohl sie ihren Platz an der Seite von Baal als Göttin der Geburt angenommen hatte und seine Schlachten als Kriegsgöttin schlug, trat sie in gewissem Masse in den Hintergrund zurück. Baal war die oberste Figur, und er machte all die anderen Götter zu Zwergen, männliche und weibliche Götter gleichermassen. Doch anfänglich waren es sehr wahrscheinlich El und Anat, die zusammen an der Spitze standen. Obwohl der ursprüngliche Charakter von Anat im Dunkeln liegt, war sie vorwiegend mit Sexualität und Krieg befasst, sinnlich und immerwährend fruchtbar, dabei aber nie ihre Jungfräulichkeit verlierend.[36]

Asherah, El und Baal

Ihre Rivalin und Erzfeindin Asherah scheint die gleiche Stellung eingenommen zu haben wie Anat als die Gattin-Tochter von El, die ihm eine Brut von 70 Göttern und Göttinnen gebar. Das brachte ihr den Beinamen „Schöpferin der Götter“ sowie „Herrin des Meeres“ ein.[37] Ihre Beziehungen mit Baal jedoch sind keineswegs klar. Einerseits wird sie als seine Mutter und als seine bittere Gemahlin beschrieben, sogar offensichtlich so sehr, dass sie die „Verschlinger“ empfing und gebar, die ihn auf Befehl von El zerstören sollten,[38] wenn dies die korrekte Wiedergabe von der sehr beschädigten Tafel mit dem Titel „Die Jagd des Baal“ ist, die von Virolleaud 1935 veröffentlicht wurde.[39] Auf jeden Fall schalt Anat die Asherah und ihre Söhne dafür, wie wir gesehen haben, dass sie sich bei Baals Tod freuten. Und es war einer ihrer (Asherahs) Nachkommen, der an seiner Stelle zum König gemacht wurde.[40] Doch Anat und Baal verbündeten sich, Asherahs Hilfe beim Bau seines Palastes zu suchen.[41] Und während sie mit Silber und Gold bestochen werden musste, um bei El zu intervenieren, hat sie offenbar Baals Anspruch auf Vorrang bemerkt, denn sie bezieht sich auf ihn als „unser König“, „unser Richter“, und erklärt, dass „niemand über ihm steht“.[42]

Die Situation ist verwickelt, aber vielleicht muss die Verhaltensänderung als Ergebnis von Baals Überlegenheit über El als führender Gott erklärt werden, der das Wetter und die Stürme unter Kontrolle hat, als

Reiter auf den Wolken, männlich wie der Stier, den er bei der Förderung von Fruchtbarkeit und dem Einrichten der Jahreszeiten symbolisierte. Dann war Asherah zufrieden, die Tochter von El zu sein[43] und die Sache des jungen Gottes zu verteidigen, nun in Macht überlegen, wie in den Texten beschrieben wird, die zweifellos von der Priesterschaft Baals aus einer ziemlich späten Zeit stammten, nachdem der Tempel fertig war.[44] Die genaue Beziehung Asherahs zu ihm in dieser Rolle kann nicht bestimmt werden. Manchmal scheint es, dass sie seine Mutter ist, aber in der Liste der Opfer wird ein „Ochse für Baal und Asherah" erwähnt, als ob sie mit ihm in derselben Weise verbunden war, wie sie früher die Gemahlin von El war. Deswegen ist es wahrscheinlich, dass sich Baal, obwohl er seine eigene Frau Anat hatte, Asherah aneignete, als er die absolute Herrschaft erlangte. Denn unter diesen Bedingungen gesellte sich der Hauptgott im Pantheon beständig zur Hauptgöttin, oft in der Eigenschaft als Ehefrau und Schwester.

In Syrien lag die Betonung sowohl auf den kriegerischen als auch auf den erotischen Aspekten dieser Patroninnen der Kräfte von Fortpflanzung und Sexualität. Folglich gingen die Göttinnen im Wettstreit miteinander gegen ihre Rivalin an, um die Gemahlin des Anführers des Pantheons zu werden und die natürlichen Prozesse zu kontrollieren, von denen das Wohlbefinden der Menschheit abhing.[45] So erscheinen beide, Anat und Asherah, als Verbündete beim Bau von Baals Palast. Dies mag das Ergebnis der beiden Tafeln sein, die verschiedene Berichte desselben Ereignisses darstellen mögen, von unterschiedlichen Erzählern berichtet und von verschiedenen Schreibern aufgezeichnet, wie Obermann vorgeschlagen hat.[46] Aber wahrscheinlich lag hinter der Erzählung der Konflikt der beiden Göttinnen, den Status der Ehefrau Baals zu erlangen. In diesem Kampf scheint jedoch keine erfolgreich gewesen zu sein. Denn sowohl Anat als auch Asherah hatten die ganze Zeit gemeinsam das gleiche Amt inne, in dem Fruchtbarkeit und Krieg miteinander kombiniert waren, ohne dass sie völlig mit der „Göttin mit den vielen Namen" verschmolzen.

Die Göttin Anta

In Ägypten wurde Anat mit Astarte verbunden, der semitischen Ashtaroth, einer Kriegsgöttin, und dem Gegenstück der syrischen Asherah. So wurde sie im neuen Königreich von Ägypten, als die semitischen Einflüsse stark zu spüren waren, besonders in Memphis, die zusammengesetzte Göttin Anta, die „Herrin des Himmels" oder die „Herrin der Götter", die Tochter von Ptah und Re, „dem Meister des Universums". In den magischen Texten wurde sie als die Göttin beschrieben, die „empfängt, aber nie hervorbringt". Und im Vertrag mit den Hethitern wurde sie mit Astarte als die nationale Göttin des syrischen Kheta beschrieben. Zusätzlich dazu, dass sie „Herrin der Pferde, Herrin der Kriegswagen“ und „Schild des Königs gegen die Feinde“ war, zeigte sie sich als Göttin der Liebe: „die fremde Aphrodite“. In vielen Verschmelzungen wurde sie mit Isis und Hathor als Muttergöttin gleichgesetzt, mit Sekhmet, der Frau von Ptah, und Ramses III. nannte seine Lieblingstochter Bent anta, „Tochter von Anta“. Aber obwohl die Attribute und Funktionen von Anat und Astarte praktisch nicht zu unterscheiden waren, zeigten sich die beiden fremden Göttinnen in Ägypten fast so verschieden wie Anat und Asherah in Syrien. Während sie in der Tat normalerweise zusammen existierten, wird in den aramäischen Elephantine-Papyri aus dem 5. Jahrhundert Anat mit Yahu als Gemahlin von Yahweh verbunden.[47]

DAS LAND ISRAEL

Ashtaroth und die Baalim in Israel

In Israel wurde Asherah (Ashtaroth) mit Baal verbunden.[48] Aber das Wort „Asherah“ hat im Alten Testament eine weitere Bedeutung, wie sie häufig auf den hölzernen Pfosten verwendet wird, welche die Grosse Göttin symbolisieren. Sie standen neben den Altären oder Mazzebôth, das sind Menhire, in den Heiligtümern und heiligen Hainen, wo Vegetationsriten ausgeführt wurden.[49] Als die biblischen Geschichten vor und nach dem Exil aufgezeichnet wurden, verwechselte man zweifellos Asherah als Name der Göttin mit allem, was mit ihrem Kult in Verbindung stand. So wurde er als Gattungsname verwendet, genau wie alle Vegetationsgötter und ihr Kult „Baal“ genannt wurden. Aber in einer früheren Periode wurden die Gottheiten klar definiert, so, wie es von der Tradition gezeigt wird, die den grimmigen Kampf zwischen Elias, dem Nabi von Yahweh, und Ahabs Königin Jezebel gezeigt wird, einer glühenden Verehrerin des tyrianischen Baal (später bekannt als der chthonische Melkart) und seiner Frau oder Mutter Asherah. Jedenfalls ist es kaum denkbar, dass der Berg Carmel ein Heiligtum der kanaanitischen Gottheit Aleyan-Baal war.[50] Der Konflikt, der angeblich dort stattfand, mochte einen Kampf zwischen Yahwismus und dem Baal-Asherah-Kult in seinem wichtigen Zentrum in Nordpalästina dargestellt haben. Dort dienten anscheinend etwa 450 Priester des Baal und 400 Priesterinnen der Asherah.[51] Dass Asherah die wichtigste Göttin von Tyre war, wird im ugaritischen Keret-Text angedeutet,[52] wo vom Helden Keret gesagt wird, dass er „den Schrein von Asherah von Tyre und Elath (der Göttin von Sidon)“ besucht hat, um ihnen auf diese Art zu geloben, dass er die Tochter von König Pabel als Braut bekommt.[53] Deswegen betrachtete Jezebel als eine Anhängerin Baals ohne Zweifel den Berg Carmel als einen günstigen und vorteilhaften Ort im Konflikt zwischen den beiden rivalisierenden Kulten. Und es mag tatsächlich so gewesen sein, dass die rituelle Schlacht zwischen Baal-Asherah und Yahweh dort stattfand.

Yahweh und die Religion des Baal

Obwohl Elias als derjenige dargestellt wird, der in dem Konflikt siegte, während von nun an Yahweh die führende Gottheit in Israel gewesen sein mag, blühte der Baalismus weiterhin. Nach der Erzählung gab es in der Tat eine gewalttätige Reaktion im Hinblick auf die bittere Wehklage von Elias über Horeb, was das Abreissen der Yahweh-Altäre und das massenhafte Abschlachten der Yahweh-Propheten betraf. So stellte er sich vor, dass er allein übrig blieb und in Lebensangst verfiel.[54] Der Begriff Baal war die generelle Bezeichnung für fremde Götter, und er war in die Namen von Israeliten eingebaut (z.B. Jerubba'al, Meribaal). Sogar Yahweh selbst wurde als ein Baal in der Gestalt eines jungen Stieres verehrt.[55] Aber als zentrale Figur eines in hohem Masse organisierten Fruchtbarkeits- und sexuellen Kultes wurden der kanaanitische Baal und seine Verehrung das Objekt eifriger Opposition in der Monarchie während des 9. Jahrhunderts und nachher, als die yahwistische prophetische Bewegung begann, ihren Einfluss geltend zu machen, wie übertrieben dies auch in der Literatur dargestellt worden sein mag, die nach dem Höhepunkt des Konfliktes zusammengestellt wurde.

Tatsächlich war der kanaanitische Kult derart stark, dass Yahweh von einem Wüstengott praktisch in eine Fruchtbarkeitsgottheit transformiert wurde. Von den Tagen der Richter an, als die lose miteinander vereinigten Stämme darum kämpften, in Palästina Fuss zu fassen und die fruchtbaren Ebenen unter Kontrolle zu bekommen, war die örtliche Religion aufgenommen worden, so dass die Fruchtbarkeits-Aspekte von Baal und seinem Genossen im Vordergrund standen. Sogar Gideon, der als der manassitische Vorkämpfer von Yahweh dargestellt wird, wurde Jerubba'al („Baal kämpft") genannt, und sein Vater Joash war trotz seiner Bezeichnung (Yo = Yahweh) der Hüter eines Altars für den kanaanitischen Gott und seine Asherah (heiliger Pfahl). Deswegen scheinen die beiden Kulte miteinander austauschbar gewesen zu sein, obwohl sie immer in Gefahr waren, in Konflikt zu geraten. Dies scheint jeweils der Fall gewesen zu sein, wenn die sehr alte Stammesgeschichte irgendeine Beziehung zu dem hatte, was wirklich geschah, bevor sie von einem späteren yahwistischen Erzähler neu interpretiert wurde.[56] Die Verehrung des Stieres mit seiner Fruchtbarkeitsbedeutung blühte in den nördlichen Schreinen weiter (z.B. Shechem, Shiloh, Gilgal, Bethel usw.).[57] Dazu nahm sie viele Attribute der kanaanitischen Fruchtbarkeitskult-Zentren in den Sturm- und Wettergott Aleyan-Baal und seine Begleiter auf.

Die Astarte-Figurinen mit ihrer gehörnten Kopf-Frisur, die in Gezer geborgen wurden,[58] und eine ähnliche Darstellung der Göttin auf einer Stele in Beth-Shan, die Ashtoreth-Karnaim gewidmet worden war,[59] zeigen zusammen mit zahlreichen Astarte-Plaketten und bruchstückhaften weiblichen Figurinen in Ton und Stein aus Lagern der späten Bronzezeit und der frühen Eisenzeit anderswo (z.B. Tell Beit Mirsim, Shechem, Megiddo und Gerar), dass der Kult in Palästina fest etabliert war, ausser in Gibeah, Tell en-Nasbeh, Shiloh und in den frühen israelitischen Ebenen der Zentralregion.[60] Doch Anat war zweifellos in Beth-Shan oder Gezer zu Hause wie in Ugarit, Beth-Anat oder Denderah, wie auch Astarte es überall war.[61]

Astarte mit der typischen Hathor-Frisur

An der Mauer von Mizpeh (Tell en-Nasbeh) scheinen Tempel von Asherah und Yahweh im 9. Jahrhundert v.Chr. Seite an Seite gestanden und überlebt zu haben, bis die Stadt zerstört wurde. Im Zentrum dessen, wovon man denkt, dass es ein Tempel von Yahweh war, der an der kanaanitischen Stadtmauer lehnte, war das Fundament eines Altars, und an jeder

Seite gab es einen kleineren Raum mit einem Lager-Behälter, der zwei Messer aus Feuerstein enthielt, aber keine weiblichen Statuetten. Im Osten stand der Astarte-Tempel, der in der gleichen Weise konstruiert war, und darin fand man eine Taube aus Ton, ein Bruchstück einer rot bemalten, weiblichen Figurine und eine „Untertassen-Lampe" in der dreiarmigen Gabel eines Baumes, beides in Terrakotta. In der Nähe gab es eine Reihe von ähnlichen Figurinen und eine kegelförmige Mazzebah.[62] Diese Bestückung legt nahe, dass es sich um ein Zentrum des Göttinkults handelte, wo Astarte verehrt wurde, wahrscheinlich in späteren Zeiten zusammen mit Yahweh im benachbarten Schrein, vermutlich als seine Gemahlin. Wenn dies so war, kann die Göttin unter kanaanitischen Namen (z.B. Anath-Yahu, vergleichbar mit Yo-Elat in den ugaritischen Texten) und dem Yahweh zugeordnet, in der jüdischen Gemeinde in Elephantine nach dem Exil kaum eine Neuerung sein.[63]

Trotz der wiederholten Versuche einer drastischen Reformation durch die Mono-Yahwisten vor dem Exil im nördlichen und südlichen Königreich von Israel und Judäa war der Göttinkult so tief verwurzelt, dass er noch immer in den letzten Tagen der Monarchie nach dem Tod von Josiah (ca. 609 v.Chr.) blühte. So ist aufgezeichnet, dass Jeremias zu seinem Schrecken Kinder traf, die in den Strassen von Jerusalem und den Städten von Judäa Holz für die Feuer sammelten, die von ihren Vätern zur Verehrung der Königin des Himmels entzündet wurden, während die Frauen den Teig kneteten, um die Opfer-Kuchen herzustellen, auf denen das Bild der Göttin war.[64] Als er nach dem Exil bei ihnen Einwände machte, erklärten sie, dass sie fortfahren würden, Räucherwerk zu verbrennen und Trank-Opfer für die Königin des Himmels auszuschenken, wie ihre Könige und Prinzen es immer getan hatten. Denn damals gab es Nahrung im Überfluss, den Menschen ging es gut, und sie kannten nichts Böses.[65] Da der Kult von Josiah unterdrückt worden war, hatten sie nur Unglück gehabt, erklärten sie. Jehoahaz war nach Ägypten deportiert worden, Jehoiachin und die Spitze der Nation waren in Mesopotamien in Gefangenschaft geraten, Jerusalem war erobert, Zedekiah waren die Augen genommen, und nach dem Mord an Gedaliah mussten diejenigen, die in der Hauptstadt verblieben waren, nach Ägypten fliehen, um der Vergeltung der Chaldäer zu entkommen. Konfrontiert mit einer Folge von Katastrophen, die mit der Vernachlässigung der Königin des Himmels in Zusammenhang gebracht wurde, war alles, was der Prophet entgegnen konnte, dass sie in der Tat die gebührende Belohnung für ihre Abtrünnigkeit vom Yahwismus bekamen, um sie mit Verwünschungen für ihre Rückfälligkeit zu überhäufen.[66]

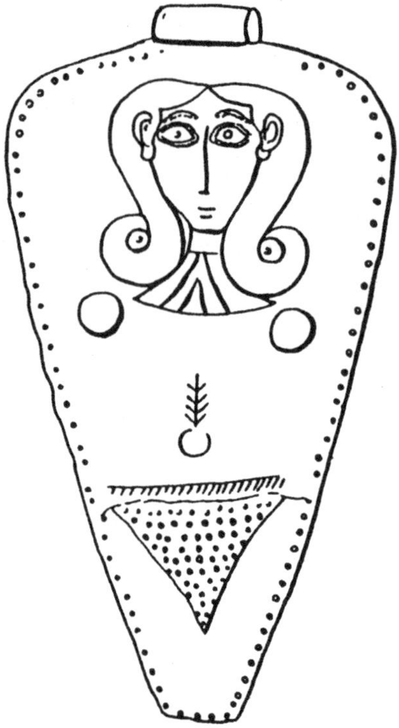

Göttindarstellung mit Hathor-Frisur, Brüsten, Bauchnabel, aus dem ein Baum wächst, und Schossdreieck, Palästina, 1500 v.Chr.

Göttindarstellungen von Ugarit, teilweise mit Hathor-Frisur, 1500 v.Chr.

Rituelle Prostitution

Im nördlichen Königreich Amos und Hosea war man damals in den örtlichen Heiligtümern (Bethel, Gilgal, Beersheba) bei der Denunziation des Göttinkultes nicht weniger vernichtend.[67] Und sehr wahrscheinlich waren es Flüchtlinge aus Bethel, die eine wichtige Rolle bei der Entwicklung des verschmolzenen Kultes in Elephantine spielten, im sechsten und fünften Jahrhundert vor Christus.[68] In Shiloh scheinen Priesterinnen bei Beginn der Monarchie an den Tempel gebunden gewesen zu sein. Mit ihnen hatten die Söhne von Eli Verkehr,[69] und Amos schmähte jene, die den Namen Yahwehs profanisierten, indem sie mit den Zonah (rituellen Prostituierten) bei einem Opfermahl eine Zusammenkunft hielten und „den Wein der Vergewaltigten tranken",[70] genau wie Jeremias später die Menschen in Jerusalem schalt, weil sie sich in Scharen in den Heiligtümern von heiligen Prostituierten versammelten, deren Schmeicheleien er beschrieb.[71] Wie in Mesopotamien der König eingeladen wurde, das Lager der Königin zu teilen, so waren diese palästinischen Heiligtümer mit „Betten der Liebe" für die Priesterinnen und ihre Liebhaber bestückt,[72] welche die gleiche Rolle wie das babylonische Königspaar in der Dramatisierung der Heiligen Hochzeit einnahmen.[73]

Wahrscheinlich ging der Prophet Isaias aus Jerusalem zu einem dieser Heiligtümer, um von einer berufsmässigen Prophetin (eine Zonah) für rituelle Zwecke ein zweites Kind zu bekommen.[74] Und im nördlichen Königreich übten die Priesterinnen, wie Hosea ausführlich klar macht (750-735 v.Chr.), ihre Funktion mit unverminderter Entschlossenheit aus, trotz all der Anstrengungen der Reformer wie Asa, die Zonah und Qedeshîm (Sodomiten) aus dem Land zu vertreiben.[75] Das deuteronomische Gesetz im Süden im nächsten Jahrhundert, welches sich bemühte, männliche und weibliche Hierodulen zu unterdrücken,[76] war ebenfalls nicht erfolgreich. Wie bei anderen Aspekten des Göttinkultes war die Praxis zu tief im palästinischen Kult verankert, um durch Denunziation und deuteronomische Gesetzgebung ausgemerzt zu werden. Er ging als eine etablierte Institution in protohistorische Zeiten zurück, wie die patriarchale Tradition nahe legt,[77] trotz der erläuternden Bemerkungen über die kultischen Begriffe Zonah und Qedeshah, die von späteren Erzählern gemacht wurden. Sie beschrieben sie als gewöhnliche Huren eher als heilige Prostituierte im Dienst der Grossen Göttin. Hinter der Geschichte des gileadischen Helden Jephthah, selbst der Sohn einer Zonah,[78] liegt das rituelle Beklagen ihrer Jungfernschaft von den Jungfrauen von Gilead. Und obwohl die kultische Funktion von heiligen Frauen generell unklar wurde, bestand der Kult, wie wir gesehen haben, weiter bis zum Exil, trotz der drastischen Handlung von Josiah, der die Häuser der Sodomiten und der heiligen Prostituierten zerstörte, die Wandbehänge für Asherah webten und ihre Riten im Tempel von Jerusalem praktizierten.[79] Wenn die Dienste einer Frau vom Heiligtum nicht akzeptiert werden konnten, wurden die Einnahmen der rituellen Prostituierten für die Verehrung Yahwehs bestimmt.[80]

Um diese sehr alten Praktiken vom Yahwekult zu nehmen, bemühte sich Hosea, eine erhabenere Interpretation der Vorstellung von der Hochzeit Israels mit ihrem Gott zu geben, und zwar auf eine Art, die sich im Gleichklang mit der Ackerbautradition der volkstümlichen Religion befand, und die sich auf die Zeit freute, wenn die Nation von ihrer Korruption befreit war und wieder mit Yahweh verheiratet sein würde. Dann würde der Boden wieder bebaut werden und Ernten im Überfluss hervorbringen, und die Menschen würden bemerken, dass es Yahweh war und nicht die Baalim, der die Vermehrung der Fruchtbarkeit des Landes gegeben hatte.[81] Weil das Land ihm gehörte und er der wahre Gemahl Israels war, waren die Menschen ihm durch ihren Umgang mit anderen Göttern (den Baalim) und durch das Halten von Liebhabern untreu gewesen, und ihre Fruchtbarkeitsriten waren mit Hurerei und Ehebruch verbunden. Dies wird in der Form ausgedrückt, dass das eigene häusliche Leben des Propheten unglücklich war, verheiratet mit einer treulosen Frau, Gomer, die ursprünglich eine heilige Prostituierte war.[82] Auf jeden Fall ist der dazu verwendete Symbolismus genau der des Göttin-Rituals. Gemäss yahwistischer Auffassung ist das Thema im Hintergrund dasjenige vom Vertrag mit Yahweh, in dem kein Platz für andere Gottheiten und ihre Verehrung ist, eingeschlossen heilige Prostitution, die fast ausnahmslos ein begleitender Umstand des Göttinkultes in Syrien, Phönizien und Palästina war.

Der Fall von Samaria vor den assyrischen Kräften 721 vor Christus, gefolgt von der Zerstörung der Städte Phöniziens im nächsten Jahrhundert (677-673), gab mesopotamischen Einflüssen auf die aramäische Kultur einen neuen Anstoss. Diese aramäische Kultur entwickelte sich in der neu-assyrischen, kanaanitischen Provinz. Weiterhin regte er in Judäa die altreligiöse Reaktion unter Ahaz (ca. 735-715 v.Chr.) und Manasseh (ca. 687-642) an. Aber obwohl Assyrien nun als Brennpunkt des Einflusses vorherrschend wurde, war das Ergebnis eine syrisch-mesopotamische Verschmelzung der Religionen, in der die Verehrung von Baal und Asherah mit der von „Molech“ kombiniert wurde, was auch immer dieser obskure Begriff besagen mag.[83] Dazu kam die Verehrung von Adrammelech, einer Form des syrischen Gottes Hadah, sowie der sumerischen Gottheit Anu. Diese scheinen Kinderopfer beinhaltet zu haben.[84] Dass der Göttinkult unter den wichtigen Elementen war, wird aus den Bezugnahmen auf die Qedeshîm und Zonah im Tempel von Jerusalem als Anhänger von Asherah klar, sowie durch zwei Frauen, die um Tammuz weinen, den Gemahl von Ishtar, und ihre kanaanitischen Gegenstücke. Nachdem er fest in der aramäischen Kultur auf palästinischem Boden verwurzelt war, überlebte der Göttinkult den Verfall der israelitischen Gemeinden 721 und 571 vor Christus, bis in der Periode nach dem Exil der Yahwismus wieder etabliert wurde, gereinigt von den meisten seiner kanaanitischen und mesopotamischen Zuwächse.

ANATOLIEN

Die hethitische Göttin

Sowohl geographisch als auch kulturell war „das Land von Hatti" mit Syrien und Palästina verwandt. Das hethitische Reich lag im Nordosten der anatolischen Hochebene von Kleinasien im Bereich des Hals-Flusses (Kizil Irmak) und blühte im zweiten Jahrtausend vor Christus. In der mittleren Bronzezeit hatten die vorhethitischen anatolischen Prinzen eine stabile Zivilisation in dieser Berg-Feste errichtet. Ausgrabungen von 1954-56 in Kultepe (Kanesh) nahe Kayseri haben eine Inschrift auf einer bronzenen Speerspitze zutage gebracht, die die Worte trägt: „Palast von Anittas, dem König". Sein Name taucht auf drei Tafeln in Keilschrift-Hethitisch als historische Figur auf, die offensichtlich den grösseren Teil der Hochebene kontrollierte und in Kussara lebte. Von ihm mag die königliche hethitische Linie ausgegangen sein, obwohl tatsächlich die hethitischen Könige ihren Stammbaum vom alten Regierenden Labarnas herleiteten.[85] Um 1380 v.Chr. war das Königreich von Suppiluliumas, dem König von Hatti, eingerichtet worden, der die mesopotamischen Königreiche von Mitanni und den Hussiländern eroberte und in sein Reich eingliederte. Dieser sandte auch Armeen nach Syrien und Palästina. Libanon war seine Grenze (ca. 1370 v.Chr.). Deswegen sind die Erzählungen des Alten Testaments irreführend, wenn sie die Hethiter zu einem palästinischen Stamm machen, den die Hebräer trafen und mit dem sie während ihrer Besetzung von Kanaan Beziehungen hätten.[86] Denn sie stellen diese grossartige alte Zivilisation mit den Perizziten, Rephaims, Girgashiten und Hiviten auf eine Stufe. Erst zur Zeit der Monarchie scheint ihre Bedeutung wahrgenommen worden zu sein.[87]

Jedoch wurde der Umfang der hethitischen Kultur und Religion erst vor kurzem offensichtlich, und zwar als Resultat der Bergung und Dechiffrierung der Inschriften und Texte, die in dieser besonderen Form von Keilschrift aus dem Zeitraum von etwa 1900-1100 v.Chr. geschrieben wurden. Hrozny war der erste, der den Versuch einer Grammatik veröffentlichte. Und es wurde nach und nach trotz vieler Rückschläge möglich, eine Reihe von Tafeln zu übersetzen, die nun zur Verfügung stehen, und auf diese Weise eine ansehnliche Kenntnis des Lebens und der Glaubensvorstellungen dieser höchst eklektischen Zivilisation zu gewinnen, die in Kleinasien eine Schlüsselstellung inne hatte.

So weit es unsere momentane Untersuchung betrifft, scheint es, dass die hethitischen Stadt-Staaten als eine Gruppe unter der Regentschaft des „Grossen Königs“ zusammengeschweisst waren, der zusätzlich zu seiner Eigenschaft als Armee-Oberhaupt und oberster Richter auch der oberste Priester der Götter war und „an der Hand“ der Göttin „gehalten“ wurde. Obwohl er zu Lebzeiten nie Göttlichkeit erlangte, glaubte man, dass er mit übernatürlichen Kräften begabt war. In seiner priesterlichen Rolle wird er gewöhnlich auf den Denkmälern in Beziehung zum Wettergott abgebildet. Beim Tod der Königinmutter wurde die regierende Königin die Tavanna, die Priesterin der Muttergöttin, und sie konnte dann in seiner Abwesenheit als Regentin handeln. Tatsächlich wurde der Herrscher durch sie über eine Heilige Hochzeit mit der Göttin in Verbindung gebracht. Hier jedoch liegt der Beweis im Dunkeln und die Auslegung kann nur auf Mutmassungen beruhen, wobei die Basis vor allem die Ikonographie von Yazilikaya bildet.

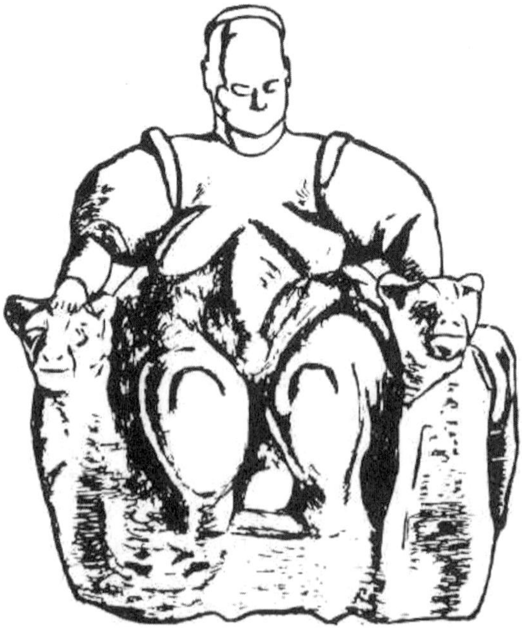

Göttin auf dem Leopardenthron in der Geburt,
Chatal Hüyük, Kleinasien, ca. 5500 v.Chr.

Göttinstatue von Kanesh,
Anatolien, 2000 v.Chr.

Stillende Göttin von Karatepe,
Anatolien, 8. Jahrhundert v.Chr.

Die Reliefs von Yazilikaya

In diesem grossartigen Fels-Heiligtum, zwei Meilen vom Dorf Boghazköy entfernt, wo sich die älteste hethitische Siedlung in Hattusas findet, gibt es Reliefs von zwei zusammenlaufenden Prozessionen von Göttern und Göttinnen, die sich im Zentrum an der Wand am Ende des Raumes treffen, dem Eingang gegenüber. Auf der rechten Seite, abgesehen von zwei Männern, sind alle Figuren Frauen in Roben, während es auf der linken Seite Männer mit zwei Frauen sind, zusammen mit geflügelten, mythologischen Wesen. Die Verwitterung der Felsen macht es sehr schwierig, die abgebildeten Gottheiten zu identifizieren, denn die Spezifizierung über ihre Namen fehlt – abgesehen von dem der Göttin, die dort in Hieroglyphenschrift mit Hepatu bezeichnet ist. Hebat oder Hepit ist die oberste Göttin im hurritischen Pantheon, die Gattin von Teshub, dem Wettergott. Sie wird auf einem Panther oder einer Löwin stehend gezeigt, in einer Robe mit langen Ärmeln und einem plissierten Rock. Ihr Haar ist geflochten und auf ihrem Kopf trägt sie eine Tiara. In ihrer linken Hand hält sie einen langen Stab, mit ihrer rechten Hand, die ausgestreckt ist, um die auf sie zukommende männliche Figur zu grüssen, bietet sie ihre Geschenke in Form von symbolischen oder hieroglyphischen Zeichen an.

In der Prozession hinter ihr, ebenfalls auf einer Löwin oder einem Panther, ist die kleinere Figur eines bartlosen Jugendlichen mit einem Schweineschwanz, der eine kurze Tunika, Schuhe, die sich nach oben biegen und einen kegelförmigen gefältelten Hut trägt. Auch er umklammert mit seiner ausgestreckten rechten Hand einen Stab. In seiner linken Hand hält er eine Doppelaxt. Sein Symbol, ein Paar menschliche Beine, legt nahe, dass er den jugendlichen Sohn der Göttin darstellt, dessen Name in Hurritisch Sharma oder Sharruma lautete. Er taucht grösser wieder in der kleinen Galerie neben dem Haupt-Heiligtum auf, wo er König Tudhaliya IV. umarmt hält. Hinter ihm folgen zwei Göttinnen, die wie Hepatu (Hebat) die Prozession anführen und die gleichen Gesten machen, aber auf einem einzigen doppelköpfigen Adler mit ausgebreiteten Flügeln stehen. Sie mögen Mazzula darstellen, die Tochter der Sonnengöttin Arinna, und Zintulu, ihre Enkelin. Die Gottheit im Hintergrund, die eine gehörnte Mitra trägt, mit einem Kilt bekleidet ist und einen Amtsstab oder Knüppel und ein Schwert hält, ist vielleicht der Sturm- und Wettergott (Teshub), der die Männer in der Prozession auf den linken Wänden anführt, genau wie die Frauen auf den rechten Wänden von der Sonnengöttin Arinna angeführt werden. Beide Gruppen bewegen sich auf den Gott und die Göttin zu, Priester und Priesterinnen folgen ihnen.[88]

Im kleineren Raum, zu dem der Eingang von zwei geflügelten Figuren bewacht wird, ist eine kolossal aufgerichtete Figur des „Dolch-Gottes“ in eigentümlicher Weise in Stein gehauen, die eine jugendliche Gottheit mit einem menschlichen Kopf darstellt und eine kegelförmige Kappe trägt. Der Körper ist aus vier sich duckenden Löwen zusammengestellt, zwei nach unten, zwei nach oben gerichtet, Rücken an Rücken. Unter den Knien laufen die Beine zu einer Schwertspitze aus. Rechts sind zwei Figuren, die grössere erinnert durch ähnliche Kleidung an den Jugendlichen auf dem Panther im äusseren Heiligtum. Der Mann hat seinen linken Arm um den Hals der kleineren Figur gelegt, einen bartlosen Priester-König in einem Mantel, aus dem der Griff eines Schwertes ragt. Sein rechtes Armgelenk wird von der linken Hand des Gottes gegriffen, einen Stab (lituus) hält er in seiner rechten Hand, wie in der Darstellung des Priesters im äusseren Heiligtum. Im Palast von Ala Hüyük (Euyuk), etwa zwanzig Meilen nordöstlich von Boghazköy gelegen, folgt eine Priesterin einer ähnlichen Figur. Mit erhobener Hand nähern sie sich dem Bild eines Stieres auf einem Sockel mit einem davorstehenden Altar. Auf einem anderen Relief bewegt sich ein Priester, gefolgt von einer Priesterin, auf eine sitzende Göttin zu, die ein Trankopfer auf ihre Füsse giesst.[89]

Es ist denkbar, dass von den verschiedenen Verwendungen und Zwekken des grossen Heiligtums, das als Yazilikaya bekannt ist, die äussere Nische ein Schrein der Muttergöttin war, und die innere Kammer ein

Schrein ihres Sohnes, des jungen Gottes, zu dem der König durch sein Amt als Hohepriester Zugang hatte. Da die Reliefs auf den Wänden die Heilige Hochzeit der Göttin mit dem hattischen Wettergott symbolisch darstellen, begab sich das regierende Königspaar wahrscheinlich nach Yazilikaya, um beim Frühlingsfest die Erneuerungsriten zu vollziehen, die im westlichen Asien so weit verbreitet waren.[90] Wenn diese Vermutung stimmt, so wurde die heilige Hochzeit zwischen der Sonnengöttin von Arinna und dem Wettergott von Hatti in der Haupthalle vollzogen, und zwar in Gegenwart von Sharma, dem jungen Gott. Garstang schlägt vor, dass es sich um die Vereinigungsszene des hurritischen Teshub mit der Muttergöttin Hebat von Kizzuwatna handelt (der Cataonia der römischen Periode). Wegen der Heirat von Hattusilis III. mit der Hohepriesterin der Sonnengöttin von Arinna, Puduhepa, der Tochter des Priesters von Ishtar von Lawazantiya, wurden sie von ihrem Gefolge begleitet.[91] Es gibt nichts in den Texten, das diese interessante Vermutung bestätigt, aber in der ägyptischen Version des Vertrages zwischen Hattusilis und Ramses II. erscheint die hethitische Königin Puduhepa auf dem königlichen Siegel, wie sie die Sonnengöttin von Arinna umarmt.[92] Die aufeinander zulaufenden Prozessionen lassen vermuten, dass im Neujahrsritual Umgehungen stattfanden, die eng mit der Heiligen Hochzeit verbunden waren. Und weil der Stier das Tier des Wettergottes ist, mit dem er ursprünglich in seinen Fruchtbarkeits-Funktionen gleichgesetzt war, hatte die Gegenwart des Stiermannes ohne Zweifel die gleiche Bedeutung.

Überall in Anatolien und dem nördlichen Mesopotamien taucht ab der frühen Bronzezeit das Motiv des Stierkopfes (bucranium) auf, wie zum Beispiel auf den Siegeln und auf bemalter Tell Halaf-Keramik. Auch in Gräbern in Aladjahüjük,[93] während in der hurritischen Mythologie und Ikonographie Teshub mit zwei Stieren verbunden ist, wahrscheinlich Seri und Hurri, die „Tag und Nacht" verkörpern. Sie sind vor seinen Wagen gespannt. Manchmal wird er auf einem Stier stehend und einen Donnerkeil in der Hand haltend dargestellt. Donner gehört wie Regen zu seinen Fruchtbarkeits-Aspekten als Sturm- und Wettergott, genau wie Sturm und Regen in den Händen von Baal lagen, dem „Energischen" und „Reiter auf den Wolken" in Syrien. So war der Stier die Verkörperung oder das Symbol von Lebenskraft, die so eng mit der Göttin und der Kuh verbunden war. Sein Erscheinen in Yazilikaya um die Beine des Wettergottes und seiner Gemahlin herum zeigt zweifellos den Charakter dieses grossartigen Rituals an.

Die Sonnengöttin von Arinna

Die Rolle der Sonnengöttin von Arinna ist schwieriger zu bestimmen. Sie war die Gemahlin des Wettergottes von Hatti der, wie wir gesehen haben, mit dem Stier verbunden und die hethitische Haupt-Gottheit des religiösen Zentrums von Arinna war.[94] In der Staatsreligion war sie „die Königin des Landes von Hatti, Himmel und Erde, Meisterin der Könige und Königinnen des Landes von Hatti, sie leitet die Regierung des Königs und der Königin von Hatti". Aber anders als die hurritische Hebat war sie im Grunde eine Sonnengottheit.[95] Jedoch war ihre Beziehung zum männlichen Sonnengott nie klar bestimmt. Ursprünglich wurde die Hauptgöttin in Arinna Wurusemu oder Arimitti genannt,[96] deren Gemahl ihr untergeordnet war, genau wie im Staat die Sonnengöttin von Arinna die oberste Göttin wurde. Ihr Mann war jedoch der Wettergott von Hatti, nicht der Sonnengott, und obwohl er wie seine Frau ein Kriegsgott war, focht sie seine Schlachten aus.

Als das hethitische Reich unter hurritischen Einfluss kam, wurde seine Göttin Hebat mit der Sonnengöttin von Arinna gleichgesetzt.[97] Dazu scheint es wahrscheinlich, dass der hurritische Teshub dann mit dem Wettergott von Hatti gleichgesetzt wurde, und sein Sohn Sharma mit seinem Gegenspieler, dem Wettergott von Nerik und Zippalanda.[98] Ganz ähnlich wurde in diesem Prozess des Synkretismus Shaushka, die hurritische Göttin der Liebe, Sexualität und Kriegsführung, die Schwester von Teshub, mit der grossen babylonischen Göttin Ishtar identifiziert, und sie wurde in Südost-Anatolien in Samuha und anderswo in der hurritischen Gegend verehrt.[99] Unter ihren weiblichen Anhängern waren die Göttinnen Ninatta und Kulitta, und es gab auch eine Reihe von örtlichen „Ishtars", die ursprünglich unter anatolischen Namen bekannt gewesen sein müssen.

In Kumanni (Comana Cappadociae) in der Taurus-Gegend, wo einige der ältesten hethitischen Heiligtümer lagen, wurde die Göttin Hebat, die am Ende als Ma bekannt wurde, mit den wichtigsten Attributen der Sonnengöttin von Arinna besetzt. Und wie Ishtar und Anat entwickelte sie kriegerische Charakteristika, so dass sie von den Römern mit Ma-Bellona identifiziert wurde. Sie erfährt damit die bekannte Veränderung und Transformation von einer Göttin der Fruchtbarkeit zu einer Göttin des Krieges, ein Thema, das nicht in den hethitischen Texten auftaucht. Ihr Bündnis mit Teshub im hurritischen Pantheon führte dazu, dass sie zusammen in Aleppo, Samuha (Malatya), Huma und Apzisna verehrt wurde, ebenso in Comana. In Yazilikaya besass jedoch der jugendliche Wettergott, ihr Sohn und Liebhaber wie Tammuz in Beziehung zu Ishtar, eine untergeordnete Stellung, bevor er zum „König des Himmels" erhoben und der Mann der Sonnengöttin von Arinna wurde.

Hier scheint der Sonnengott nicht auffallend gewesen zu sein, trotz der Tatsache, dass die führende Gottheit die Sonnengöttin war. Es mag sein, dass er nicht ein ursprüngliches Mitglied des hethitischen Pantheons war, und dass er erst dann einen endgültigen Status gegenüber der Sonnengöttin erhielt,[100] nachdem er nach Anatolien eingeführt worden war. Aber wenn er einmal zum Herrscher der Himmel erhoben wurde, konnte er eigentlich nur mit der Sonne identifiziert werden, obwohl in der offiziellen Theologie der Mann der Sonnengöttin von Arinna der Wettergott von Hatti war. Dieser wurde passender Weise der Wettergott des Himmels, denn seine Aufgabe bestand darin, die Erde zu befruchten. Ähnlich waren die anatolischen Göttinnen vor allem Erdmütter und die Sonnengöttin von Arinna stellte ursprünglich keine Ausnahme von der Regel dar, weil sie so eng mit der ansässigen Fruchtbarkeitstradition und ihren Gottheiten verbunden war. Sie war die „Herrin des Landes" und „des Königs und der Königinnen von Hatti"; „der Vater und die Mutter jedes Landes" und die Patronin der Königswürde.[101] Dennoch war sie eine Sonnengottheit[102] und mit ihr die Königswürde untrennbar verbunden. Darin übte die Königin eine unabhängige, kultische Rolle aus, besonders beim Neujahrsfest im Winter, wenn die Hochzeit der Göttin mit ihrem Gatten im alten Nahen Osten auf traditionelle Weise gefeiert wurde.

Hannahanna und die Telipinu-Mythe

Obwohl die Sonnengöttin von Arinna die oberste Göttin war, mit der sich das Leben und der Kult des Staates verbunden hatte, absorbierte sie durch einen Prozess der Verschmelzung verschiedener religiöser Einflüsse die meisten charakteristischen Züge der örtlichen Göttinnen und der Sonnengötter ähnlichen Typs. Vor allem als ein Resultat politischer Fusion war es Hannahanna, „die Grossmutter", deren Name mit dem Bilderschrift-Zeichen der sumerischen Muttergöttin Nintud geschrieben wurde. In der Telipinu-Mythe war sie es, die vom Wettergott zu Rate gezogen wurde und die Initiative ergriff, wenn eine Trockenheit alles Leben auf der Erde zum Stillstand gebracht hatte. Der Grund für die Trockenheit war, dass sein Sohn Telipinu, der hethitische Dumuzi-Tammuz, voller Wut verschwunden war und das Korn mitgenommen hatte. So hatten Vieh, Schafe und Menschen keinen Nachwuchs mehr, und die, die Nachkommenschaft hatten, konnten sie nicht ernähren. Die Vegetation vertrocknete und die Bäume konnten keine neuen Schösslinge hervorbringen. So kam es zu einer Hungersnot, die das Leben der Völker ebenso bedrohte wie das der Götter, denn sie hingen in ihrem Unterhalt von der Menschheit ab. In dieser verheerenden Situation lud der Sonnengott tausend Götter zu einem grossen Festmahl ein. Sie assen, jedoch wurden sie nicht satt, sie tranken, aber ihr Durst wurde nicht gestillt. Dann erinnerte sich der Wettergott daran, dass sein Sohn Telipinu nicht im Lande war, und dass diese Desaster entstanden sein mussten, weil er sich in schlimmem Groll zurückgezogen hatte. Folglich veranstaltete man eine emsige Suche nach ihm, in den hohen Bergen, den tiefen Tälern und den wässrigen Abgründen, aber man konnte ihn nirgends finden. Der Wettergott merkte, dass alle verhungern würden, wenn nicht sofort etwas geschähe. Er suchte den Rat der Göttin Hannahanna, die selbst in so hohem Masse für Fruchtbarkeit verantwortlich war. Daraufhin drängte sie ihn, selbst zur Stadt von Telipinu zu gehen, aber ohne Erfolg. Dann schickte die Göttin eine Biene los, die ihn schlafend nahe der Stadt Lihzina fand und ihn in seine Hände und Füsse stach. Dies machte ihn nur noch wütender und entschlossener, alles Leben auf der Erde zu zerstören. An dieser Stelle gibt es einen Bruch im Text, aber am Ende wurde sein Groll von der Göttin der Heilung Kamrusepas ausgetrieben, die ihn auf den Flügeln eines Adlers zurückkehren liess. Dann „gingen die Schafe zur Herde, das Vieh zum Pferch, die Mutter kümmerte sich um ihr Kind, das Mutterschaf um sein Lamm, die Kuh um ihr Kalb“. Ein Bericht über das Ritual folgt, das vollzogen wurde, um den Zorn Telipinus zu lindern und die Fruchtbarkeit wiederherzustellen. Der Höhepunkt war, dass er „sich um den König und die Königin kümmerte und sie mit anhaltendem Leben und nachhaltiger Kraft versorgte“. Ein immergrüner Baum wurde im Tempel aufgestellt und geschorene Schafwolle daran gehängt, in die man Schaffett gab. Opfer von Getreide und Wein, Ochsen und Schafen wurden Telipinu dargebracht.[103]

Bienengöttin von Kameiros, Rhodos, 800 v.Chr.

In dieser sehr unvollständigen Fassung der Telipinu-Mythe in Form eines rituellen Kommentars, der in einem Fruchtbarkeitskult verwendet werden sollte, war das Thema von Tammuz versteckt, obwohl sie sich in ihren Details ziemlich von der babylonischen Geschichte unterschied. Der Grund für den Zorn des Wettergott-Sohnes wird nicht genannt, aber die Auswirkungen seines Verschwindens waren die gleichen wie jene, als Tammuz in die Unterwelt abstieg. Wieder war es die Muttergöttin, die eingriff, um seine Rückkehr sicherzustellen. Aber es gibt keine Anhaltspunkte, dass Telipinu gestorben war und aus der Unterwelt wieder lebendig gemacht wurde. Ferner wird Hannahanna nicht als seine Gemahlin und Mutter dargestellt. Seine Rückkehr jedoch brachte eine Erneuerung des Wachstums und der Fruchtbarkeit, des Lebens generell und der Kraft des Königspaares insbesondere. Dies machte zweifellos den Zweck der rituellen Zeremonie in Abschnitt C des Textes aus, der an die Erzählung angehängt worden war.

Obwohl die Episode nicht mit einem jahreszeitlichen Ritus verbunden ist, lassen das Thema und sein Ritual daran denken, dass die Mythe mit dem Vegetationskult-Drama verbunden war. Eng darauf bezogen ist eine Kampf-Geschichte, die man beim Purulli-Fest rezitierte, das wahrscheinlich im Frühjahr abgehalten wurde.[104] In dieser Geschichte tötet der Wettergott mit Hilfe der Göttin Inaras einen Drachen, Illuyankas, der die Kräfte des Bösen in ihren verschiedenen Aspekten personifiziert. Im Zyklus von Kultlegenden, die um den Wettergott und seine Gemahlinnen gruppiert sind, nehmen die wichtigsten Figuren – die Vegetationsgottheit, die Muttergöttin, der König und die Königin – ihre gewohnten Rollen mit örtlichen Besonderheiten und Differenzierungen an. Im Hintergrund stehen die sumerisch-babylonischen kosmischen Kämpfe unter den Göttern, wie sie zum Beispiel im hurritischen Lied von Ullikummi vorkommen.[105] Das vorherrschende Thema dreht sich um einen Gifthauch, der auf das Land fiel, weil der Wettergott und ein bösartiges, übernatürliches Wesen einen Konflikt hatten. Die Göttin, mit der er eine intime Beziehung unterhielt, verteidigte seinen Fall. Aber obwohl die Texte nicht ausdrücklich mit einem bestimmten jahreszeitlichen Fest verbunden werden können, liefert ihr Inhalt jeden Anhaltspunkt dafür, dass sie Kultlegenden waren. Sie wurden entweder an den kritischen Zeitpunkten der Jahreswende rezitiert, oder wann immer es die Gelegenheit erforderte, um die rechte Ordnung der kosmischen Kräfte wieder herzustellen und zu bewahren. Somit belebte man den Prozess des Wachstums in der Folge der Jahreszeiten wieder.

IV

Iran und Indien

DAS LAND IRAN

Im Wirrwarr der Religionen, welches das westliche Asien im dritten und zweiten Jahrtausend vor Christus charakterisierte, war die Iranische Hochebene kraft ihrer geographischen Lage dazu prädestiniert, das verbindende Glied zwischen dem Westen und dem Osten zu werden, was die Entwicklung eines zusammengesetzten Mythos und Rituals ebenso betraf wie andere Aspekte einer komplexen Kultur, in der sich viele Strömungen trafen. Im Süden und Südosten lag Mesopotamien, das Arabische Meer und der Persische Golf. Nördlich in Richtung Osten vom Kaspischen Meer erstreckte sich Turkestan als breite Niederung, und nach Osten die Ebene des Indus-Tals mit den Hügeldörfern von Afghanistan und Beluchistan, Makran und Sind, zum Westen hin Punjab, welches eine andere Kommunikationslinie mit Indien bildete. So im Herzen des Geburtslandes der Ackerbaugesellschaft des westlichen Asien gelegen, musste die Iranische Hochebene ihren Beitrag zur Entwicklung und Verbreitung des Göttinkultes leisten, der in den Randregionen des alten Persien fest etabliert war.

Die Elamitische Göttin

Wie schon erwägt wurde,[1] waren auf den Ebenen von Elam in der protohistorischen Periode und der ersten elamitischen Periode (ca. 2800 v.Chr.) grobe, weibliche Figurinen, die sich die Brust hielten, sehr verbreitet. Häufig waren sie mit Armbändern, Anhängern und Halsketten geschmückt. Auf einem Relief auf einem Felsen am Eingang zum Dorf Sari-Pul an der alten Strasse von Bagdad nach Teheran ist Annubanimi, der König von Lullubi, mit der Göttin Ninni in einer Fransen besetzten Kaunakes abgebildet. Sie trägt eine hohe Mitra auf dem Kopf, führt zwei Gefangene an einer Leine und streckt die Hand zum König aus. Die kommentierende akkadische Inschrift ruft verschiedene Götter gegen den

Feind an. Dies zeigt, dass es starke babylonische Einflüsse im Elam der ersten Hälfte des dritten Jahrtausends v.Chr. gab, als die Szene beschriftet und errichtet wurde. Im zweiten Jahrtausend v.Chr. jedoch wurden die Göttin Shala und ihr Gemahl Inshushinak eher angerufen als ihre babylonischen Gegenstücke. In Susa wurde die Fruchtbarkeitsgöttin unter dem Namen Kiririsha verehrt, auf luristanischen Votivtafeln in ihren charakteristischen Posen dargestellt: Sie hielt ihre Brüste und hockte in der Geburtsstellung.[2] Der Kult reichte von Kleinasien bis Susa und war so tief verwurzelt, dass er den Zusammenbruch der elamitischen Macht 640 v.Chr. überlebte und unter dem Namen der Muttergöttin Nanaia fort fuhr, die üblichen Funktionen auszuüben, bis hin zur parthischen Periode (ca. 250 v.Chr. bis 229 n.Chr.).

Göttinstatue von Amlach, mit festen Beinen,
die Arme zu den Brüsten haltend, Iran, 900 v.Chr.

Göttin Anahita mit Lebenswasser und Taube

Die Göttin Anahita

Durch einen ähnlichen Prozess religiöser Verschmelzung wurde sie die avestische Göttin der Fruchtbarkeit und des Wassers, Anahita, die in den Yashten den mystischen, Leben spendenden Fluss verkörperte „in Gestalt eines Mädchens mit hellem Körper, sehr stark, gross, hoch gegürtet, rein, edel geboren aus einem glorreichen Geschlecht."[3] Als die Göttin der Wasser vom Himmel herunter kam, um die Erde zu befruchten und Herden und Menschheit sich vermehren liess, den Frauen leichte Geburten und einen Überfluss an Milch bescherte, wurde sie mit der Form von Ishtar ausgestattet. Sie war mit den Statuen abgebildet, die von Artaxerxes II. in Susa, Ecbatana, Damaskus, Babylon, Bactria und anderswo errichtet wurden. Sie zeigten vorstehende Brüste, eine goldene Krone, einen Gold bestickten Mantel, Ohrringe, eine Halskette und einen Gürtel. So wurde sie als „die Grosse Göttin, deren Name Herrin lautet" verehrt, als die „Allmächtige, Reine", welche „den Samen der Männer sowie den Schoss und die Milch der Frauen" reinigt.[4] Wie die meisten Fruchtbarkeitsgöttinnen galt sie auch in der Kriegsführung als bewandert. Sie fuhr in einem Kriegswagen, der von vier grossen, weissen Pferden gezogen wurde, die Wind, Regen, Wolke und Hagel darstellten. Sie war tatsächlich das iranische Gegenstück zur syrischen Anat, der babylonischen Inanna-Ishtar, der hethitischen Göttin von Comana und der griechischen Aphrodite.[5] Als Teil der Triade – Ahura Mazda-Mithra-Anahita – im mazdäischen Pantheon erscheint sie in Inschriften, die in achämenischer Keilschrift geschrieben waren, und zwar in Verbindung mit Mithra als jungem Gott und siegreichem Helden, der das Leben befreit, indem er den Ur-Stier opfert.[6]

Obwohl Artaxerxes II. (414-361 v.Chr.) der erste gewesen sein soll, der Bilder von Anahita an verschiedenen Stellen seines Herrschaftsgebietes aufstellte,[7] muss die volkstümliche Anziehungskraft des Kultes durch die lange Geschichte erklärt werden, die er im Iran und in den umliegenden Ländern hatte. In Ägypten als Göttin von Kheta wurde sie auf einem Thron oder einem Pferd sitzend dargestellt. Sie hielt einen Speer und ein Schild und schwang eine Hellebarde.[8] In Kappadokien und Sizilien wurde sie mit der Muttergöttin Ma gleichgesetzt und mit einem Gefolge von Priesterinnen ausgestattet, die heilige Prostitution praktizierten.[9] Ihre nahe Verwandtschaft mit Ishtar enthüllt mesopotamische Einflüsse, aber während Herodot vielleicht gerechtfertigt werden kann, wenn er sie als Fremde in Persien ansah und sie mit einer assyrischen Göttin namens Mylitta gleichsetzte, die er mit Mithras verwechselte,[10] steht sie in der gleichen Tradition wie die elamitische Kiririsha und Nanaia. So hat der Göttinkult im Iran bis zur parthischen Periode (von ca. 250 v.Chr. bis 229 n.Chr.) eine durchgängige Geschichte. Die Kultzentren, die von Artaxerxes II. und anderen achämenischen Königen überall im Reich eingerichtet wurden, baute man weiter aus, so dass alle in den Texten der parthischen Periode erwähnten Tempel ihr geweiht waren. In Ecbatana, der königlichen Sommerresidenz, wurde dargelegt, dass „sie ihr immer opfern“; in Arsak, wo Tiridales I. gekrönt wurde, hatte sie einen anderen Schrein; und in Kengavar wurde sie als die „persische Artemis“ verehrt, die „Herrin der wilden Tiere“, und sie erfüllte die Rolle der hellenischen Artemis und Gaia als Mutter aller Kreaturen, von der sie ihre Nahrung und ihren Schutz überall auf der Erde bekamen.

In ähnlicher Weise wurden in Elymais zwei Heiligtümer Artemis und Athene geweiht und mit ihr verbunden, so wie sie in Susa als Nanaia verehrt wurde. In Istakhr gab es einen Feuertempel von Anahita in der sasanianischen Periode (ca. 229-651 n.Chr.). Auf einem Felsrelief in Naqsh-i-Rustam bildet eine Belehnungs-Szene König Narseh (293-302 n.Chr.) ab, der von Anahita seine Insignien erhält.[11] Ebenso zeigt ein Relief auf den Wänden der hohen Grotte in Taq-i-Bustan nahe Kermanshah Chosroes II. (590-628 n.Chr.), wie er mit den Symbolen seines Amtes von Anahita und

Ormuzd (Ahura Mazda) vertraut gemacht wird.[12] Im nördlichen Iran im Bezirk Shiz, Azerbaijan, der traditionellen Heimat von Zarathustra, war der wichtigste Feuertempel ihr geweiht. Und sie wurde von der sehr alten magianischen Gemeinde dort eifrig verehrt. Diese Gemeinde hielt am traditionellen Göttinkult in Verbindung mit dem Zoroastrismus fest, in einer höchst komplexen Verschmelzung der Religionen.

Ausserhalb des Iran war der Göttinkult nicht nur in Lydien, Pontus und Kappadokien besonders verbreitet, sondern auch speziell in Armenien. Dort war „die grosse Herrin", „die Pracht und Lebenspenderin der Nation", die Tochter von Ahura Mazda und die Wohltäterin der gesamten Menschheit.[13] Sie wurde allerdings nicht mit Wasser und dem Planeten Venus gleichgesetzt wie bei der avestischen Yasht. Obwohl sie von Tiridates „die Mutter aller Enthaltsamkeit" genannt wurde, hatte sie auch eine sexuelle und orgiastische Seite. Nach Strabo war rituelle Prostitution ein wichtiger Zug, wie in Kappadokien „die berühmtesten Männer der Nation" ihre jungfräulichen Töchter für eine beachtliche Zeit vor ihrer Eheschliessung der Göttin gaben.[14] Tatsächlich hatte Anahita männliche wie weibliche „Diener" (hierodules), die dem Dienst in ihrem Tempel in Akilisene ebenso wie in Castabala in Cilicien und Zela in Pontus sowie in ihren kappadokischen Heiligtümern geweiht waren.[15] In Lydien wurde sie mit ihren griechischen und phrygischen Gegenstücken verschmolzen, einschliesslich Kybele. Und in dieser Form tauchte sie am Ende als Magna Mater auf, wie später gezeigt werden soll.

Mithras und Anahita

Ihre Verbindung mit Mithra und Ahura Mazda in der Inschrift von Hamadan (dem alten Ecbatana), nun im Britischen Museum,[16] zeigt, dass sie ihrem Vorbild treu blieb, als die alte iranische Naturreligion von Artaxerxes II. unter magianischem Einfluss wieder hergestellt wurde. Der Göttinkult wurde, wie wir gesehen haben, im zweiten Jahrtausend vor Christus begründet, zu der Zeit, als die nomadischen Hirten aus den Stämmen Indo-Europas begannen, in einer Folge von Wellen in die Ebene einzudringen. Einige von ihnen siedelten sich dauerhaft im Iran an, und sie brachten ihr eigenes vedisches Pantheon von Naturgöttern mit.[17] Im daraus resultierenden Prozess der Verschmelzung wurde Mitra zu Mithras, der König des himmlischen Lichtes (nicht der materiellen Sonne), immer wachsam, und weil er Licht war, war er der Spender des Lebens und des Zuwachses; „der König weiter Weiden" und der Fruchtbarkeit ebenso wie der Gegenspieler aller Kräfte der Dunkelheit und des Bösen. Er war es, der Überfluss schenkte, der den Boden bereitete, um Früchte zu bringen und den Herden Nachwuchs zu verschaffen.

In Indien wurde Mitra mit Varuna verbunden, dem alles umgebenden Himmel, der Himmel, Erde und Luft unterstützte, wie der griechische Uranos (Himmel), mit dem sein Name in Sanskrit gleichgesetzt wird.[18] Er war auch derjenige, der Regen schenkte, und in seinen himmlischen Gefilden lebte er in einem goldenen Wohnsitz. Dies verband ihn mit Mitra als dem Licht, das aus der Sonne heraus strömte. Deswegen wurden die beiden Götter Varuna und Mitra als die grossen Zwillingsbrüder angesehen, die zwei Aspekte des himmlischen Lichtes repräsentierten. Hinter ihnen lag der alte indoeuropäische Himmels- und Wettergott Dyaus Pitar, der die Himmel personifizierte, der Prototyp des griechischen Zeus und des römischen Jupiter. Als Quelle des befruchtenden Regens wurde er in seiner mitschöpferischen Fähigkeit mit Prithivi vereinigt, der Erde. Aber in der Rig-Veda ist er nur sehr vage zum Ausdruck gebracht, denn er war von Varuna, Mitra und den vedischen Naturgöttern und -göttinnen ersetzt worden. Im Iran wurden die Devas („die Leuchtenden“) zu Daevas („böse Geister“) verändert, und die Dämonen (Asuras) wurden zu Ahuras („Königen“ und „Meistern“) mit Asura Varuna, der von Zarathustra als Ahura Mazda, „der weise König“ ausgerufen wurde, die einzige höchste Gottheit. Ihm waren alle anderen göttlichen Wesen in der zoroastrischen Reform als seine Attribute, Modalitäten und Handlungen untergeordnet. Deswegen hörte Mitra (jetzt Mithra genannt) auf, sein Zwillingsbruder zu sein, und in den Avesta Gathas wird er nicht einmal erwähnt.

Trotzdem brachte man den Himmelsgott Varuna im andauernden Kampf zwischen Gut und Böse, Licht und Dunkelheit mit dem himmlischen Mitra in Verkleidung von Ahura Mazda in Verbindung. Dazu erhob man ihn zu einer ethischen und monotheistischen Gottheit. Die beiden alten Götter, die hinter dem allweisen König der Avesta lagen, waren himmlische Wesen, welche den allumfassenden Himmel in seinen sich ergänzenden Aspekten repräsentierten, Nacht und Tag. Obwohl Mithra nicht die Sonne war,[19] öffneten seine himmlische Herkunft und seine Verbindungen mit dem Licht ihm den Weg, Sonnen-Eigenschaften und -Funktionen zu erhalten, bis im Geheimnis des Mithras am Ende die Identifikation vollständig wurde. In der späteren avestischen Literatur jedoch tauchte, wie wir gesehen haben, Mithra in Verbindung mit Ahura wieder auf, der auf achämenischen Grabsteinen und Denkmälern in Persepolis als geflügelte Scheibe erschien, aus der sich Kopf und Schultern des weisen Königs erhoben, was seine Regentschaft im Himmel und seinen Schutz der Erde symbolisierte. Oft war er von göttlichen Helfern umgeben, die ursprünglich die alten Naturgötter waren. Die Gleichsetzung von Mithra und Anahita in der Mazda-Dreiheit zeigt die hohe Stellung, die diese zwei Gottheiten in der späteren zoroastrischen Theologie im Vergleich zu Ahura Mazda inne hatten und wie eng sie miteinander verbunden waren.

Um die Bedürfnisse der Menschheit zu erfüllen, musste die Wohltätigkeit der himmlischen Ebenen auf der Erde verfügbar sein. Sie sollten fruchtbare Jahreszeiten garantieren, die Mächte des Bösen zerstören und den Toten Unsterblichkeit geben. Deswegen brachte man den Himmelskult mit dem der Erdgötter und -göttinnen in Verbindung. In dieser Verschmelzung war üblicherweise der Himmelsvater das höchste Wesen, und er war für Regen und Fruchtbarkeit des Bodens verantwortlich. Aber er übte seine Funktionen in Einheit mit der Erdmutter aus. Es überrascht daher nicht, dass im achämenischen Iran die Verehrung des Gottes der Fruchtbarkeit mit der Verehrung der Göttin der Wasser vermischt wurde. Zusammen repräsentierten sie die Vater- und Mutteraspekte der Natur – Ahura-Mithras und Anahita – eine Angleichung, die wahrscheinlich unter anatolischem Einfluss sehr gepflegt wurde, wo der Göttinkult so verbreitet war. Schliesslich wurde der Mithraismus mit Kybele und der Verehrung der Grossen Mutter verbunden (z.B. im Taurobolium).[20] Aber der Mithraismus war im Wesentlichen ein männlicher Kult, und obwohl Bündnisse mit weiblichen Gottheiten geschlossen wurden, gelang es Anahita als Begleiterin von Mithras nicht, einen bleibenden Platz im Mysterium zu bekommen.

INDIEN

Indo-Iranische Verbindungen

Die gleiche Kombination westasiatischer und indoeuropäischer Traditionen, die im Iran offenbar war, trat im zweiten Jahrtausend vor Christus in Nordwest-Indien auf. In diesen beiden Regionen wurde ein fest etablierter Kult, in dem die Grosse Göttin eine bedeutende Rolle spielte, von einem Einfluss indoeuropäischer Gottheiten überlagert, als zwischen 1500 und 1200 vor Christus die grossen, hellhäutigen und aryatisch-sprechenden Invasoren ihren Weg von den eurasischen Ebenen Süd-Russlands nach Sind und Punjab nahmen. In ihrer früheren Wohnstätte müssen sie in Sprache und Kultur mit dem Rest der undifferenzierten Indo-Iraner sehr eng verwandt gewesen sein, obwohl sie im Land ihrer Wiege östlich des Kaspischen Meeres nicht in direktem Kontakt miteinander gestanden haben dürften. Diese gemeinsame Heimat wird in der iranischen Mythologie widergespiegelt, aber sie taucht nicht in den ersten vedischen Texten auf (der Rig-Veda), die aus der späteren Hälfte des zweiten Jahrtausends vor Christus stammt – trotz der Wiederkehr iranischer Namen in Indien und sich ergebender Bezüge zu Persien in der vedischen Literatur.[21] Ein Grund dafür könnte sein, dass die beiden Gruppen sich lange in einem Zustand der Feindschaft befunden hatten. Jedoch waren sie beide Teil des östlichen Zweiges, der gemeinhin als Indo-Iraner bekannt ist. Ein Teil durchzog den Kaukasus in östlicher Richtung und machte seinen Weg ins nördliche Mesopotamien und die Zagros-Berge (z.B. die Mitannier und Kassiten), deren Anführer indoeuropäische Namen tragen.[22] Eine andere Gruppe ging in die iranische Ebene und siedelte sich dort als die Ariana an, während eine dritte sich später nach und nach durch Transoxianien, den Oxus (Amu-Daria) und Bactria auf Indien zu bewegte, bis zu den Pässen des Hindukusch. Sie trugen ihr Pantheon mit sich, obwohl sie ihre Devas als wohlwollend und die Asura als bösartig ansahen, womit sie die frühere iranische Differenzierung umdrehten.

Es kann nur wenig Zweifel geben, dass sie es waren, die auf die Harappa-Zivilisation trafen, welche als hoch organisierte, städtische Kultur von etwa 2500 bis 1500 vor Christus blühte,[23] und die offensichtlich durch barbarische Eindringlinge aus dem Westen zu einem Ende gebracht wurde. Diese plünderten die Stätte von Harappa an den Ravi-Flüssen, Mohenjo-daro, Chandhu-daro im unteren Indus-Tal und brannten die Baluchi-Dörfer nieder. In welchem Masse die Aryas mit dieser Zerstörung zu tun hatten, ist schwierig zu sagen. Vielleicht haben sie sich auf den Ruinen der alten Städte angesiedelt. In jedem Fall enthält im Süden der Zitadelle von Harappa ein Friedhof aus der Zeit nach der Harappa-Kultur (bekannt als „Friedhof H“) die Skelett-Überreste einer offenbar fremden Bevölkerung, obschon die völkerkundliche Verwandtschaft noch aussteht. Die Töpferwaren sind bezeichnend und auf einer der Begräbnis-Urnen wurde eine symbolische Szene auf dem Fries mit dem vedischen Konzept der Seelenwanderung in Verbindung gebracht.[24] Aber die voraryatische Kultur mit ihren Mythen, Legenden und Kulthandlungen wurde auf jeden Fall nicht ausgelöscht. Im Gegenteil, das Ergebnis war eine Verschmelzung von Harappa-Elementen (wahrscheinlich das Dravidische) und von Indo-Europäern (Aryas).

Da die indoeuropäischen Einwanderer aryatisch-sprechend waren, sprachen diejenigen, welche die alten Städte in Sind und dem südlichen Punjab bauten, wahrscheinlich dravidisch. Dies ist fast sicher die älteste Sprache in Indien. Sie wurde von Einwanderern aus dem Nordwesten im dritten Jahrtausend vor Christus auf den Kontinent gebracht, bevor sie sich in den Süden hinein ausbreitete. Die älteste Form des Wortes Tamil oder Dravida war offensichtlich Dramila oder Dramiza und zeigt Verwandtschaft nach Kleinasien und dem östlichen Mittelmeerraum. Ferner wurden viele Züge einer voraryatischen Kultur im Alt-Tamil entdeckt.[25] Dass die Bewegung vom Norden in den Süden verlief, wird durch die Existenz eines dravidisch sprechenden Stammes angezeigt, den Brahni in Beluchistan. Durch ihre gesamte Verbreitung in Indien zeigt es sich, dass diese Strömung ein störendes kulturelles Element war, das die ansässige vordravidische Substrat-Kultur überlagerte, die in den Veddas und Todas sowie den Bergstämmen überlebte. Völkerkundlich repräsentierte sie eine Mischung von Typen, und nach der Ankunft der Aryas vereinigten sich die beiden sprachlichen und kulturellen Ströme trotz Versuchen, sie voneinander getrennt zu halten. Dies sollte in der zweiten Hälfte des ersten Jahrtausends vor Christus durch das Kastensystem bewirkt werden, das von den dominanten Aryas aufgezwungen worden war und das ursprünglich auf einer Trennung der Hautfarben basierte, denn Varna, der Hindu-Begriff für „Kaste“ bedeutet „Haut-Farbe“.

Es gibt jedoch kein Anzeichen für irgendeine Trennung dieser Art in der heiligen Literatur der frühen vedischen Periode. Und erst etwa im fünften Jahrhundert vor Christus begann „Kaste“ im Ganges-Tal in Regierungsbezirken aufzukommen, die von aryatischen Erb-Rajahs regiert wurden. Unter dem machtvollen Einfluss des Brahmanismus verbreitete sie sich schnell durch das ganze Land hindurch weiter und wurde als göttliche Verordnung ausgelegt. Zu dieser Zeit war aber die Verschmelzung schon dauerhaft geschehen. Der Hinduismus war in seiner Praxis eine Kombination von voraryatischen (dravidischen) und vedisch-aryatischen Elementen, die untrennbar zu einem zusammengesetzten System von Glauben und Praxis verschmolzen waren, in dem der Göttinkult eine wesentliche Rolle spielte.

Während sich die Draviden ausbreiteten, waren die Erdmutter und ihr männliches Gegenstück Gestalten von grundlegender Bedeutung im religiösen, sozialen und wirtschaftlichen Leben der Gemeinde, und sie tauchten immer wieder auf. Die Aryas jedoch waren mit dem Himmelsgott Dyaus Pitar vertraut, gewöhnlich verbunden mit Prithivi Mata, der Erdgöttin. Dies waren die universellen Eltern. Aber man stellte sie sich nur vage als Vater und Mutter vor, und ihre menschliche Gestalt war nie klar definiert. Dyaus Pitar war von Varuna überschattet, und Prithivi war wie andere vedische Göttinnen ausser den Ushas nicht viel mehr als eine schwache Widerspiegelung ihres Gatten, obwohl sie als „die Erde“ einen eigenen Status besass. Aber es waren der materielle Himmel und die Erde, die jeweils personifiziert wurden, wohingegen die dravidische Vorstellung von den fundamentalen Kräften der Fruchtbarkeit ausging, von denen alles Leben abhing.

Shiva und seine Gemahlinnen

Shiva war der Gott der vielen Namen, der mit dem vedischen Sturmgott Rudra und mit Agni gleichgesetzt wurde, dem Herrn des Feuers und des Opfers, während er auf seiner orgiastischen Seite Bhairava war, eine Bacchus-Figur und der Mittelpunkt eines ausschweifenden Kultes. Spuren dieses Kultes führen uns zur Tradition der Grossen Göttin, ja bis zurück in die Harappa-Zivilisation. Die Vereinigung eines Gottes mit einer Göttin versinnbildlichte die Quellen der Fortpflanzung, in der Mann und Frau vereinigt waren und Symbole einer einzigen, göttlichen Kraft mit männlichen und weiblichen Aspekten wurden. So wurde Shiva „der Glückliche" als ein androgyner Schöpfer angesehen, der seine eigene Gemahlin aus der weiblichen Seite seiner Natur schuf. Aber wenn eine Gottheit eine Doppelnatur hatte, eine ruhig und die andere aktiv, wurde seine weibliche Energie (sakti) gewöhnlich als seine Ehefrau personifiziert, von ihm nicht zu trennen und mit ihm in seiner Schöpfung verbunden, das phänomenale Universum erhaltend und zerstörend. So geschah es durch die Brahmanen, dass die Verehrung der Muttergöttin dadurch legitimiert wurde, indem sie die Göttin als Verkörperungen von sakti interpretierten und sie zur Gemahlin Shivas personifizierten, die „in einer Gestalt Leben und Tod kombinierten". Auf einer höheren Ebene wurde sakti als das ewige Prinzip der Fortpflanzung ausgelegt (prakriti), vereinigt mit dem ewigen männlichen Prinzip (purusha) in der Erzeugung der Götter und des Universums. Dazu wurde Shiva reiner Geist, der einen Körper annahm, um sich wahrnehmbar zu machen.

Weil das wichtigste Kennzeichen Shivas immer der phallische Lingam war, der in Mohenjo-daro und Harappa mit weiblichen Vulva-Yoni-Ringen assoziiert wurde, besteht kein Zweifel, dass er vor allem ein Fruchtbarkeitsgott war. Dies wird durch den als Nandi bekannten Stier bestätigt, seinen ständigen Begleiter. Deswegen wurde seinem lebenden Repräsentanten, dem weissen Stier, erlaubt, in völliger Freiheit überall herumzuwandern, und sein Bild wurde in Stein in allen Saivit-Tempeln als Wächter des Heiligtums abgebildet. Bis zum heutigen Tag durchstreifen heilige, unantastbare Rinder die engen Strassen der heiligen Stadt in Benares, und ebenso die Tempelhöfe. Sie werden nicht behelligt und erhalten fast göttliche Ehren. Dort wird Shiva als Visvesvara angerufen, der Herr von allem, der göttliche Regent von Benares, und ein Lingam von höchster Heiligkeit wird dort von seinen Anhängern verehrt. Daher hat dieser Aspekt seiner Natur durch die Zeitalter hindurch überlebt, und als sich sein Charakter mehr und mehr vom Wiedererschaffer der Natur und Zerstörer des Bösen von der materiellen auf die moralische Ebene verschob, wurde er derjenige, der die Seele reinigte und die Menschheit schützte. Aber der Lingam und der Stier blieben die wichtigsten Symbole des Kultes, zusammen mit einer ungezügelten Sexualität ihrer volkstümlichen Praxis, obschon der Lingam als phallisches Symbol für ein hohes Wesen als höchste Wahrheit der Evolution und Rückbildung des Universums steht.[26] Tatsächlich sind weder die Bilder noch die Rituale phallisch, und viele der Anhänger mögen die ursprüngliche Bedeutung der dargestellten Objekte und der ausgeführten heiligen Handlungen vergessen haben. Die natürlichen Funktionen der Mitschöpfung werden verständlicherweise nicht per se als obszön angesehen. So erscheint es nicht unpassend, wenn männliche und weibliche Energie (sakti) bei religiöser Verehrung, göttlichen Beziehungen oder in erotischer Mythologie personifiziert wird. Dies wird als Sinnbild interpretiert, das spirituelle Wahrheiten verkörpert, obwohl das unter den wenig kultivierten Menschen oft zu einer obszönen Zügellosigkeit verkommen ist.[27]

Aber wie auch immer der Kult mystisch, metaphorisch und symbolisch transformiert und interpretiert wurde, sein ursprünglicher Charakter und seine anfängliche Bedeutung sind offensichtlich. Das phallische Element geht ohne Frage zurück auf das prähistorische Substrat des Göttinkultes. Wie John Marshall gezeigt hat, ist die Religion der Indus-Völker „so charakteristisch indisch, dass sie kaum vom noch lebendigen Hinduismus unterschieden werden kann, zumindest bezüglich Animismus und den Kulten um Shiva und der Muttergöttin – beide noch immer die mächtigsten Kräfte in der volkstümlichen Verehrung".[28] Von dieser Quelle aus wurde der Kult in die vedische Verehrung als störendes Element eingeführt, aber weil er auf einige fundamentale, menschliche Bedürfnisse einging, fand er eine bereitwillige Erwiderung und erreichte tiefere und philosophischere Züge, die in den religiös verschmolzenen Figuren von Shiva und seiner Gemahlin Ausdruck fanden, ohne dass ihre ursprüngliche Gestalt als Fruchtbarkeitsgottheiten dabei zerstört worden wäre. Der „Grosse Kult" lag „im Fallen des Blattes", und drehte sich vor allem um die Erneuerung der Natur. Tod und Verfall der Natur war nur das Vorspiel für ihre Wiederbelebung im Frühjahr. Als Symbol des Lebens wurde der Göttinkult mit den Prozessen der Fortpflanzung in all ihren Formen und Aspekten als schöpferische Energie in den Zyklen von Geburt, Tod und Wiedergeburt identifiziert.[29]

So war Uma („Licht"), die Ehefrau von Shiva, eine aus mehreren religiösen Strömungen zusammengesetzte Göttin der Natur und Fruchtbarkeit, jedenfalls am Anfang, und sie war der vedischen Tradition ebenso fremd wie ihr Mann. Im Laufe der Entwicklung wurde sie sein weibliches Gegenstück und die weibliche Seite seines Charakters. In ihrem nördlichen Ursprungsland war sie eine Berggöttin, Parvati, wo sie die wilden und wütenden Attribute einer ähnlichen Berggöttin, Vindhyavasini, erlangte. Diese wurde ebenfalls zu einer Ehefrau Shivas, ebenso wie Uma mit der Frau von Rudra gleichgesetzt wurde. Und als Göttin Kali oder Mahakati – „die Schwarze" – war sie gleichzeitig hilfreich, unheilvoll und schrecklich. Im Verlauf der Zeit kombinierte man eine Reihe von Göttinnen, die wohlwollend und übelwollend waren, zu einer Grossen Göttin, der Frau von Shiva, die seine sakti personifizierte. Oft trug sie am Ende der vedischen Periode den Namen Devi oder Durga, einen der verbreiteten Beinamen von Uma, besonders in ihrem schrecklichen Charakter.

Die hinduisierte Schwarze Göttin Kali-Ma

Sicher waren einige der Göttinnen, die sie aufnahm, mit Bergen und dem Element Feuer verbunden. So war es ein kleiner Schritt, sie mit der Gemahlin von Shiva-Rudra zu vermischen, der in seinen Opfer-Aspekten als Agni erschien: Vermittler zwischen Himmel und Erde, Erhalter des Universums, wobei er das Böse zerstörte und sühnte. Folglich wurde sie manchmal in der Sanskrit-Literatur als Tochter von Agni oder der Sonne angesehen,[30] und in dieser Eigenschaft war sie wieder mit neuem Leben verbunden, denn die Funktion des Feuergottes war diejenige von Läuterung, Reinigung, Schutz und dem Verleihen von neuem Leben, von Kraft, Licht und Weisheit. Er segnete die Ehe, war ein spiritueller Ehemann von jungen Frauen und den Männern ein Bruder, ebenso war er Priester und Vermittler zwischen den Göttern und der Menschheit. Wenn der Feueraltar von den Brahmanen in sieben Schichten in Form eines Falken errichtet wurde, der als Körper von Agni gilt, der Prajapati wurde, der Gott der Fortpflanzung, dachte man, dass sie den Schöpfungsprozess wiederholten. Weil Agni „jenseitige Sonne" war, wenn er jeden Morgen neu geboren wurde, schuf die heilige Flamme, die von den Feuerstöcken der Priester angezündet wurde, das Leben neu, welches das Universum durchzog und es erhielt.[31]

Durch die Gleichsetzung von Uma mit Agni brachte man sie in Verbindung mit dem brahmanischen Feueraltar-Symbolismus, welcher der vedische Gegenpart zu den Erneuerungsriten des alten Nahen Ostens war. Die

Brahmanen als Götter spielten die gleiche Rolle wie der göttliche König im jahreszeitlichen Drama der Wiedergeburt, welches die Kontinuität der kosmischen Ordnung und den Wohlstand der Gemeinde sicherstellen sollte. „Das Universum gehört den Brahmanen", sagt der Kodex von Manu, „denn der Brahmane hat ein Recht auf das Universum durch seine Überlegenheit und seine Geburt".[32] Deshalb riss die Priesterschaft im vedischen Indien die Stellung, die vorher dem heiligen Königtum vorbehalten war, an sich und kontrollierte das Schicksal von Himmel und Erde, Göttern, Menschen und Staat. Als Herren des alles erhaltenden Opfers waren sie fähig, jeden Aspekt schöpferischer und übernatürlicher Kraft in ihren Bereich absoluter Rechtsprechung zu bringen. Dies wurde durch die Vorstellung von einem einzigen, kosmischen und göttlichen Prinzip ermöglicht, rta, das jenseits der Götter gleich den weltlichen und transzendentalen Ordnungen regierte und das vor allem mit Varuna assoziiert wurde, dem König des Himmels; aber auch mit Shiva und seinen Gemahlinnen und mit Agni, dem Gott des Opfers. Daher brauchte es nur dieses grundlegende Prinzip (rta), um der brahmanischen Ritual-Technik als „Schoss von rta"[33] unterworfen zu sein und um die völlige Herrschaft des priesterlichen Opfers zu etablieren. Jeder Teil des Altars wurde zu einem Teil des Universums und mit dem dafür verantwortlichen Gott identifiziert. Der Opfernde vereinigte sich, indem er selbst zum Opfer wurde, mit dem Universum in all seinen Teilen. Er wurde in eine Einheit hinein aufgelöst und von einer kosmischen Opfergabe erhalten, in der der Körper des Schöpfers in verschiedenen Formen und Attributen von neuem zerbrochen und für die Bewahrung der Welt wieder hergestellt wurde.

Indem man die Göttin Uma, deren Name „Licht" bedeutet, zur Tochter von Agni machte, wurde sie in die engste Beziehung mit dem Gott (Agni) gebracht, dessen Lebensbereich das ewige Licht und das erste Prinzip aller Dinge war.[34] Wie er bewirkte sie, dass Frauen empfangen sowie die Früchte der Erde gedeihen und wachsen.[35] Deswegen war sie, als sie in der letzten Periode der brahmanischen Texte und in den späteren Puranas auftauchte, der weibliche Aspekt der Gestalten Agni und Shiva geworden, schöpferisch und zerstörend. Sie war Urheberin und Spenderin des Lebens, und sie sass in ihrem Tempel auf dem Gipfel eines Berges, angebetet von Shiva, Agni, Vishnu, Brahma und Indra, mit der Sonne (Surya) und dem Mond (Candra) in ihren Wagen über sich.[36] Aber sie war genauso mächtig wie der schreckliche Feind der Dämonen, welche die Daityas mit ihren drei Händen und zwanzig Armen angriffen, und die sie in enormer Zahl erschlugen. Sogar in der Vaishnavita-Mahabharata wird sie auf einem Thron sitzend neben ihrem Gatten (Shiva) dargestellt, während Ambika, „die gute Mutter" und Schwester des Fruchtbarkeitsgottes, mit ihr gleichgesetzt wird. Auf einen Punkt gebracht: Uma ist mit ihren vielen

Namen, Formen und Funktionen als Göttin des Lebens und des Todes das genaue Gegenstück zu Shiva.

Alakshmi als dreifache Göttin, indische Bodenmalerei von Frauen

Vishnu und Lakshmi

Die Gemahlin von Vishnu war Lakshmi oder Sri, die ursprünglich eine Göttin der Aryas war. Sie war das indische Gegenstück zur lateinischen Ceres und deswegen mit der Getreideernte verbunden, ebenso mit Schönheit, Vergnügen, Reichtum, Wohlbefinden und Sieg. Aber in ihrer Gesellschaft mit Vishnu scheint sie auch eine indigene und voraryatische Göttin gewesen zu sein.[37] Vishnu war tatsächlich wie Shiva eine zusammengesetzte Figur, eine Kombination des dravidischen Himmelsgottes und des Sonnengottes der Aryas.[38] In der Rig-Veda ist er nur in sechs Hymnen erwähnt, aber in den Brahmanas gewinnt er an Bedeutung, da er mit Opfer identifiziert wurde. All das hat mit der Kontrolle der Lebensprozesse im Himmel und auf der Erde zu tun.[39] Etwa im vierten Jahrhundert vor Christus, am Ende der vedischen Periode, verwendete man für ihn den Namen Narayana („der die Wasser bewegt"). Und der Gott Vasudeva, der himmlische Vater von Krishna, ursprünglich eine nicht-aryatische Gottheit im Nordwesten,[40] wurde als seine Inkarnation angesehen, zusammen mit dem „Löwenmenschen" Narasimha. Trotzdem war er in den Brahmanas kein

Rivale Shivas. Erst als man das grosse Mahabharata-Epos im zweiten Jahrhundert v.Chr. bis zum zweiten Jahrhundert n.Chr. in seiner gegenwärtigen Form schuf, wurde der vaishnavitische Kult ein zentraler Zug in der Bhakti-Frömmigkeits-Bewegung und Vishnu die populärste Hindu-Gottheit. Wir wissen, dass die Mahabharata in ihren frühesten Formen mindestens bis 400 v.Chr. zurückgeht, aber erst zu Beginn des zweiten Jahrhunderts v.Chr. wurde Krishna wie Rama einer seiner Avatare (Inkarnationen) oder „Abkömmlinge", und er nahm den Status eines Isvara an. Damit besetzte er eine Position zwischen dem Absoluten und seinem projizierten Avatar, der seinem Wesen nach ein göttlicher König (Gottmensch) war, befasst mit der Erneuerung der Welt und ihrer Prozesse sowie mit dem materiellen und spirituellen Wohlbefinden der Menschheit. So war Krishna fast nicht von einem „persönlichen Retter" zu unterscheiden, während Vishnu der „Bewahrer" aller Dinge war.[41]

Im volkstümlichen Glauben meint man, dass Vishnu vier Monate lang schläft, von der hellen Hälfte des Monats Asark (Juni-Juli) bis zur entsprechenden Periode im Monat Karttik (Oktober-November). Während dieser Zeit sind die Dämonen fort, und die Vegetation befindet sich in einem Zustand des Verfalls. In dieser Jahreszeit Ehen einzugehen, steht unter keinem guten Stern, denn sie neigen dazu, dass sich keine Nachkommenschaft einstellt und dass die zügellosen Mächte des Bösen sie angreifen. Zu Beginn der Zuckerrohrernte im Norden malt man Figuren von Vishnu und seiner Frau Lakshmi auf ein hölzernes Brett, auf dem man Opfergaben niederlegt. Ein Feueropfer wird gemacht und fünf Zuckerrohre oben an einem Brett zusammengebunden. Die Mühle wird dann mit roter Farbe markiert, und daran werden Lampen entzündet. Daraufhin weckt man Vishnu mit einem Gesang auf, und er wird aufgefordert, sich zu erheben, denn „die Wolken sind verstreut, der Vollmond wird bald in perfekter Helligkeit auftauchen". Man bietet ihm frische Früchte der entsprechenden Jahreszeit an, und die Ernte beginnt mit Frohsinn, Lustbarkeit und Tanz.[42] So wird der Vishnu-Kult mit dem jahreszeitlichen Vegetationsritual in Einklang gebracht.

Die Gemahlin Vishnus, Lakshmi, die entsprechend dem Ramayana erschien, als der Ur-Ozean aufgewühlt war oder die aus einem Lotos auf der Stirn Vishnus geboren wurde, hatte anders als Uma und Kali nur eine vage und schattenhafte Persönlichkeit. Sie war nur wenig mehr als eine Widerspiegelung ihres Ehemannes. Ursprünglich jedoch scheint sie eine unabhängige Göttin gewesen zu sein, die später auf Vishnu übertragen wurde. Sie war auch die Gemahlin von Prajapati und von Dharma, dem Sohn des Sonnengottes Kam. Tatsächlich erschien sie in so vielen Gestalten, wie sie ihr Mann annahm, so dass, als er als Rama wiedergeboren wurde, sie Sita war; als er in Krishna inkarnierte, sie Rukmini darstellte.

Sie erschien göttlich, wenn er eine himmlische Form annahm, und sterblich, wenn er sterblich wurde.[43]

Als sie wie Aphrodite aus einem Milchsee prachtvoll heraufstieg, der von Göttern und Dämonen aufgewühlt worden war, wurde sie von einem himmlischen Chor begrüsst, und Nymphen tanzten für sie. Der Ganges und andere heilige Flüsse folgten ihr, und die himmlischen Elefanten schütteten Wasser über sie. Der Milchsee gab ihr eine Girlande mit erblühenden Blumen, und die Götter schmückten sie mit Ornamenten. So aufgeputzt warf sie sich an Vishnus Brust und auf ihn gestützt schaute sie auf die Götter, die von ihr entzückt waren. Weil sie die Liebste ihres Mannes wurde und einen Fluch beseitigt hatte, der auf Indra ausgesprochen war, schien die Sonne mit neuem Glanz.[44]

Ein Naturmythos von Wolken und Stürmen scheint im Hintergrund dieser kuriosen Geschichte zu liegen, wo Götter und Dämonen mit einem moralischen Kampf beschäftigt sind, der überall auf der Welt vorgefunden wird, bevor er im Hinblick auf die Befreiung der Seele durch asketische Praxis sinnbildlich dargestellt wurde. Dass Lakshmi die Quelle des Lebens war, die von den Göttern und Dämonen gleichermassen begehrt wurde, wird in der *Satapatha Brahmana* angedeutet, wo sie so dargestellt werden, dass sie die Erlaubnis von Prajapati suchten, um sie umbringen zu können. Stattdessen wies er sie an, ihre Geschenke anzunehmen, ohne ihr das Leben zu nehmen. Deswegen „nahm Agni ihre Nahrungsmittel an; Soma königliche Autorität; Varuna kaiserliche Autorität; Mitra kämpferische Energie; Indra Macht; Brihaspati priesterliche Pracht; Savitri Herrschaft; Pushan Glanz; Sarasvati Nahrung.“ [45]

Aber Lakshmi blieb das Modell für Kontinuität und Hingabe einer Gattin, und als Vishnu als Rama inkarniert wurde, sprang sie aus eigenem Willen als Sita aus der Furche, das Vorbild der treuesten aller Ehefrauen. Trotzdem war sie vor allem „die Mutter der Welt, ewig, unzerstörbar“. Weil Vishnu „alles durchdringend“ war, erschien sie überall präsent. „Er ist Bedeutung, sie ist Sprache; er ist Regierung, sie ist Klugheit. Er Verstehen, sie Intellekt; er Rechtschaffenheit, sie Hingabe. In einem Wort, Vishnu ist alles, was männlich und Lakshmi alles, was weiblich genannt wird; es gibt nichts anderes als die beiden.“[46] Ihre erste Geburt war als Tochter von Bhrigu und Khyati. In einer späteren Periode wurde sie vom Meer geschaffen, beim Aufwallen des Ozeans, das die Dämonen und Götter verursachten.[47] Aber während der Kult des weiblichen Gegenstücks zu Shiva in seinen unterschiedlichen Manifestationen im Saivismus vorherrschte, hat im Vaishnavismus Vishnu seine Überlegenheit behalten. Trotz ihres Charmes und der Schönheit ihres Charakters in ihren verschiedenen Gestalten war Lakshmi an ihren Ehemann so angepasst, dass sie nie die Rolle der aktiven und tatkräftigen Göttin im gleichen Masse ausfüllte wie die saivitische Sakti der tausend Namen, die Mutter des Universums, die Gebärerin, die Zerstörerin; mild und wohlwollend, grimmig und grausam – Uma und Parvati, Durga und Kali.

Brahma und Sarasvati

Ähnlich war Sarasvati ihrem Mann untergeordnet, obwohl sie als Göttin der Weisheit bekannt war und als „Mutter der Veden". Sie war die Ehefrau der ersten der drei grossen Hindu-Götter, Brahma, der oberste, vor allem existierende Schöpfer, der als Prajapati, der Herr des Schaffens und die Quelle von Licht und Leben verehrt wurde.[48] In der Rig-Veda jedoch wird sie als Flussgöttin vorgestellt und einmal mit einem Flussgott, Sarasvat, in Verbindung gebracht. In anderer Gestalt ruft man sie für Fruchtbarkeit an.[49] Später wurde sie die Patronin einer gebildeten und literarischen Vollendung. Sie wird auf einem Lotos sitzend gezeigt, graziös in Form und Erscheinung und mit einem Halbmond auf der Stirn geschmückt. Aber ihr Name bedeutet „die Wässrige", und in der alten Hindu-Tradition war sie einem Fluss zugeschrieben,[50] der jetzt nur als trockenes Flussbett des Hakra in Rajputana überlebt, wo Aurel Stein eine Anzahl von prähistorischen Fundstätten entdeckte. In der vedischen Zeit war es der heilige Strom par excellence, und sein Verschwinden wird in den *Panchavimsa Brahmana* erwähnt.[51] Folglich muss die Göttin, deren Namen er trug, ziemlich alt sein, und seine heiligen Wasser waren durch sie mit Göttlichkeit angefüllt. Gleich dem Ganges heute muss er den frühen Hindus einst heilig gewesen sein.[52] In der Rig-Veda wird gesagt, dass man sich „mit Butter reinigte", „Befleckungen entfernte", so dass diejenigen, die darin badeten, „rein und gesäubert herauskamen". Es hiess, dass sie „exzellente Kraft und Unsterblichkeit besassen, sie und die Damen von Reichtum und reichlicher Nachkommenschaft. Möge Sarasvati ihrem Verehrer diese Lebenskraft verleihen."[53]

Dass sie vor allem eine Flussgöttin war, wird aus den zahlreichen Belegen in den vedischen Hymnen und den Brahmanas klar, in Verbindung mit den Opfern, die an den Ufern des Flusses gemacht wurden, und mit ihrer heiligen Erscheinung in der gesamten Gegend westlich des Jumna-Flusses.[54] Sie war es, die als Schutzpatronin für die Zeremonien angesehen wurde, die man am heiligen Strom feierte und die mit den Hymnen identifiziert wurde, die dort als wesentlicher Teil des „äussersten Ritus" gesungen wurden. In der späteren Mythologie machte man sie zur Tochter des Brahma und unter verschiedenen Namen zu seiner Ehefrau. Wie bei den meisten Muttergöttinnen war es so, dass sich das Eine Wesen in eine Dualität von männlich und weiblich, Ehemann und Ehefrau, aufteilte.[55] Unter den Vaishnavas von Bengal war sie auch eine der Ehefrauen von Vishnu. Aber als sie sich uneins waren, übergab er sie an Brahma und Ma

Ganga an Shiva. Er selbst begnügte sich mit Lakshmi als seine einzige Ehefrau. Aber in der Haupttradition war sie ursprünglich mit Brahma verlobt, und sie war die Göttin der Weisheit und Eloquenz, die als Muse angerufen wurde. In der Mahabharata wird sie als die „Mutter der Veden" beschrieben[56] und in den Brahmanas als die Frau von Indra, der in sich alle Welten enthielt.[57]

Brahma wird in der *Skanda Purana* eine zweite Frau Gayatri zugeschrieben, als Ergebnis von Sarasvatis Weigerung, bei einem Opfer in Pushkara dabei zu sein, das offenbar dafür gedacht war, Regen zu erhalten. Ihre Anwesenheit war grundlegend wichtig für die angemessene Durchführung des Ritus, und Brahma befahl in Wut und Verzweiflung Indra, ihm von irgendwoher eine Frau zu beschaffen. Als er ein junges und schönes Milchmädchen sah, Gayatri, die einen Topf Butter trug, brachte er sie zu den Göttern und heiligen Weisen, die sich versammelt hatten, und verheiratete sie mit Brahma. Als das Mädchen mit teurem Schmuck aufgeputzt und im Brautgemach hingesetzt wurde, während die Priester das Opfer vollzogen, kam Sarasvati an, begleitet von den Frauen von Vishnu, Rudra und den anderen Göttern. Laut protestierte sie gegen den „schändlichen Akt", durch den sie als verheiratete Ehefrau des obersten Gottes zurückgewiesen worden war. Sie verfluchte alle, die an dem Betrug beteiligt waren. Sie verfügte, Brahma sollte nie mehr in einem Tempel verehrt werden, ausser an einem einzigen Tag im Jahr. Indra sollte in Ketten gelegt und in ein fremdes Land verbannt werden. Vishnu, der Gayatri in die Ehe mit Brahma gegeben hatte, sollte unter den Menschen als bescheidener Rinderhirte geboren werden. Rudra sollte seiner Männlichkeit beraubt und Agni ein Verschlinger von allem werden, während die Priester und Brahmanen von nun an nur noch Opfer bringen sollten, um Geschenke zu erhalten. Doch Gayatri veränderte die Flüche und versprach Segen; ebenso, dass alle Verehrer Brahmans von ihm am Ende aufgenommen würden. Vishnu und Lakshmi aber bewegten Sarasvati dazu, zurückzukehren. Auf ihren eigenen Wunsch hin wurden sie und Gayatri als seine beiden Ehefrauen an Brahma gebunden.

Entsprechend der späteren *Padma Purana* stimmte Gayatri dieser Vereinigung zu, indem sie erklärte: „Deinen Befehlen werde ich immer gehorchen, und ich werde deine Freundschaft als so kostbar wie mein Leben schätzen. Deine Tochter bin ich, oh Göttin! Gewähre mir Schutz!" Seitdem wurde in dieser mythologischen Gestalt der Titel Sarasvati Gayatri für die Gemahlin des Brahma verwendet. Aber bevor sie ihre späteren schöpferischen Fähigkeiten für Lernen, Sprache und Erfindungen als Schutzpatronin der Künste, der Rhetorik und des Wissens erwarb – die Göttin der Sprache und Weisheit – war sie vor allem eine Fluss-Göttin, die Personifikation der befruchtenden Wasser des Stromes, der ihren Namen trug, und sie wurde mit dem Schöpfer des Universums, Brahma, in eine eheliche Verbindung gebracht. Als er am Ende das eine, unpersönliche, aus sich selbst existierende Wesen darstellte (der geschlechtslose Brahman, aus dem alle Dinge, einschliesslich der Schöpfer und seine Gemahlinnen entwickelt wurden), war der persönliche (männliche) Brahma der Schöpfer und Stifter der phänomenalen Ordnung, vereinigt im hinduistischen Tri-murti mit ihren weiblichen Gegenstücken.

Dreibrüstige Bhavani-Trimurti-Göttin, Indien

Dyaus Pitar und Prithivi

Dyaus Pitar wiederum, der Himmelsvater, der auf die indoeuropäische Zeit zurückgeht und mit dem griechischen Zeus und dem lateinischen Jupiter identisch ist, brachte man mit der Göttin Prithivi zu einem Paar zusammen. Er war neben den drei grossen Göttern die älteste und wichtigste unter den vedischen Gottheiten. Sie erscheint als eine Erdmutter, und zusammen bilden sie Dyavaprithivi, die universellen Eltern der Götter und der Menschheit.[58] Unter den Göttern wird er als Vater von Ushas dargestellt, der Göttin der Morgendämmerung, die beständig im Osten aufgeht, bekleidet mit einem Gewand aus Licht. Sie führt ihre jugendliche Grazie vor. Die Nacht ist ihre Schwester und die Sonne ihr Liebhaber, obwohl man auch sagt, sie sei die Mutter der Sonne, weil sie der Sonne vorausgeht. Der Sonnengott verfolgt sie beständig, doch sie war nie mit ihm verheiratet. In der Rig-Veda wurde das ursprüngliche göttliche Paar, Dyaus Pitar (Himmel) und Prithivi (Erde) aus den uranfänglichen, kosmischen Wassern gestaltet, offenbar vom Gott Tvashtri, dem hinduistischen Vulkan, und aus ihnen wurde Indra geboren.[59] Nach und nach verdrängte er seinen Vater als Meister der Götter gegen Vitra und seine Gemahlinnen. Indem er Himmel und Erde auseinander drängte, setzte er die kosmischen Wasser frei und gebar die Sonne. Die Dämonen wurden dann in die unteren Regionen verbannt.[60]

Aber obwohl Dyaus im Hintergrund verschwand, wurden er und seine Gemahlin Prithivi in den Veden als Vorfahren der Götter, als wohltätiger Vater und mächtige Mutter aller Geschöpfe dargestellt.[61] Ihre Funktionen jedoch reichten nicht über die Idee von Vaterschaft und Mutterschaft hinaus – Dyaus war der Stier, der die Erde (Prithivi) befruchtete, ein ganz ähnliches Bild, das von männlichen und weiblichen Gottheiten im Mittleren Osten angenommen wurde. Deswegen war es eher die Verheiratung von Himmel und Erde als ihre Personifizierungen, die in den Texten betont wurde, ohne Rücksicht auf die speziellen göttlichen Wesen, die an der Vereinigung beteiligt waren. Es genügte, dass „die Götter die beiden, Himmel und Erde, zusammenbrachten und eine Hochzeit der Götter vollzogen".[62] Aber während das ursprüngliche Paar, Dyaus und Prithivi, von Indra ersetzt wurde, als er Himmel und Erde hervorbrachte,[63] ohne dass hier der ehrwürdige Varuna als allumfassender Himmel erwähnt wird, wurden sie bei den Festlichkeiten mit Opfern angerufen, und zwar als die fruchtbaren Eltern, die alle Geschöpfe schufen. Man glaubte, dass durch deren Gunst die Unsterblichkeit auf ihre Nachkommen übergegangen ist.[64]

Wahrscheinlich übernahm Indra die Position des alten, indoeuropäischen Gottes Dyaus, während seine Gemahlin Prithivi viele der Attribute und Funktionen der Erdmutter beibehielt. Sie und weniger ihr Gatte wurde im Kult verehrt. Dyaus ist in all den Hymnen, die Himmel und Erde feiern, nicht erwähnt.[65] Häufig werden Himmel und Erde die „zwei Mütter" genannt, sogar dann, wenn Dyaus einer von ihnen ist. So wird die Erde darum gebeten, „freundlich, voller Wohnraum und ohne Schmerz" zu sein und Schutz zu bieten.[66] Die Toten werden ermahnt, „in die freundliche Mutter Erde zu gehen, die ‚wollweich wie ein junges Mädchen' sein wird".[67] Aditi, die Mutter von Varuna, ist ebenfalls eine alte, vedische Göttin, der Muttergöttin verwandt, die man in der Rig-Veda um Segen für Kinder und Vieh ansucht,[68] und die manchmal mit Prithivi als Hüterin der Erde gleichgesetzt wird.[69] Aber da man die Erde als gemeinsamen Schoss aller Existenzen ansieht, kann die Göttin, die sie personifiziert, nicht in einer einzigen Figur enthalten sein. Sie ist „was geboren wurde und was geboren werden wird".[70] In einem ähnlichen Sinn dachte man sich die verschiedenen Manifestationen von Wasser in Form von Flüssen, Strömen, Quellen, Wolken und Regen als Grundlage von Leben und Fruchtbarkeit, die man häufig mit Fruchtbarkeits- und Wachstumsgöttinnen identifizierte.

Göttin Ganga Nagini, die Fluss- und Schlangengöttin, Indien, 800 n.Chr.

Die Göttinnen des Dorfes

So hat die Verehrung der Erde und ihrer befruchtenden Wasser viele Formen angenommen und der Göttinkult verbreitete sich überall in Indien. Es überrascht nicht, dass die Hauptpersonifikation, Prithivi, zur Gemahlin des ältesten Himmelsgottes Dyaus Pitar gemacht wurde. Sie und ihr Gatte wurden durch die bekannteren und vertrauteren Gestalten verdunkelt: Shiva und Uma, Parvati, Durga und Kali, Vishnu und Lakshmi, Rama und Sita, und sogar Brahma und Sarasvati. Trotzdem blieb die Heiligkeit der Erde immer ein grundlegender Glaube überall in Indien, und um ihn herum hat der Göttinkult verschiedene Ausdrucksformen gefunden. So wird in jedem Dorf die Muttergöttin als Schutzgöttin verehrt (grama devata), und zwar unter verschiedenen Namen: Mata, Amba, Amma, Kali, Rati etc. Sie ist manchmal in einem schrecklichen Aspekt, manchmal schützend, indem sie schlechte Einflüsse abwehrt und kraft ihrer Leben spendenden Energie (sakti) Fruchtbarkeit verleiht. Normalerweise wird ein männlicher Partner mit ihr verbunden, aber da seine Funktionen insgesamt weniger Gewicht haben, spielt er eine eher passive Rolle. Wenn es um die Kontrolle der Naturkräfte und Potentiale im Verhältnis zur höheren Ordnung geht, verweist er auf seine weiblichen Partner-Göttinnen (das bedeutet die weibliche Hälfte seiner Natur). Deswegen sind Göttinnen trotz der Tatsache, dass im Brahmanismus die höchste Stellung des aus sich selbst existierenden Wesens (Brahma) ruhende Inaktivität ist, unvermeidlich in einem geringeren Status, ausser als Personifikation abstrakter Qualitäten von mütterlichen Kräften. Im Saktismus (wohlgemerkt nicht im Saivismus) und im volkstümlichen Dorfkult wird das weibliche Prinzip nicht nur symbolisch verehrt, sondern ebenso in der Person der Göttin und ihrer menschlichen Verkörperungen.

So ist der Kult der göttlichen Matris oder Mütter einer der herausragendsten Züge ländlicher Hindu-Gemeinden; im Norden unter dem Namen Mata oder Amba, im Süden unter dem von Amma oder Ankamma. Jedes Dorf hat seine eigene lokale Göttin. Alle Menschen ausser den Brahmanen nehmen aktiv an den Opfern und den begleitenden Riten teil, die ihr zu Ehren und zur Sicherung ihrer guten Dienste gehalten werden, besonders, wenn Cholera, Pocken und andere Plagen umgehen. Sie ist gleichzeitig gnädig und tückisch, und sie kann sowohl schützen als auch zerstören. Daher ist es die Pflicht derer, die in ihrem Einflussbereich leben, ihre Verehrung nicht zu vernachlässigen oder sie in irgendeiner Weise zu verärgern. Denn sonst könnte sich statt Wohlbefinden nun Krankheit und Tod, Dürre und Unfruchtbarkeit ausbreiten, sowie sonst all das Übel, wovon die Menschen heimgesucht werden. Tatsächlich werden „die Mütter“ mehr gefürchtet als geliebt, obwohl einige von ihnen vorwiegend wohlwollend sind, wie zum Beispiel Dhartri Mai, die alles Leben erhält und eine Fortsetzung der vedischen Verehrung der Erdmutter Prithivi und Ma Ganga darstellt.

Shashthi, die „Sechste Mutter", ist die Beschützerin des Hauses in den Vereinigten Provinzen. Sie herrscht über Geburt und schützt kleine Kinder und verheiratete Frauen in ihren verschiedenen Tätigkeiten. Deswegen wird sie von den Müttern verehrt, die mindestens sechsmal im Jahr in ihre besten Gewänder und all ihren Schmuck gekleidet sind. Und wenn sie ein Kind verloren haben jeden Monat. Sie bringen dem kleinen Stein, der ihr Göttin-Emblem ist, in ihrem Schrein unter einem Banyan-Baum ihre Opfer dar. Die Opfer werden vom amtierenden Priester gesegnet, und nachdem man sie der Göttin zeigte, werden sie entweder ihm oder den Frauen gegeben, die sich ein Kind wünschen. Sie nehmen sie begehrlich an und versprechen jedes Jahr, ähnliche Opfergaben darzubringen, wenn die Göttin ihnen Segen gewährt. Am sechsten Tag nach der Geburt werden, wenn ein Kind besonders zu Kinnbackenkrämpfen neigt, Figuren der Göttin an die Wand gemalt, und der Vater vollzieht die versprochenen Riten am Schrein. Am einundzwanzigsten Tag, wenn die Gefahr vorüber und alles gut verlaufen ist, bringt die Mutter ein Dankopfer dar und legt Girlanden auf den Stein. Sollte sie unfähig sein, den Schrein zu besuchen, wird ein Zweig des Banyan-Baumes zu ihrem Haus getragen, und die Zeremonien werden dort vor ihrem Haus vollzogen.

Als Dorfgöttin ist Mutter Erde allgemein ein kegelförmiger Stein. Ihr Schrein wird häufig von Frauen versorgt oder von einem nicht-brahmanischen Priester, der aus einem der voraryatischen Stämme stammt. In dieser Eigenschaft als Mutter Erde wird sie als wohlwollend angesehen. Sie hält das menschliche, tierische und pflanzliche Leben aufrecht, das überall auf der Erde existiert und mit dem sie gleichgesetzt wird, genau wie in der Rig-Veda, wo sie die personifizierte „Furche" ist, und später die Vergöttlichung des gepflügten Feldes. In der Ramayana Sita gibt es eine Manifestation der Mutter Erde, die einer Furche entstiegen ist, die ihr Adoptivvater Janaka pflügte. Ähnlich scheint Balarama, „Rama der Starke", der Avatar der chthonischen Schlange Sesha oder Ananta, eine alte Ackergottheit gewesen zu sein, die der Bestellung des Bodens und der Erde vorstand.[71] Seine Waffe ist die Pflugschar, mit der er seine Frau nieder schneidet, damit sie von der Grösse her zu ihm passt, ganz ähnlich wie im ugaritischen Mythos die Göttin Anat den Mot wie reifes Korn behandelte.[72] Daher hatte er wie die Göttin seine unheilvolle Seite, und er vernichtete seine Feinde mit dem Blick seiner Augen, wenn er viel Wein getrunken hatte.

Die Dorf-„Mütter" nehmen tatsächlich einen tückischen Charakter an, und sie sind weit entfernt davon, in ihrer Art und Arbeit mütterlich zu sein. So sollen sich in Gujerat von den 140 Schutzgöttinnen (grama devata), die seit undenkbarer Zeit verehrt werden, alle an Blutopfern erfreut haben. Zudem sollen diejenigen der Grund für Krankheit und Tod gewesen sein, die nicht mit Opfern von Ziegen, Schweinen und Hähnen bedacht wurden. Man braucht nicht weniger als 3000 oder 4000 kleine Ziegen jährlich, um sie davon abzuhalten, dass sie die Dorfbewohner tückisch angreifen. Der Ausbruch von Cholera oder Pocken wird einer wütenden Muttergöttin zugeschrieben, ebenso Keuchhusten und die unterschiedlichen Symptome von Besessenheit von Dämonen wie Epilepsie, Hysterie, Delirium, Krämpfe und Fieber.[73] Pocken werden überall in Indien tatsächlich einer besonderen göttlichen Mutter zugeordnet, aber unter verschiedenen Namen. In den nördlichen Provinzen wird sie Sitala Devi genannt, „diejenige, die abkühlt", ein euphemistischer Titel, der auf dem hohen Fieber basiert, welches das gewöhnliche Symptom der Krankheit darstellt. Unter ihren anderen Namen – zum Beispiel Mata, „Mutter"; Mataji, „ehrenwerte Mutter"; Maha Mai, „die Grosse Mutter" – bedeutet Mata die „Mutter" ebenso wie Pocken. Denn sie ist die Göttin, die der Krankheit gleichzeitig vorbeugt, die sie aber auch hervorbringt und verkörpert.

Die Poden sehen sie als ihre Hauptgöttin an. In den Zentralprovinzen wird sie in Gestalt von eingekerbten Steinen verehrt, die unter dem medizinischen Nim-Baum platziert werden, von dem man glaubt, dass er die Kraft der Lepraheilung besitzt. Im Punjab ist ihre Wohnung ein Kikar-Baum, dessen Wurzeln von Frauen mit Wasser begossen werden, um jene abzukühlen, die an Pocken leiden. In der Maratha-Gegend wird ein Bild der Göttin in Wasser gebadet, das man mit Blättern vom Nim-Baum vermischt. Schliesslich besprengt man den Patienten mit dem Wasser. Für seine oder ihre Heilung werden der Göttin Reis und Quark geopfert, ebenso Hühner und Ziegen. Kostbare silberne Bilder befinden sich manchmal unter den Votivgaben für Sitala, um eine Heilung ohne Verlust des Sehvermögens oder ohne Entstellung zu sichern.[74] Allerdings wird ihr von Männern wenig Respekt gezollt, ausser bei Epidemien.

Im südlichen Indien ist sie im Land der Tamilen als Mari Amma bekannt, „die zerstörende Mutter", sowie in der Region Telugu als Poleramma. Ihre Heiligtümer aus Lehm und Steinen befinden sich gewöhnlich ausserhalb des Dorfes, oft an der Seite eines Staubeckens, und sie enthalten lediglich einen aufrechten Stein als Bild der Göttin. Wenn Pocken auftreten, wird ein Kaktus vor das Haus des Opfers gestellt, in der Hoffnung, dass die Göttin denken wird, der Platz sei nicht bewohnt. Dann wird ein Schaf oder ein Büffel an das Bett gebunden, in dem der kranke Mann liegt, und später ausserhalb des Dorfes geopfert. Auf dem abgeschlagenen Kopf des Tieres werden Töpfe mit Essen ausserhalb der Grenzen stehen gelassen, um Poleramma draussen zu halten. Wenn sich dies als nicht wirksam erweist und die Krankheit zur Epidemie wird, vollzieht man einen ausgearbeiteten Ritus (jatara), nachdem von jedem Haus im Dorf Nahrungsmittel und Buttermilch eingesammelt und die Legende von Poleramma rezitiert wurde, die ihre Kräfte beschreibt und die Notwendigkeit, sie versöhnlich zu stimmen. Das Viertel einer Ana, etwas Kurkuma-Gewürz, Holzkohle und Reis werden in einen neuen Topf gelegt, der am ersten Tag des Festes begleitet von Trommelschlägen in einer Prozession durchs Dorf getragen wird. Nahrungsopfer werden am Haus des Toten der Schäferkaste dargebracht. Die unterschiedlichen Versprechen an die Göttin werden dann öffentlich angekündigt und man sammelt noch mehr Nahrungsmittel von den Häusern. Die Prozession geht bis zum Tempel von Poleramma ausserhalb des Dorfes, wo das Bild der Mutter gebadet wird und man den Topf mit Essen und anderen Opfergaben davor stellt. Der königliche Stab und Schlangenblut, die man die ganze Nacht über in Wasser aufbewahrt, werden zum Tempel getragen, nachdem das Schaf geopfert und neben Poleramma gelegt worden ist. An den nächsten beiden Tagen nehmen die Menschen die Prozessionen wieder auf, am Nachmittag des dritten Tages wird Essen gekocht, der Göttin geopfert und von den Dorfbewohnern inmitten von Lustbarkeiten und einer Prozession von lustig dekorierten Wagen und Ochsen rund um den Tempel verzehrt. Am vierten und letzten Tag ist der Höhepunkt die Enthauptung eines Büffels, nachdem die Geschichtenerzähler die Menschen in einen Zustand grosser Erregung versetzt haben. Der Kopf wird vor Poleramma gelegt, um sie günstig zu stimmen.[75]

Ein fast identischer Ritus wird aus dem gleichen Grund in Verbindung mit der Grossen Mutter Peddamma im Land Telegu gehalten, und mit Ankamma, der Göttin der Cholera im denselben Gebiet.[76] Sie wird ebenfalls in einem Steinbild verehrt, in einem Tempel ausserhalb des Dorfes, wo man ihr Bild zeigt. Sie erhält Schafe und Büffel inmitten von wilden Tänzen, Trommeln und Hornblasen. Dies schliesst auch das Aufspiessen von lebendigen Tieren auf Pfähle ein, weil man meint, dass die Göttin durch dieses schreckliche Leiden und Blutvergiessen günstig gestimmt wird. Dann werden Nahrungsmittel vor Ankamma ausgeschüttet und das Fest schliesst mit der üblichen Prozession von Wagen rund um den Tempel ab.[77]

Mutteyalamma, deren wesentliche Sorge Typhus ist, obwohl sie auch eine Regen-Göttin darstellt, hat einen fast identischen Kult, bei dem das Büffel-Opfer im Mittelpunkt steht, während Dilli Polasi eine Dorf- und Hausgöttin ist, die dem Hof und der Herde Wohlstand schenkt. Um ihre Ehe zu erneuern, legt eine Frau ihr Tali-bottus (Ehe-Symbol) ab und ihr Mann knotet es ihr mit einem neuen Band wieder um den Hals. Dann essen sie zusammen und beten Dilli Polasi an. Als öffentlicher Kult versammelt sich eine Gruppe von Familien und das Oberhaupt einer der Sippen agiert als Priester. Ein Schaf wird geopfert und dann gehen sie zum Wasser und zeichnen mit Limonen oder Reismehl ein Muster auf den Boden (muggu). Seile und Töpfe werden aus dem Wasser genommen und in einer Prozession durchs Dorf getragen. Wenn das Haus erreicht ist, wird noch ein Schaf geopfert, um böse Geister zu vertreiben. Dann treten sie ein, um dem Bild der Göttin Respekt zu erweisen und dem Geschichtenerzähler zuzuhören, der auf traditionelle Weise Legenden rezitiert. Ihre Schwester Bangaramma, „die Goldene", von den Madigas-Ausgestossenen, wird in der gleichen Weise behandelt wie Poleramma und die anderen Göttinnen, denen jatara mit dem Büffelopfer als zentralem Brauch dargebracht wird. Während dieses Vorganges werden die Ausgestossenen übel beschimpft.

Die besondere Madigas-Göttin jedoch ist Mathamma, die von allen Teilen der Gemeinschaft sehr gefürchtet wird. Ihr Fest (jatara) folgt dem normalen Muster, indem es mit dem Köpfen eines Huhnes endet, und damit, dass all die heiligen Markierungen auf dem Bild (muggu) weggefegt werden, damit alle Spuren des Bösen entfernt werden, die von Mathamma ausgehen. Ihr Geist soll ein unverheiratetes Mädchen besetzt halten, das von nun an die Matangi wird, in der Mathamma inkarniert ist. Weil sie ordnungsgemäss von einem Brahmanen in ihr Amt und ihren Status initiiert wurde, rennt sie ekstatisch umher, spuckt auf alle, ohne ihre Kaste zu berücksichtigen, berührt sie mit einem Stab, um sie von Unreinheit zu säubern, stösst wilde Schreie aus, Prophezeiungen und Beschimpfungen, und sie verwendet eine obszöne Sprache. Aufgeputzt mit einem Halsband von Kauri-Muscheln, ihr Gesicht mit Kurkuma-Pulver bemalt, geht sie hinter dem Zeremonienmeister her, und sie fährt mit ihren Schmähungen und Demütigungen im Haus der Brahmanen fort, obwohl einige Brahmanen-Familien nun ihre Treue anerkennen.[78] Die Ursprünge der Überlegenheit der Matangi liegt im Dunkeln, aber von den zahlreichen dravidischen Legenden, die sie betreffen, scheint es so zu sein, dass die Brahmanen den alteingesessenen Göttinkult nur zögerlich annahmen, denn die meisten Geschichten beschreiben, wie er ihnen aus schrecklicher Notwendigkeit aufgedrängt wurde, nachdem sie sich geweigert hatten, die Verkörperung der Göttin Mathamma anzubeten. Ihre Weigerung brachte alle Arten von Leid über sie.[79] Mathamma wurde als machtvolle Dämonin gezeigt, ebenso als eine, die schenkt, mit Leben spendenden und reinigenden Qualitäten. Deswegen sind ihre Berührung und ihr Speichel sehr gefragt, aber der Haushalt der Brahmanen möchte sie gern so schnell wie möglich loswerden.

Diese duale Natur der Muttergöttinnen ist überall ein charakteristischer Zug des Göttinkultes. Wie Whitehead sagt, sind sie für den südindischen

Bauern weder ausschliesslich böse Geister, noch unvermischte Wohltäterinnen. Man sieht sie eher als Wesen von unsicherem Temperament, sehr menschlich und in ihrer Verantwortlichkeit verletzbar.[80] Wenn sie Probleme verursachen, wie sie das zu tun pflegen, werden sie sehr gefürchtet und müssen sofort versöhnt und entsprechend angebetet werden. Sogar die tödliche und gefürchtete Schlange, die überall in Indien so häufig vorkommt und sehr giftig ist, wird verehrt und besänftigt, teilweise wegen des weit verbreiteten Glaubens, dass sie durch die Erneuerung ihrer Haut immer wieder jung wird.[81]

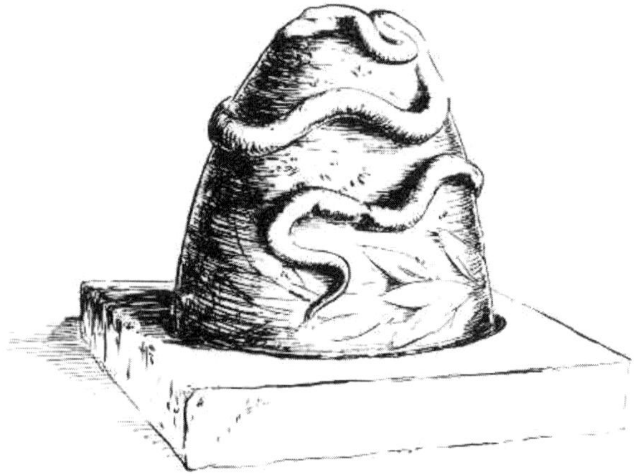

Kegelförmiger Stein (Omphalos) von Delphi, der die Göttin repräsentiert, zusammen mit ihrer heiligen Schlange

So hat in Bengalen die Manasa, die Schlangen-Mutter, ihre vier Feste. Bei drei von diesen Festen wird sie durch ihren heiligen Euphorbia-Baum repräsentiert, der die Kraft hat, Schlangen abzuwehren. Er ist im Hof des Hauses gepflanzt, wo das Fest stattfindet. Dieses Emblem von ihr, oder ein Topf mit Wasser, um den Tonbilder von Schlangen gruppiert sind, betet man an. Schafe, Ziegen, Büffel und Schweine werden ihr geopfert, zusammen mit Reis und Milch, um ihre Rache zu verhindern, dass sie tödliche Schlangen in die Häuser der Menschen schickt, vor allem die Kobra. Am 5. Februar feiert man das als Nagapanchami bekannte Fest. Dabei werden Schlangen-Figuren an die Wände der Häuser gemalt. Kein Bild der Göttin erscheint, abgesehen von ihrem Symbol: dem Euphorbia-Baum, dem Topf mit Wasser oder einer irdenen Schlange. Als Königin der Schlangen ist sie die Schwester von Vasuki, dem König der Nagas, der die Welt erhält, und sie ist die Ehefrau eines Weisen namens Jaratkaru. Einer der Naga-Könige, Sesha, eine chthonische Schlange mit tausend Köpfen, wird so gezeigt, dass er als Bett für Vishnu dient. Über ihm sitzt Shiva auf dem Halbmond, darunter Vishnu in der unteren Schlinge. Lakshmi kümmert sich um ihn, während Brahma von einem Lotus in die Mitte springt. Sesha jedoch war, bevor er in die Hindu-Triade eingegliedert wurde, ein Erntegott und „der Pflug-Träger", der über die Ernte und die Bestellung des Bodens wachte, bewaffnet mit einer Pflugschar.[82] Daher sein Beiname Halabhrit. Als Ackerbau-Gottheit erfüllte er die normale Funktion der Schlange in ihrem Fruchtbarkeitsaspekt im Göttinkult. Es ist dieses unterschwellige Motiv, das die Schlangenmutter wohl gesonnen macht, trotz ihrer giftigen Charakteristika.

Schlangengöttin aus Südindien, 19. Jahrhundert

Die Mütter der Wälder

Die Mütter der Wälder werden anders als die Dorf-Mütter nicht mit dem Ackerbau-Stadium in der Entwicklung der Zivilisation verbunden. Sie werden auch nicht mit Tieropfern versöhnt. Alles, was es zur Anerkennung braucht, ist, dass derjenige, der vorbei geht, einen Zweig oder einen Stein auf den Haufen legt, der die Wohnstatt der Göttin anzeigt. In der Rig-Veda wird die Dschungel-Göttin Aranyani als „Mutter der wilden Tiere" angerufen. Sie repräsentiert den Wald als Ganzes.[83] Sie hat Nahrung im Überfluss, ohne dass sie Ackerbau betreibt, und man hört sie in seltsamen und unheimlichen Tönen in ihrer göttlichen Einsamkeit. In Nordindien, wo sie als Vanasparti in Form von Ban sapti Ma bekannt ist, der „Meisterin des Waldes", wird sie dadurch besänftigt, dass man einen Stein oder einen Zweig auf ihren Steinhaufen wirft, um ihrer gefürchteten Anwesenheit Tribut zu zollen.[84] Jedoch mag ihr manchmal ein Hahn, eine Ziege oder ein Ferkel geopfert werden, und zwar von Viehhütern aus dem Dorf, die ihre Herden im Wald grasen lassen. Und mit der Verbreitung des Ackerbaues neigen Wald-Mütter dazu, mehr und mehr die Charakteristika der Dorf-Mütter anzunehmen. So ist unter den Paniyanern, einem Wald-Stamm, eine Göttin Bhagavati (die auch als geschlechtslose Gottheit namens Kuli auftaucht) ein tückisches Wesen, das in einem Stein, einem Steinhaufen oder Baum lebt,[85] und sie ähnelt in ihren unheimlichen Zügen zornigen, dravidischen Göttern.

In ihren frühesten Gestalten sind all diese Mütter lokale Verkörperungen einer gütigen, tückischen oder chthonischen Erdgöttin. Doch zeigen sie auch andere Aspekte der Naturerscheinungen in ihren gütigen oder unheilvollen Manifestationen. Allgemein waren sie die Aktiven im Bereich der Fruchtbarkeit. Als sie nun in ihren Funktionen spezialisierter wurden, brachte man sie mit speziellen Krankheiten und Epidemien (Pokken und Cholera) sowie Praktiken (Tanzen, Besessenheit) in Verbindung, bis sie vom brahmanischen Hinduismus aufgenommen wurden und dabei ihren früheren lokalen Charakter in ihrem ursprünglichen dravidischen Kult verloren. Als Grosse Göttinnen haben sie eine universelle Bedeutung mit unbegrenzten Bereichen der Funktion und des Einflusses entwickelt. Dessen ungeachtet sind sie in den Veden ihren männlichen Partnern untergeordnet, bis sich mit dem Wiederkehren und dem Aufstand der protohistorischen Ackerbaukultur der Göttinkult erneut verbreitete. Dies war auch ein Resultat der Bhakti-Sektenbewegung, vor allem im Saivismus und Vaishnavismus. Unter den dravidischen Stämmen im Süden haben die Göttinnen ohne grössere Veränderungen die Zeiten überlebt.

Die Heilige Hochzeit

Dass die Heilige Hochzeit von vielen dieser Stämme im Norden wie im Süden praktiziert wurde, wird durch die periodische Vereinigung der Erdgöttin mit ihrem Partner gezeigt, wie zum Beispiel unter den Kharwara von Chota Nagpur, die alle drei Jahre die Hochzeit der Erdgöttin Muchak Rani feiern. Dabei wird ein kleiner, mit einem roten Punkt bemalter Stein aus einer Höhle hinausgebracht und mit einem Hochzeitsgewand bekleidet. Dann trägt man ihn auf einer Tragbahre zu einem heiligen Baum. Von da aus bringt man den Stein in einer Prozession zu einem nahe gelegenen Hügel, wo der Bräutigam leben soll. Dort wird er in eine Lücke geworfen, in der man glaubt, dass ein unterirdischer Durchgang mit der Höhle in Verbindung steht, aus der der Stein genommen wurde, und durch den er für die Wiederholung der Riten drei Jahre später zurückkehren soll.[86] Die Oraonen in den Bezirken Ranchi und Palamau in der Provinz Bengalen und die Orissa-Staaten feiern die rituelle Hochzeit des Oberhauptes ihres Pantheons, Dharmi, der Quelle von Leben und Licht, mit der Erdgöttin beim Khaddi-Fest, das alljährlich im Frühling gefeiert wird, wenn der heilige Sal-Baum zu blühen beginnt. Der Priester und seine Frau begeben sich zusammen mit einigen Dorfbewohnern zu einem Hain, der vom Geist Kalo Pakko besetzt ist, der zu dieser Gelegenheit mit Dharti Mata, Mutter Erde, identifiziert wird. Nach dem Opfer eines Huhns, von Reis und Blumen gibt der Priester Öl und Zinnober auf die Wurzeln des Sal-Baumes. Er bindet ein Band um den Stamm und vereinigt dadurch die Erdgöttin mit sich selbst in der Stellung von Dharmi. Er beschmiert seine eigene Stirn, Ohren, Arme und Brust mit dem roten Pigment, opfert ein weiteres Huhn und ruft: „O Kalo Pakko, möge Überfluss von Regen und Fruchtbarkeit in unseren Häusern und auf unseren Feldern sein!" Nachdem bösen Geistern weitere Hühner geopfert worden sind, wird ein Hochzeitsmahl mit dem traditionellen Trinkgelage gehalten. Am Abend wird der Priester zu seinem Haus zurückgetragen, wo seine Frau ihn empfängt und seine Füsse wäscht. Am nächsten Morgen geht er im Dorf umher, seine Füsse werden wieder gewaschen, von den Frauen an der Tür eines jeden Hauses. Er erhält Reis und Geld. Nachdem er mit den Frauen getanzt hat, schütten sie Wasser über ihn und er gibt ihnen Sal-Blumen, die sie sich ins Haar stecken. Sein Helfer schüttet Wasser auf das Dach eines jeden Hauses, das er besucht hat. Etwas von dem Wasser wird nach drinnen getragen, damit es Reichtum bringt. Feiern, Vergnügen, Tanz und das Singen obszöner Lieder inmitten allgemeiner Zügellosigkeit schliessen das Ganze ab.[87]

In den Vereinigten Provinzen Bansapti wird die Wald-Mutter mit Gansam (Bansgopal) verheiratet, einem phallischen Gott, der durch eine Schlamm-Säule in Form eines Lingam repräsentiert wird.[88] In Khandesh feiert man die Hochzeit der Göttin Ranubai während einer siebentägigen Zeremonie, zusammen mit der Einsetzung eines heiligen Fadens aus einem Bild von ihr, das aus Weizenmehl gemacht wurde.[89]

Hochzeit der Göttin Parvati mit Shiva, Steinrelief, Indien, 8. Jh.

Die dravidischen Malayen im Bezirk Salem verheiraten ihren Gott Sevarayan jedes Jahr im Mai mit einer Göttin des Canvery-Flusses. Die Embleme der beiden Gottheiten werden in zwei Wagen gelegt, die mit Blumen, Juwelen und Wandteppichen inmitten von Schirmen und Fächern geschmückt sind und in einer Prozession zum Tempel auf dem Canvery-Hügel gebracht. Die Menschen werfen Früchte und Nüsse auf die Wagen und bespritzen sie mit Kokosmilch. Gesänge werden vom Priester rezitiert und wenn die Brautleute vermählt sind, formt sich die Prozession von neuem und geht den Hügel hinunter. Sie hält an Steinhaufen an, die zu dem Zweck angehäuft wurden, damit die Göttin und der Gott die Dorfbewohner segnen und den Wohlstand sichern.[90] Im Bezirk Rajshabi von Bengalen wird die Sonne mit Chhatmata, der Mutter des sechsten Tages, verheiratet. Ein männliches Bild wird mit Koila Mata vermählt, einer Muttergöttin von Bishar, wenn eine Quelle gegraben wurde.[91] Zu Beginn der Pflüge-Saison verheiraten die Bhils in Zentralindien beim Akhtij-Fest zwei Bilder aus Holz, die den Gott und die Göttin repräsentieren und welche den Regen kontrollieren. Wenn der Regen kommt, werfen sie die Bildnisse in einen Strom.[92]

Obwohl die Vorstellung von der Muttergöttin, die hauptsächlich von der der Erdmutter herrührt, ein so herausragender Zug des dravidischen Kultes im Süden ist, und kaum ein weniger wichtiges Element in dem der nördlichen und zentralen Stämme, scheint die heilige Hochzeit unter brahmanischem Einfluss entwickelt worden zu sein. So wird im Baroda-Staat von Bengalen die Göttin Tulasi, die Personifizierung der heiligen Tulsi-Pflanze, mit Vishnu verheiratet,[93] und in Kathiawar auf der Halbinsel von Gujarat an der westlichen Küste wird sie von Hindus mit dem Shaligram-Ammoniten im Gir-Wald nahe Una verheiratet, wo Krishna Tulasi vergewaltigt hat, worauf er von ihr in einen Stein verwandelt wurde.[94] Im Bezirk Bijaput wird die Hochzeit der Göttin Parvati mit Sangameshvar, dem Gott des heiligen Flusses, an dessen Ufer der saivitische Tempel mit seinen zahlreichen Linga und Bildern von Shiva und Jain-Figuren errichtet wurde, jedes Jahr am 12. Januar gefeiert. Ein örtlicher Brahmane fungiert als Bräutigam und eine Priesterin als Braut. Die Zeremonie erstreckt sich über vier Tage, und am fünften Tag schliesst sie mit einer Prozession ab, bei der Sangameshvar in einem Wagen durch das Dorf gefahren wird,[95] ganz ähnlich wie im Himalaya während der Regenzeit Parvati feierlich beim Nandashtami-Fest mit Shiva vermählt wird, um den guten Zustand des Getreides zu fördern.[96] In der vierten Abteilung der westlichen Vorhalle der grossen Höhle auf der Insel Elephanta (Gharapuri), etwa sechs Meilen von Bombay entfernt, wird die Hochzeit von Shiva und Parvati abgebildet, wobei Parvati rechts von Shiva gezeigt wird, als Braut für ihren Bräutigam geschmückt. Links ist eine Figur mit drei Gesichtern zu sehen, die offenbar die Rolle des Priesters beim Hochzeitsritus spielt. Das Brautpaar wird von Brahma, Vishnu und dem Sonnengott Surya begleitet. Zudem von der Mutter der Braut und Sarasvati, der Göttin, welche die Vereinigung segnet. Dies wird auch in Höhle 29 der Gruppe von jainischen und buddhistischen Höhlentempeln in Ellora im Deccan gezeigt, die vom fünften bis zum zehnten Jahrhundert nach Christus gebaut und besetzt wurden.[97] Wenn man der Szene in Elephanta in der fünften Abteilung an der Südseite der östlichen Säulenhalle folgt, sieht man Shiva und Parvati auf einem angehobenen Boden zusammensitzen, gekleidet wie die anderen Skulpturen, mit einer Frau, die ein Kind trägt und die hinter der Göttin steht; zweifellos eine Amme mit Skanda, dem Krieger-Sohn Shivas.[98]

Der Kult der heiligen Kuh

In dieser ganzen Ikonographie wird das Hauptgewicht auf die Vereinigung des anfänglichen Ur-Paares gelegt, damit die Fruchtbarkeit des Bodens und der Zuwachs an Mensch und Tier sichergestellt wird. In ihrem wohlwollenden Aspekt bringt die enge Verbindung der Muttergöttin in Indien mit der Kuh sie in Einklang mit ihren Gegenstücken im Fruchtbaren Halbmond und im westlichen Asien. Wie Neith und Hathor in Ägypten, Nin-Khursag in Mesopotamien und Anat in Syrien wurden Lakshmi und Parvati mit der göttlichen Kuh als Quelle des Lebens und der Fruchtbarkeit gleichgesetzt, obwohl dies eine relativ späte Entwicklung im brahmanischen Hinduismus war. Wie wir gesehen haben, war es in der Rig-Veda im zweiten Jahrtausend vor Christus unbekannt, und in der Harappa-Zivilisation im vorhergehenden Jahrtausend ist die Verehrung der Kuh nicht entdeckt worden, trotz der Tatsache, dass sie in der eingeborenen dravidischen Kultur aufkam.

Kuh und Kalb als Sinnbilder der Göttin, Mahabalipuram, 7. Jahrhundert

Das erste Verbot, Kühe zu töten, taucht in der relativ späten Atharva-Veda auf, einer Sammlung von Lobgesängen, in der nicht-aryatische Einflüsse klar zu erkennen sind. In einem von ihnen wird von „Viraj, die wirklich dieses Universum am Beginn war“ gesagt, dass sie zu Göttern und Menschen gekommen ist, die von ihr das Kalb, den Melker und den Eimer „melken“: „Manu, Sohn von Vivasvant, war ihr Kalb; die Erde war ihr Krug; ihr Prithu, Sohn von Vena, molk. Er molk von ihr Ackerbau und Korn.“[99] Diese Auffassung von der Erde als Kuh wurde in einem Mythos in den Puranas entwickelt, in dem die Erde, die die Gestalt einer Kuh annahm, von Prithu, dem Sohn von Vena, angegriffen wurde, dem heiligen König, der bestrebt war, die Früchte wieder zu holen, wenn sie verdorben waren. Sie war für ihn sehr ergiebig und verpflichtete sich, den Boden mit ihrer Milch zu befruchten. Dann ebnete er die Oberfläche, und nachdem er ein Kalb gezeugt hatte, molk er die Erde zum Wohle der Menschheit. Als Resultat ist seitdem Korn und Gemüse im Überfluss vorhanden.[100]

Nachdem sie diesen Status erlangt hatte, war die Heiligkeit der Kuh so, dass jeder Teil ihres Körpers als göttlich und ihr Haar als unverletzbar angesehen wurde. Sogar ihr Dung wurde geheiligt, und jetzt wird er als ausserordentlich stark reinigend angesehen. Er heiligt alles, was er berührt, und macht Sünder zu Heiligen.[101] Deswegen ist es das abscheulichste Verbrechen und eine unvorstellbare Sünde, eine Kuh zu töten. Und diejenigen, die dieses Sakrileg begangen haben, werden dazu verurteilt, „in der Hölle zu bleiben, so viele Jahre lang wie Haare auf dem Körper der getöteten Kuh sind“.[102] Denn Daksha, der Schöpfer, der eine Menge Nektar getrunken hatte, wurde erhoben. Und von ihm ging ein Aufstossen aus, das eine Kuh gebar. Er nannte sie Surabhi, und sie war seine Tochter. Sie brachte eine Reihe von Kühen hervor, welche die Mütter der Welt wurden; „die Mitte des Unterhalts aller Kreaturen“.[103] Sie waren die Töchter der himmlischen Surabhi („die Kuh der Fülle“), die von Prajapati durch seinen Atem geschaffen wurde.[104] Sie sind in ihrem Ursprung, ihren Attributen und Funktionen göttlich, und deswegen das Objekt von Verehrung und mit einem ausgearbeiteten System von Tabus umgeben. Aber obwohl die Kuh das Zentrum einer besonderen Verehrung mit Mantras und Riten wurde[105] und man von den Verehrern der göttlichen Surabhi verlangte, von den fünf Produkten der Kuh zu leben (Milch, Quark, Ghee, Dung und Urin), darin zu baden und Dung wie beschrieben zu verwenden, wurde von Hindus im Kult kein Bild gebraucht.

Alle müssen jedes Jahr im Kuh-Haus vor einem Topf Wasser einen Akt der Verehrung vollziehen, während die noch innigeren Anhänger jeden Tag Blumen vor die Füsse einer Kuh werfen, nachdem sie sie gebadet und mit frischem Gras gefüttert haben. Sie sagen: „O Bhagavati, iss!“ Dann gehen sie dreimal oder siebenmal um sie herum und machen Verbeugungen. In den zentralen Provinzen wird eine Zeremonie beobachtet, die sich Maun Charaun nennt („das schweigende Viehhüten"). Sie wird vollzogen, um an Krishna zu erinnern, der die Kühe auf den Weiden von Braj füttert. Diejenigen, die bei Tagesanbruch daran teilnehmen, salben sich mit Öl und hängen sich Blumengirlanden um den Hals, wobei sie absolut still bleiben. Dann gehen sie zu den Weiden, noch immer in absolutem Schweigen und halten eine Pfauenfeder über ihre Schultern, um Dämonen zu vertreiben. Einige Stunden lang verharren sie mit dem Vieh in Stille, dann kehren sie nach Hause zurück.[106] Die Annahmen, dass Krishna seine Jugendzeit unter Kuhherden verbrachte und der Liebhaber ihrer Töchter wurde, besonders von Radha, hat Kühen ein Flair von Heiligkeit vermittelt, denn Krishna ist einer der grössten und am meisten verehrten Avatare der Hindus.

Obwohl nun Kühen solche ausserordentliche Reverenz erwiesen wird, erfreute man sich in den früheren Veden dennoch am Opfer von Vieh für Indra, Varuna und andere Gottheiten. Dies trotz der Tatsache, dass die öffentliche Meinung solches verabscheute. Offenbar wurden sie schon von der nicht-aryatischen Bevölkerung als heilige Tiere angesehen, genau wie im westlichen Asien und dem Fruchtbaren Halbmond. Somit kam der Kult in Indien auf, und zwar in der indigenen dravidischen Zivilisation, als mit der Entwicklung des Ackerbaus die Kuh als Quelle von Milch, die für die Ernährung notwendig war, das Emblem für Fruchtbarkeit und allgemeines Wohlbefinden wurde. Sie war umgeben von Tabus, so dass ihr sogar in der Rig-Veda zweifellos unter vor-vedischen Einflüssen der Beiname aghnyax „nicht zu töten" zugeordnet wurde.[107] Dies führte man in den Brahmanas noch eine Stufe weiter, wo der Verzehr von Fleisch verboten wurde, obwohl Yajnavalkya zugab, dass er es ass, sofern es zart war![108] Tatsächlich blieb es bis zur Zeit der Sutren und Epen ein alter Ritus der Gastfreundschaft, einem Gast anzubieten, eine Kuh zu schlachten, obwohl die Geste ständig abgelehnt wurde. „Die unschuldige Kuh" war die Göttin Aditi, die Erdmutter. Früher jedoch assen und opferten die Aryas Ochsen ziemlich freigebig.

Die vedischen Inder waren Fleischesser, trieben Ackerbau und waren wie ihre Vorgänger vor allem ein Hirtenvolk mit Milch und Milchprodukten als wichtige Elemente ihrer Ernährung. Während der Ochse, die Schafe und die Ziege zum Verzehr und wie das Pferd als Opfer getötet wurden, erlangte die Kuh eine wachsende Heiligkeit, weil sie die Quelle für den Milchvorrat war. Zu indo-iranischen Zeiten wurde sie mit Sorgfalt und Respekt behandelt, dreimal täglich gemolken und nachts in einem Stall gehalten und auch, wenn die Sonne am höchsten stand. Stiere und Ochsen, die zum Pflügen verwendet wurden, befruchteten das Land durch das, was sie fallen liessen und spielten so in der Bestellung des Bodens ihre Rolle.

So wurde der Stier dem nicht-vedischen Gott Shiva heilig, der, wie wir gesehen haben, eine Fruchtbarkeits-Bedeutung hatte, ererbt von seinem Prototyp Pasupati, dem Herrn der Tiere und dem Partner der Muttergöttin. In seinem Rudra-Aspekt war er mit dem Sturmgott verbunden, der überall im alten Osten mit dem Wettergott und dem Göttinkult in Verbindung gebracht wurde. Die Verehrung des Stieres war ein Zug der Harappa-Zivilisation, die im Verlauf ein bedeutendes Element nicht-aryatischer Ursprünge im Brahmanismus wurde. Dazu lassen die weiblichen Figurinen nur wenig Raum für Zweifel, dass die Verehrung der Göttin ein hervorstechender Zug im häuslichen Leben der Indus-Städte war. Mit den Zeichen des mütterlichen Prinzips waren der Stier und der Lingam (Shiva) verbunden. Beide waren Embleme der Fortpflanzung, wobei Shiva gleichzeitig Erzeuger und Zerstörer war. Im Verlauf wurde jeder Stier und jede Kuh als Verkörperung des Geistes der Fruchtbarkeit angesehen. Deswegen bedeutete die Zerstörung von Vieh, die Fruchtbarkeit in ihrer Quelle zu gefährden und über die Früchte der Erde überall ein Desaster zu bringen. Darum wurde im vedischen Indien nach und nach über das Töten von Kühen das Tabu verhängt, das in der letzten Analyse aus dem Göttinkult in der voraryatischen, indo-iranischen Kultur hervorging.

V

Kreta und Griechenland

Eine Situation ähnlich der, die in Indien bestand, trat in Griechenland und der Ägäis auf, wo der minoisch-mykenischen Tradition, in der die Göttin vorherrschte, ein indoeuropäischer Kult aufgezwungen wurde. So wurde sie in der Bronzezeit auf dem Festland und den nahe gelegenen Inseln besonders verehrt, speziell auf Kreta, Zypern und dem Peloponnes, wo ihre Zeichen und Beifügungen im Überfluss vorhanden waren: Schlange, Taube, Doppelaxt, Hörner der Heiligung, Phalli und dicke weibliche Figurinen zusammen mit Abbildungen von heiligen Säulen, Bäumen und Bergen, auf denen sie häufig in Begleitung von wilden und phantastischen Tieren und gehörnten Ritualopfern abgebildet ist. Diese Kultobjekte und -Szenen waren zweifellos meist asiatischen Ursprungs und asiatischer Bedeutung. Sie kamen vom Nahen Osten durch Anatolien in die östliche Mittelmeer-Region, während andere ihren Weg aus Ägypten zu den Inseln und dann zum Festland fanden. Dies ist, wie wir gesehen haben, bei den jungsteinzeitlichen und chalkolithischen Statuetten und Reliefs des Troad, auf den Kykladen, Zypern, Kreta, in Thessalien und auf dem Peloponnes im dritten Jahrtausend vor Christus sehr offensichtlich,[1] obwohl die Technik in manchen Fällen eine unabhängige Entwicklung und Verbreitung im östlichen Mittelmeerraum anzeigt. Dennoch war die Ägäis im Grunde eine anatolische Provinz,[2] die vor 6000 Jahren ein typisches Gebiet für den Göttinkult wurde, als westasiatische Einflüsse bis Kreta vorgedrungen sind.

DIE MINOISCHE GÖTTIN

In Knossos waren die flachen violinförmigen Figurinen typisch für die mittlere jungsteinzeitliche Periode (ca. 3500 v.Chr.), aber der plumpe, dicke Typus zog sich weiter bis zur letzten Phase der Jungsteinzeit. Dazu sagt Arthur Evans, dass es in Kreta unmöglich ist, diese primitiven Statuetten von jenen zu trennen, die in der Folgezeit in den Schreinen und Heiligtümern der minoischen Göttin auftauchen.[3] Deswegen kann der Beginn des Göttinkultes auf der Insel zurückverfolgt werden, und zwar bis 3500 v.Chr., als Verbindungen mit Kleinasien hergestellt worden waren. Jedoch erst in der mittleren minoischen Periode (ca. 2100-1700 v.Chr.) wuchsen diese asiatischen Beziehungen, und die Göttin selbst stieg als individualisierte, menschengestaltige Figur in ihrer dreifachen Funktion als Erdmutter, Herrin der Bäume und der wilden Tiere sowie Beschützerin der Toten auf, gezeigt mit ihren verschiedenen Symbolen, Beifügungen und Kulissen. Schliesslich wurden ihre Funktionen und Attribute auf dem Festland unter einer ganzen Reihe von Göttinnen aufgeteilt, aber auf Kreta war sie im Grunde genommen die minoische Göttin par excellence, Britomartis oder Diktyanna, später mit Artemis und ihren anderen griechischen Genossinnen identifiziert.

Die Schlangen- und Erdgöttin

Im Hauptschrein in Knossos wurde die Göttin mit einer hohen Tiara herausgeputzt, einem Halsband, einem reich bestickten Mieder, mit einer geschnürten Korsage und einem Rock mit einer kurzen Doppelschürze, das alles in Fayence. Ihr Haar fällt im Nacken auf ihre Schultern herunter, ihre Augen sind schwarz, ihre Brüste nackt, und um sie herum winden sich drei Schlangen mit grünlichen, purpurbraun gefleckten Körpern. In ihrer rechten Hand hält sie den Kopf von einer von ihnen, der Rest des Körpers schlingt sich um ihren Arm, hinter ihre Schultern, und der Schwanz reicht bis zu ihrem linken Arm und ihrer linken Hand. Zwei weitere Schlangen sind unter der Taille in Form eines Gürtels gekreuzt, während eine dritte von den Hüften herauf steigt, über das Mieder zum linken Ohr und um die Tiara herum.[4] In Gournia im östlichen Kreta ist das Hauptobjekt im Schrein, der ein öffentliches Heiligtum war, eine einfachere, unbemalte Figur der Schlangengöttin Eileithyia, mit erhobenen Händen und einer Schlange um den Körper gewunden, gekleidet in einen klassischen, minoischen Glockenrock. Im Zentrum stand ein niedriger irdener Tisch mit drei Beinen und der Basis einer Vase, die eine Schale hielt, wahrscheinlich für Opfergaben. Darum herum waren drei röhrenförmige Gefässe mit einer vertikalen Reihe von drei oder vier Henkeln auf jeder Seite. Darüber befanden sich ein grösserer Henkel und ein Paar heilige Hörner, und eins der Gefässe war mit zwei Schlangen umwunden. Andere Repräsentationen der Göttin schlossen Köpfe ein, Unterarme und Hände, ein Stück eines Tongefässes (pithos), mit einer Doppelaxt und einer runden Scheibe dekoriert, wie auf dem Emblem von Hathor in Ägypten.[5]

Schlangengöttin von Kreta,
Knossos, 1700 v.Chr.

Milchspendende Göttin von Kreta,
Knossos, 1700 v.Chr.

Göttindarstellung von Mykene, 1200 v.Chr.

Schlangen- und Berggöttin von
Kreta, ebenso Herrin der Tiere

Göttinstatue mit Schlangenbeinen, Kreta, Neolithikum

Röhrenförmige Vasen treten immer wieder in den Haus-Heiligtümern in Kumasa und Prinia auf, sowie in Knossos in einem kleinen Raum, der als der Schlangenraum eines Privathauses bekannt wurde, wobei an beiden Seiten zwei Paar Tassen befestigt sind. Ringelnattern oder Grasschlangen, die in das Relief geritzt sind, wurden auch an den Seiten platziert und beim Akt des Trinkens aus den Tassen gezeigt, die aller Wahrscheinlichkeit nach Opfer von Milch oder einer anderen Flüssigkeit enthielten. Mit diesen röhrenförmigen Gefässen wurde auch ein Dreifuss oder Tisch aus Terrakotta gefunden, wovon die Oberfläche in vier getrennte Abteilungen durch Rinnen aufgeteilt war, die vier Schlangen unterbrachten, alle aus der Schale in der Mitte des Tisches trinkend. Der Schluss, den Arthur Evans aus diesen Mustern zog, ist, dass die Reptilien im Schlangenraum als „die sichtbare Personifizierung der Geister des Haushalts" verehrt wurden.[6]

Als „Hausmutter" wird sie in dieser frühen Form des Kultes, die auf die frühe minoische Periode zurückgeht (ca. 2500 v.Chr.) in ihrem zerstörerischen chthonischen Aspekt abgebildet. Dabei hält sie eher die giftige Viper als die harmlose Schlange.[7] Die wohlwollende Mutter der heimischen Heiligtümer hätte kaum eine so tödliche Gegenspielerin des Menschen wie die Natter als Emblem. Deshalb ist anzunehmen, dass sie, wenn sie in dieser Verkleidung auftaucht, die unheilvolleren Qualitäten angenommen hat, die der Göttin überall in einer ihrer Phasen zugesprochen wurden. Und obwohl sie im Grunde die Schlangengöttin darstellte, war sie in Gournia, das weder ein Haus- noch ein Palast-Schrein war, offensichtlich nicht das Zentrum eines häuslichen Kultes wie in Knossos. Dies trotz ähnlicher Repräsentation und ähnlicher Gerätschaften mit einem Tisch voller Opfergaben, umgeben von röhrenförmigen Gefässen und der nahen Verbindung der Schlange mit der Beschützerin des Hauses. Hier hat es den Anschein, dass sie eher die Erdmutter in ihrem zweifachen Aspekt der Göttin der Fruchtbarkeit und der Herrin der Unterwelt war. So fehlten nicht nur Tassen an den Vasen, sondern sie waren auch hohle Röhren, durch welche zweifellos Opfergaben als Trankopfer für die Schlangengöttin der Unterwelt auf die Erde geschüttet wurden. Ganz ähnlich erkennen wir dies auch in dem Schrein in Asine, wo ein grosser, mit parallelen Streifen dekorierter Krug gefunden wurde, der umgekehrt auf dem Kult-Sims lag. Der untere Teil war absichtlich weggebrochen worden, damit man ihn für Trankopfer irgendwelcher Art verwenden konnte.[8]

Die chthonische Göttin der Fruchtbarkeit

In ähnlicher Weise tauchen in der berühmten, auf den Sarkophag in Hagia Triada gemalten Kultszene, zwei Meilen von Phaestos nahe der Südküste von Kreta in einer Art Grabkammer, Krüge für Trankopfer auf, durch welche das Blut eines auf einem Altar geopferten Stieres hinunter in die Erde fliesst. Sie werden der späten minoischen Zeit II und III zugeschrieben. Über dem Altar befinden sich heilige Hörner und ein Korb mit Früchten. Davor steht ein Olivenbaum mit Zweigen, die sich ausbreiten, ein rosa angemalter Pfahl mit einer Doppelaxt und einem Vogel, sowie eine Priesterin mit einem Gefäss voller Darbringungen und ein Krug für Trankopfer. Dann folgt das Opfer des Stieres, sein Blut wird im Eimer aufgefangen, der keinen Boden hat. Hinter der Quelle ist eine Figur, die eine Doppelpfeife spielt, und eine mit der Haut eines Opfers bekleidete Priesterin bietet an einem Altar Trankopfer an.[9]

Hier wird die Göttin in Zusammenhang mit einem Begräbnis gezeigt. Ebenso mit ihren Priesterinnen als offizielle Personen in einer Opfer-Handlung für die Verstorbenen, wobei diesen das Leben spendende Blut des Opfers übermittelt wird. Bewirkt wird dies durch Ritualkrüge, welche das Opfer zur Erdmutter tragen, und die als die letztendliche Quelle der Wiedergeburt angesehen wird. Petersen denkt andererseits, dass die Episode die heilige Hochzeit von Zeus und Hera und ihrem bräutlichen Bad abbildet, als mythischer Ausdruck des Frühlingsregens, der die Natur erneuert. Die Göttin, so glaubt man, wird auf einem Wagen mit Greifen vor Jahresende weggebracht, und zurückgebracht wird sie im Frühjahr auf einem Wagen mit Pferden, um mit dem Gott in Gestalt eines Kuckucks vereinigt zu werden, wobei die beiden mit Blättern verkleideten Säulen die Vereinigung symbolisieren. Dann verschwindet die Göttin, und die Säule wird entkleidet, aber das Blut des Stieres, das geopfert wird, bewirkt eine Erneuerung, und die Wiedergeburt der Natur wird durch das Opfer des Bades und der Kälber zum Ausdruck gebracht.[10] Ähnlich unterstützt Harrison, dass „das Bild für sich spricht; es ist das Vorübergehen des Winters und Kommen des Frühlings, das Vorbeigehen des alten Jahres, das Eintreffen des neuen, es ist Tod und Wiederauferstehung der Natur, ihre Wiedergeburt". Es ist der Frühling von Mensch, Vogel und Blume, wie es in der hebräischen Weisheitsliteratur im Buch der Gesänge 2.10 aufgezeichnet ist; der Brautgesang der Neugeburt der Vegetation, übersetzt in rituelle Handlung im jahreszeitlichen Drama.[11]

Trotzdem können wir die Schlussfolgerung nicht vermeiden, dass das Drama den Göttinkult in seinem Beerdigungs-Zusammenhang repräsentiert, wahrscheinlich verbunden mit der Reise der Seele zu ihrer endgültigen Wohnstatt, wenn sie in ihrem königlichen Status göttliche Ehren erhalten hat.[12] Evans denkt, dass die Opferriten zeitweilig vollzogen wurden, um die Seele in das Land der Lebenden zurück zu holen, während die Göttlichkeit an ihren materiellen Ort der Ruhe herunter geschmeichelt wurde, unterstützt durch die Musik und rituellen Gesänge ebenso wie durch das Opfer.[13] Weil sie sich auf einem Grabstein finden, wo vielleicht einer der minoischen Priesterkönige begraben wurde, kann man durchaus annehmen, dass der Kult eines zum Helden erkorenen Mitglieds der königlichen Linie mit dem der Göttin zusammengebracht wurde, die chthonische und pflanzlich-vegetative Attribute als Urheberin und Spenderin des Lebens in sich kombinierte. Der Symbolismus legt eine Kombination von Begräbnisritual mit dem der minoischen Erdmutter nahe.

Der Baum- und Säulenkult

Als Schutzpatronin der Fruchtbarkeit wurde sie sehr häufig im Zusammenhang mit einem heiligen Baum oder einer heiligen Säule gezeigt. Manchmal werden die Äste eines Baumes mit Blättern und Früchten beladen dargestellt, wie sie sich über einem Steinhaufen ausbreiten, und Helfer halten Krüge für Trankopfer. So entdeckte Prof. Tsountas auf dem Festland in Tholoi, der unteren Stadt in Mykene, zwei Schmuckplatten aus Glas mit löwenköpfigen Dämonen, die aus Wasserkrügen Trankopfer ausgiessen: In einem Fall auf einen Steinhaufen, auf dem ein grosser Block lag, und im anderen auf eine quadratische Säule, was an die heilige Ölung des Menhirs in Bethel in der Geschichte von Jakob in der hebräischen Tradition erinnert.[14] In ganz ähnlicher Weise wird auf einem Schmuckstein von der Vapheio-Grabstätte die gleiche Art von Dämonen gezeigt, die eine Palme aus zwei mit Tüllen versehenen Vasen begiessen, während auf einer dritten Schmuckplatte von Mykene das Trankopfer in eine Art Schüssel gegossen wird, die auf einer Säule mit drei unterstützenden Beinen steht.[15]

Phönizische Stelen-Säulen mit Mondsymbol stellen die Mondphasen dar

Drei phönizische Säulen mit der Mondsichel zeigen die alte Mond-Triade

Weil Steine und Säulen zu den hervorstechendsten Zügen der minoisch-mykenischen Schreine gehören, nur noch übertroffen von heiligen Hörnern und der Doppelaxt, und weil sie sehr häufig immer wieder auf gravierten Signets und Schmucksteinen auftauchen, sehr oft verbunden mit mythischen Tieren und heiligen Bäumen, kann es keinen Zweifel geben, dass diese kegelförmigen Ritualobjekte als Verkörperung einer innewohnenden Gottheit angesehen wurden, wie die Mazzebôth (Stein-Menhire) und Asherôth in semitischen Heiligtümern. Daher das Ausgiessen von Trankopfern über sie im Zusammenhang mit der identischen Behandlung des heiligen Baumes, der so häufig neben dem Menhir gefunden wird oder eng mit ihm verbunden ist. Die Säule war nicht ausschliesslich das kegelförmige Bild eines männlichen Gottes, wie Evans annahm,[16] denn sie war häufig die Wohnstatt einer Göttin wie Asherah. In den minoischen Kultszenen herrscht die Anwesenheit von Priesterinnen und weiblichen Anhängern vor, die rituelle Handlungen zu Ehren der Muttergöttin vollziehen. Überdies waren einige Säulen in Knossos eher strukturell als religiös in ihrem Zweck, und es ist nicht sehr wahrscheinlich, dass sie auch als heilige Baetylen verehrt wurden.[17] Es können nur jene, welche definitiv als Menhire aufgestellt waren, mit Sicherheit als Kultobjekte angesehen werden. Deswegen braucht nicht alles, was dieses heilige Zeichen trug, eine Verkörperung des Göttlichen zu sein. Auch in der christlichen Praxis kann nicht allen Objekten, die mit einem Kreuz markiert sind, eine sakramentale Bedeutung zugeschrieben werden. Andererseits ist es verfehlt, die Doppelaxt nur als Zeichen eines Maurers zu sehen, denn in jedem Fall war die Doppelaxt mit der Muttergöttin ebenso verbunden wie mit dem Himmelsgott.[18]

Schmetterling als Göttinzeichen auf einer kretischen Doppelaxt (Labrys)

Es besteht kein Zweifel, dass menschengestaltige Repräsentationen der Göttin bzw. von Göttinnen, die das mütterliche Prinzip verkörpern, ein wesentliches Element in der frühesten Manifestation des Kultes waren. Dies wird auch aus der weit verbreiteten und kontinuierlichen Verwendung von weiblichen Figurinen in dieser Verbindung seit paläolithischen Zeiten klar. Und so werden diese Venusfiguren häufig als „Idole" bezeichnet. Im Kreta der mittleren minoischen Periode (ca. 2200-1600 v.Chr.) ist unter dem Einfluss der Palast-Heiligtümer und ihres Kultes zu merken, dass die früheren Kegelformen eine menschenähnliche Gestalt annahmen. So wurden im jungsteinzeitlichen Höhlen-Heiligtum von Amnisos nahe Heraklion, der alten Hafenstadt von Knossos vier Meilen östlich von Candia, zwei stehende Säulentropfsteine (Stalagmiten) als ihre kegelförmige Verkörperung bzw. heilige Säule verehrt. Diese waren im

Zentrum mit Scherben und von einer groben Steinwand umgeben. Die Höhle selbst wurde mit der Göttin der Geburt, Eileithyia, identifiziert.[19] Aber es wurden an dem Fundort keinerlei Figurinen verzeichnet.[20] Ganz ähnlich gab es in der Doppelhöhle von Psychro auf dem Berg Dikte in der unteren Kammer Säulentropfsteine mit Doppeläxten und einem Bronze-Objekt, das seitwärts in die vertikalen Spalten gesteckt war. Dies war sehr wahrscheinlich der legendäre Geburtsort von Zeus, wohin die Göttin Rhea ihr neugeborenes Kind trug.[21] Dabei befand sie sich in ihrer ursprünglichen Gestalt der minoischen Muttergöttin,[22] die sich in mittel-minoischer Zeit kegelförmig in einem Säulentropfstein repräsentierte, als die Menschen begannen, die diktäische Höhle regelmässig zu besuchen.[23]

Kegelförmiger Kultstein (Baetyl) der Göttin Astarte von Byblos, gleich dem schwarzen Stein der Aphrodite in Kouklia, Zypern

Die Berg-Muttergöttin

Wie tief diese baetylische Bildersprache angelegt war, wird durch ihr Überleben gezeigt, nachdem die menschengestaltige Darstellung im mittleren minoischen Zeitalter in den Heiligtümern auf Berggipfeln, in heiligen Hainen und im Palast-Kult etabliert worden war. Mit der Säule, Kiefern, Palmen, Zypressen und Feigenbäumen trat sie beständig in den Bergheiligtümern auf, manchmal in einer Umzäunung durch Steine, und den Menhir überschattend. Dies ist auf den Siegel- und Signet-Einritzungen besonders auffallend, wo die Erdmutter gleichzeitig als Vegetationsgöttin und als schmerzensreiche Mutter abgebildet ist, oft mit ihren begleitenden Löwen oder Geistern und auf einem Berg stehend, manchmal mit ihrem jugendlichen männlichen Partner. So sieht man auf einem goldenen Ring von Knossos Feigenbäume, die über dem Eingang zu einem Temenos mit einem Obelisk hängen, vor dem Heiligtum, das von einer Mauer umschlossen ist. Vor der Säule befindet sich eine weibliche Gestalt mit erhobenen Händen, so, als wenn sie singt, während in der Luft eine männliche Figur hängt, die einen Stab oder eine Waffe hält. Evans meint, es sei die des jungen Gottes, der von seiner Mutter-Geliebten, der minoischen Göttin, zu etwas aufgefordert wird.[24] Sie scheint auf einer Steinterrasse zu stehen und zeigt vielleicht auf einen Berg. In der Mitte des Portals des Heiligtums ist eine kleinere Säule aufgestellt, die ein wenig den weiblichen Kultsteinen (Baetylen) auf Zypern ähnelt.

Berggöttin von Kreta, minoischer Siegelabdruck

Auf einem späten minoischen Signet von Mykene wird die Göttin mit einem Volantrock gezeigt, offenbar als die schmerzensreiche Mutter, gebeugt und mit Trauern beschäftigt, und zwar über einer Art Miniatur-Temenos, in dem eine baetylische Säule steht, an deren Seite ein kleiner minoischer Schild hängt. Rechts ist eine andere Figur dabei, offenbar noch einmal die Göttin, die Frucht eines heiligen Baumes in einem Säulenheiligtum zu pflücken. Ein junger Diener wird gezeigt, wie er die Äste zu ihr hin biegt.[25] Wenn die Einzäunung ein Grabmal repräsentiert, das einen phallischen Stein enthält, handelt es sich um eine ähnliche Szene wie die auf dem Grab von Attis in Phrygien und dem von Zeus in Knossos.[26] Daher mag es eine minoische Version des Themas der leidenden Göttin in West-Asien sein, und zwar in Bezug auf den Wachstumszyklus; die Ankunft des Frühlings wird durch die knospenden Blätter und reifenden Früchte ausgedrückt.

Dies wird durch die Szene eines goldenen Ringes im Museum von Candia bestätigt, die den heiligen Baum in einer Umfriedung zeigt, mit kärglichen Blättern. Der Stamm wird von einer Frau mit beiden Händen umklammert, und links ist eine fast identische weibliche Figur in einem Volantrock, oben nackt mit vorragenden Brüsten. Sie steht mit ihrem Rücken an den Baum gelehnt, und ihre Arme sind zu einer dritten Frau hin ausgestreckt, die auf die gleiche Art wie ihre Begleiterinnen gekleidet ist. Im Feld sind Zickzacklinien.[27] Hier macht die Kargheit des Winters dem Erscheinen der Göttin im Umfeld des Frühlings Platz, wie im Fall eines Motivs auf einem Ring, der sich in einem kleinen Grabmal fand. Es zeigt einen orgiastischen Tanz in einem Lilienfeld von vier weiblichen Verehrerinnen in typisch minoischer Kleidung. Über der Haupt-Anbeterin in der Mitte ist eine kleine weibliche Figur, die offenbar schnell herunterkommt, und links ein menschliches Auge, das vielleicht die Göttin symbolisiert, die den ihr zu Ehren bei der Erneuerung des Lebens im Frühling vollzogenen ekstatischen Tanz betrachtet, wovon die Schlange an der Seite der mittleren Figur unter dem Auge ein Emblem ist.[28] Wie wir gesehen haben, war der Stier immer ein potentes Emblem der reproduzierenden Kraft in der Natur. In Kreta war es der Königspriester in Verbindung mit seiner Gemahlin als Göttin, der die Hauptrolle beim Erschlagen des Stiers bzw. Minotaurus spielte, um den Tod zu überwinden und das Leben zu erneuern.[29]

Auf dem Ring vom Vapheio-Grabstein nahe Sparta steht eine Frau des gleichen Typs unter den hängenden Ästen eines Obstbaumes, an dessen Fuss eine Steinsäule steht. Felsen darunter legen nahe, dass ein Hügel oder Berg das Umfeld der Szene anzeigt. Eine nackte männliche Figur biegt die Äste, entweder, um die Früchte für die Göttin zu pflücken, oder um es ihr zu ermöglichen, sie selbst zu nehmen.[30] Auf einem Ring aus der späten minoischen Zeit, der sich jetzt im Ashmolean Museum in Oxford befindet und von dem man sagt, dass er aus diesem Grabmal stammt, wird eine kniende Frau abgebildet, die sich über einen grossen Krug beugt. Ihr linker Arm ist am Ellbogen gebeugt und ruht auf dem Rand, der Kopf vorwärts geneigt, von ihrer linken Hand in einer Geste des Trauerns gestützt. Über ihr sind Augen- und Ohren-Symbole und etwas links in der Luft ist eine kleine, steife männliche Figur, die ein ovales Objekt hält, das wie ein Bogen aussieht. Darunter ist eine reich gekleidete weibliche Figur mit welligem Haar, von der Evans meint, dass sie die Muttergöttin ist, während sowohl er als auch Nilsson die kleine Figur über der Szene als ihren jungen männlichen Partner sehen, bewaffnet als jugendlicher Bogenschütze.[31] Persson denkt, dass es sich um ein Todesthema handelt, weil das Gefäss Begräbnis bedeutet. Das Objekt neben dem Krug interpretiert er als einen elliptisch gerundeten Stein mit den blattlosen Zweigen eines Baumes dahinter, was, wie er vorschlägt, die sterbende Vegetation im Winter bedeutet und die Sorge des Menschen über den Tod; die Götter geben durch ihr Erscheinen neue Hoffnung auf die Wiedergeburt als Antwort auf diese Zurschaustellung von Trauer und Wehklage.[32]

Als „Herrin der Toten“ kombinierte die Bergmutter den Bereich und die Funktionen der chthonischen Göttin, welche die schreckliche Unterwelt regiert und ihre Bewohner mit denen der Göttin der oberen Regionen beschützt. Sie ist erhöht im Triumph auf der Erhabenheit ihres Berggipfels, wo sie in ihren hohen Heiligtümern mit erhobenen Händen angebetet wurde und Trankopfer sowie Votivgaben entgegennahm. In diesen Schreinen nahmen der heilige Baum und die heilige Säule eine hervorragende Stellung ein, aber nicht die Schlange, die sich auf den chthonischen und häuslichen Kult der Hausgöttin beschränkte. In einer Nische des zentralen Hofes im Palast von Knossos wurden Bruchstücke einer Szene von Tonsiegeln auf dem Zementboden entdeckt, der, als er restauriert wurde, die Göttin in einem Volantrock zeigt, wie sie auf einem Felsen oder Berggipfel steht, bewacht von zwei Löwen, ihr linker Arm ausgestreckt und in der Hand ein Szepter oder eine Lanze. Hinter ihr ist ein Schrein mit Säulen und heiligen Hörnern, und vor ihr die Figur eines jungen Verehrers oder eines jugendlichen Gottes, oder, wie Evans vorschlägt, ein Priester-König.[33] Im östlichen Viertel des Palastes wurde in einem Raum ein einfacherer Siegel-Eindruck gefunden, mit der Göttin zwischen zwei Löwen, und andere stehende Göttinnen mit heiligen Tieren offenbaren die Bergmutter als Herrin der Tiere.

Die Herrin der Tiere

Die von Löwen bewachte Göttin ist tatsächlich mit ihrem männlichen Partner, mit dem Schrein und den Kultobjekten die minoische Mutter, dargestellt in ihren unterschiedlichen Formen, Aspekten und Attributen. Das betrifft die Siegel der Heiligtümer überall in Kreta ebenso wie auf den zyprisch-mykenischen Zylindern. Manchmal wird zusätzlich zu den Löwen eine Taube gehalten, und Gruppen von Kühen, Kälbern, wilden Ziegen und gehörnten Schafen tauchen auf den Fayence-Reliefs des Göttinschreins auf. Auf einem Ton-Siegel von Knossos trägt sie eine hohe, spitze Kappe, einen kurzen Rock und hält einen Speer und einen Schild mit einer Löwin oder einem Hund an ihrer Seite.[34] Das Ganze erinnert an die Bergmutter. Es gibt jedoch keinen Hinweis auf einen Berg oder felsigen Gipfel, eine Säule oder einen Verehrer, bei keinem der elf Beispiele, die von dieser Szene gefunden wurden. Aber ganz deutlich repräsentieren sie dasselbe göttliche Paar in fast identischer Umgebung und sie gehören in die mittlere minoische Zeit III.

In ihrer Eigenschaft als Herrin der Tiere war sie generell mit Jagd und Wildnis verbunden. Obwohl es keine Anzeichen für einen minoisch-mykenischen Tierkult gibt, waren die Göttin und ihr männlicher Begleiter ständig von realen oder phantastisch-monströsen Kreaturen umgeben. Es dominierten Löwen, Tauben, Stiere, Greifvögel und eine Sphinx, manchmal in einer zwittrigen Form.[35] Dämonen mit dem Kopf eines Pferdes und dem Körper eines Löwen nahmen den Platz anderer Fabelwesen auf Siegeldrucken vom Palast von Knossos ein. Neben den gewöhnlichen Stieren, Löwen, Widdern, Hunden und Mufflons gibt es fliegende Fische und Monstren, und eine Göttin im Volantrock legt ihre Hand auf zwei Löwen, während auf einem Schmuckstein von Kydonia eine männliche sitzende Figur zwei aufrecht sitzende Löwen an die Köpfe fasst.[36] Aber die zentrale Figur ist normalerweise weiblich und ähnelt vom Typus her der minoischen Mutter. Die Tiere und Satyren sind ihre Diener, manchmal als heilige Dreiheit gezeigt, während sie ihren Kult vollziehen.

Der Jugendliche Gott

Wenn ein männlicher Gott überhaupt auftauchte, war er eine spätere Hinzufügung, und er wurde weniger verehrt. Er kam später und war von seinem Alter und seiner Erscheinung her jugendlich. Sein hervorstechendstes Auftreten ist das auf einem linsenförmigen Perlensiegel aus Basalt von Sparta. Es wurde nahe Canea entdeckt, der Gegend des alten Kydonien. Dort wird er bis auf einen Gürtel nackt gezeigt. Er steht zwischen zwei heiligen Hörnern (ein sicheres Zeichen von Göttlichkeit) und hält die Arme verschränkt. Links hält ein Dämon einen Krug für Trankopfer und rechts steht eine geflügelte Ziege mit dem Schwanz und Hinterteil eines Löwen.[37] Dies ist ein Wappenmuster, das den jungen Gott als „Herrn der Tiere" zeigen soll – das männliche Gegenstück zur Göttin als ihrer Herrin, auf die gleiche Weise porträtiert. Auf dem mykenischen Schmuckstein aus diesem Bereich (Kydonia) taucht er, wie wir gesehen haben, mit ausgestreckten Armen und auf beiden Seiten von Löwen gestützt wieder auf, ebenfalls auf dem Signet-Ring im Ashmolean Museum, wo er eine kleine Figur ist, die einen Speer hält, oder auf dem von Knossos, wo er gezeigt wird, wie er aus der Luft herabsteigt.

Der jugendliche „Lilienprinz“ im Palast von Knossos, minoisches Kreta

Auf einem Elektrum-Ring von einem Grabmal in der unteren Stadt in Mykene streckt ein nackter Jugendlicher, der in seiner linken Hand einen Speer trägt, seine rechte Hand nach einer der Göttin gleichenden Frau aus, die auf einem Thron sitzt. Evans sieht sie als minoische Mutter im Gespräch mit ihrem Gemahl an.[38] Weniger wahrscheinlich möchte Furtwängler dies als Treuegelöbnis interpretieren.[39] Bekannt ist die Abbildung eines Jugendlichen mit erhobenen Armen, der eine Mitra trägt und aufgerichtet vor der Göttin steht. Wie die chryselephantinische Statuette der Schlangengöttin von Knossos im Boston Museum ist sie in einen Volantrock mit einer Reihe von kleinen Schürzen gekleidet, die von einem engen Goldgürtel zusammengehalten werden. Ein eng geschnittenes Jackett zeigt ihre Brüste, und auf ihrem Kopf trägt sie eine Tiara mit einigen Spitzen. Sie hält ihre Hände dem Jungen gegenüber ausgestreckt und um ihre Arme sind zwei Schlangen geschlungen. Dies wird von Evans so interpretiert, dass es einen Akt der Anbetung der minoischen Mutter vom jugendlichen Gott abbildet, aber die Mutmassung ist keineswegs schlüssig.[40] Bedeutsamer ist die Szene auf einem Signet-Ring von einem Grabmal in

Thisbe in Böotien, welche die Göttin bekleidet auf einem Thron zeigt, mit einem Kind auf den Knien. Sie hält ihren linken Arm in Richtung auf zwei männliche Figuren ausgestreckt, die sich ihr nähern und sie anbeten. In der rechten Hand hält sie ein scheibenförmiges Objekt mit einer Tasse in der Mitte, während hinter ihr eine Verehrerin ein ähnliches Objekt trägt, von dem Evans denkt, dass es eine bronzene Zimbel ist, die später mit der Verehrung von Kybele in Zusammenhang gebracht wurde.[41] Dennoch ist unglücklicherweise der Fund von Thisbe solch eine bunte Mischung von echtem und unechtem Inhalt, dass diese Szene zu ernsthaften Zweifeln einlädt, wie der Ring des Nestor.

Obwohl das Belegmaterial nicht beeindruckend ist, kann trotzdem nicht abgestritten werden, dass eine junge männliche Gottheit mit der Göttin in Kreta und der Ägäis in Zusammenhang stand, aber im minoisch-mykenischen Kult keine hervorstechende oder zentrale Rolle spielte. Ausser als Herr der Tiere war er selten sichtbar, und wenn er doch auftauchte, war es nie auf der gleichen Ebene mit der vielschichtigen minoischen Göttin. Von ihr suchte man in der einen oder anderen ihrer verschiedenen Erscheinungen und Attribute Hilfe für die Förderung der Fruchtbarkeit, die Hamonie der natürlichen Ordnung und den Schutz des Haushalts. Weiterhin wurde sie als chthonische Göttin in der Unterwelt verehrt, während ihre Bereiche als Berg-Mutter in die oberen Regionen hineinreichten. Als sie von der Insel zum Festland gelangte, gab man ihr wie so vielen anderen Göttinnen im Nahen Osten Charakteristika einer Kriegerin. So mag sie auf einer bemalten Kalksteintafel von der Akropolis in Mykene, die der späten minoischen Periode I zugeschrieben wird, abgebildet sein, wie sie von einem grossen, wie eine Acht geformten Schild bedeckt ist und von zwei Verehrerinnen angebetet wird.[42] In ihrem gegenwärtigen, verstümmelten Zustand kann man die Figur nur schwer deuten, aber vielleicht zeigt sie eine bewaffnete Kriegsgöttin, obwohl Waffentragende in kretischen Szenen eher mit Jagd als mit Krieg zu tun hatten. Die Minoer waren relativ friedliche Leute, wohingegen die Mykener in ihren befestigten Städten ständig kämpften. Deswegen ist es offensichtlich, dass die Göttin ihre kriegerische Rolle dort einnahm. Dies wird sicherlich durch die Tafel von Mykene nahe gelegt, wo sie vielleicht die Vorgängerin von Athene gewesen ist, ebenso wie sie in Knossos als „Herrin des Meeres“ auftrat, die sich auf den Wellen ausruhte, die ihre Insel-Heimat schützten.[43]

Ob sie in all diesen verschiedenen Funktionen und Beziehungen immer die gleiche Göttin war wie die Magna Mater in der griechisch-orientalischen Welt, oder ob jede Manifestation eine unabhängige Göttin mit einer eigenen Individualität und ihren eigenen Wirkungsbereichen war, ist das immer wiederkehrende Problem des Göttinkultes. Evans betrachtet die minoische Mutter als die eine Grosse Mutter, und dass es im Wesentlichen die gleiche Form der Religion ist, wie diejenige, die zu einer späteren Zeit überall in Anatolien und Syrien so weit verbreitet war. Sie kann mit Rhea, der kretischen Mutter von Zeus, identifiziert werden. Sie gleicht aber auch der syrischen Göttin Ma und der phrygischen Kybele.

Mit ihrem Sohn-Geliebten und Gemahl ist sie ihrem Erscheinungs-Typus treu, genau wie sie das in ihren chthonischen Verbindungen zeigt: In ihrer Taube, Schlange, ihren Schutz-Löwen- und Doppelaxt-Symbolen, ihren enthüllten Brüsten und ihrer Kleidung. Sie war die Quelle aller Vegetation, die Erdmutter, die Herrin der Tiere und des Meeres, und sie jagte mit Pfeil und Bogen wie Artemis. Deswegen überrascht es nicht, dass Evans, Marinatos und viele andere Gelehrte[44] sie als universelle Göttin angesehen haben, die Göttin der Natur. Aus ihr und ihrem jugendlichen Partner in seiner üblichen Rolle, dem kretischen Gegenstück von Adonis, Kinyras oder Attis, entwickelte sich das griechische Pantheon mit seinen Göttinnen und Göttern. Doch sie waren getrennte und unabhängige Figuren, in der olympischen Theologie unter der Herrschaft von Zeus zusammengebracht, dem Vater der Götter und Menschen.

Andererseits erörtert Nilsson die Pluralität der Gottheiten von Anfang an.[45] Er glaubt, die minoische Mutter in ihren vielen Gestalten war das synkretistische Äquivalent zu Artemis, Rhea, Athene, Aphrodite und dem Rest der griechischen Göttinnen, alle getrennt als unabhängige Wesenheiten. Tatsächlich kannten die Minoer eine Reihe untergeordneter Götter und Geister wie andere Völker. Trotzdem ist es kaum vorstellbar, dass die Grosse Göttin in so vielen Formen identisch erscheint, die über einen so ausgedehnten Raum von Syrien und darüber hinaus bis nach Kreta immer wieder auftreten, wenn es nicht eine grundlegende Einheit in der Personifikation des weiblichen Prinzips gäbe. Jedenfalls was Kreta anbetrifft, so können die verschiedenen Aspekte der Göttin kaum als getrennte Persönlichkeiten unterschieden werden. Die Verschmelzung war so vollständig, dass sie nicht anders erklärt werden kann denn als verschiedene Formen ein und derselben göttlichen Gestalt – der minoischen Grossen Göttin mit der ihr zugeordneten Anhängerschaft.

DIE GÖTTINNEN DES GRIECHISCHEN PANTHEONS

Rhea und Zeus

In Griechenland zeigte sich diese minoische Göttin zweifellos in einer Vielheit von Göttinnen mit bestimmten Namen und Persönlichkeiten als getrennte Entwicklungen von Rhea, Britomartis, Diktunna und Aphaia des vor-hellenischen Kreta. So war Rhea, das kretische Gegenstück zur anatolischen Kybele und oft nicht von Ge oder Gaia, Mutter Erde, zu unterscheiden, eine majestätische, gleichwohl vage Figur, mit oder ohne Partner. Kreta war ihre ursprüngliche Heimat und der früheste Sitz ihrer Verehrung. Es war dort in der vor-homerischen Zeit und nachdem eine dionysische Welle über die Insel gegangen war, dass die Geburt und Kindheit des Zeus mit ihren Höhlen in Zusammenhang gebracht und Rhea zugeschrieben wurde. Dann zeigte man den Himmelsgott der homerischen Tradition als den Sohn der kretischen Göttin, die ihn in einer Höhle in einem Berg mit dem Namen Aigaion versteckte und wo er, wie man später sagte, von einer Ziege gesäugt wurde. Nach einer kuriosen Erzählung blitzte aus dieser Höhle jedes Jahr ein Feuer, wenn „das Blut von der Geburt des Zeus herausströmte". Das legt nach Nilsson nahe, dass „dieses Kind der Jahresgott ist, der Gott der Fruchtbarkeit, das neue Leben des Frühlings".[46]

Dieser kretische Zeus war eine viel ursprünglichere Figur als der indoeuropäische Himmelsgott. Er verkörperte die Prozesse der Fruchtbarkeit auf der Erde, eher als er sie durch den Leben spendenden Regen erneuerte. Daher überrascht es nicht, dass er in dieser Version seiner Geburt und Kindheit als Sohn von Rhea erscheint und um diese Tradition eine Legende oder ein Kult der Fruchtbarkeit entstand. So war die erklärende Geschichte der kretischen Kouriten, die Euripides in den *Bacchae* erwähnt (Zeilen 119-125), einfach die orgiastische Verehrung der asiatischen Muttergöttin im Fruchtbarkeitsritus, der mit der Erziehung von Zeus zu tun hatte. Strabo bemerkt, dass sie ihre Schilde und Schwerter in ihrem ekstatischen Tanz umklammerten, um die Schreie des Zeus-Kindes zu übertönen, das vor der Rache seines Vaters Kronos verborgen wurde.[47] Diese Geschichte wurde von späteren Schriftstellern wiederholt sowie auf Münzen und Denkmälern in der hellenistischen Periode dargestellt. All das wird nun aus der Inschrift klar, die den Hymnus an den diktäischen Zeus enthält, der in den Ruinen des Tempels in Palaikastro an der Ostküste von Kreta entdeckt wurde.[48] Obwohl er im hellenistischen Zeitalter komponiert worden war, scheint er einen Fruchtbarkeitskult wieder zu beleben, der praktiziert wurde, bevor man den Tempel nach dem Zusammenbruch der Minoer im zweiten Jahrtausend verliess.

Dass ein Himmels- und Wettergott mit den Herden identifiziert wurde, ist nicht überraschend. Solch eine Vereinigung war häufig im Nahen Osten geschehen: Vom Fruchtbaren Halbmond über Anatolien bis zur indo-iranischen Region. Als der olympische Mythos und das Ritual der Indoeuropäer Griechenland erreichte und mit der Verehrung der Göttin im ägäischen Becken verschmolz, fuhr Zeus fort, seine üblichen Funktionen auszuüben – ohne eine grundlegende Veränderung, in Kombination mit dem alteingesessenen chthonischen Vegetationskult.

Ferner war er unter dionysischem Einfluss am Sturz der Titanen beteiligt, einer früheren Gruppe von Göttern, von denen er selbst abstammte und zwar durch seinen Vater Kronos und seine Mutter Rhea, bevor er seine hohe Stellung in der Tradition des Hesiod und Homer erlangte. Es mag eine Erinnerung an eine historische Situation sein, als die olympische Himmelsreligion in gewissem Masse den chthonischen Göttinkult besiegte, aber nur, um viele seiner wesentlichen Züge aufzunehmen. Und zwar genauso, wie sich die Menschen angeblich ein titanisches Element unter ihren Ahnen zu eigen machten, in Kombination mit der göttlichen Natur von Zagreus-Dionysos. In Verbindung mit der Fruchtbarkeit der Erde und des Wachstums ist dieser duale Charakter von Zeus in seinen himmlischen Aspekten und Attributen niedergelegt, als die indoeuropäischen Invasoren von den Produkten der Erde des Landes leben mussten, nachdem sie sich auf den Ebenen von Thessalien niedergelassen hatten.

Die verschiedenen Vereinigungen mit Erd- und Korngöttinnen – Hera, Dione, Demeter, Semele und Persephone (Kore) – legen nahe, dass im Hintergrund dieser Traditionen die weit verbreitete Auffassung der Ehe zwischen Himmel und Erde lag, in welcher er die Rolle des Himmelsvaters in Verbindung mit seinen vielen Gemahlinnen spielte. Als man die örtlichen Legenden in der epischen Literatur miteinander in Einklang brachte, wurde eine der Bräute zur offiziellen Ehefrau von Zeus gemacht, während die restlichen als seine Geliebten angesehen wurden, was sich eher in Übereinstimmung mit dem Brauch befand, der in den griechischen Staaten vorherrschte, wo Monogamie etabliert war, aber aussereheliche Verhältnisse als akzeptierte Unregelmässigkeit toleriert wurden.[49] Auf diese Weise standen Zeus eine ziemliche Anzahl illegitimer Nachkommen zu, zum Teil Götter, wenn sie von Göttinnen geboren wurden, und zum Teil Menschen, wenn ihre Mütter sterbliche Frauen waren. Aber hinter dieser Bearbeitung der Mythologie in Richtung auf die bestehende gesellschaftliche Praxis lag die heilige Hochzeit zwischen Himmel und Erde, interpretiert in der Form der Befruchtung des Bodens durch den Leben spendenden Regen.[50]

Göttin Hera

Mit dem Verschmelzen der olympisch-indoeuropäischen und der chthonischen Kulte, wobei im minoisch-mykenischen Kult der männliche Gott der Muttergöttin untergeordnet war, wurde Zeus als Himmelsgott vorherrschend. Deswegen waren von nun an seine Gefährtinnen relativ unbedeutende Figuren, so dass es häufig schwierig ist, zu bestimmen, in welchem Masse sie seine Ehefrauen waren. Seine legitime Gemahlin war Hera, aber tatsächlich hatte ihr Kult wenig mit Zeus zu tun, und ihre Vereinigung mit ihm war vor allem das Resultat davon, dass sie die Haupt-Göttin gewesen war. Daher war sie die passende Partnerin für den Haupt-Gott, trotz seiner vorhergehenden Ehen mit anderen Erd- und Korngöttinnen wie Demeter,

Semele und Themis. Ursprünglich scheint sich Hera vor allem um Geburt, Ehe und Mutterschaft gekümmert zu haben, obwohl sie gelegentlich als ständige Jungfrau und als Witwe angesehen wurde.[51] Sie war im Wesentlichen die Göttin für Frauen und Fruchtbarkeit (teilweise, aber nicht ausschliesslich für Kindsgeburt),[52] und folglich für jede Seite und jeden Aspekt des weiblichen Lebens, seiner Funktionen und Attribute. Dies zeigt zweifellos ihre enge Verbundenheit mit der uterinen Erde und ihren Fähigkeiten, obwohl sie offenbar nicht wirklich eine Erdgöttin und nur indirekt mit Vegetation verbunden war.[53] Ihre Verbindungen mit dem Mond waren ebenfalls sekundär und stammten von seinem vermuteten Einfluss auf das Leben von Frauen ab.

Ihre Vereinigung mit Zeus an vielen Stellen in Mythos und Ritus wurde trotzdem in Form einer Heiligen Hochzeit gezeigt, die, wie wir gesehen haben, normalerweise überall die Erneuerung des Lebens in der Natur und im Kreislauf der Jahreszeiten zum Thema hatte. Dass diese in Griechenland nicht solche Bedeutung hätte – dem widerspricht die Vereinigung von Demeter mit Iasion und das Mysterienritual. In der Tat stimmt Prof. Rose zu, dass solche Hochzeiten das Hervorbringen von Fruchtbarkeit thematisierten, speziell die des Bodens. Weiterhin bemerkt er, dass „nicht ohne Grund eine Erinnerung hiervon in der berühmten Passage der *Ilias* zu finden ist, wo alle Arten von Blumen und auch dickes, weiches Gras aus der Erde spriessen, um ein Hochzeitsbett für Zeus und Hera auf dem Berg Ida zu bereiten.“[54]

Der Ritus kann kaum von seinem gewöhnlichen Zweck anderswo getrennt werden, besonders, weil es keinen Grund dafür gibt, anzunehmen, dass die Alten Griechen bis lange nach dem sechsten Jahrhundert vor Christus zwischen Fruchtbarkeit bei den Menschen und bei der natürlichen Ordnung unterschieden. Da Hera die Göttin der Geburt und Mutterschaft war, können ihre Leben schenkenden Kräfte nicht vom fruchtbaren Boden und seinem Ertrag getrennt werden. In dieser Weise steht sie in der kretischen Rhea-Tradition mit ihrem minoischen Hintergrund, obwohl ihr eigener Ursprung im Dunkeln liegt. Seit ewiger Zeit war sie die Grosse Göttin von Argos – „Argive Hera“ der *Ilias*[55] – aber auch Samos war ihr traditioneller Geburtsort und ein sehr wichtiger Sitz ihres Kultes, der auf die Zeit zurückgeht, bevor sie mit Zeus verbunden wurde.[56] Auf Kreta in ihrem Schrein nahe Knossos behauptet Diodorus, dass ihre heilige Hochzeit bis in das erste Jahrhundert vor Christus hinein jedes Jahr gefeiert wurde.[57] Ebenso wurde in Griechenland ihr äusserst alter Kult (einschliesslich der heiligen Hochzeit) in weiten Bereichen praktiziert, besonders an den Plätzen der alten Zivilisation (z.B. Argos, Mykene, Sparta), ausser in Thessalien und der nördlichen Küste.[58] In Argos und Samos erlangte sie die Würde einer Stadt-Göttin, und unter all den Göttinnen, die mit Geburt und Heirat zu tun hatten, war sie als Gemahlin des Zeus die grösste und bewachte im Göttinkult kraft ihrer eigenen Herkunft „die Schlüssel der Ehe“.[59]

So wurden die Göttinnen der Geburt (Eileithyiai) ihre Töchter genannt,[60] und in Argos wurde sie gleichzeitig als Mädchen und als Mutter verehrt, denn sie erneuerte ihre Jungfräulichkeit jedes Jahr, indem sie in der Quelle Kanathos in Nauplia badete.[61] Dass ihre Ehe nicht immer als problemlos angesehen wurde,[62] mag ein Hinweis darauf sein, dass ihr Kult und der von Zeus unterschiedliche Ursprünge haben und zueinander im Gegensatz stehen. Anfänglich mag sie, wie die kretischen und westasiatischen Göttinnen, entweder gar keinen Partner gehabt haben oder einen, der nur sehr untergeordnet war.

Hera als Herrin der Tiere, mit erhobenen Händen und Blattkrone, Kykladen, Theben, 680 v.Chr.

Göttin Athene

Nach Nilsson war Athene ebenso eine Überlebende der minoisch-mykenischen Hausgöttin, die einen Schild trug, der die Zitadelle und die Person des Königs schützte. So hatte sie laut der *Odyssee* ihre Wohnung im Palast des Prinzen Erechtheus.[63] In der ihr eigenen Stadt Athen lebte sie auf der Zitadelle, und ihr Tempel war gleichzeitig ein mykenischer Palast.[64] Nachdem sie die Schutzpatronin der Stadt Athen geworden war, nahm sie einen kriegerischen Charakter an, obwohl sie ursprünglich in ihrer friedlichen kretischen Umgebung sowohl eine Haus- als auch öffentliche Göttin war, mit Fruchtbarkeitsattributen, was ihr Schlangen- und Baum-Symbolismus enthüllt. Ihre Nähe zum Handwerk stammte von ihrem heimatlichen minoischen Vorbild[65] als Göttin des Haushalts, und erst als sie in den Dienst der mykenischen Prinzen auf dem Festland gestellt wurde, zeigten sich die kriegerischen Charakteristika vorherrschend. Dann verwandelte man sie nach und nach in die kriegerische Athene der homerischen Gedichte, weit weggeführt von der friedlichen, einheimisch-vorhellenischen Göttin der Fruchtbarkeit und der Geschicklichkeit in den Künsten. Jedoch war sie immer eine dynamische Figur, die Göttin der Handlung und Weisheit, Helferin der Handwerker, Beschützerin des Hauses und der Zitadelle und am Ende der Helden.

Göttin Athene mit Flügeln und Schlangenkleid

Ihr Name ebenso wie ihr Charakter ist vorgriechischer Herkunft mit seiner nicht-hellenischen Endung -ne oder -na wie in dem Ortsnamen Mykene (mykenai), dessen Göttin Mykene (eine Heldin) in der *Odyssee*[66] vielleicht von Athene verdrängt wurde.[67] Jedenfalls war sie eine Schutzgöttin der kretischen und mykenischen Prinzen, später zur Würde der Göttin des republikanischen Staates aufgestiegen, und die wichtige attische Stadt wurde nach ihr benannt. Als deren Patronin nahm sie den Platz eines Königs ein, wurde an Kriegen beteiligt und erlangte einen militärischen Charakter, bis sie am Ende eine mächtige und wütende Kriegsgöttin wurde, die alles und jeden bekämpfte.[68] Aber sie liess nie ihre früheren Attribute und Funktionen hinter sich und sie verfolgte weiterhin ihr Interesse an Kunst und Handwerk. Sie blieb hier die hochbegabte Meisterin, bis sie am Ende als personifizierte Weisheit angesehen wurde.[69]

Ihr Titel Pallas, wahrscheinlich eine Form des griechischen Wortes Pallakeia für Konkubinat im rituellen Sinn, wurde später für Mädchen-Priesterinnen verwendet, und das Bild von Pallas Athene, das Zeus vom Himmel herunter sandte, wurde Palladion genannt.[70] Diese Bezeichnungen mögen sich auf eine griechische Mädchengöttin indoeuropäischen Ursprungs beziehen, die von der nicht-hellenischen Athene absorbiert und in ihren Kult aufgenommen wurde. Wie auch immer, Athene wurde in der Folgezeit als schöne und stattliche Jungfrau abgebildet, ob sie nun wie ihre Vorgängerinnen eine Muttergöttin war oder nicht.

Göttin Aphrodite

Glamouröser und üppiger als die würdige, weise und anmutige Athene, die Herrin von Heim, Familie und Stadt, war Aphrodite, eine andere Muttergöttin, die ihren Weg von Zypern nach Griechenland machte. Ursprünglich war sie die westasiatische Göttin, speziell mit Ishtar und Astarte verwandt.[71] Deswegen erscheint sie in Namen, Persönlichkeit und Funktion eigentlich sehr ungriechisch. Im Gegensatz zu Athene wurde sie nicht wirklich hellenisiert, als die homerischen Gedichte geschrieben wurden, denn dort ist sie gründlich gegen die Achäer und wird mit wenig Respekt behandelt. Trotzdem wird sie als Tochter von Zeus und Dione gezeigt, und als treulose Ehefrau von Hephaistos.[72] Ares, der später in der *Odyssee* als ihr Ehemann beschrieben wird, ist ihr Liebhaber,[73] und Aeneas wurde durch den trojanischen Anchises ihr Sohn.[74]

Vor allem war sie die Göttin von Fruchtbarkeit und Liebe mit der üblichen Betonung auf den sexuellen Charakteristika der Zeugung. Sie war die Personifikation des mütterlichen Prinzips in frühhistorischer asiatischer Weise. In ihrer orientalischen Göttingestalt war ihr Geliebter der jugendliche Vegetationsgott Adonis „der Herr", der in den griechischen Mythen als der schöne junge Jäger beschrieben wird, von einem Eber getötet, der in Wirklichkeit Ares war. Nach einer anderen Version der Geschichte versteckte Aphrodite ihn als Kind in einem Kasten, den sie Persephone anvertraute, der Gattin des Hades. So entzückt war die Königin der Unterwelt von dem Kind, dass sie sich weigerte, es Aphrodite zurückzugeben, obwohl die Göttin selbst in die Unterwelt ging, um es wieder zu holen. Tatsächlich verfügte Zeus, dass Adonis einen Teil des Jahres auf der Erde bei Aphrodite verbringen sollte und den Rest bei Persephone in der Unterwelt. Dadurch wurde der Streit beendet. Adonis nahm die Rolle des babylonischen Tammuz an, und Aphrodite die der hellenischen Demeter. Denn sie glich der Göttin von Eleusis in ihrer Suche und in der bitteren Klage über den Verlust ihrer geliebten Tochter, ob der Verlust nun durch einen wilden Eber bei der Jagd oder durch die Entführung der Königin durch Hades geschehen war.

Es war dieses Thema von Tod und Auferstehung, das jedes Jahr in Byblos an der Küste von Syrien gefeiert wurde, mit einer Zeit des Trauerns, gefolgt von Freude über die Wiederkehr des jugendlichen Vegetationsgottes im Frühling in Gestalt des Adonis.[75] Ähnliche Riten, die rituelle Prostitution einschlossen, mögen in Paphos in Zypern gehalten worden sein, wo sich in Kouklia ein altes Aphrodite-Heiligtum befindet.[76] In den *Adoniazusae* von Theokrit fehlt jedoch ein Hinweis auf die Wiederkehr des Gottes im Bericht über die Heiratszeremonien, die jedes Jahr in Alexandrien gehalten wurden, um an die Heilige Hochzeit von Adonis und Aphrodite zu erinnern.[77] Bilder des Gottes und der Göttin auf zwei Lagern wurden gezeigt. Am nächsten Tag trug man die Figur des toten Adonis an den Strand. Unter Wehklagen warf man sie ins Meer, offenbar in der Hoffnung, dass er zurückkommen werde. Ganz ähnlich trug man in Attika im Hochsommer Bildnisse vom Tod des Adonis in Prozessionen mit Weinen und Klagen herum,[78] während in Athen die „Gärten des Adonis“ (das sind Körbe, die Erde enthalten, in die Getreide gesät worden ist) acht Tage lang der Sonne ausgesetzt wurden, und zwar beim Frühlings- oder Herbstfest. Wenn sie verwelkten, warf man sie enttäuscht ins Meer oder in Quellen, um den Tod des Gottes zu versinnbildlichen.[79] Daher war Adonis im Wesentlichen ein toter Gott, aber er wurde immer im Zusammenhang mit Aphrodite als Göttin der Vegetation verehrt. Ihre Liebhaber waren zahlreich, und als sie Griechenland erreichte, fand sie sich etablierten Rivalinnen gegenüber wie Hera, Athene und Artemis, mit denen sie nicht gerade Streit hatte. Aber tatsächlich gab es sehr wenige Kult-Verbindungen mit den wichtigen hellenischen Gottheiten, ausser Hermes, von dem sie Hermaphroditus empfing und zur Welt brachte.[80] Ihre Feste waren nicht besonders wichtig, ausser auf Zypern und in Delos auf den Kykladen, dem legendären Geburtsort von Artemis und Apollo, wo sie den Kult der Ariadne in sich aufnahm, der Tochter des Minos.[81] Es war jedoch auf Zypern, wo sie entsprechend ihrem Mythos zuerst an Land ging, als sie in ihrer ausserordentlichen Schönheit dem Schaum der Wellen entstieg und in einer Meermuschel nach Kythera getragen wurde, einer Insel vor der Küste von Sparta, wo sie durch die Gezeiten zu ihrem zyprischen Ruheort getragen wurde. Als sie dort den Boden berührte, blühte es unter ihren Füssen. Die Götter empfingen sie voller Freude und kleideten sie in ihr göttliches Ornat.[82] Obwohl sie im Meer auftauchte und ihm entstieg, war sie keine Meeresgöttin wie Poseidon ein Meeresgott war. Sie wurde aus dem Schaum geboren, dem Geschlechtsorgan des Uranus, das Kronos verstümmelt und ins Meer geworfen hatte. Und deswegen wurde sie auf Zypern als „die Himmlische" angesehen, weil ihr Ursprung mit dem kosmischen Mythos von Himmel und Erde verbunden war. In dieser Rolle schlug sie die Winde und die Wolken des Himmels in die Flucht, und sie brachte „die Ebenen des Ozeans zum Lächeln, und der Himmel schimmert mit dem Licht, das sich ausbreitet, nachdem sein Ärger vergangen ist."[83] So wurde sie die Göttin des Meeres genannt, wie einige andere ihrer Vorgängerinnen (z.B. Anat), und sie wurde die Schutzpatronin der Seeleute.

Geburt der Aphrodite aus dem Meer, unterstützt von zwei „Hebammen"

In ähnlicher Weise hatte sie kriegerische Qualitäten auf Zypern und besonders in Sparta. In Delphi, wo eine Statue von ihr „Aphrodite vom Grabstein" genannt wurde,[84] bekam sie Unterwelt-Eigenschaften. In Korinth erhielt sie ihren zyprischen Titel „Urania" (die Himmlische) zurück, und sie hatte ein Gefolge von heiligen Prostituierten in ihrem Dienst, womit sie ihre ursprüngliche Natur als Göttin der Liebe, Sexualität und Fruchtbarkeit bewahrte. Tatsächlich waren all ihre anderen Aspekte typgetreu, soweit es sich um Züge handelte, die generell mit der Grossen Göttin zu tun hatten, Matrone oder Jungfrau. Sie war im Wesentlichen die Urheberin und Spenderin des Lebens und diejenige, die das Leben durch die natürlichen Prozesse von Geburt und Wiedergeburt wieder herstellte. Sie war die Herrin der Frühlingsblüten im *Pervigilium Veneris* (13 ff.), und wo immer sie hinging, wurde die Flamme der Liebe entzündet, und neues Leben entstand.[85] „Durch Meere und Berge und reissende Flüsse und die blättrigen Schlupfwinkel der Vögel und grünen Ebenen“ stiess sie „zärtliche Liebe in die Herzen aller und brachte sie in heisses Begehren, um den Stamm ihrer Geschlechter zu erneuern, jeder auf seine Weise“,[86] ohne Rücksicht auf alle Verbote, voller Hingabe an Entzücken und Wollust. Ihr Gürtel konnte in der Tat diejenigen, die ihn trugen, unwiderstehlich machen,[87] denn er verlieh all ihre nicht zu erobernde Passion für Liebe und Leidenschaft, ohne Rücksicht auf die guten oder schlechten Konsequenzen. Dies waren ihre Geschenke an die Menschheit und die Welt, sie brachte Frieden und Freude, Licht und Leben, Verwirrung und Streit, Dunkelheit und Tod.

Kegel-Stein, Baetyl oder Omphalos (Nabelstein) der Aphrodite mit Dreieck oder Mondsymbol, dazu das typische Venus-Sternemblem der Göttin Ishtar-Astarte

Typische Darstellungen des phönizisch-zyprischen Heiligtums der Aphrodite in Paphos mit dem heiligen Schwarzen Stein

Göttin Artemis

Artemis war eine weitere, vorgriechische und jungfräuliche Göttin mit einem minoischen Ursprung[88], lange bevor man sie zur Schwester von Apollo machte. Ebenso war sie immer noch eine Erdmutter und Herrin der Tiere im Wald und auf den Hügeln, wo sie umherstreifte, jagte und tanzte, bevor sie eine Stadtgöttin wurde. Als Tochter von Zeus war sie „Herrin der wilden Tiere", und als Schwester des Apollo eine Jägerin,[89] die trotzdem die Jungen aller Kreaturen schützte. Sie war zärtlich zu Löwenjungen, trächtigen Hasen und allen Säugetieren und umher streunenden Tieren,[90] denn sie war in ihrer ursprünglichen Gestalt ihre Mutter gewesen. Dieser Rolle wird mit ihrer Tempelstatue in Ephesos mit den vielen Brüsten Ausdruck verliehen, und als Göttin der Fruchtbarkeit half sie allen Frauen, ihre Kinder aufzuziehen, und sie half ihnen bei den Schmerzen der Geburt. Deswegen wurde sie häufig Eileithyia und Kourotrophos genannt, obwohl ihre genauen Funktionen in diesen Zusammenhängen im Dunkeln liegen.

Auf Kreta und in Lakonis wurde Eileithyia als unabhängige Göttin der Geburt mit einem eigenen Kult verehrt, der in Griechenland und auf den benachbarten Inseln weit verbreitet war,[91] während sie bei Homer, wie wir gesehen haben, zur Tochter der Hera wurde.[92] Ihre Verwandtschaft mit Artemis war das Resultat ihrer gemeinsamen Funktionen in Verbindung mit Hebammentätigkeit. Bei der bäuerlichen Bevölkerung Griechenlands war Artemis die beliebteste Göttin, in der das Leben der Natur seinen Mittelpunkt hatte.[93] Aber auch in anderer Hinsicht war sie bedeutsam und bewahrte den Haupt-Charakter der minoischen Grossen Göttin bis in die klassischen Zeiten hinein.

In ihren frühen Manifestationen war sie hauptsächlich eine Erdgöttin, vor allem mit den wilden Tieren und der menschlichen Geburt verbunden, und ihr Aufkommen muss in ihrem minoisch-mykenischen Hintergrund gesucht werden, eher als in ihren griechischen Formen, wie Farnell vermutete.[94] Die ekstatischen Tänze, die in ihrer Verehrung eine so grosse Rolle spielten, verbinden sie mit Phrygien und Kybele, genau wie die Löwen, von denen sie so häufig flankiert wurde.[95] An ihrem Fest, der Ephesia im Frühling, betonte man ihre schöpferischen und alles erhaltenden Kräfte: In ihrem Bild mit den vielen Brüsten, von dem man glaubte, dass es vom Himmel gefallen sei, mit den ausgestreckten Armen, Löwen und Widdern (oder Stieren), in den orgiastischen Riten und Opfern, die eine Art von Stierkampf (taurokathapsia) einschloss, der an die minoischen Stierspiele erinnerte.[96] Sie war die „Vielbrüstige" (Multimammia, Polymastos) wie ihre anatolischen Entsprechungen, bedient von jungfräulichen Priesterinnen und einer Hohepriesterin (Megabyzas), die ein Eunuch war und in der gleichen Art gekleidet wie die Eunuchen-Priester auf den hethitischen Reliefs. Es ist möglich, dass wie im Fall der asiatischen Göttin Ma in Komana ihr Kult wilde Orgien einschloss, bei denen ihre Anhänger sich kastrierten, um ihr zu dienen.[97]

Vielbrüstige Artemis von Ephesos

Ähnlich stammt eine andere Gefährtin, die hellenisierte Britomartis, aus Kreta.[98] Sie wurde mit Artemis identifiziert. Nachdem sie vor König Minos geflohen war, der sie neun Monate lang verfolgt hatte, sprang sie über ein Kliff ins Meer, wo sie in Fischernetzen gefangen wurde. Und so war es angeblich sie, die darauf Diktynna genannt wurde, „das Netz" (von diktuon). Aber sehr wahrscheinlich wurde sie unter diesem Namen in West-Kreta verehrt, weil sie eigentlich die Göttin des Berges Dikte war, des auffallendsten Berges der Insel. In der Folgezeit wurde Diktynna etymologisch als „Netz" interpretiert, und zwar in dem alten erklärenden Mythos, der von Kallimachos erzählt wurde, um ihre Nennung zu erklären und auch, warum sie danach als Aphaea in Ägina verehrt wurde, wo sie in einem Hain der Artemis Zuflucht gesucht haben soll, nachdem sie wieder vor Minos geflohen war.[99] Aber tatsächlich war Diktynna wie Britomartis zuerst eine kretische Muttergöttin bzw. ein Aspekt der minoischen Mutter, benannt nach dem eindrucksvollsten Berg, auf dem man sie verehrte, bevor sie beide mit Artemis und dem griechischen Göttinkult in Verbindung gebracht wurden.

Diana (Artemis) von Aricia als Göttintriade, 43 v.Chr.

Göttin Hekate

Die chthonische Göttin Hekate wurde oft mit Artemis verwechselt, weil auch sie eine Frauen-Göttin mit Mondsymbolismus war. Sie zeigt sich eng verbunden mit Fruchtbarkeit, Sieg im Krieg, Geschick im Spiel, Reiten und Fischen, ebenso mit der Unterwelt, Viehzucht und dem Kinderwesen. Hier scheint es wieder so, dass eine alte Erdgöttin von undurchsichtiger Herkunft eine Reihe von Aspekten und Attributen angenommen hat, als sie in Griechenland etabliert wurde. Dies macht es so schwierig, sie von Artemis zu unterscheiden. Selbst die Griechen waren verblüfft über sie und ihre dualen Verbindungen mit der Erde, den unteren Regionen und dem Mond, mit Artemis und Selene, Demeter und Persephone sowie mit Hermes.[100]

Homer erwähnt sie nicht, und in der *Theogonie* des Hesiod taucht sie plötzlich als Tochter des Titanen Perses und von Asterie auf, der Tochter von Koios und Phoebe.[101] In Mousaios wird sie als Tochter von Zeus und Asterie gezeigt.[102] Anderswo soll ihre Mutter die Nacht, Leto, gewesen sein,[103] während ihre Eltern in einem thessalischen Mythos Admetus und eine Frau von Pheräa waren.[104] Nach dem Fragment von Hesiod, das Bestandteil der *Theogonie* ist, war sie eine Grosse Göttin, die weder Bruder noch Schwester hatte, und sie wird so beschrieben, dass sie von einem einzelnen Elternteil stammte, mächtig im Himmel, auf Erden und im Meer, begabt mit schauerlichen Zauberkräften, die sie durch Magie ausübte.

Dreiköpfige Hekate mit Attributen und Schlangen

Obwohl ihr Kult in Böotien fest etabliert und verbreitet war, besonders in Ägina und auf den nördlichen und südlichen Inseln der ägäischen Küste, ebenso in Kleinasien, Italien und Sizilien, war sie in Arkadien doch fast unbekannt.[105] Ihr Name scheint ein griechischer Beiname zu sein, der „eine aus der Ferne“ bedeutet, vielleicht auch „weit schleudernd“ oder „schiessend“, obwohl dieser Titel für den Bogenschützen Apollo verwendet wurde, mit dem Hekate nie in Verbindung stand. Aber wenn sie tatsächlich aus Hellas stammte, muss ihr Kult verschwunden und dann in Nordgriechenland wieder belebt worden sein, wo ihre Heimat gewesen sein mag. Dort war sie eine alte Göttin der Fruchtbarkeit die, wie es so häufig geschehen ist, mit der Unterwelt und dem Tod verbunden wurde. Daher ihre Unterwelt-Assoziationen und Funktionen, oft von unfreundlicher Natur. Da sie über Geister und Dämonen herrschte, besteht kein Zweifel, dass sie als Göttin der Kreuzungen angesehen wurde, die die schlechten Einflüsse von diesen gefährlichen Plätzen fernhielt. Deswegen wurden nachts bei Vollmond rituell vorgeschriebene Nahrungsopfer, die als „Hekates Abendessen" bekannt waren, an Wegkreuzungen niedergelegt, um sie versöhnlich zu stimmen, falls und wenn sie mit ihren Höllenhunden auftauchte.[106]

Demeter und Kore

Ganz anders war die Göttin Demeter, die Tochter von Rhea und Kronos und Mutter von Kore (Persephone), welche die entführte Frau von Hades wurde. In der *Hymne an Demeter* von Homer, die dem siebten Jahrhundert v.Chr. zugeschrieben wird,[107] legte man die Geschichte zu dem Zweck nieder, um den Ursprung der Mysterien zu erklären, die zu Ehren von Demeter in Eleusis gefeiert wurden, als die Felder sich im Herbst von der Trockenheit des Sommers erholten. Im Frühling gingen ihnen weniger bedeutsame, vorbereitende Riten in Agrai auf dem Ilissus voraus. Dahinter lag eine lange und komplexe Geschichte, die auf alte, jahreszeitlich-ländliche Riten zu den wichtigen Zeitpunkten bei der jährlichen Folge von Säen, Pflügen und Reifen zurückgingen. Von ihrem Namen her scheint Demeter indoeuropäischen Ursprungs zu sein, wobei es sehr wahrscheinlich ist, dass die letzten beiden Silben -meter „Mutter" bedeuten. „De" ist schwieriger zu interpretieren. Seine Bedeutung ist unsicher. Setzen wir eine Herleitung von Ge, so könnten wir „Erde" übersetzen, was bis jetzt nicht gesichert ist.[108] Mannhardt hat es andererseits als „Dinkelweizen" (zeia) interpretiert, ähnlich dem kretischen Wort für „Gerste" (deai), und hat so aus Demeter die „Dinkelweizen-Mutter" gemacht.[109] Dies ist auch eine Mutmassung, denn Demeter ist gar nicht eng mit Gerste oder Kreta verbunden.

Wie auch immer, Nilsson hat nachdrücklich betont, dass es Gründe gibt, sie als griechische Korn-Mutter zu sehen. Und es sei wahrscheinlich, dass die Mysterien von Eleusis aus einem sehr alten Ackerbaufest entstanden, welches das Heraufholen des Korns aus den Getreidekellern feierte, wo es nach dem Dreschen im Juni gelagert hatte, bis es so weit war, dass man es im Oktober aussäen konnte.[110] Während der vier Sommermonate, wenn es unter der Erde war, waren die Felder ausgedörrt und öde, bevor die Herbstregen kamen. Dann begann in Attika die Pflugsaison, das Korn wurde gesät und die Felder wurden sofort wieder grün, weil das Getreide in den milden Wintermonaten (ausser Januar) spross. Nachdem im frühen Frühjahr (Februar-März) die Blütezeit war, zeigte sich das Korn bis Mai reif zum Mähen und wurde zu Beginn der trockenen Jahreszeit (Juni) gedroschen.

Relief der Demeter bzw. römischen Ceres; mit Ähren, Mohn und Schlangen dargestellt

Es stellt sich die Frage, ob Demeter generell die Göttin der Erde und Fruchtbarkeit war, oder ausschliesslich die Dinkelweizen- oder Korn-Mutter. Doch mit ihrer Tochter Kore, dem Kornmädchen, das die neue Ernte verkörperte, hatte sie fraglos mit dem Vegetationskreislauf zu tun. In Eleusis war ihr Kult primär ein Ackerbau-Ritual, das ganz stark in der Kultivierung von Getreide auf der Rarischen Ebene seinen Mittelpunkt hatte. Und obwohl sie offenbar eine griechische Göttin war, lag trotzdem hinter ihr und ihren Mysterien der minoische Göttinkult, in den die verschiedenen Aspekte des jahreszeitlichen, heiligen Dramas einflossen, das gefeiert wurde, um das Wachstum und die Ernte des neuen Getreides und die Wiedergeburt der Natur zu feiern. Diese Mysterien mögen als Korn-Ritual begonnen haben – angeregt durch das Einlagern des Getreides in die unterirdischen Kornkeller, nachdem es im Juni gedroschen worden war –, doch erhielten sie am Ende eine weitere und tiefere Bedeutung. Das Ganze wurde interpretiert als Abstieg der Kore in die Bereiche des Plouto, des Gottes von Reichtum an Korn und anderen Früchten des Bodens.

Als Grosse Göttin hatte Demeter Funktionen inne, die über die Getreidefelder der Rarischen Ebene hinausreichten. Sie war diejenige, die alles Wachstum und die Früchte der Erde schenkte. Ihr waren Myrte, Brione und Narzisse heilig.[111] Und als der jahreszeitliche Kreislauf mit der Sequenz des menschlichen Lebens hier und im Jenseits in Beziehung gesetzt wurde, identifizierte man Kore mit Persephone, der Königin des Hades und Frau des Pluto, dessen Name leicht mit dem von Plouton verwechselt werden konnte, mit dem Kore vielleicht zuerst verheiratet war, bevor sie mit Demeter in Zusammenhang gebracht wurde. Als diese Übertragung vollzogen war, berichtet die Legende die Entführung von Demeters Tochter, wie sie in den Wiesen der reichen Ebenen von Paros Blumen pflückte, zusammen mit den Töchtern von Okeanos. Der verliebte Pluto erschien plötzlich in seinem goldenen Wagen und trug die sich heftig wehrende Persephone fort in seine Unterwelt. Daraufhin wanderte die trauernde Mutter überall umher, um sie zu suchen, und sie trug eine Fackel bei sich, um die tiefen Nischen zu erhellen, wo sie verborgen sein mochte. So tief war ihr Schmerz, dass sie ihre befruchtenden Geschenke von der Erde zurückhielt, so dass eine allgemeine Hungersnot drohte.

Gemäss dem homerischen Hymnus ging Demeter als alte Frau verkleidet durchs Land, bis sie nach Eleusis kam. Dort setzte sie sich nahe der Quelle am Wegesrand nieder, die die Quelle der Mädchenschaft genannt wird. Sie wurde von den Töchtern des weisen Herrn Keleos von Eleusis begrüsst, denen sie eine erfundene Geschichte über ihre Flucht vor Piraten erzählte. Als sie ihr Vertrauen gewonnen hatte, nahm man sie zum Palast mit, wo sie die Kinderfrau von Domophoon, dem kleinen Sohn der Königin Metaneira, wurde. Um das Kind unsterblich zu machen, was Demeters Absicht war, ölte sie ihn ohne das Wissen seiner Eltern mit Ambrosia ein, der Nahrung der Götter, und atmete bei Tag über ihm. Bei Nacht versteckte sie ihn im Feuer, damit seine Sterblichkeit verging. Als Ergebnis dieser Behandlung wurde er nahezu unsterblich. Doch eines Nachts überraschte Metaneira sie bei ihren feurigen Tätigkeiten. Die Königin war ausser sich, als sie ihren kleinen Sohn im Feuer sah. Da offenbarte Demeter ihre wahre Identität.

Sie weigerte sich, den Domophoon weiterhin unsterblich zu machen oder ihren Aufenthalt im königlichen Haushalt fortzusetzen. Bevor sie den Palast verliess, befahl sie den Menschen von Eleusis, ihr zu Ehren auf dem Hügel ein Heiligtum zu bauen, über der Quelle der Mädchenschaft, wo sie zuerst die Töchter von Keleos getroffen hatte. Und dort würde sie ihren Anhängern die Riten beibringen, die ausgeführt werden müssten, damit all denen Unsterblichkeit zuteil wird, die von diesem Zeitpunkt an in ihre Mysterien eingeweiht werden. Nach einem weiteren schrecklichen Jahr von Dürre und Hunger, das sogar die Götter auf dem Berg Olymp ihrer Opfernahrung beraubte, schaltete sich Zeus ein, um Demeter zu helfen. Er schickte mit Hermes einen Boten in die Unterwelt, und es war so arrangiert, dass Persephone dann freigelassen werden würde, wenn sie nicht von der Nahrung der Toten gegessen hatte. Pluto jedoch war dem zuvorgekommen, indem er ihr heimlich einige Granatapfel-Samen gab. Dies band sie an ihn, und zwar für ein Drittel des Jahres. Es bewirkte, dass das Wachstum verfiel, während sie sich in seinem Bereich aufhielt. Für die restlichen acht Monate lebte sie bei ihrer Mutter in der oberen Welt, und während dieser Zeit erlaubte Demeter der Erde, wieder ihre Früchte zu tragen. Triptolemos, einer der jungen Prinzen von Eleusis, war beauftragt, mit seinem Wagen überall in die Welt zu fahren und die Menschen zu lehren, wie sie den Boden unter Aufsicht der Göttin bestellen und wie sie ihre Riten durchführen sollten.[112]

Demeter, Triptolemos und Persephone, Böotien, 500 v.Chr.

In dieser Variante, in der die Kultlegende im homerischen Hymnus erzählt wird, gibt es eine ganze Menge Verwirrung und Vermischung von Mythen. Dass das Ritual und seine Geschichte aus vorgriechischer Zeit stammen, wird durch die mykenischen Fundamente des Heiligtums in Eleusis nahe gelegt, die von der Mitte des 15. Jahrhunderts her datieren, in der zweiten Hälfte des mykenischen Zeitalters.[113] Dazu kommt der ursprüngliche Charakter der Agrar-Riten mit ihrer Verwandtschaft zu den alten Thesmophorien, die beim Säen im Herbst von Frauen vollzogen wurden. Tatsächlich wurde Demeter selbst Thesmophoros genannt, und sie und Kore waren die beiden Thesmophorinnen.[114]

Zuerst wurden die Thesmophorien offenbar unter freiem Himmel als Fruchtbarkeitsfest gehalten, um das Wachstum des Getreides zu unterstützen, bevor ihnen als geheimer Mysterienkult eine persönlichere Anwendung verliehen wurde, nämlich denen eine glückselige Unsterblichkeit zu sichern, die sich dem elaborierten Prozess der Einweihung unterzogen, nachdem die endgültige Vereinigung von Eleusis mit Athen zwischen 600 und 650 v.Chr. stattgefunden hatte. Dann bekamen sie einen städtischen Charakter und eine mehr sakramentale Bedeutung, denn sie gaben denen, die die Erfahrung machten, eine neue Lebensphilosophie, welche Zeit und Raum transzendierte.[115] Sie waren für jeden offen, der Griechisch sprechen und verstehen konnte, egal, welches Geschlecht oder sozialen Status jemand hatte. Sie wurden eine Einrichtung, die ganz Griechenland offen stand, obwohl sie unter der Aufsicht des Archon, des alten eleusinischen Clans standen. Die priesterlichen Familien, die Kerykes oder die Eumolpidae, die sich um die Riten kümmerten, halfen dabei.

Welche Form die Dromena annahm, als der Kult zuerst in seiner späten Form etabliert wurde, ist eine Sache der Mutmassung, denn die Informationen, die darüber zur Verfügung stehen, stammen hauptsächlich aus relativ späten und nicht sehr zuverlässigen Quellen, abgesehen von dem archäologischen Material, das aus dem Heiligtum geborgen wurde. Weil es sich um ein verhülltes Mysterium handelte, wurden seine Geheimnisse sorgfältig gehütet. Es gab schreckliche Strafen, die jedem zugemessen wurden, der die Dinge ausplauderte, welche während des in die Länge gezogenen Prozesses der Einweihung enthüllt worden waren.[116] Gemäss den vagen Überlieferungen darüber, was stattfand, scheint es, dass sich nach der Beschäftigung mit den weniger wichtigen Mysterien in Agrai im Frühling die Mysten einer Folge von Instruktionen im Wissen unterzogen, das ihnen bei der wichtigsten Feierlichkeit im Monat Boedromion (September) offenbart wurde, zusammen mit Reinigungen und asketischen Übungen verschiedener Art. Am 19. Tag des Monats geleitete man sie in einer Prozession den heiligen Weg entlang, der von Athen nach Eleusis führte, begleitet von der Statue von Iacchos und den Reliquien von Demeter, die von ihren Priesterinnen bewacht wurden. An den Heiligtümern, Tempeln und Bädern auf dem Weg legte man Pausen ein, um dort die vorgeschriebenen Riten zu vollziehen. Bei der Ankunft in Eleusis badeten sie im Meer, nachdem Iacchos zeremoniell empfangen worden war, und streiften mit Fackeln am Strand umher, um Demeters Suche nach Kore zu imitieren, wie es der Mythos beschreibt.[117]

Am 22. Tag von Boedromion, der mit dem Tag der herbstlichen Aussaat zusammenfiel, begaben sich die neu Eingeweihten nach einer Nachtwache zum Telesterion, von dem die Überreste jetzt in den heiligen Bezirken ausgegraben wurden. In der grossen quadratischen Halle, 54 Meter lang mit Steinstufen auf allen vier Seiten und mit zwei Toren in jeder von drei der vier Wände, das Dach gestützt von 42 Säulen, die in Sechserreihen rechtwinklig zur Hauptachse arrangiert waren, fanden mit grosser Feierlichkeit die letzten Riten statt. Verhüllt in Dunkelheit und in völligem Schweigen sassen die Mysten auf diesen Reihen von Stufen, die vielleicht mit Schaffellen bedeckt waren. Sie erblickten die heiligen Sehenswürdigkeiten im Anaktoron, dem inneren Heiligtum der Göttin im Zentrum der Halle, in der ihre Reliquien lagen und die mystischen Riten vom Hohepriester vollzogen wurden, der mit den offiziellen Roben des Hohepriesters von Eleusis bekleidet war. Es scheint so, dass sie bestimmte mystische und symbolische Aussprüche verwendeten (legomena), und die Kultobjekte (deiknymena) den Einzuweihenden enthüllten, ebenso spielten sie Dromena vor, in Form von dramatischen Vorführungen, welche die Entführung Kores darstellten, Episoden beim Herumwandern Demeters, ihre Erfahrungen in Eleusis und die Wiedervereinigung mit ihrer Tochter. So gibt es im Museum von Eleusis eine Szene, die auf einer Tafel einen Initianden zeigt, wie er von den Helfern (mystagogoi) zu Demeter geführt wird, und Kore sitzt in ihrem Heiligtum, während auf Reliefs vor der Wand im Raum nahe dem Eingang die Vergewaltigung Persephones gezeigt wird. Auf einem anderen Relief sitzt Demeter, und Kore steht nah bei ihr. Sie hält Fackeln, und Adoranten nähern sich ihnen. Das runde Gehäuse, auf dem die Muttergöttin sitzt, mag ein heiliges Behältnis sein, das die heiligen Symbole enthält, welche den Mysten enthüllt werden.

Die Mission von Triptolemos, die Menschen zu lehren, wie man Korn anbaut, ist auch auffällig in der Ikonographie, wo er gezeigt wird, wie er ein Szepter hält und auf einem meisterhaft geschnitzten Thron sitzt, der von Drachen gezogen wird. In seiner rechten Hand hält er Kornähren und schaut voller Absicht auf Demeter, und zwar auf eine Weise, die vermuten lässt, dass er ihren Anweisungen lauscht. Auf einer späteren grossen Platte, die vom Priester Lakrateides im ersten Jahrhundert v.Chr. zusammengesetzt wurde und die man bei der Ausgrabung des Ploutorion fand, wird er gezeigt, wie er seine linke Hand ausgestreckt hält, um die Kornähren von Demeter zu nehmen, die vor ihm sitzt. Zwischen ihnen hält Kore Fackeln, und nahe bei ihr ist Pluto mit seinem Szepter als König der Unterwelt. Rechts sitzt ein Gott auf seinem Thron und eine Göttin mit einem Szepter, die, wie Kourouniotis vorschlägt, die alten Gottheiten sein könnten, die man in Eleusis verehrte, bevor der Demeter-Kult dort eingerichtet wurde. Deren Namen sind unbekannt.[118] Hinten ist die aufrechte Figur eines jungen Mannes, der eine Fackel trägt, wahrscheinlich der junge Gott Eubouleus oder Iacchos, dem sie gewidmet ist.

Auf einer Vase mit roten Figuren von Rhodos, jetzt im Museum in Istanbul, wird die Erdgöttin gezeigt, wie sie vom Boden abhebt und ein

Füllhorn hält, auf dem ein männliches Kind sitzt, das sie einer Göttin zeigt, die rechts steht und ein Szepter hält. Links von Demeter befindet sich eine Figur, möglicherweise die von Kore, und über ihrem Kopf ist Triptolemos in seinem geflügelten Wagen.[119] Nilsson identifiziert das Kind als Plouton,[120] die Frucht der Felder und Repräsentation der Fruchtbarkeit, während Triptolemos jemand war, der die Geheimnisse der Demeter enthüllte, den Ackerbau unterstützte und Fülle schenkte, der beständig neben dem göttlichen Paar steht, der Kornmutter und Erdgöttin sowie ihrer Tochter.

Demeter und Plouton (Ploutos), Eleusis, Griechenland, 500 v.Chr.

Es ist möglich, dass einige von diesen ikonographischen Szenen einen Hinweis auf die Natur der Dromena in Eleusis geben. In den späten literarischen Quellen wird auf das Trinken von Gerste Bezug genommen, auf Haferschleim, und dass man bestimmte heilige Dinge aus der Kiste nimmt, sie probiert, in einen Korb und vom Korb in den Kasten legt als „das Passwort der eleusinischen Mysterien".[121] Dies legt nahe, dass im Zuge der Riten ein sakramentales Mahl stattfand, und es mag im Passionsdrama im Telesterion nachgespielt worden sein. Aber was das Trinken des Kykeon bedeutet, ist nicht bekannt. Farnell denkt, dass der Anhänger eine gewisse Gemeinschaft mit Demeter fühlte, die selbst daran teilgenommen hatte, obwohl es, wie er sagt, nicht so scheint, dass es auf einem Altar gesegnet wurde, oder dass „der Kommunikand je von irgendeiner mystischen Idee durchdrungen war, dass es die göttliche Substanz der Göttin enthielt."[122]

Gemäss dem vorchristlichen Schriftsteller Hippolyt schnitt man vor ihren staunenden Augen eine Kornähre in einer Flamme, und die Geburt eines göttlichen Kindes, Brimos oder Iacchos, wurde feierlich verkündet.[123] Dies hat zu der Annahme geführt, dass die Dromena mit einer heiligen Hochzeit zwischen Zeus und Demeter endete, symbolisiert durch die Vereinigung des Hierophanten und der Haupt-Priesterin in einem unterirdischen Raum, als die Fackeln gelöscht waren.[124] Aber die Ausgrabungen haben eine solche Kammer im Heiligtum nicht zum Vorschein kommen lassen, und Hippolyt scheint die Riten von Attis mit denen von Demeter verwechselt zu haben.[125] Wenn tatsächlich ein Korn-Zeichen eins der heiligen Objekte war, die den Initianden gezeigt wurden, wäre solch eine Hochzeit im Vegetations-Umfeld des Mysteriums als Teil des jahreszeitlichen Dramas angebracht. Die keimende Ähre wäre gleichzeitig das Symbol der Kornernte und dasjenige der Wiedergeburt zum unsterblichen Leben der Einzuweihenden. Dieser Hintergrund wird in der Ikonographie demonstriert und scheint von den dokumentarischen Daten vorausgesetzt worden zu sein. Ferner zeigt gemäss Fernell die Formel in Proclus, als die Verehrer zum Himmel starrten und riefen „Regen (O Himmel), empfangen (O Erde), sei fruchtbar“[126] eine sehr ursprüngliche Liturgie, die der dodenäischen Anrufung von Zeus und Mutter Erde ähnelt. Und obwohl sie spät erscheint (5. Jahrhundert n.Chr.) mag es doch „die echte Ore einer religiösen Schicht sein, die umso mehr deswegen funkelt, weil sie in einem Abfall-Depot neoplatonischer Metaphysik gefunden wurde“.[127]

So lag wahrscheinlich das Thema des jahreszeitlichen Dramas hinter den eleusinischen Dromena und Initiationen (teletae), verliehen als ererbter Besitz in den alten priesterlichen Familien, obwohl die heilige Hochzeit als integrales Element in den eleusinischen Mysterien nicht demonstriert werden kann und die Mutmassungen, auf denen die Annahme beruht, unsicher und verworren sind. Als man sie in ein Todes- und Wiederauferstehungs-Ritual transformierte, mit dem Mittelpunkt eines Versprechens der glückseligen Unsterblichkeit, gaben sie offenbar mehr als 2000 Jahre lang ihren Initiierten Hoffnung und Vertrauen, sowohl in dieses Leben als auch in das Jenseits des Grabes.

VI

DIE GROSSE MUTTER

DIE IDÄISCHE MUTTER VON PHRYGIEN

Die Verwandtschaft der „Herrin von Ida“, der Mater Idaea, wie ihr offizieller Titel nahe legt, zur Artemis von Ephesos, zu Hekate und der kretischen Rhea ist seit langem bemerkt worden. So sah Strabo die Göttin von Kleinasien als identisch oder sehr eng verbunden mit ihren Entsprechungen in Nordgriechenland, Thrakien und Kreta.[1] In ihrer ursprünglichen phrygischen Heimat war sie tatsächlich nicht von der Grossen Göttin im alten Nahen Osten zu unterscheiden, denn sie war vor allem die Göttin der Fruchtbarkeit, Herrin der wilden Tiere in der Natur, verantwortlich für Gesundheit und Wohlbefinden von Mensch und Tier, Beschützerin ihrer Leute im Krieg und Empfängerin orgiastischer, ekstatischer Verehrung in ihrem Haupt-Heiligtum in Pessinus. Mit ihrem jugendlichen Liebhaber Attis, dem Gott der Vegetation, war sie die Beschützerin der Toten, vielleicht unter thrakischem Einfluss, wo sie mit der Erdmutter assoziiert wurde, während sie gleichzeitig die Dea Domina Dindymene war, die Göttin des Berges in ihrer asiatischen Heimat, und später erlangte sie astrale und himmlische Charakteristika. Begleitet von ihren thrakisch-phrygischen, dämonischen Korybanten, war sie eine dionysische Figur, genau wie phrygische und bacchische Kulte mit Rhea und ihrer Verehrung verschmolzen waren. Ähnlich hatten die Löwen, die ihren Wagen zogen, ihre Gegenstücke in den Schutz-Löwen, von denen die Göttin auf Kreta und in der Ägäis begleitet wurde.

Attis und Kybele

Attis spielte ziemlich dieselbe Rolle im Verhältnis zu Kybele, der Mater Idaea in Phrygien und Lydien, wie Adonis zu Astarte in Syrien. Von beiden sagt man, dass sie sich selbst kastriert haben und Agdistis, das hermaphroditische Monstrum, war nachher von der Göttin seiner männlichen Geschlechtsorgane beraubt. Aus diesen Genitalien soll ein Mandelbaum entsprossen sein, durch dessen Früchte Attis von seiner jungfräulichen Mutter Nana empfangen wurde.[2] Als später Agdistis sich in ihn verliebte, schlug ihn Ia, die Tochter des Königs, mit Wahnsinn, um ihn vom Heiraten abzuhalten, und sie veranlasste ihn, sich unter einer Kiefer zu entmannen, wo er verblutete.[3] In einer lydischen Version der Geschichte wurde er wie Adonis von einem Eber getötet,[4] aber in beiden Versionen endete er vorzeitig durch ein Missgeschick.[5] Nachdem Ia den Leichnam in Wolle gewickelt und über ihm getrauert hatte, tötete sie sich selbst. Kybele nahm die Kiefer mit in ihre Höhle, wo sie zusammen mit Agdistis (mit der sie in der Version von Arnobius identifiziert wurde) Attis wild betrauerte. Der Leichnam verfiel nicht, er wurde in Pessinus geweiht, wo Riten eingerichtet und jedes Jahr ihm zu Ehren vollzogen wurden.

Der Göttinkult in Kleinasien

In Anatolien war im vierten Jahrhundert vor Christus die Verehrung der Mutter der Götter und ihres Gemahls der herausragende Zug. Trotz örtlicher Variationen im Hinblick auf Namen, Beinamen und Formen behielten die zwei zentralen Figuren ihre Identität und ihre Stellung, obwohl sie mit den Göttinnen und Göttern von Kleinasien und der Ägäis verschmolzen. Die wilde Natur des thrakisch-phrygischen Kultes mit seinen ekstatischen Gelagen und Verstümmelungen, wilder Musik und rasenden Tänzen, was alles an die dionysischen Orgien erinnert und eine ziemlich alte Herkunft anzeigt, enthüllt seinen ursprünglichen Charakter und seine ursprüngliche Bedeutung.

Die Riten waren für den Zweck gedacht, eine hoch emotionale Gemeinschaft zu schaffen, mit den Gottheiten an der Seite ihrer rasenden Anhänger. Der Gallos wurde dabei Kybelos genannt, da er als männliche Verkörperung der Göttin Kybele angesehen wurde, und der Hohepriester in Pessinus war Attis selbst.[6] In dieser Eigenschaft war er eine Art heiliger König, der diesen Status und Einfluss seiner Vereinigung mit dem Gott während der Zeit der ekstatischen Zeremonien verkörperte. Die Anhänger unterzogen sich einem Prozess der Regeneration, der offenbar ein sakramentales Mahl einschloss. Sie assen aus einer Trommel und tranken aus einer Zimbel; beide Instrumente wurden im Orchester von Attis verwendet.[7] Eine drastischere Methode, die Wiedergeburt zu sichern, war das bekannte Taurobolium, das von Prudentius anschaulich beschrieben wurde,[8] wenn der in die Mysterien von Attis Initiierte im Frühjahr in einer Grube stehen musste, unter einem Gitterwerk, über dem ein Stier mit einem geweihten Speer erstochen wurde. Gesättigt mit seinem Blut an jedem Teil des Körpers tauchte er wiedergeboren und von jedem Flecken der Unreinheit auf, versiegelt mit dem Zeichen der Göttin.

Das Taurobolium

Unser Wissen über diesen dunklen Ritus stammt aus nach-christlichen Quellen, als er in der römischen Welt im und nach dem zweiten Jahrhundert in Verbindung mit den Attis-Mysterien praktiziert wurde. Damals hatte er eine erhabenere Neuinterpretation von Wiedergeburt erlangt, trotz seines rohen Rahmens. Der Ritus wurde während zwanzig Jahren als wirksam angesehen, bis am Ende mindestens einer, der sich den Erfahrungen unterzog, in der Ewigkeit wiedergeboren worden sein soll.[9] Etwa im Jahr 134 n.Chr. wurde er im Venus-Kult in Puteoli eingerichtet. Vom phrygischen Heiligtum der Kybele auf dem Vatikan-Hügel nahe der jetzigen Basilika des heiligen Petrus verbreitete er sich nach Ostia, Narbonne, Aquitanien, Spanien und Nordafrika.[10] Seine Ursprünge liegen im Dunkeln, aber wie der Rest des Attis-Kybele-Kultes war er der römischen, religiösen Tradition völlig fremd. Die Priester waren Asiaten, und zuerst hatte kein römischer Bürger die Erlaubnis, an einem dieser fremdartigen Riten teilzunehmen.

Ohne Frage muss die Wiege des Kultes der Magna Mater in Phrygien gesucht werden, genau wie diejenige von Ma Bellona, mit dem er später gründlich vermischt wurde, in Kappadokien[11] und diejenige von Atargatis in Syrien war.[12] Die ekstatischen Tänze, fremdartige Musik, die phrygischen Pfeifen und Kappen, die entmannten Priester, der von einem Löwen gezogene Wagen, das Opfer des Stieres oder Widders und das sakramentale Mahl aus der Trommel und der Zimbel sowie Attis, der in der Liturgie der „Kornhalm“ genannt wird: Diese Züge weisen auf eine westasiatische Quelle des Attis-Kybele-Kultes hin. Dazu kamen die Eunuchen-Priester in Ephesos und Kultobjekte wie die Rundstäbe, welche an ihren Geisseln befestigt sein mochten, die Kiefernzapfen, Granatäpfel, Zimbeln, Tamburine und Schaffelle. All dies eng verbunden mit dem Kult der Magna Mater zeigt die Herkunft an.

Es ist nicht erwiesen, dass das Taurobolium und Criobolium in diesem Zusammenhang in Phrygien praktiziert wurde, doch dass sie von Kleinasien kamen und mit der Verehrung der Magna Mater verwandt, ist sehr gut möglich. Cumont, der seinen früheren Vorschlag hinter sich liess, dass das Taurobolium ursprünglich zu Ehren der östlichen Artemis Tauropolos gehalten wurde sowie der Gottheiten, die eng mit ihr zu tun hatten[13] (z.B. Anaitis und Ma Bellonna), erklärte den Namen später vom Lassofang wilder Stiere her.[14] Ohne seine Mutmassung anzunehmen, denn das Wort bedeutet das Opferschlachten eines Stieres, mag es aufgekommen sein, wo wilde Stiere gejagt wurden, und nachdem sie eine Fruchtbarkeits-Bedeutung angenommen hatten, schlachtete man sie rituell. Das Blut mag getrunken oder sakramental verwendet worden sein, um das Leben zu erneuern. Bei diesem Ereignis wäre die Praxis sehr leicht mit dem Göttinkult als integraler Teil des Regenerationsprozesses und der Reinigung in Zusammenhang gebracht worden, besonders im Fall ihres Haupt-Priesters, des Gallus, der seine Männlichkeit in ihrem Dienst geopfert hatte. So wurde es im römischen Reich zur Wohlfahrt des Kaisers und der Gemeinde ausgeführt, bis ihm eine weitere und persönlichere Anwendung gegeben wurde, und zwar im dritten und vierten Jahrhundert n.Chr. Als es aufkam, mag es wohl zunächst auf den Haupt-Priester der Magna Mater beschränkt gewesen sein.

DIE GRIECHISCH-RÖMISCHE WELT

Die Hellenisierung der Göttin

Während ab dem fünften Jahrhundert v.Chr. die phrygische Magna Mater mit der kretisch-ägäischen Rhea identifiziert wurde und nach ihrer Einführung von Kleinasien die beiden Kulte sich mehr und mehr vermischten, war es doch in ihrer hellenisierten Form, dass die Göttin in Griechenland selbst funktionierte. Dort hatte keine dieser thrakisch-phrygischen Religionen viel Beliebtheit, bis sie in der hellenistischen Zeit unter semitischen Einflüssen in Kleinasien eine beachtliche Veränderung erfuhren, wie die orphischen Dionysiac. So wurde Attis als Jäger gezeigt, der wie Adonis[15] von einem Eber getötet wurde oder sich unter einer Kiefer selbst verstümmelte,[16] während man Kybele mit den weniger orgiastischen Göttinnen Rhea, Hekate und Artemis sowie ihrem semitischen Gegenstück Ishtar oder Astarte gleichsetzte.[17] Auf einem Terrakotta-Relief aus der Nachbarschaft von Smyrna wird sie in einem Schrein repräsentiert, wo sie einen ihrer Löwen streichelt und einen Chiton und einen Schleier trägt. Unter ihr zeigen sich zwei Marsyas, die Flöte spielen, während ein Diener (möglicherweise Attis) ein Trankopfer aus einem Krug ausgiesst. An den Seiten sind Figuren in einer erschreckten Haltung und an der Basis befindet sich ein Fries von Löwen und Stieren.[18]

Als die ekstatische emotionale Verehrung sich unter der einfachen Bevölkerung mehr und mehr verbreitete, wurde sie in hellenistischen Kreisen mit Missbilligung und Geringschätzung angesehen, sowohl was ihren Charakter als auch, was ihren Inhalt anbetraf, sowie ihre fremde Herkunft und Bedeutung. Sie war zum Beispiel von der pythagoräischen Phintys als unvereinbar mit weiblicher Bescheidenheit verurteilt.[19] Trotzdem war sie zu eng mit den Dionysien thrakischer Herkunft verbunden, als dass in Griechenland eine beträchtliche Gefolgschaft erreicht worden wäre, ohne den grundlegenden Charakter des Kultes zu verändern. Nachdem sich nun einmal die dionysische Religion in Zeiten nach Homer als fremdes Eindringen etablierte, war der Weg für die Verehrung der phrygischen Magna Mater bereitet, sich zu verwurzeln, denn sie gab etwas, das im prosaischen

Heldenkult der indoeuropäisch-regierenden Klassen fehlte, von denen sie assimiliert wurde, obwohl sie in traditionell griechischen Kreisen Feindseligkeit erregte.

Für ein Ackerbau- und Hirtenvolk war Fruchtbarkeit in ihren verschiedenen Aspekten eine Lebensnotwendigkeit, und dafür sorgte die Grosse Göttin, denn in ihrer komplexen Persönlichkeit fasste sie den Dienst und die Funktionen der Göttin zusammen, verbunden mit dem mütterlichen Prinzip in der Natur, indem sie den Herden und den Menschen Leben gab. Ihr männlicher Partner war in diesem Prozess von zweitrangiger Bedeutung und nahm in Beziehung zu ihr eine untergeordnete Rolle ein. Attis war wie Tammuz der junge Gott, Diener oder Hohepriester der Kybele, der Ishtar von Kleinasien und der Ägäis. Ihr Prototyp Rhea war die Mutter von Zeus und den anderen Kindern von Kronos und sie wurde von ihrer illustren Nachkommenschaft überschattet. Trotzdem bleibt die Tatsache bestehen, wie Nilsson behauptet, dass der jugendliche Liebhaber der minoischen Naturgöttin ein Jahresgott war, der das neue Leben des Frühlings verkörperte und die Rolle des Gatten der Magna Mater erfüllte.[20] Ihre gemeinsame Funktion war die Förderung der Fruchtbarkeit der Natur, besonders in Verbindung mit dem Wiederbeleben der Vegetation, interpretiert in Form der Wiedervereinigung des Sohn-Geliebten und seiner Mutter-Gattin nach ihrer Trennung, versinnbildlicht durch den Niedergang der männlichen Kraft im Winter und ihrer Erneuerung im Frühling.

Das Frühlingsfest

Weil die androgyne Kybele angeblich aus dem Boden gesprungen war und aus ihren verschiedenen männlichen Geschlechtsorganen ein Mandelbaum erwuchs, dessen Früchte durch Nana, die Tochter des Flusses Sangarios, Attis gebaren, wurden ihr im Frühjahr die Geschlechtsorgane ihrer entmannten Priester geweiht, um durch die Potenz in ihnen die Fruchtbarkeit zu erneuern. Für den gleichen Zweck wurde eine Föhre oder eine Kiefer mit Wollbändern umwunden, dekoriert mit Veilchen und daran ein Bild von Attis gehängt als Verkörperung der Vitalität, die in dem Baum lebte. Es wurde dann unter Wehklagen begraben, nach drei Tagen ausgegraben und aufbewahrt, bis man es am Ende des Jahres verbrannte. Nach Diodorus führte man diese Riten auf Befehl von Apollo durch, der die Phryger das Ritual lehrte[21] und dadurch diesem sehr alten Kult einiges Ansehen in der olympischen Tradition in Griechenland verlieh, trotz seines nicht-hellenischen Charakters.[22]

Dahinter lag die lange und komplexe Geschichte der Entwicklung des Göttinkultes in seinen vielen Formen. Bevor er in Phrygien eingeführt wurde, war er in Griechenland schon fest in seinen wesentlichen Zügen und Zwecken etabliert. Vom Land seiner Wiege im alten Nahen Osten scheint er sich in die Ägäis hinein verbreitet zu haben, hauptsächlich über Anatolien und Kleinasien, wo ähnliche Einflüsse in Nordsyrien einen fast identischen Kult hervorbrachten. Somit war die Göttin Kubaba, die der griechischen Kybele entsprach, vor allem die Königin von Carchemish. Sie wurde in einem Relief gezeigt, auf einem Löwen sitzend. Auf kappadokischen Tafeln wird sie als Kubabat erwähnt.[23] In anderen Texten ist sie nur eine einfache, hurritische Göttin, aber als Magna Mater erlangte sie den Status und die Funktion der sumerischen Muttergöttin Nintud unter dem Namen Hannahanna „die Grossmutter", obwohl es keine phrygischen, orgiastischen Riten gab, die in Pessinus praktiziert wurden.

Die Galli

Andererseits zerfleischten die Galli der syrischen Göttin Astarte von Hierapolis beim Frühlingsfest ihre Arme und geisselten einander, begleitet von Trommelschlägen, Flötenspiel und dem Ausstossen von betäubendem Geschrei. Viele der jungen Männer waren im Zustand von Raserei, zogen sich aus und entmannten sich. Sie rannten mit den abgeschnittenen Organen durch die Stadt und warfen sie in jedes Haus. Zum Tausch erhielten sie weibliche Kleider und weiblichen Schmuck.[24] Überall in Phrygien, Syrien, Lydien, Kappadokien, Pontus und Galatien, wo die Magna Mater bedeutsam war, mit oder ohne ihren jugendlichen Partner, kam beim Jahresfest leichtsinnige, ekstatische Leidenschaft dieser Natur häufig vor, und sie schloss Akte sexueller Verstümmelung ein, um eine völlige Identität mit der Göttin zu sichern. Aber obwohl Attis eine thrakisch-phrygische Gestalt und Adonis eine westliche, semitische Form von Tammuz war, war das orgiastische Element in ihrem Kult kein mesopotamischer Zug beim Frühlingsfest. Es gab Wehklagen mit „Frauen, die um Tammuz weinten", aber das Totenfest für den Jahresgott der Fruchtbarkeit rief im Euphrat-Tal nie die Raserei hervor, die es im westlichen Asien bewirkte. So führte Ergebenheit der Göttin gegenüber zur sexuellen Verrücktheit, wie es Phrygien und Anatolien hervorbrachte. Das Gleiche gilt für Kreta und Griechenland, wo in der minoisch-mykenischen Religion und ihren Nachwirkungen der Göttinkult relativ beschränkt war, seriös und nüchtern, bis er unter thrakisch-phrygischen Einfluss geriet.

Kastration wurde in der griechisch-römischen Welt als fremdartige Extravaganz angesehen. Sie war entweder ganz und gar verboten, oder sie musste streng in den Grenzen der Fremden bleiben, die die unerbaulichen Riten praktizierten. Eine Eunuchen-Priesterschaft war durch hellenistisches, babylonisches und jüdisches Recht verboten. Wer dem Altar diente, sei es der Göttin oder einer anderen Gottheit, sollte männlich und frei von Verletzung sein wie die Opfer, die sie der Quelle allen Lebens gaben. Deswegen wurden die Galli aus der Tempel-Verehrung ausgeschlossen, wie im Kodex von Lesbos. Wie oder wann Selbstentmannung in Phrygien aufkam, ist ein ungelöstes Problem, aber es scheint einen extremen Ausdruck eines brennenden Verlangens nach Kommunikation mit der Magna Mater zu repräsentieren, das zu einer mentalen Verirrung wurde. So wurde der rasende Eunuchen-Priester Kybebos genannt. Als der männliche Gegenpart der Göttin assimilierte er sich dadurch, dass er an ihrer Leben spendenden Kraft Teil hatte.[25] Von dem Moment an kleidete er sich wie eine Frau, denn er hatte sich ihrem Dienst geweiht, sogar auf Kosten seiner Männlichkeit.

Die Praxis mag lange vor ihrer mythologischen Interpretation im Verhältnis zur Kybele-Attis-Kultlegende stattgefunden haben, da es Anzeichen für anatolische Eunuchen-Priester gibt, zusätzlich zu denen, die mit Artemis von Ephesos, Atargatis und Hekate zu tun hatten. Dazu kommt der Bezug zur Kastration der Götter (z.B. Uranus und Kronos), der gar nicht erwähnt werden soll. Sie haben in dieser Hinsicht nur wenig mit der Geschichte von Attis und dem entsprechenden Ritual zu tun. Die engste Verwandtschaft ist die mit dem Kult von Adonis und Astarte. Trotzdem war Selbstverstümmelung in der einen oder anderen Form ein wiederkehrendes Element im Göttinkult, und in dem der Magna Mater erreichte sie im phrygischen Wahnsinn ihren Höhepunkt.

Der Kybele-Kult in Rom

Auch als ihre Verehrung im dritten Jahrhundert vor Christus nach Rom gelangte, bevor der Krieg gegen Hannibal endete (204 v.Chr.), hatten die Orgien keineswegs ihre Kraft verloren. Ob nun die wahre Natur der phrygischen Grossen Mutter und ihrer Riten entsprechend gewürdigt wurde oder nicht: Es wurde als Antwort auf die Empfehlung der Prophetin der sibyllinischen Bücher entschieden, den kleinen schwarzen Meteoriten, in dem die Göttin verkörpert war, in die Hauptstadt zu bringen. Die Situation war unerträglich. Der Krieg hatte zwölf Jahre gedauert, sein Ende war nicht in Sicht. Auch hatte es vor kurzem einige seltsame Schauer von Regen aus Kieselsteinen gegeben, was, wie man dachte, einiges Unglück bedeuten würde. Diese Ereignisse führten dazu, dass das Orakel konsultiert wurde. Nach Livius war das Resultat, dass man erklärte: „Wenn ein fremder Gegner nach Italien eingedrungen war, er hinausgetrieben und bezwungen werden könnte, wenn die idäische Mutter von Pessinus hergebracht würde".[26] Deswegen entschied man, diesem Rat des Orakels zu folgen und sofort einen Boten zur heiligen phrygischen Stadt zu schicken, um das kostbare Symbol der Mutter der Götter nach Rom zu bringen.[27]

Nach einigen Einwendungen des Attalos, König von Pergamon, der damals den schwarzen Stein bewachte, wurde die Bitte um seine Entfernung gewährt. In einem besonderen Schiff nach Ostia gebracht, geschahen bei seinem Eintreffen seltsame Dinge. Das Boot lief auf eine Sandbank in der Mündung des Tiber auf. Nachdem alle Versuche, es flott zu bekommen, gescheitert waren, gelang es einer römischen Matrone von adliger Geburt, Claudia Quinta, es ziemlich problemlos frei zu bekommen, nachdem sie zur Göttin gebetet und dadurch ihren Charakter von Anklagen der Unkeuschheit befreit hatte, die gegen sie erhoben worden waren.[28] Dann ging es den Fluss hinauf nach Rom, wo am 4. April 204 Matronen den heiligen Meteoriten mit angemessener Ehrfurcht in Empfang nahmen. Sie trugen ihn in den Tempel des Sieges und auf den Palatin-Hügel. Dort blieb er, bis 191 v.Chr. der Tempel der Magna Mater auf dem Hügel ihr zu Ehren errichtet wurde.[29]

Schwarzer Kegel-Stein (Kona) der Aphrodite in Alt-Paphos, Zypern

Sobald die Göttin in ihrem temporären Heiligtum eingerichtet worden war, spürte man ihren Einfluss, denn jener Sommer brachte eine üppige Ernte[30] und im folgenden Jahr verliess Hannibal Italien, um nach Afrika zurückzukehren. Er hatte seinen letzten Widerstand in den Bergen von Bruttium geleistet. Die Vorhersage der Sibyllen war eingetroffen, denn anscheinend hatte Kybele das Land von den Invasoren befreit. Es überrascht daher nicht, dass das Volk von Rom Geschenke zu ihrem Heiligtum brachte, um ihr für ihre Wohltätigkeit etwas zurückzugeben, und dass es ein Fest kreierte, das am 4. April ihr zu Ehren gefeiert werden sollte, um die Dienste anzuerkennen, die sie für sie geleistet hatte. Dort wurden ein heiliges Bankett und Spiele veranstaltet,[31] die zehn Jahre später die Gestalt von szenischen Aufführungen annahmen – Ludi Megalenses.[32] Nach dem Bau des Tempels auf dem Palatin, der Magna Mater Idaea am 10. April 191 geweiht, wurden die Megalesia in den Staatskalender eingeschlossen, und dadurch erhielten sie offizielle Anerkennung.[33]

Kybele auf einem Wagen, der von Löwen gezogen wird, daneben steht Attis an einen Baum gelehnt; Gedenktafel, 300 n.Chr.

Mit einem Mondhorn gekrönte Kybele auf dem Löwenthron mit Schlangen, daneben zwei weitere Göttinnen (Demeter und Kore?)

Im Laufe der Zeit wurden sie ausgearbeitet und sie nahmen die gesamte Woche vom 4. bis zum 10. April ein. Die ganze Nation feierte. Am ersten Tag vollzog der Praetor Urbanus, der den Staat repräsentierte, ein heiliges Opfer für die Göttin in ihrem Tempel.[34] Es gab Unterhaltung von Priestergruppen mit ihrer religiösen Musik.[35] Am dritten Tag wurden Spiele abgehalten[36] und am letzten Tag gab es Rennen, die schliesslich zum beliebtesten Ereignis wurden.[37] Belustigung und Zügellosigkeit, die an die Saturnalien im Dezember erinnern, blieben ein Thema der religiösen Feier. Auch dann, als man die wilderen Aspekte mässigte und unter Kontrolle brachte.[38]

Die ekstatische Prozession

Zuerst muss die fremdartige Prozession der phrygischen Magna Mater, die in ihrem von Löwen gezogenen Wagen durch die Strassen von Rom geführt wurde, und zwar von ihren Galli, die sprangen und tanzten und sich selbst Wunden zufügten, inmitten von Tönen fremdartiger Musik, etwas peinlich für den Senat gewesen sein. Wenn auch die Göttin Trost im Hinblick auf den feindlichen Hannibal gebracht hatte, führte sie ein gefährliches Element von ekstatischem Fanatismus ein, das der römischen Tradition und dem römischen Temperament völlig fremd war. Dennoch war sie fähig, eine ernsthafte Bedrohung und ansteckend zu werden. Die Szene wurde von Lucretius beschrieben und in hohem Masse von Ovid bestätigt:

„Auf ihrem Wagen, gezogen von einem Joch Löwen, fuhr sie aus ihrem heiligen Bezirk. Ihren Kopf umwanden sie mit einer Kampfkrone, denn auf glanzvolle Höhen aufgestellt, erhält sie Städte. Ausgestattet mit diesem Emblem wird bis heute das Bild der göttlichen Mutter in einem Ehrfurcht gebietenden Zustand durch grosse Länder getragen. Viele Länder rufen sie im alten Verehrungsritus als die Mutter von Ida an. Sie geben ihr phrygische Musik-Gruppen, um ihr Gesellschaft zu leisten. Denn von diesen Gebieten, sagen sie, fing das Korn an, sich um die ganze Welt zu verbreiten. Verstümmelte Priester weihen sich ihr, da sie zeigen wollen, dass jene, welche die Gottheit der Mutter beleidigt haben und ihren Eltern gegenüber undankbar sind, es auch nicht Wert sind, an lichterfüllten Küsten Nachkommen ins Leben zu bringen. Straffe Tamburinen donnern in ihren Händen und hohle Zimbeln überall. Hörner drohen mit rau klingendem Schmettern, die hohle Pfeife stachelt ihren Geist auf die phrygische Weise an. Sie tragen Waffen vor sich, die Symbole ihrer gefährlichen Raserei, so dass sie fähig sein können, die undankbaren Köpfe und unkindlichen Herzen der Menge durch die Macht der Göttin mit Angst zu erfüllen. Sobald sie durch grosse Städte fährt und still die Sterbenden mit unausgesprochenem Gruss segnet, streuen sie den ganzen Weg ihrer Reise mit Bronze und Silber, und sie beschenken sie mit freigebigen Almosen, und sie lassen Rosenblüten über ihr schneien, die die Mutter und die Truppen, die sie begleiten, überschatten. Dann kommt eine bewaffnete Musikgruppe, die die Griechen Cureten nennen. Wann immer sie unter den phrygischen Gruppen spielen und in rhythmischer Bewegung springen, erfreut an dem Anblick von Blut und sich schüttelnd, wenn sie ihre schrecklichen Mähnen über ihren Köpfen bewegen, erinnern die Cureten an Diete."[39]

Lucretius hatte viel zur Verschönerung seiner Erzählform von den Liedern der „gelernten Poeten der Griechen in den alten Tagen" gelernt. Trotzdem musste die Prozession die bürgerlichen Autoritäten in Verlegenheit gebracht haben. Einerseits gebührte der Göttin Respekt, denn sie hatte ihre Macht demonstriert, indem sie Rom von den Karthagern befreite und wieder fruchtbare Jahreszeiten brachte. Anderseits galt es, ein würdiges, angemessenes und ordentliches Benehmen ihrer Bürger einzuhalten. Denn die Bürger waren diesen wilden und rohen Orgien auf ihren Hauptstrassen ausgesetzt, einer bunten Menge fremder Menschen in ihrer ungewohnten Kleidung und mit ihren fremdartigen Tamburinen. Unter diesen Umständen konnten die Riten weder unterdrückt, noch ignoriert werden. Deswegen ermöglichten sie mit ihrem Genie für staatsmännischen Kompromiss und vorgewarnt durch die unerbaulichen Banalitäten, in welche römische Bürger schon involviert waren, den Bau des Tempels für Kybele auf dem Palatin, und zwar als separates Gebäude, so dass der Kult so weit wie möglich auf seinen eigenen heiligen Bezirk beschränkt war. Und während der Praetor Urbanus bei den Riten anwesend war und den Megaleria offizielle Anerkennung gab, konnte er ein Auge auf die Vorgänge werfen. Weiterhin war es jedem römischen Bürger streng verboten, ein Gallus zu sein, irgendeine Aufgabe im Dienst der Göttin zu übernehmen oder an den Prozessionen teilzunehmen.[40]

Diese Begrenzungen und Regularien hatten den Effekt, den Kult und seine Bräuche zu isolieren und ihn auf Phryger und ihre entmannte Priesterschaft zu beschränken, die grösstenteils zu diesem Zweck von Kleinasien herübergebracht worden waren. Bald wurde die Prozession vor allem als Spektakel angesehen und scheint für die Römer eine Menge ihrer Neuigkeit verloren zu haben. Und ihrer orientalischen Extravaganzen beraubt, wurden die Megalesia zu ihrer Zeit wenig mehr als ein Feiertag zu Ehren der Magna Mater begangen. Am Ende der Republik war das Ganze im öffentlichen Ansehen so weit gesunken, dass ein Hohepriester von Pessinus, wenn er in seinen Kleidern und seinem Schmuck aufgeputzt auf dem Forum erschien, um eine öffentliche Sühne für eine angebliche Profanisierung der Statue der Göttin zu verlangen, vom Pöbel beschimpft wurde.[41]

Die Hilarien

Erst als das Reich etabliert war, belebte man den Kult wieder, und es wurde ihm ein neuer Status verliehen. Da wurde der Tempel auf dem Palatin, der im Jahre 3 nach Christus niederbrannte, von Augustus restauriert, obwohl erst zur Regentschaft von Claudius (41-54 n.Chr.) die phrygische Verehrung in die römische Staatsreligion aufgenommen wurde und man das Frühlingsfest von Kybele und Attis in eine Serie von Bräuchen im März feierlich einführte.[42] Sie begannen mit einer Prozession von Cannophori oder Trägern von Schilfrohr, und zwar am 15. Tag des Monats in Erinnerung an das Auffinden des jungen Attis durch Kybele im Schilf des Flusses Sangarios in Phrygien, vielleicht ursprünglich so beabsichtigt, dass die Fruchtbarkeit der Felder sichergestellt wurde.[43] Ein sechs Jahre alter Stier, den man in die Prozession trug, wurde vom Archigallus geopfert. Nach einem einwöchigen Brotfasten fällte man eine heilige Kiefer im Wald der Kybele ausserhalb von Rom, in Leinen gewickelt, um den toten Attis darzustellen, mit Veilchen umwunden, da Veilchen aus dem Blut des Vegetationsgottes Attis erwachsen sein sollen. Dann band man sein Bild an den Stamm, und er wurde zum Palatin-Tempel gebracht.[44]

Als diese alten ackerbaulichen Riten phrygischen Ursprungs angemessen durchgeführt worden waren, beobachtete man am nächsten Tag ein strenges Fasten, um sich für das feierliche Zelebrieren des Dies Sanguis am 24. März vorzubereiten. Dies war der Tag, an dem um den Tod des Gottes Wehklagen stattfanden: Mit gellendem Schreien, Pfeifenspiel und dem Arm-Einschneiden des Archigallus, was die Selbstverstümmelung der Einzuweihenden (Neophythen) im früheren phrygischen Ritus symbolisieren sollte.[45] Der Rest der Galli geisselte sich und schnitt sich ins Fleisch, um das Blut in einem gemeinsamen Opfer mit der trauernden Magna Mater und ihrem toten Geliebten zu vereinigen, zweifellos als Wiederbelebung eines alten Erneuerungs- und Begräbnisritus.

Am Abend wurde das Wehklagen erneuert, und es ging während einer Nacht des Fastens und der Nachtwache (pannychis) weiter, bis wahrscheinlich zur Morgendämmerung des 25. vom Priester die lang erwartete Ansage gemacht wurde: „Seid guten Mutes, Neophyten, wenn ihr seht, dass der Gott gerettet ist. Denn auch wir werden nach unserer Mühe Rettung finden.“ Dann wandelte sich Sorge in Freude, weil die Initiierten mit der Göttin in der Beziehung eines neuen Attis vereinigt waren. Dazu war die Wiederherstellung des toten Gottes in aller Wahrscheinlichkeit eine ernsthafte Erneuerung jener, die an seinem Triumph über den Tod Teil hatten.[46] Aus dem Dies Sanguis wurden die Hilarien, das Fest der Freude, welches seine Bezeichnung dem gesamten Frühlingsfest gegeben hat. Es wurde in Rom als Karneval mit Festschmaus, Belustigung, wollüstigen Maskeraden und allgemeiner Zügellosigkeit begangen, saturnalisch in der

Abwesenheit aller Verbote und allen Respekts für Autorität, was einen Herrscher fast das Leben kostete.[47]

Das übertriebene Jubeln, nicht ungewöhnlich am Ende eines solchen Brauches zur Frühlings-Tagundnachtgleiche, der so häufig seinen Höhepunkt in einer heiligen Hochzeit und den begleitenden Zeremonien erreichte, wurde von der Waschung (lavatio) gefolgt, nach einem Tag der wohl verdienten Erholung (requietia) am 26. So wurde am Morgen des 27. das Bild der Göttin in einem von Ochsen gezogenen Wagen in einer Prozession zum Fluss Almo ausserhalb der Porta Capena gezogen. Barfüssige Adlige gingen voraus, Pfeifen und Tamburinmusik begleiteten die Prozession. Wenn sie die Flussufer nahe den Stadtwällen erreichte, wusch der Archigallus, in Purpur gekleidet, Bild und Wagen sowie die anderen heiligen Instrumente in Übereinstimmung mit einem alten Ritus.[48] Mit diesen Waschungen schloss das Fest ab. Der Wagen und die Ochsen, noch immer mit Frühlingsblumen geschmückt, kehrten mit dem mysteriösen Meteorit-Steinbildnis in seinem Silberrahmen zu seinem Schrein auf dem Palatin-Hügel zurück, um dort in eigentlicher Isolation zu verbleiben, bis man das rüde phrygische Osterdrama wieder aufführte, wenn das Fest im nächsten Jahr erneut gefeiert wurde.

DER HELLENISIERTE ISIS-KULT

Riten dieser Art waren jedoch nicht auf den Kybele-Attis-Kult beschränkt. Eng mit ihnen verwandt waren die Wehklagen und Freudenfeste der Anhänger der Isis im Herbst, wenn sie das Verstreuen der Überreste von Osiris durch Seth feierten (oder Typho, wie er in der griechisch-römischen Welt genannt wurde), ihre Bergung durch Isis und die Wiederherstellung des Lebens, wodurch die Sicherheit einer glückseligen Unsterblichkeit in Vereinigung mit Osiris-Serapis und der „Göttin der vielen Namen" versichert wurde.[49] Etwa im 4. Jahrhundert v.Chr. war ihre Verehrung in Griechenland von den Ägyptern in Piräus eingerichtet worden, in der Ägäis häufig kombiniert mit der von Serapis, Anubis und Harpocrates sowie manchmal zusammen mit der von Selene und Io, Demeter und Aphrodite, während ihr Sohn Horus mit Eros gleichgesetzt wurde. Weil sie mehr und mehr synkretistisch wurde, war sie fast eine universelle Göttin, und entsprechend übernahm ihr Bruder-Gatte Osiris dann eine untergeordnete Stellung ein. In ihren verschiedenen Rollen war sie die wohltätige Mutter, die alles Existierende in dieser Welt empfing, ins Leben brachte und nährte, die die Vegetation an ihrer Quelle erneuerte und die Toten jenseits des Grabes wieder lebendig machte. Sie war die Personifikation des mütterlichen Prinzips und das höchste Vorbild der treuen Ehefrau und liebenden Mutter.

Dies wurde während und nach der ptolemäischen Zeit sehr offensichtlich, als Alexander, nachdem er die Eroberung von West- und Süd-Kleinasien abgeschlossen und die Perser in der Schlacht von Issus 333 besiegt hatte, Ägypten, Palästina und Phönizien unter die Kontrolle von Ptolemäus I. Soter (306-285 v.Chr.) stellte. Der Kult von Serapis und die hellenisierte Isis wurden dann durch eine Vermischung der ägyptischen und griechischen Elemente eingerichtet. Obwohl seine Ursprünge im Dunkeln liegen,[50] verbreitete sich die Verehrung des Apis-Stieres von Memphis, in Verbindung gebracht mit dem von Isis im Serapaeum, das er in Alexandria gründete, schnell über die griechisch-römische Welt. Griechen und Mazedonier im Militär- und Handelsdienst mögen in hohem Masse für seine Förderung verantwortlich gewesen sein und ein ägyptischer Priester von Heliopolis, Manetho, war aktiv an seiner Bildung und Verbreitung beteiligt. Aber zu der Zeit, als die Flut östlicher Gottheiten in den Westen strömte, besonders gegen Ende der römischen Republik, hatte Isis Serapis in einem ziemlichen Masse verdunkelt. Sogar in Alexandria wurde sie bald die wichtigere der beiden Gottheiten. So waren ihre Feste im hellenistischen Umfeld häufiger gefeiert als jene von Serapis.

Nach Plutarch stellte Ptolemäus Soter den Manetho und den Timotheus an, ein Mitglied der eleusinischen Familie der Eumolpiden, um diesen synkretistischen, hellenisierten Isis-Mysterienkult in Verbindung mit Serapis zu formulieren, der mit Osiris gleichgesetzt wurde. Die Priesterschaft blieb ägyptisch, und als einige der Zeremonien von Griechen vollzogen wurden, rasierten sie sich die Köpfe und trugen weisse Roben wie die Ägypter. Obwohl Griechisch die übliche Sprache für das Ritual wurde, war die Liturgie ägyptisch, und von Apuleius (2. Jahrhundert n.Chr.) erfahren wir von einem liturgischen Buch, das bei den Mysterien in Korinth verwendet wurde, geschrieben in Hieroglyphen.[51] Die Kultlegende wurde mit der osirischen Lehre der Unsterblichkeit und ihren Entsprechungen in Westasien und Anatolien in Beziehung gesetzt, während Isis die umfassende „Göttin der vielen Namen“ war, wie die phrygische Magna Mater. In der Ikonographie wurde sie häufig in Mustern gezeigt, und als Hathor setzte man sie mit Aphrodite gleich.

Das Ziel des ptolemäischen Synkretismus war, eine Gottheit zu schaffen, in der sowohl Ägypter als auch Griechen sich in einer gemeinsamen Verehrung in Alexandria vereinigen sollten, wo immer der Kult in der griechisch-römischen Welt eingerichtet wurde. Als dies erreicht war, wurde Isis mehr und mehr alles für alle Menschen. Sie überschattete ihren Partner Serapis völlig; ihre Verehrung kombinierte die Züge eines öffentlichen Rituals mit einem esoterischen Mysterium. Der Erfolg der Bemühung war vor allem der Tatsache zuzuschreiben, dass die zusammengesetzte Figur die grundlegenden Bedürfnisse traf, die der Göttinkult in seinen unterschiedlichen Aspekten bediente. Auch waren die Isis-Mysterien in ihrer griechisch-römischen Version einem spirituellen Raffinement und einer Spiritualisierung unterzogen worden, die sie vom ursprünglichen Drama in Abydos unterschied, während sie das wesentliche Tod-und-Wiederauferstehungs-Thema beibehielten, ebenso alles, was sich dem initiierten Individuum als Rechtfertigung für Wiedergeburt und künftige Existenz anbot und weitere Hinweise auf das Wohlbefinden der Menschheit enthielt. Tempel wurden für die Durchführung der Riten in Athen errichtet, in Halicarnassos nahe Korinth und in Antiochia. Nachdem Isis in Zypern ebenso wie in Syrien und Kleinasien Fuss gefasst hatte, erlangte sie im richtigen Moment im römischen Reich offizielle Anerkennung, ähnlich der, der sich Kybele erfreute.

Vom östlichen Mittelmeer aus machte der synkretistische Kult seinen Weg im 3. Jahrhundert v.Chr. über Sizilien nach Rom, und nachdem er in Syrakus und Catania eingerichtet worden war, erreichte er im nächsten Jahrhundert Pompeji und Pozzuoli, den Hafen von Campania. Der Senat versuchte, den Kult anzuschwärzen, da er einen korrumpierenden Einfluss und eine Abartigkeit der Frömmigkeit und des moralischen Verhaltens sei. Doch die Öffentlichkeit sah dies anders, so dass ihm nicht widerstanden werden konnte. Als die fünfmalige Zerstörung von Isis-Statuen und Isis-Altären auf dem Kapitol zwischen 59 und 48 v.Chr. ganz und gar keine Auswirkungen zeigte, wurde dem Kult im Jahre 43 v.Chr. vorübergehend Aufmerksamkeit geschenkt.[52] In der Folgezeit wurde er mit den Verbündeten von Antonius und Cleopatra gleichgestellt und wieder von Augustus unterdrückt,[53] aber das Dekret wurde von Gaius bei seinem Amtsantritt im Jahr 37 n.Chr. ins Gegenteil umgewandelt. Vielleicht während seiner Herrschaft wurde das Isisfest (Isiac) zum ersten Mal in einem Tempel im Campus Martius in Rom gefeiert,[54] aber erst etwa um 215 nach Christus gab Aurelius Caracalla (188-217 n.Chr.) der Göttin einen Platz im römischen Pantheon, und zwar mit einem prächtigen Tempel auf dem Kapitolshügel.[55]

Die Riten der Initiation

Der Sieg des neuartigen Isis-Kultes über die offizielle Opposition und sein Bestehen während der ersten drei Jahrhunderte der christlichen Zeit legen Zeugnis über das tiefe und echte religiöse Gefühl ab, das durch das Ritual bei den Initiierten entstand. Dies wird sehr deutlich in dem anschaulichen Bericht des Religionswechsels von Lucius gezeigt, geliefert von Apuleius in seinen *Metamorphosen* – d.h. *Der goldene Esel* in der Mitte des 2. Jahrhunderts n.Chr. In dieser kuriosen Romanze, die offensichtlich auf einer griechischen Volkserzählung beruht, werden die Abenteuer seines Helden (Lucius) mit einer fremdartigen Kombination von Hexerei und magischen Asketismen erzählt, Enthüllungen von geheimen Mysterien und tiefen religiösen Erfahrungen, brillant mit Humor und Vorstellungskraft geschrieben. Sie beginnt mit dem jungen Mann Lucius, der zufällig durch einen Zauberspruch, den er verwendete, in einen Esel verwandelt wurde. Die mysteriösen Dinge, die er sieht und hört, werden aufgezeichnet, während er sich in diesem Zustand befindet, bevor er wieder seine menschliche Gestalt annimmt. Einige sind grotesk, fantastisch und unerbaulich. Andere sind wirklich religiös und zeigen fast mit Sicherheit die tatsächlichen Erfahrungen von Apuleius, als er selbst in die Isisreligion (Isiac) initiiert wurde. So wird Lucius als jemand gezeigt, von dem verlangt wurde, „dass er keine profane und schlechte Nahrung zu sich nehmen sollte, damit er sich rechtmässiger den geheimen Mysterien der reinsten aller Religionen nähert“.[56]

Im weiteren Verlauf trifft er Isis, die erklärt, dass sie „Mutter Natur, Königin der Toten, Erstgeborene der Zeitalter, Mächtigste der Götter“ sowie die Eine aller Gottheiten sei. Sie ist von seinen demütigen Bitten sehr angetan und ermutigt ihn, mit seiner Einweihung weiter fortzufahren. „Wenn du dein Leben hinter dich gebracht hast und in die Welt darunter eingetreten bist“, sagt sie, „wirst du auch dort in der Gruft unter der Erde eine scheinen sehen mitten in der Dunkelheit von Acheron und in den geheimen Bereichen von Styx. Und du selbst wirst mich in den Feldern von Elysium voller Glauben als deine Beschützerin anbeten.“ Kein Wunder, dass die Zuschauer schrien: „Glücklich und dreimal gesegnet ist der, der durch die Unschuld und Beständigkeit seines früheren Lebens so edel eine Erbschaft vom Himmel gewonnen hat, dass er wiedergeboren wird und sogleich dem Dienst der heiligen Riten ergeben ist“.[57]

Eine Einweihung scheint aus drei Stadien bestanden zu haben. Das erste war das der Isis, das zweite das von Osiris-Serapis und das dritte dasjenige, welches Zugang zur Priesterschaft erlaubte. Der Höhepunkt wurde erreicht, als Lucius alias Apuleius nachts in die innere Tempelkammer gebracht wurde. Ein heiliges Drama und geheime Methoden ermöglichten ihm, vor die Götter zu treten, um mystische Offenbarungen zu erhalten und Zeuge bei Riten zu sein, die unglücklicherweise nicht preisgegeben wurden, da sie ein integraler Bestandteil der geheimen Mythen waren. Er sagt jedoch, dass er „bis zu den äussersten Grenzen der Erde vordrang; dass er sich dem Grenzland des Todes näherte und seinen Fuss auf die Schwelle von Proserpina (Persephone) setzte. Als er durch alle vier Elemente getragen worden war, kehrte er wieder zurück. Bei Mitternacht erblickte er die Sonne in hellem Licht erstrahlend; und er kam in die Gegenwart der Götter von Unten und von Oben und betete zu ihnen von Angesicht zu Angesicht.“ Am Morgen wurde er den Menschen in der prächtigen Kleidung eines Sonnengottes präsentiert, mit zwölf Stolen, einem farbigen Leinenkleid und einem kostbaren Schal auf seinem Rükken, alles mit Tiermustern geschmückt. In seiner rechten Hand trug er eine brennende Fackel und auf seinem Kopf eine Krone aus Palmblättern. So geschmückt wurde er zur Bewunderung der anbetenden Menge gezeigt. Ein Jahr später beförderte man ihn zu einem höheren Status, dem des unbesiegbaren Osiris und dann zu dem der Priesterschaft, Mitglied vom heiligen Kolleg der Isis-Bruderschaft (pastophori), was bedeutete, dass er sich für den Rest seines Lebens dem Göttin-Dienst verschrieb.[58]

Wenn man auch etwas Nachsicht mit dem fantastischen Charakter dieser Novelle üben muss, so war sie ohne Frage auf innerem Wissen von den Isis-Initiationsriten und ihrer Bedeutung begründet. Genug wurde enthüllt, um ihre anstrengenden Forderungen an die zu zeigen, die sich „einem freiwilligen Tod" unterzogen, um die sichere „Hoffnung auf Rettung" zu erlangen. Anders als bei der phrygischen Magna Mater lag hier der Schwerpunkt darin, das Fleisch zu bezwingen als ein Mittel, klarere spirituelle Wahrnehmungen zu bekommen. Dies häufig zum Unmut der Männer, deren Ehefrauen Anhängerinnen von Isis waren. Mit Besorgnis sahen sie den Reinen Tagen (puri dies) der ägyptischen Göttin entgegen, wenn ihre Frauen getrennt von ihnen auf ihren keuschen Lagern schliefen, um sich auf ihre Riten vorzubereiten.[59]

Zuerst waren die Abstinenz von sexuellem Verkehr, von Fleisch und sogar von Brot sowie die wiederholten Waschungen vor der Teilnahme an den Zeremonien dazu gedacht, die Anhänger von ritueller Unreinheit zu befreien und schlechte Ereignisse abzuwehren. Am Beginn der christlichen Ära jedoch hatten sie eine mehr ethische und spirituelle Bedeutung erlangt. So sollte sich Lucius „profaner und schlechter Nahrung" enthalten haben, um „sich den geheimen Mysterien der reinsten aller Religionen in rechter Weise zu nähern".[60] Ähnlich behielt dann Plutarch bei, dass der Zweck der Askese moralisch und praktisch war,[61] und dass die Reinheit des Körpers mit der Reinheit des Herzens einherging. Deswegen mögen in den ersten drei Jahrhunderten der neuen Ära jene, die eingeladen waren, „am Lager des Herrn Serapis zu Abend zu essen", zusammen mit seiner keuschen Ehefrau im Tempel der Isis, glaubhaft hinter den vorgeschriebenen Waschungen und Enthaltungen sowie den daraus folgenden, geheimen Bräuchen eine tiefere Bedeutung gefunden haben. Dies befähigte sie, Erneuerung und Stärke in diesem Leben von der Göttin zu bekommen, und in der künftigen Welt ewige Glückseligkeit durch den unsterblichen Glanz des Osiris.

Die Göttin der vielen Namen

Der Mysterienkult einer Göttin unterschied sich von dem eines Gottes dadurch, dass sie das Mysterium von Geburt und Zeugung zum Thema hatte, von Leben, das aus Leben heraus fliesst. Bei ihm ging es um das Mysterium von Tod und Wiedergeburt, von Leben, das erneuert dem Grab entsteigt. Deswegen war Osiris ursprünglich der Herr der Toten und der Gott der Vegetation, wohingegen Isis die „Thron-Frau" war, die Mutter von Horus, dem regierenden König. So wurde sie zu gegebener Zeit die Beschützerin und Patronin der Lebenden: Sie vereinigte in sich die Attribute der Mutter der Götter in ihren verschiedenen Manifestationen – als Kybele, Demeter, Athene, Venus – aber gereinigt von den orgiastischen Elementen des phrygischen Kultes der Magna Mater und seiner Überbleibsel in der Ägäis. Wie die sublime jungfräuliche Mutter, die sie am Ende entthronen würde, war sie die „Göttin der vielen Namen", die Königin des Himmels, Mutter der Sterne, Erstgeborene aller Zeitalter, Mutter der Natur, Patronin der Seeleute, Stern des Meeres und Mater dolorosa, die Trauernden und Bedrängten Trost gibt und am Ende in den *Metamorphosen* „die Retterin der Menschen", die Redemptrix. So sagte man von ihr, dass „die Phryger sie Mutter der Götter (Magna Mater) nannten, die Athener Minerva (Athene), die Zyprioten Venus, die Kreter Diktynna, die Sizilianer Proserpina, die Eleusier Ceres (Demeter), andere Iuno, Bellona, Hekate oder die Göttin von Rhamnus (Nemesis), aber die Ägypter nannten sie bei ihrem richtigen Namen, Königin Isis".[62]

Isis auf dem Schwein, Süditalien, hellenistisch

Tatsächlich war jedoch, wie wir gesehen haben,[63] Isis nicht die Muttergöttin. Nur in ihrer hellenisierten Gestalt wurde sie mit der Magna Mater gleichgesetzt und als das weibliche Prinzip in der Natur personifiziert, „die Göttin von zehntausend Namen".[64] Doch ihre Anhänger beanspruchten, dass sie eher eine universelle als eine nationale Göttin war, die Quelle allen Lebens und aller Wohltätigkeit, von Gesetz und Ordnung. Und sie sei von den Barbaren unter einem anderen Namen unzureichend verehrt. Gewiss übten die Isis-Mysterien nie den tiefen Einfluss auf die griechisch-römische Welt in ihren letzten Jahren aus, verglichen mit dem der Magna Mater von Kleinasien. Doch ihre Anziehungskraft war tatsächlich universell, und ihre Tempel in allen grösseren Zentren des weitläufigen Imperiums waren voll von Anbetern. Vor allem die Frauen fanden in der jungen und huldvollen Königin-Mutter eine mystische Darstellung der Verehrung, die ihre umfassenden Bedürfnisse wie keine andere Göttin erfüllte. Mit dem Mithraismus, ihrem männlichen Gegenstück, war ihr Kult der effektivste Rivale des Christentums. Vom 2. Jahrhundert an bis 394 nach Christus und dem zeitlich begrenzten Wiederaufleben des klassischen Glaubens in Rom war es ihr Fest, das mit grosser Pracht gefeiert wurde.[65] Sogar nachdem das Serapaeum in Alexandria drei Jahre später geschlossen wurde, überlebte ihr Tempel auf der Insel Philae im ersten Katarakt bis ins Jahr 560. Doch dann wurde ihre Verehrung verboten und schliesslich vom Herrscher Justinian zu einem Ende gebracht.

So beliebt und attraktiv die Göttin der vielen Namen und Attribute war, trotzdem war sie eine synkretistische Gestalt, ägyptisch in Original und Art der Verehrung, aber unägyptisch in ihrem Charakter. Durch die Verschmelzung mit griechischen und asiatischen Namen, Titeln und Mythologien sicherte und erhielt sie ihre Stellung in der römischen Welt, weil sie die Qualitäten und Funktionen aller anderen Göttinnen aufnahm. Weiterhin gewann sie an Herrschaft nicht nur über die Natur, sondern auch über die Herzen und Leben jener, die sich ihrem Dienst verschrieben. So erfüllte sie die Rolle der Grossen Mutter, aber sie wurde nur selten in der Verehrung mit irgendeiner anderen, hellenistischen Göttin identifiziert, und die Götter von Ägypten, Griechenland und Rom hatten zu wenig gemeinsam, um zu einem wirklichen Verschmelzen fähig zu sein. Es war höchstens ein rohes und nicht perfektes Zusammenfliessen, das gelang. Sogar in Alexandria mit seiner kosmopolitischen Bevölkerung, die grösstenteils griechischer und ägyptischer Herkunft war, zeigte sich die eklektische Figur des Serapis. Dieser brachte zwei hauptsächliche Strömungen religiöser Ideen und Anbetung zusammen, die in der Hauptstadt kursierten, vor allem hellenistische, und reduzierte Osiris auf eine untergeordnete Position.

Für das Volk jedoch hatte er wenig Einfluss auf das tägliche Leben, denn er war vor allem der offizielle oberste Schöpfer und derjenige, der das Universum unter Kontrolle hatte. Es war seine Gattin Isis, an die sich Männer und vor allem Frauen wandten, um ihre persönlichen und häuslichen Bedürfnisse erfüllt zu bekommen. Aber sie besass nie so viel Einfluss wie Kybele, denn anders als Serapis behielt sie ihre ägyptische Verwandtschaft bei. Ihre Tempel, obwohl zahlreich und weit verbreitet, waren ausser in Philae und Alexandria klein, und die Anbetung in ihnen war oft auf Charakter, Absichten und besondere Beinamen konzentriert, ausgeführt von Priesterinnen und Priestern ägyptischer Herkunft oder ägyptischer Erscheinung. Sie wurden bisweilen verdächtigt, sich in Ausübung ihres Dienstes mit unzüchtigen Praktiken zu beschäftigen. Darauf folgte tatsächlich die Unterdrückung ihres Kultes, die zu Recht oder zu Unrecht dem anstössigen Verhalten in ihren Tempeln zugeschrieben wurde. Dies sollte die Zerstörung notwendig machen sowie die Aufhebung ihrer privaten Verehrung. Sogar ihre Statue wurde vom Kapitol entfernt. Als in der Folge die Verbote aufgehoben wurden, waren ihre Heiligtümer nur noch ausserhalb des Stadtgrabens erlaubt.[66] Vielleicht war dies eine Regel, die man fremden Einrichtungen auferlegte, da man sie als suspekt ansah, wie jene, die aus ähnlichen Gründen auf das Christentum angewandt wurden. Aber egal, ob sie gerechtfertigt waren oder nicht, erst in der Zeit des Vespasian (60-79 n.Chr.) wurde Isis fest etabliert und nahm ihren Platz in der Magna-Mater-Tradition in der römischen Welt ein.

Isis oder Priesterin mit Krug, Schlange und Krone (rechts) sowie Gefolge mit Ritualgegenständen: Schriftrolle, Krug mit Nilwasser, Schöpfkelle und Klapperinstrument

Korb der Isis mit Schlange, Rom, Isistempel

DIE GÖTTIN MA-BELLONA

Unter den neuen Kulten, die eine enge Verwandtschaft mit denen von Kybele und Isis hatten, war die der kappadokischen Ma (Mutter), die man mit Bellona gleichsetzte, der römischen, mit Mars verbundenen Kriegsgöttin. Wie jene der Magna Mater waren ihre Priester Asiaten. Römischen Bürgern war es verboten, an ihren ekstatischen Riten Teil zu haben, in denen sich die Bellonarii (wie die Priester oder Galli genannt wurden), bewaffnet mit Schwertern und Äxten in eine Raserei von fremdartiger Musik und von Tanz hinein begaben. Wahrscheinlich wurde dieser orgiastische Kult von Soldaten ins Land gebracht, die mit ihm während der Feldzüge von Sulla und Pompeius in Kleinasien in Kontakt gekommen waren. In den letzten fünfzig Jahren der Republik wurde er in Rom mehr oder weniger geheim praktiziert, oder auf jeden Fall in privatem Rahmen.

Tatsächlich bekam er bis zum 3. Jahrhundert n.Chr. keine Anerkennung, obwohl der erste Tempel für Bellona 296 v.Chr. von Appius Claudius versprochen wurde, während des Krieges gegen die Samniten. Errichtet wurde er später auf dem Campus Martius nahe dem Mars-Altar.[67] An der Säule Columna Bellica davor wurden symbolische Kriegserklärungen gemacht, und zwar, indem man einen Speer darüber schleuderte. Die Göttin hatte jedoch kein Fest oder Flamen. Ihre Priester (bellonarii) waren, wie wir gesehen haben, asiatische Ekstatiker (fanatici), die sich in Schwarz gekleidet zum Klang von Trommeln und Trompeten mit ihren Schwertern zerschlitzten und die Statue der Göttin mit ihrem Blut bespritzten. In einem Zustand des Deliriums sagten sie die Zukunft voraus, aber der wesentliche Grund für die wilden Riten war, einen kriegerischen Geist in sich zu wecken und auf diese Weise unbesiegbar zu werden. Später wurde der Kult mit dem der Magna Mater in Verbindung gebracht, die gleichen Menschen kombinierten häufig die Priesterschaft von Bellona mit der von Kybele.[68] Aber obwohl er sich in einer untergeordneten Stellung befand, war er sehr eng mit der Verehrung der Magna Mater verbunden, er nahm den Dies Sanguis und das Taurobolium als eigene Riten an. Sogar nachdem die Beschränkungen zu Beginn der Zeitenwende zurückgenommen worden waren, hatte er nur eine kurze Periode der Popularität und übte nie einen wichtigen Einfluss im Wirrwarr fremder orientalischer Kulte aus, das in den letzten Jahren des römischen Reiches entstand.

Atargatis, die Dea Syria

Kulte, die von Syrien aus von Sklaven und Handelsleuten eingeführt wurden, hinterliessen einen viel tieferen und andauernden Eindruck. Auf dem Janiculum gab es Tempel für syrische Gottheiten, von Nordsyrien kam Atargatis, die in Rom als die Dea Syria bekannt war, im Volksmund Diasuria oder Iasura genannt, die Göttin von Hierapolis-Bambyce nahe dem Euphrat. Ihr Ursprung liegt im Dunkeln.

Von Lucian von Samosata im 2. Jahrhundert nach Christus, der in der Art des Herodot schreibt, erhalten wir eine Beschreibung des Kultes und des Tempels in Hierapolis im Süden von Carchemish. Gemäss ihm erhalten wir ein unzüchtiges Bild: Er war mit phallischen Symbolen, Eunuchen-Priestern und rituellen Prostituierten ausgestattet, die dem Dienst an der Göttin geweiht waren.[69] Dieser Charakter wird besonders hervorgehoben, doch passt er zum allgemeinen Muster des Muttergöttin-Kultes im westlichen Asien, sei es in Phrygien, Anatolien, Mesopotamien oder Syrien. Atargatis ist als Fruchtbarkeitsgöttin ein Gegenstück zu Aphrodite. Tatsächlich ist ihre Verehrung mit ihrem Gatten Hadad, dem mesopotamischen Äquivalent zum hurritischen und hethitischen Wettergott, lediglich die lokalisierte Version der Magna Mater überall in der Region. In all den wichtigen Zügen sind die Priester, Riten und Heiligtümer typgetreu und unterscheiden sich nur wenig von dem, wie Apuleius die Verehrung der Dea Syria in der römischen Welt beschreibt.[70] Weiterhin sind diese Beschreibungen durch Münzen aus der Zeit von Alexander bis zum 3. Jahrhundert n.Chr. bestätigt worden, und durch Macrobius, der etwa um 400 n.Chr. schrieb. So stellen die örtlichen Münzen die Göttin dar, wie sie auf einem Löwen sitzt oder auf einem Thron, der von einem Löwen gestützt wird. Ihr männlicher Partner ist in seinem Stier-Symbol als Gegenpart der Löwengöttin auf der anderen Seite dargestellt. Aber manchmal wird der Stier in der Gewalt des Löwen gezeigt, was den endgültigen Triumph des Göttinkults nahe legt. In Delos, wo es syrische Sklaven in grosser Zahl gab und der Kult fest etabliert war, sind auf einer Anzahl von Votiv-Inschriften, die aus der Zeit gerade vor der Zeitenwende datieren, die Namen von Atargatis und Hadad miteinander kombiniert. Die Göttin wird mit Aphrodite identifiziert und ihre Priester werden „Hierapolitaner" genannt.[71] Fische und Tauben waren ihr heilig. Sie soll sich in einen Fisch verwandelt haben, ebenso ihre Tochter Semiramis in eine Taube.[72]

In der Erzählung von Lucian soll dieser Tempel der grösste und reichste in Syrien gewesen sein, bestückt mit rätselhaften Statuen, riesigen Stein-Phalli, einem Bronze-Altar und in einem inneren Heiligtum, zu dem nur bestimmte Priester Zugang hatten, gab es drei goldene Bilder. Das erste war das von Atargatis, die die Attribute von Hera, Athene, Aphrodite, Rhea, Artemis, Selene, Nemesis und von den Schicksalsgöttinnen Fatae hatte. Sie hielt in einer Hand ein Szepter und in der anderen einen Spinnrocken. Auf ihrem Kopf trug sie einen mit Strahlen umrahmten Turm als Krone, und um ihre Taille den Gürtel der Aphrodite wie auf den Münzen, und sie stand auf Löwen.[73] Das zweite Bild soll Zeus darstellen, aber in Wirklichkeit war es Hadad, der auf Stieren sass, wie Macrobius in seinem Bericht über den Kult aufzeigt. Er sagt:

„Die Syrer geben dem Gott den Namen Adad, den sie als den ersten und grössten von allen verehren. Sie ehren ihn als allmächtig, aber sie bringen ihn mit dem Göttin-Namen Atargatis zusammen und schreiben diesen beiden Gottheiten oberste Macht über alles zu. Sie erkennen in ihnen die Sonne und die Erde. Ohne die verschiedenen Aspekte ihrer Macht mit zahlreichen Namen auszudrücken, wird ihre Vormachtstellung durch die verschiedenen Attribute angedeutet, die den beiden Gottheiten übertragen sind. Denn die Statue von Adad ist von herunterscheinenden Strahlen umrandet, die anzeigen, dass die Kraft des Himmels in den Strahlen wohnt, die die Sonne zur Erde schickt. Die Strahlen der Statue von Atargatis steigen nach Oben, ein Zeichen, dass die Kraft der herunterscheinenden Strahlen alles zum Leben erweckt, was die Erde hervorbringt. Unter dieser Statue sind die Löwenfiguren, die für die Erde stehen, aus demselben Grund wie die Phryger die Mutter der Göttin so darstellen, also die Erde, von Löwen getragen."[74]

Zwischen diesen beiden Bildern stand eine dritte, von den anderen verschiedene Gottheit, deren Geschlecht Lucian nicht nannte. Sie war namenlos, und er konnte keine Information über ihre Herkunft oder Form geben. Sie wurde „Zeichen" genannt, aber dies war ein Fehler seinerseits, und fast sicher war die dargestellte Gottheit Ate, die aramäische „Atar", das zweite Element in Atargatis. Die Identität dieser Gottheit war ziemlich spekulativ und fälschlicherweise wurde sie mit Astarte verwechselt.

Mit Vorsicht und doch mit einer gewissen Sicherheit kann man sagen, dass diese alte semitische Göttin, welches auch immer ihr genauer Name, Standort und ihre genaue Natur gewesen sein mag, mit der Muttergöttin unter ihren verschiedenen Bezeichnungen zu tun hatte – sie war die lokale Form von Ishtar-Athtar – und es ist möglich, dass Attis, Kybeles Gemahl, eine andere Variation des Namens darstellt.

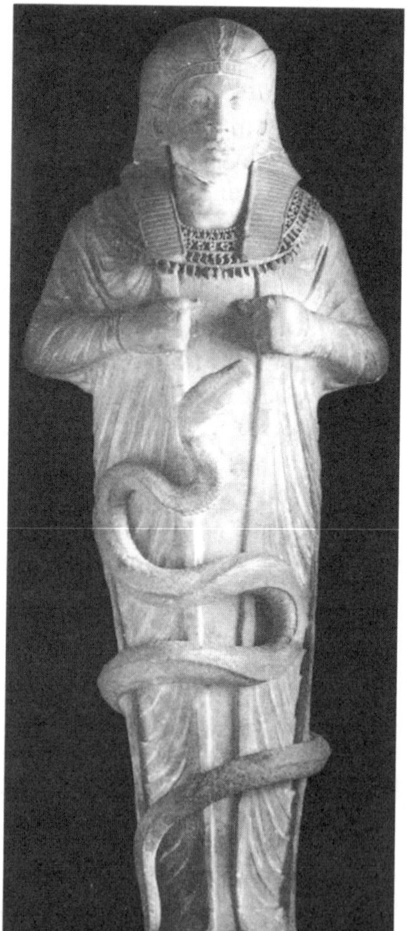

Atargatis, die „syrische Göttin" (Dea Syria)

Wenn wir nach der Herkunft des Tempels fragen, so könnte er Deucalion, Dionysos, Semiramis oder Ate zugeschrieben sein, doch tendierte Lucian zu Dionysos.[75] Seine Priesterschaft war in Klassen unterteilt, jeweils nach den ausgeübten Funktionen. Die Eunuchen waren die auffallendsten, und in der Beschreibung der Riten, die Lucian und Apuleius gaben, wurde die Menge von bemalten jungen Männern, die die Strassen in Trauerkleidung hinunter paradierten, mit einem Esel, der das Bild der Göttin trug, von einem alten Eunuchen von zweifelhaftem Ruf angeführt. Unter seiner Anleitung begaben sie sich in eine Raserei, unterstützt durch ihre syrischen Flöten, und peitschten sich, bevor sie verschwenderische Belohnungen von den staunenden Zuschauern suchten. Die Geschenke schlossen Krüge mit Milch und Wein ein, Mehl und Käse, ebenso Bronzemünzen. Lucian sah die Orgien so, dass sie vom Attis-Kult ausgeborgt waren, der der traditionelle, ursprüngliche Gründer des Schreins in Hierapolis war. So war es ein Bild, das man Ate nannte, das zweimal im Jahr an die Küste gebracht wurde, wenn eine Prozession von dort Krüge mit Meerwasser zum Tempel brachte, wo das Wasser in ein Loch des heiligen Bezirks gegossen wurde.[76]

Ausserdem wiederholt Lucian die Überlieferung, dass Atargatis die Göttin Rhea sei, womit er jedoch Kybele meinte, und nicht die kretische Göttin, nur weil das Heiligtum die Arbeit von Attis war. Nun sei dieser Attis, so sagt er, ein Lydier, und er war es, der zuerst die heiligen Mysterien von Rhea (also von Kybele) lehrte. „Das Ritual der Phryger, der Lydier und der Samothrakier wurde vollständig von Attes gelernt. Denn als ihn Rhea seiner Kräfte beraubte, legte er seine männliche Tracht ab und nahm die Erscheinung und das Kleid einer Frau an, und er durchstreifte die ganze Erde, um seine geheimnisvollen Riten zu vollziehen, sein Leiden zu erzählen und Loblieder auf Rhea zu singen.“ Zu gegebener Zeit erreichte er Syrien und dort errichtete er in Hierapolis einen Tempel, in dem die Riten der Magna Mater in der vorgeschriebenen Weise gehalten wurden. Wie im Land ihrer Wiege, in Phrygien, wurde sie in ihrem Wagen von Löwen gezogen, hielt eine Trommel in der Hand und trug einen Turm auf dem Kopf. Ihre Priester kastrierten sich ihr zu Ehren, wie ihre eigenen Galli, und sie benahmen sich auf die gleiche rasende Weise in ihren wilden Übungen.[77]

Zweifellos war „die allmächtige und alles hervorbringende syrische Göttin“ die Magna Mater, wie auch immer sie beschrieben und verehrt wurde, nicht zu unterscheiden von Kybele und ihren Entsprechungen.[78] Als lokale Form der universalen Figur hatte sie Geburt unter sich, Vegetation und Fruchtbarkeit in all ihren verschiedenen Aspekten. Sie lehrte die Menschen Gesetzgebung und die Verehrung der Götter. Mit dem Rest dieser Göttinnen teilte sie die gleichen Embleme (z.B. Tauben, Löwen,

Fische und sexuelle Symbole) und war mit den Leben spendenden Wassern verbunden. Ihr syrisches Kult-Zentrum war wahrscheinlich Hierapolis, wo man sie als Atargatis verehrte. Von dort aus wurde ihr Kult im Zuge der Astarte-Anbetung verbreitet. Auf diese Weise ging er nach Westen, bis er die griechischen Inseln erreichte, die Mittelmeerküste und die griechisch-römische Welt in der hellenistischen Zeit.

Historisch waren Atargatis und Astarte voneinander verschieden, und jetzt ist klar, dass die Dea Syria und der nordsyrische Göttinkult anatolischen Einflüssen unterworfen waren.[79] So wird auf einer Münze aus den frühesten Schichten in Hierapolis die Figur eines Priesterkönigs abgebildet, bezeichnet als Abd-Hadad, der „Diener von Hadad", gekleidet in eine hethitische Robe und einen hethitischen Hut, während in Boghaz-Keui eine ähnliche Darstellung in ein Toga-ähnliches Gewand gekleidet ist. Sie hält einen Krummstab (lituus) und trägt eine hethitische, spitze Kappe.[80] Die hierapolitanischen Kultbilder (z.B. Stier, Löwe, Doppelaxt) sind anatolisch und verbinden die Dea Syria, wie gewöhnlich sitzend und gekleidet, mit der idäischen Mutter, der phrygischen Kybele oder Rhea, mit der griechischen Hera, der Gemahlin des Zeus. Deswegen erbte sie, wo einst die hethitische Hauptstadt war, viele ihrer anatolischen Züge, die sie von der nuancierteren Astarte unterschieden und sie mit der Magna Mater par excellence identifizierten.

Die Göttin in den Mai-Festlichkeiten

Dieser synkretistische, ekstatische Kult der Mutter der Götter, anfänglich in Phrygien entsprungen, verbreitete sich entlang der nördlichen Küste von Afrika nach Spanien hinein und über das ganze südliche Gallien, dazu via dem Rhone-Tal nach Autun, nach Germanien und Mysien.[81] In der Folgezeit fand er im römischen Reich Ausdruck, nachdem Kybele im Jahr 204 v.Chr. eingeführt worden war. Während, wie wir gesehen haben, der hoch emotionale Charakter der orgiastischen Riten ziemlich verändert wurde, als ihnen zu Zeiten des Reiches offizielle Aufmerksamkeit geschenkt wurde, führte man die Geschichte von Attis und Kybele in ihrer romanisierten Form im Monat März als heiliges Drama auf. Dies war zweifellos in Kleinasien üblich, und zwar im zweiten Jahrtausend v.Chr., lange bevor es beim Attis-Frühlingsfest in Rom einen Platz einnahm.[82] Aber in der Form, in der es vom 15. bis zum 27. des Monats präsentiert wurde, war das Muster bereitet, das bis in moderne Zeiten hinein in Mittel- und Nordeuropa in der Volkstradition überlebte. Es wurde von der Frühlings-Tagundnachtgleiche auf den ersten Mai übertragen.

Dieser Übergang wurde offensichtlich durch die Verwechslung bei der Berechnung der Daten im vorjulianischen Kalender und unserem gegenwärtigen bewirkt. So ist unser erster Mai in jedem zweiten Jahr derselbe

Tag wie der 25. März im vorjulianischen Kalender.[83] Genau wie am 25. März, der allgemein Tag der Herrin genannt wird, im christlichen Jahr zur Erinnerung an Maria Ankündigung der Fleischwerdung gedacht wird, so ist nun der Monat Mai ihr gewidmet. Mit dem Aufkommen des Christentums in der römischen Welt im vierten Jahrhundert und der Unterdrükkung des alten Kultes wurden die beliebten Feste in ihren weniger anzüglichen Aspekten beibehalten und so weit wie möglich uminterpretiert. Als Ergebnis dieses Prozesses gingen die traditionellen Bräuche weiter, wenig verändert zwar in ihrer äusseren Form und in ihrem äusseren Charakter, sowie unbekümmert davon, welche Veränderungen sie in ihrer doktrinären theologischen Interpretation und öffentlichen Präsentation erhalten haben und erdulden mussten.

Im Fall der Magna-Mater-Feste beraubte man die Riten ihrer Ekstase, weil sie in den Kult des Imperiums integriert wurden. Am Tag der Herrin, der jeweils in die Fastenzeit fällt und manchmal mit Karfreitag übereinstimmt, war es nicht angemessen, Karneval zu feiern. Weiterhin beachtet wurden die ruhigen Aspekte der Hilarien, nämlich der Dies Sanguis, in ihrer christlichen Interpretation in der Karwoche. Sie fanden im heiligen Drama von Tod und Auferstehung an Ostern ihren Höhepunkt und schlossen mit Freudenbekundungen ab. Seit dem 11. Jahrhundert nahmen die Feste ihre späteren Formen an, als sie auf den 1. Mai verlegt wurden, mit ihren kalendarischen Verbindungen zum 25. März. Da war es, als ob Kybele in Gestalt der Maikönigin wieder erschien, mit Attis als Grünem Mann und dem Maibaum als seinem Symbol, der mit Grün geschmückt war. Zudem stimmten die Zeremonien mit den Bräuchen beim römischen Fest der Hilarien überein. So wurde die Kiefer, die den entmannten Gott Attis repräsentierte, in einer Prozession von den Trägern (dendrophori) von Kybeles Wald zum Tempel der Magna Mater auf dem Palatin-Hügel gebracht, und zwar am 22. März.[84] Es wurde ein allgemeiner und weit verbreiteter Brauch im bäuerlichen Europa, dass junge Leute nach Mitternacht hinaus in den Wald gingen, einen Baum fällten, die Zweige abhauten, ein paar an der Spitze übrig liessen und nachdem sie ihn mit purpurfarbenen Bändern umwunden hatten, mit Veilchen schmückten wie die Figur des Attis. Dann wurde er bei Sonnenaufgang am Maifeiertag zum Dorf gebracht. Dabei erklangen Flöten und Hörner. Man befestigte junge Bäume oder Äste über den Haustüren und Fenstern, während der Maibaum auf dem Dorfplatz oder auf einem zentralen Platz aufgestellt wurde, häufig nahe der Kirche. Manchmal hängte man eine Puppe an den Baum, wie das Bild des Attis, das bei Firmicus Maternus erwähnt wird.[85] Man band es in die Mitte des heiligen Baumes. Alternativ wurde es in einem Korb oder einer Wiege von jungen Mädchen von Haus zu Haus getragen oder inmitten von zwei Reifen an rechten Ecken aufeinander zugeschlenkert und wie die Mai-Dame mit Blumen geschmückt.[86]

Der Maibaum war oft mehr als 15 Meter hoch, und wie Kybele in ihrem Wagen von einem Joch von Löwen oder Ochsen gezogen wurde, beförderte man ihn in einem Wagen von 20 bis 40 Ochsen, jeder mit Girlanden auf den Hörnern, gefolgt von Männern, Frauen und Kindern „mit grosser Verehrung“.[87] Bei seiner Ankunft wurde er auf dem ausgewählten Platz im Dorf errichtet, ganz ähnlich wie die Kiefer zur Verehrung nahe dem Tempel der Magna Mater auf dem Palatin gezeigt und aufgestellt war.[88] Schliesslich tanzte man um ihn. Manchmal war die Teilnahme auf Liebende beschränkt, obwohl häufig all die jüngeren Mitglieder der Gemeinschaft in den Vergnügungen zusammenkamen. In England sind nun lange Papierschlangen an die Spitze des Pfahls geheftet, jede wird von einem Kind gehalten, und wenn sie darum herumtanzen, verflechten sich die Bänder, und sie entflechten sich, wenn sich die Tänzer in der Gegenrichtung bewegen. Dies sind vielleicht Überbleibsel von den Wollbändern im Baum des Attis.

Nicht selten wurde die Maikönigin selbst im Triumph zum Dorfplatz gebracht, in einem dekorierten Wagen, von Ehrenjunkern oder Ehrenjungfrauen gezogen und vom Maibaum angeführt. Nach ihrer Krönung und Inthronisation galten die Tänze und Lustbarkeiten eher ihr als dem Maibaum. Weiterhin stand sie während ihres Dienstjahres all den Zusammenkünften und Festen der jungen Leute im Dorf vor.[89] Der Maikönig, der oft mit ihr verbunden war, wurde von einem Mann dargestellt, gewöhnlich einem Schornsteinfeger, gekleidet in einen hölzernen, mit Blättern bedeckten Rahmen, in der Gestalt von Jack-in-the-Green (Hans im Grün). Manchmal wurde er auf einem Schlitten ins Dorf gebracht, oder auf einem Pferd mit einer Pyramide über sich, umringt von einer Reiterschar aus jungen Männern. Der Anführer mochte ein Clown mit bunten Fransen und Rüschen an seiner Bluse und an seinem Biber-Hut gewesen sein, der die Menge mit seinen Gesten und seiner Fröhlichkeit amüsierte.[90]

Manchmal glich der Symbolismus einer Heiligen Hochzeit zwischen der Maikönigin und dem Maikönig, miteinander vereint als Braut und Bräutigam. Dabei erfüllten sie unbewusst die Rolle ihrer Vorgänger, Kybele und Attis. Da Kybele für die Blumen des Feldes verantwortlich war, sass die Maikönigin in einem mit Blumen umkränzten Baum oder im Vorraum der Kirche, was an Kybele erinnert, wie sie am Eingang ihrer Bergwohnung sass und Blumenspenden von ihren Anhängern in Empfang nahm.[91] Ihr Partner, der Grüne Mann, wurde auf ähnliche Weise behandelt, denn in ihm hat Attis, der Geliebte der Göttin, in der unsterblichen Volkstradition und ihren ebenfalls unsterblichen jahreszeitlichen Bräuchen überlebt.

Tatsächlich haben Mai-Bräuche, die in den bäuerliche Kulturen in Europa überlebt haben, ihren ernsthaften Charakter verloren. Sie bieten vor allem eine Gelegenheit zum Amüsieren und Einsammeln von Getränken, die in den bei den Prozessionen besuchten Häusern ausgeschenkt werden, angeführt vom Maikönigspaar und dem Maibaum. Die Hauptrollen werden jetzt häufig von Kindern gespielt, zum Beispiel in Warwickshire, wo die Königin ein kleines Mädchen ist, das von einem älteren Mädchen in einem „Postwagen" oder Kinderwagen gefahren wird. Der Maibaum mit seinem kegelförmigen, mit Blumen bedeckten Rahmen und Reifen wird von vier Jungen getragen, und ein junges Mädchen trägt eine Geldkassette, während die Kinder von Haus zu Haus gehen, ihre traditionellen Lieder singen und Geld für ihren Tee mit Süssigkeiten am Nachmittag sammeln.[92]

Obwohl die alten Riten zu nicht viel mehr als einem malerischen, beliebten Zeitvertreib degeneriert sind, zu Spassmacher-Burlesken und Kinder-Zerstreuung, haben sie ihre ursprünglichen Gestalten und Züge nur wenig verändert beibehalten, und zwar über mehr als 2000 Jahre hinweg, egal, wie sehr auch ihr Sinn und ihre Funktionen entheiligt worden sind. Die Mythologie und das Ritual der phrygischen Göttin und ihres Gatten, die im Frühlingsfest seinen Mittelpunkt hatten, in Rom als Hilaria bekannt, waren in diesen Bräuchen so verwurzelt, dass das Spielen des Themas über die Zeiten hinweg überliefert wurde. Wenn in der Zwischenzeit die jährliche frühlingshafte Wiedergeburt der Natur im öffentlichen Bewusstsein weniger vom Darstellen dieses alten Kultes abhängt, haben die Maikönigin und der Grüne Mann doch typgerecht in ihren jeweiligen Rollen überlebt, obwohl man nicht mehr annimmt, dass die Fruchtbarkeit der Erde von der Erfüllung ihrer Dienste abhängt. Hinter ihnen und ihrem Symbol, dem verzierten Maibaum, sind die schattigen Gestalten von Kybele, Attis und dem Wiederauferstehungsdrama im westlichen Asien, dem östlichen Mittelmeerraum und der Ägäis vom Kult der Grossen Muttergöttin verborgen, der im römischen Reich so weit verbreitet und so fest verwurzelt war.

VII

Die Mater Ecclesia und die Madonna

DIE MATER ECCLESIA IN PHRYGIEN

Da man in der frühen Kirche seit apostolischen Zeiten besonders in Kleinasien stark missionierte, wo der Kult der Grossen Muttergöttin derart tief angelegt und besonders auffallend war, ist es nicht überraschend, dass in dieser Region das vorchristliche Konzept von der Mutter der Götter die christlichen Gestalten beeinflusste. Dies ist unter den obskuren, gnostischen Sekten wie den Naassenern, den Nicolaitanern, den Collyridianern und den Montanisten höchst offensichtlich, wo das weibliche Prinzip mit dem Heiligen Geist identifiziert wurde, der das männliche Prinzip (Sophia oder Prunicus) voran bringt wie das gnostische Aeon Matres.[1] Tatsächlich gibt es, wie Bousset behauptete, einen Boden dafür, den Gnostizismus als Hauptkult der asiatischen Magna Mater anzusehen.[2]

Gnostische Muttergöttinnen in Phrygien

Diese Sekten blühten in sehr auffallender Weise im Fruchtbaren Halbmond und Kleinasien, und zwar in den ersten Jahrhunderten der christlichen Ära. Sie wurden ein synkretistischer Auswuchs der Verehrung von Kybele, Isis und Demeter. Dies fand in einer komplexen, kosmologischen Mythologie Ausdruck, in welcher das Mutterelement vorherrschte. Wie Irenäus bemerkte, „ihre Äonen bestehen auf Ausdrücken wie ‚Götter', ‚Väter', ‚Herren' oder ‚Himmel', zusammen mit ihrer Mutter, die sie sowohl ‚Erde' und ‚Jerusalem' nennen, neben der Verwendung einer Menge anderer Namen für sie".[3] In dieser Vermischung altreligiöser und jüdisch-christlicher Elemente wurden die schöpferischen Aspekte der Göttin mit der isaianisch-paulinischen Auffassung von Fruchtbarkeit des himmlischen Jerusalem zusammengebracht; die universelle Mutter nährte die Kinder, die sie hervorgebracht hatte.[4] Sogar Christus unterliess es nicht, sich auf die heilige Stadt in persönlichen, mütterlichen Begriffen zu beziehen.[5] Ähnlich wurde die Kirche als die Braut Christi dargestellt,[6] ebenso wie Israel als Ehefrau von Yahweh beschrieben wurde.[7] So tief war dieser ekklesiastische Symbolismus in der frühen Kirche angelegt, dass er vom Sinnbild der zwei Jerusalems im Brief des heiligen Paulus an die Galater (4.21-31) nicht zu trennen war, wo die „Kirchen-Ehefrau" als „unser aller Mutter" galt, die zweite Eva und das Instrument, durch welches die mystische Vereinigung ihrer Mitglieder mit ihrem göttlichen Anführer unterhalten wird.

Wir sehen hier die Rolle der griechisch-orientalischen Muttergöttin mit der vom Heiligen Geist und der himmlischen und vielgestaltigen Mutter gleichgesetzt. Diese Entwicklung geschah in vorapostolischen Zeiten von den Gnostikern, als sie diese Anschauung in ihren Synkretismus einbauten. Im Fall einiger der eifrigeren Sekten wurden die phrygischen Prototypen weniger verändert übernommen. So leiteten die Naassener laut Hippolyt ihren Namen von der Figur der Schlange Naas her ab, die in Eden angebetet wurde,[8] wobei eine Verbindung mit dem Kult von Sabazios bestand. Zudem war, wie wir gesehen haben, dieser Symbolismus bei der Minoischen Mutter sehr auffallend.[9] Aber trotz ihrer Bezeichnung war Schlangenverehrung nur ein untergeordneter Zug in der Gruppe anonymer, gnostischer Sekten, die Ophiten genannt wurden. Wir kennen ihre Spekulationen beispielsweise durch die Berichte von Origen (*Contra Celsum*, 6.24-38) oder von Irenäus (*Adversus Haereses*, 1.30), zusammen mit Bezügen von Epiphanius[10] und dem Pseudo-Tertullian.[11] Es scheint, dass ihre Gnosis vor allem aus dem ursprünglichen Mann oder universellen Vater bestand, selbst-existierend im urzeitlichen Abgrund, heilig und geheimnisvoll, der aus sich selbst den Sohn der Menschen herausprojizierte, und das weibliche Prinzip brütete über dem Chaos. Diese ursprüngliche Frau wurde die Mutter des Wesens, das zur Arbeit der Erlösung herabstieg, um die gefallene Gottheit, Sophia, zu erretten, eine geheimnisvolle Figur in den früheren Formen des Kultes. In den späteren Entwicklungen wurde Prunicus-Sophia so dargestellt, dass sie als Möglichkeit von der linken Seite des weiblichen Prinzips oder des göttlichen Geistes hervorging, was am Ende sieben Kräfte hervorbrachte, unter denen der Demiurg war, identifiziert mit Ialdabaoth, dem feindlichen Gott des Alten Testaments. Er war es, der Adam schuf und ihm Eva gab, die Sophia über die Schlange dazu verführte, gegen den Demiurg zu rebellieren. Im grossen Konflikt zwischen Ialdabaoth und Sophia wurde die Schlange (zusammen mit Kain, Esau, den Sodomiten, Korah und Judas, also den Opfern des Zorns des alttestamentarischen Gottes) gerühmt und verehrt, und in jenen Sekten, in denen der Erlöser auftaucht (zum Beispiel den Naassenern), wurde der Versuch gemacht, die himmlische Mutter mit dem Christus als einem Aeon in Beziehung zu setzen. Die Verbindung von Sophia mit seiner Erlöserarbeit war ein Zugeständnis an die Identifikation der judäischen Auffassung von Weisheit mit der hellenistischen Logos-Doktrin und der christlichen Interpretation der Inkarnation im Begriff der Theotokos.

Die ophitischen Sekten scheinen eine frühe Form des primitiven Gnostizismus zu repräsentieren, wie Hippolyt behauptete,[12] in denen anatolische, syrische, mesopotamische und iranische Einflüsse vorherrschten, obwohl späte, gnostische und christliche Verschmelzungen im Laufe der Zeit hinzugefügt wurden.[13] Ursprünglich jedoch scheinen sie vorchristlich gewesen zu sein und unter den verschiedenen Zügen alten Glaubens und alter Praxis diejenigen behalten zu haben, die vom Göttinkult ausgeborgt wurden. So sollen die Nicolaitaner, die in der Apokalypse des Johannes erwähnt wurden[14] (doch eher eine spätere gnostische Sekte mit diesem Namen), die Grosse Muttergöttin Magna Mater verehrt haben.[15] Man sagt, sie hätten sich mit unmoralischen Praktiken beschäftigt, die rituelle Prostitution einschloss.[16] Ihr Zweck jedoch scheint der gewesen zu sein, die sexuelle Vermehrung der Menschen zu verhindern, um das Aufrechterhalten des Bösen zu beenden. Eine Menge Verwirrung kam durch die Identifizierung einer späteren, gnostischen Gruppe mit den johannitischen Balamiten auf, den angeblichen Nachfolgern von Jezebel und von Nikolaus, dem Missionar von Antiochia aus einer früheren Periode.[17]

Der Montanistische Ekstasekult

Über die Bewegung, die von Montanus in der Mitte des zweiten Jahrhunderts in Mysien nahe Phrygien gegründet wurde, sind wir besser informiert. Er war ein Ekstatiker gewesen, bevor er zum Christentum konvertierte. Im Laufe der Zeit kamen zwei Prophetinnen dazu, Maximilla und Prisca bzw. Priscilla, die behaupteten, dass sie die gleichen, charismatischen Kräfte hätten und gemeinsam das Versprechen eines neuen Ausströmens des Heiligen Geistes erfüllten.[18] Aber obwohl die ekstatischen Phänomene als ein Kommen des Fürsprechers gedeutet wurden wie an Pfingsten, waren die Prophezeiungen tatsächlich nicht von denen der rasenden Anhänger der Göttin zu unterscheiden, ausser dass sie sich in einen Zustand intensiver Emotion hinein begaben – einen freiwillig induzierten Wahnzustand –, um Reue und Bussfertigkeit anzuregen.[19] Montanus beanspruchte, das Sprachrohr des Fürsprechers zu sein, und auf jeden Fall wurden nach seinem Tod die Prophetinnen als diejenigen angesehen, die seinen Platz und seine Fähigkeit annahmen.

Zuerst scheint jedoch die Bewegung in ihrer christlichen Lehre nicht unorthodox gewesen zu sein, wie ekstatisch und phrygisch ihre Methoden auch gewesen sein mögen. Dennoch, sie provozierte eine Menge Kritik, Argwohn und Opposition von Seiten des thrakisch-phrygischen Episkopats. Ein Bischof von Anchiale in Thrakien versuchte, bei Prisca eine Teufelsaustreibung vorzunehmen. Alle Zwangsmassnahmen stellten sich jedoch als wenig nützlich heraus. So wurde die überwiegende Mehrheit der phrygischen Christen zu Montanisten. Und dies trotz Widerlegungsversuchen (u.a. von Apollinarius, dem Bischof von Hierapolis), Denunziationen von Synoden und Exkommunikationen. Das Ganze gipfelte in einem Ausschluss der Bewegung aus der katholischen Kirche im Jahr 177.[20] Aber die Phryger, gewöhnt an die orgiastische Verehrung der Kybele, fanden das montanistische Christentum geistesverwandt mit den ekstatischen Prophezeiungen, dem Asketismus, der sadistischen Liebe des Leidens und dem Kult des Märtyrertums. Von allen entlegenen Dörfern strömten sie zum Hauptquartier von Montanus in Pepuza, das nahe Ramsay westlich von Eumenia bei Pentapolis lag.[21] Sie erwarteten, dass dort sofort eine Erscheinung stattfand. Man drängte Frauen zur Jungfräulichkeit, und Enthaltsamkeit wurde streng aufgezwungen als Vorbereitung zur Ekstase, wie bei jenen, die zur unbefleckten Braut Christi wurden. Frauen waren Bischöfe und Priester ebenso wie Prophetinnen,[22] obwohl Tertullian ihnen nicht erlaubte, „in der Kirche zu sprechen, zu lehren, zu taufen oder zu spenden sowie irgendeine Funktion auszuüben, die einem Mann gehört",[23] und dadurch die phrygische Praxis zurückwies. Er war genauso eifrig in seiner Opposition gegen nichtchristlichen Zuwachs im asiatischen Montanismus.

Im Westen war es Gallien, vor allem im Rhonetal in Vienne und Lyon, wo der Einfluss der Bewegung am offensichtlichsten war, und man versuchte, eine Spaltung aufzuheben.[24] Das Fehlen eines phrygischen Hintergrundes bezeugt das Widerstreben der Christen in dieser Region, den Montanismus ebenso bereitwillig zu akzeptieren, wie ihre Brüder in Asien und Phrygien. Sie traten als Botschafter „für den Frieden der Kirchen" auf, indem sie Briefe nach Rom schickten, die ihre Sichtweise der Bewegung zum Ausdruck brachten. Tatsächlich wurden die Montanisten von Eusebius als „fromm und orthodox" beschrieben,[25] obwohl sie die ekstatischen Prophezeiungen guthiessen und das Recht der Frauen, sich an diesen Übungen zu beteiligen. Im Wesentlichen, so wie der Kult und seine Techniken aufgebaut waren, war er phrygisch, tief in den orgiastischen Vorläufern verwurzelt, die in der Verehrung der Kybele ihren Mittelpunkt besassen. So behauptete Priscilla, dass Christus sie besuchte und in Pepuza an ihrer Seite schlief, obwohl sie diskret hinzufügte, dass er das in Gestalt einer Frau tat, „gekleidet in ein helles Gewand, und Weisheit in mich hinein schickte, und mir enthüllte, dass dieser Platz heilig ist, und dass hier Jerusalem von Oben herunter kommt".

Maria spendet ihre Milch dem hl. Bernhard von Clairvaux, Tafelmalerei, südliche Niederlande, Ende 15. Jahrhundert

Maria in der Gestik der Brüste haltenden Muttergöttin, Kirche S. Agostino, San Gimignano, Toskana

Sophia-Sapientia als Göttin der Weisheit spendet ihre Milch, Italien, Mittelalter

Göttin Erde (Terra) nährt ihre Tiere Schlange und Schwein, Limburger Dom, um 1235

Die mystische Empfängnis der Mater Ecclesia

Weil Christus als der Ehemann jener angesehen wurde, die mit dem Geist erfüllt waren, wurde in Gallien und Nordafrika die Kirche Mater Ecclesia genannt.[26] Dieser Heirats-Symbolismus mag sich tatsächlich in Lyon und Vienne durch seine Kontakte mit Phrygien und Kleinasien auf der Basis der Empfängnis von Christus als göttlichem Bräutigam vorbereitet haben, der mit seiner Braut der Kirche in einer ehelichen Beziehung steht, wie Irenäus betonte.[27] Nach seinem Fehltritt in den Montanismus betonte Tertullian die Jungfräulichkeit der Kirche ohne Flecken oder Falte, wie eine Jungfrau frei vom Flecken der Hurerei.[28] Trotzdem blieb der Ehe-Symbolismus sein vorwiegendes Thema. Er entwickelte die paulinische Tradition in Beziehung zum älteren Göttinkult in Kleinasien, und zwar so interpretiert, dass Christus die Quelle allen wahren Lebens ist. Weil das körperliche Leben durch Adam erschien, wurde behauptet, dass die Kirche die zweite Eva ist, „die wahre Mutter der Lebenden",[29] durch die spirituelles Leben von Christus vermittelt wurde, den zweiten Adam, zuerst durch die Wasser der Taufe und dann ziemlich häufig durch die viel begehrte Taufe mit Blut in der Arena.

Clemens von Alexandrien (150-220 n.Chr.) nahm eine sinnbildliche Interpretation der Bekehrten an, die kraft ihrer Wiedergeburt durch die Taufe Kinder der jungfräulichen Mutter Kirche geworden waren:

„Sie allein hatte keine Milch, weil sie allein nicht Frau wurde, sondern sie ist sowohl Jungfrau als auch Mutter, und sie ist unbefleckt als Jungfrau und liebend als Mutter; und wenn sie ihre Kinder zu sich ruft, stillt sie sie mit heiliger Milch, denn der Logos war Milch. Sie gibt diesem reinen Kind Nahrung, das in Seinem eigenen Haus geboren wurde, dem Körper Christi, die jugendliche Schnur, das Gott selbst in Wehen des Fleisches hervorbrachte, und den Gott selbst mit seinem kostbaren Blut umhüllte. Der Logos ist alles für das Kind – Vater, Mutter, Lehrmeister und Pflegerin. ‚Iss mein Fleisch', sagt Er, und ‚Trink mein Blut'. Solche passende Nahrung reicht uns Gott, und Er bietet uns sein Fleisch an und giesst Sein Blut aus; und nichts fehlt zum Wachstum der Kinder."[30]

Als Jungfrau und Mutter wird die Kirche hier als unbefleckt von falscher Lehre dargestellt, als immer liebend und wachsam über die, welche in ihre liebevolle Umarmung kommen. Sie heiligt sie als Kinder Gottes, schult sie auf Erden und bereitet sie so darauf vor, die Bürgerschaft im Himmel zu erlangen.[31] Tatsächlich wurde, wie der heilige Paulus behauptete, jede getaufte Person aufgerufen, in sich das Leben von Christus nachzubilden, geboren, genährt und erhalten durch die Kirche, unter dem Symbolismus seines mystischen Körpers und Gatten:

„Der Herr Christus, die Frucht der Jungfrau, betonte nicht die Brüste von gesegneten Frauen, noch wählte er sie aus, um Nahrung zu geben;

aber als der freundliche und liebevolle Vater das Wort hat hernieder regnen lassen, wurde er selbst spirituelle Nahrung für die Guten, O mystisches Wunder! Der universelle Vater ist Eins, und Eins ist das universale Wort; und der Heilige Geist ist Eins, und der Gleiche überall, und Eins ist die jungfräuliche Mutter."[32]

Für Origen (ca. 185-253), den Schüler von Clemens von Alexandria, bilden alle, die mit dem Logos in einer spirituellen Ehe mystisch vereinigt sind, die sichtbare Kirche auf Erden, die wahre Braut Christi, obwohl sie aus allen Gläubigen zusammengesetzt ist, von denen viele weit davon entfernt sind, Perfektion erlangt zu haben.[33] Aber die Sehnsucht der Seele muss da sein, um mit dem Logos vereint zu werden und in die Mysterien seiner Kenntnis und Weisheit als in die Kammer des himmlischen Bräutigams einzutreten, dort spirituellen Verkehr zu erleben und die Geburt guter Werke.[34] Der Mutterleib der Seele wird von Gott geöffnet, damit er „Seinen Logos zeugt und Seine Mutter wird".[35] Ähnlich verwendet Macarius, der erste Einsiedler in Ägypten (etwa 389), die gleiche Vermählungs-Terminologie, wenn er beschreibt, wie eine Seele „die Scham ihres Gesichts wegnimmt und, weil sie nicht mehr von der Schande ihrer Gedanken beherrscht, noch vom Bösen veranlasst wird, Ehebruch zu begehen, mit dem himmlischen Gemahl Gemeinschaft hat, denn sie ist selbst einfach; denn verwundet von seiner Liebe wird sie schwach und fällt in Ohnmacht (wenn ich es wagen darf, so zu sprechen) für den glückseligen, spirituellen und mystischen Verkehr in der unverdorbenen Einheit von Verkehr in Heiligkeit. In der Tat gesegnet und glücklich ist eine solche Seele, die, erobert von spiritueller Liebe, würdig mit Gott dem Wort verlobt wurde."[36] Deswegen „könnten die fünf weisen und klugen Jungfrauen alle zusammen in den himmlischen Thalamus gehen."[37]

Methodius war ein anderer Mystiker aus dem dritten Jahrhundert, der in Kleinasien gelebt hatte.[38] Er interpretierte ebenfalls die Vermählung der treuen Seelen mit Christus als „jungfräuliche Helfergattinnen". Von ihm erhalten sie „die reine und fruchtbare Saat Seiner Doktrin", hervorgebracht „wie von Müttern in Wehen, und „wiederhergestellt zur Grösse und Schönheit der Tugend". Wenn „sie durch den Prozess ihres Wachstums ihrerseits die Kirche geworden sind, kooperieren sie auch in der Geburt und Ernährung anderer Kinder, und sie bringen im Mutterleib der Seelen wie im Leib einer Mutter den unverletzten Willen des Logos zum vollen Genuss."[39] So wird der heilige Paulus als ein Beispiel für den neugeborenen Eingeweihten zitiert, der nach seiner Taufe mit der Milch des Evangeliums genährt wurde und als er zum Mann wurde „zum Helfer und zur Braut des Logos" gemacht. Er erhielt und bewahrte „die Saat des Lebens", und wurde so „die Kirche und eine Mutter". In diesem Zustand spiritueller

Perfektion hatte er „Geburtswehen von denen, die durch ihn an Gott glaubten, bis auch in ihnen Christus geformt und geboren wurde.“[40]

Ähnlich wurde in der apokalyptischen Version von Johannes die Gebärende, die im Himmel mit der Sonne bekleidet war, die eine Krone von zwölf Sternen trug und den Mond als Fussbank hatte, als „unsere Mutter“ gesehen, „die eine Kraft aus sich selbst und getrennt von ihren Kindern“ war. Mit anderen Worten, die Kirche, die von den Propheten „manchmal Jerusalem, manchmal Braut, manchmal Berg Zion, manchmal Gottes Tempel und Tabernakel“ genannt wird, ist immer in den Wehen, um ihre Kinder zur Welt zu bringen. Dann schart sie diejenigen von überall her um sich, die ihr zulaufen „und ihre Erlösung in der Taufe suchen“.[41] Als Braut geschmückt und als Königin in ihrem Gewand aus Licht, das vom Logos ausströmt, mit einem Sternendiadem, steht sie auf dem Mond, der „den Glauben jener“ symbolisiert, „die im Taufbad von Korruption gereinigt“ sind. Weil sie in den Wehen liegt, ist sie die Mutter, „die sensible Menschen wieder gebiert. Denn genau wie die Frau den ungeformten Samen eines Mannes empfängt und im Laufe der Zeit einen perfekten Menschen hervorbringt, auf die gleiche Art, darf man sagen, empfängt die Kirche immer und immer jene, die zum Logos fliehen. Sie formt sie zum Abbild Christi, und im Laufe der Zeit macht sie sie zu Bürgern jener gesegneten Ewigkeiten, von wo aus sie notwendigerweise über dem Bad der Taufe steht und jene hervorbringt, die darin gewaschen wurden.“[42]

Das Abbild des Logos war ihnen aufgeprägt, und die Getauften erhalten die charakteristischen Züge und die Menschlichkeit von Christus, so dass er in jedem von ihnen spirituell geboren ist. Aus diesem Grund ist die Kirche als ihre Mutter schwanger und liegt in den Wehen, bis Christus in jedem der Heiligen geformt und geboren ist, und dies macht sie zu Christen (Gesalbten); die spirituellen Kinder von Sion, erleuchtet und transformiert in den Logos.[43] Aber wie die „Verschlingerin“, die die Seele in sich aufnehmen will, sollte die Waage in der ägyptischen Gerichts-Szene nicht ausbalancieren, und der Drache wird in der Vision so gezeigt, dass er das männliche Kind der Frau auffrisst, sobald es geboren wurde, denn der Teufel ist immer auf dem Sprung, die von Christus besetzte Seele nach ihrer Taufe zu zerstören. Daher kommt das Bedürfnis, „unsere Mutter die Kirche“ zu schützen, „unverletzt und unbefleckt vom Zorn der Bestie, so dass wie die weisen Jungfrauen alle gläubigen Seelen ihre Jungfräulichkeit sicher durch den ganzen beschwerlichen Kampf behalten“.[44] So mögen sie ausführlich in die Ränge der Märtyrer eintreten und es ihrer Mutter gleich tun, der Mater Ecclesia, indem sie mutig „die Bürden, Wechselfälle und Bedrängnisse des Lebens“ dulden.[45]

Bei all dieser die Vermählung betreffenden Bildersprache befindet sich das phrygische Land als geschichtliche Wiege, wo sie entstand, ganz klar im Hintergrund. Dahinter liegt die Interpretation des Göttinkultes in Kleinasien. Jedoch in mystischen Gedanken und mystischer Sprache der Mutterschaft einer jungfräulichen Kirche, die spirituelle Kinder empfängt, und zwar durch den natürlichen Prozess der Geburt und mit den sie begleitenden Wehen. Das weibliche Prinzip, das ursprünglich in der Grossen Muttergöttin Magna Mater personifiziert war, wurde die Mater Ecclesia, gleichzeitig Braut und Körper Christi, die Mutter des treuen Verfolgens der Perfektion, in die die Braut übergeht. Abgetrennt vom natürlicheren Symbolismus und von asiatischer Gefühlsbetontheit, blieb das Vermählungs-Element ein integrales Motiv im katholischen Mystizismus im Westen ebenso wie in der byzantinischen Tradition. Nach der Zeit des heiligen Augustinus, der die Hochzeit von Christus und der Kirche zum zentralen Thema seiner Christologie machte,[46] wurde es mit dem römischen Anspruch auf allgemeine Souveränität in Beziehung gesetzt. Besonders vom heiligen Bernhard von Clairvaux (1090-1153) wurde sein mystischer Aspekt auf die Lobgesänge konzentriert. Diese Sammlung hebräischer, erotischer Gedichte, egal, ob sie irgendeine Verbindung mit dem Kult von Ishtar hatten, wie Meek vorgeschlagen hat,[47] wurde auf höchst spirituelle und emotionale Weise behandelt und mit ritterlicher, romantischer Liebe gekoppelt, die sich im Mittelalter wachsender Beliebtheit erfreute.

Für den heiligen Augustinus „ist die gesamte Kirche die Braut Christi, von der der Beginn und die ersten Früchte das Fleisch sind, denn die Braut wurde im Fleisch mit dem Bräutigam verbunden".[48] „Die eheliche Vereinigung ist die von Wort und Fleisch, das Brautgemach dieser Vereinigung der Leib der Jungfrau. Denn das Fleisch selbst wurde mit dem Wort vereinigt. Von daher heisst es auch: ‚Ab jetzt sind sie nicht zwei, sondern ein Fleisch'. Die Kirche wurde aus der menschlichen Rasse zu ihm genommen, so dass das Fleisch selbst, das mit dem Wort vereinigt wurde, das Haupt der Kirche sein möge und der Rest der Gläubigen Mitglieder des Hauptes."[49] Im Leib der Jungfrau war die Braut schon mit Christus vereinigt und zum Haupt der Kirche gemacht worden, so dass die Kirche bei Seiner Geburt schon Sein Körper war.[50]

DIE MADONNA

Obwohl Maria vom heiligen Augustinus hoch geschätzt wurde und ihre beständige Jungfräulichkeit und Reinheit entgegen seiner Doktrin von der Erbsünde beibehalten wurde,[51] hatte sie als Instrument der Fleischwerdung eine zweitrangige Stellung inne, indem sich der Herr Christus dazu herabliess, bei ihr zu wohnen und mit ihr eins zu werden. Tatsächlich wurde während der ersten Jahrhunderte nach der Zeitenwende der Einfluss der Magna-Mater-Tradition auf das christliche Denken und die christliche Praxis grösstenteils auf die Bilder der Mater Ecclesia beschränkt. Nur in den gnostischen ophitischen Sekten wurde die Jungfrau selbst als Göttin verehrt, und erst im vierten Jahrhundert verdammte, wie wir gesehen haben, Epiphanius in deutlicher Sprache die Collyridianer, die ihr als der Königin des Himmels Kuchen anboten. So erklärt er, dass „der Körper Marias heilig ist, aber sie ist nicht Gott; sie ist Jungfrau und grosser Ehre würdig, aber sie wurde uns nicht in Anbetung gegeben, eher betet sie Ihn an, der von ihrem Fleisch geboren wurde." Folglich „lasst Maria geehrt sein, aber lasst Vater, Sohn und Heiligen Geist angebetet sein. Lasst niemand Maria anbeten."[52] Ähnlich behauptete Ambrosius, dessen Einfluss auf den heiligen Augustinus beträchtlich war, dass „Maria der Tempel Gottes war, aber nicht der Gott des Tempels. Deswegen soll nur er angebetet werden, der in dem Tempel arbeitete."[53]

Die Jungfräuliche Kirche und der Marienkult

Ohne Zweifel war Volksverehrung der Jungfrau, die in den phrygischen Sekten in extravaganter Länge vollzogen wurde, in der Periode des Konzils weit verbreitet, besonders im byzantinischen Reich, nachdem Konstantin das Christentum angenommen hatte. Für jene, die die Doktrin der Inkarnation mit ihren aussergewöhnlichen Ansprüchen akzeptierten, – sie umfasste ja die Vorstellung, dass der Schöpfer des Universums im Leib einer sterblichen Frau einen menschlichen Körper annahm – muss die Trägerin dieses erstaunlichen Geschehens als einzigartige Persönlichkeit angesehen worden sein, die auf das Höchste geschätzt wurde. Deswegen konnte in einer Zeit, in der der Göttinkult so tief angelegt war, die Mutter des Erlösers kaum davor fliehen, eine Position zu bekommen, die in vieler Hinsicht mit dem der Magna Mater in der alten Welt korrespondierte, besonders in den Bereichen, in denen sie eine Vormachtstellung eingenommen hatte. Trotzdem ist es eine Vereinfachung einer komplexen Situation, anzunehmen, dass der Marienkult vorwiegend die christianisierte Fassung des alten Göttinkultes war.[54]

Das Christentum bewegte sich im Denken, Glauben und in der Praxis in einer Welt, die sich sehr unterschied von jener, die hinter der „Göttin der vielen Namen" lag. Die Marien-Doktrin und -Frömmigkeit entwickelte sich in eigenen theologischen und historischen Zusammenhängen. In einem gewissen Mass repräsentiert sie in einigen ihrer Ausdrucksformen die universellen psychologischen Reaktionen auf den Archetyp der Grossen Mutter (das archetypisch Weibliche), ein Symbolismus, mit dem sich in letzter Zeit jene beschäftigten, die psychoanalytische Interpretationen und Phantasien betreiben[55] – ein Aspekt des Phänomens, welcher ausserhalb unserer gegenwärtigen Untersuchung liegt. Aber vom anthropologischen, historischen, komparativen und theologischen Standpunkt aus betrachtet wurde die frühe Kirche insofern eher vom Kult der Magna Mater als von der Madonna beeinflusst, was seine Wahrnehmung von der Mater Ecclesia betrifft. So wurde zum Beispiel in Armenien sogar der Titel Theotokos zuerst auf die jungfräuliche und unbefleckte Mutter angewandt und erst später auf die physische Mutter Christi, nachdem im zwölften und dreizehnten Jahrhundert ihr Kult etabliert worden war. Die Himmelfahrt der Jungfrau wurde ebenfalls von der Erhebung der Kirche durch den auferstandenen und aufgefahrenen Christus auf Maria als Himmelskönigin hin transformiert.[56] Dieser Prozess, Attribute der Kirche auf die Madonna zu übertragen, war für eine Menge Verwirrung verantwortlich und gab Maria bestimmte Aspekte, die sie von der Braut Kirche eher angenommen hatte als direkt von der Muttergöttin. Aber das Konzept, wonach die Kirche ein hypostatisches, himmlisches Wesen sei, gleichaltrig und gleichzeitig mit Christus und auf einer Ebene mit Weisheit und dem Wort Gottes (dem Logos), war zu weltfremd und zu mystisch, um die endgültige Interpretation des Mysteriums der alten Grossen Göttinnen (dromena und mythoi) im Christentum zu sein. Es war daher nur eine Frage der Zeit, bis die Madonna als eine lebende Persönlichkeit von einzigartigem Status in der göttlichen Offenbarung nicht nur als die Mutter Christi apostrophiert wurde, sondern auch als seine Braut mit allem, was dies in den folgenden Entwicklungen des Maria angehenden Gedankenguts und der entsprechenden Frömmigkeit betrifft.

Die Mariologie vor Nicäa

Das war jedoch nicht von Anfang an so. Im kanonischen Schriftgut des Neuen Testaments ist überraschend wenig aufgezeichnet, das ein Licht auf das Problem wirft. Abgesehen von den Kindheits-Erzählungen des Lukas gibt es nur zwei oder drei Gelegenheiten im Evangelium, wo Maria erwähnt wird, und nach dem Pfingsttag kommt sie in der Literatur nicht mehr vor, mit der möglichen Ausnahme der fremdartigen Vision von der Frau mit dem Kind im zwölften Kapitel der Apokalypse des Johannes. Sowohl in den Erzählungen von Matthäus als auch von Lukas wird sie so gezeigt, dass sie durch einen Akt des Glaubens und des Gehorsams empfing, ohne Hilfe und Eingreifen menschlicher Vaterschaft, und dass sie Ihn, der der Retter der Menschheit sein würde, auf diese Weise zur Welt brachte.[57]

Wenn der heilige Paulus sich der Doktrin von der jungfräulichen Geburt bewusst war, bezieht er sich in seinen vorhandenen Briefen nicht darauf, auch nicht, als er sein Thema der beiden Adams entwickelte[58] und von den Geburtsschmerzen der neuen Ära, basierend auf der Genesis-Geschichte vom Fall.[59] In seinen verwickelten typologischen Erörterungen könnte er sehr vorteilhaft Maria als die zweite Eva eingeführt haben. Stattdessen machte er die Kirche zur neuen Eva in der Rolle der Braut und

Mutter, die mit dem neuen Adam verheiratet war, mit dem sie „ein Fleisch" war,[60] gesetzt gegen den Hintergrund der Schöpfung, personifiziert als Mutter Erde, die Evas Wehen im Prozess der Wiedergeburt einer neuen Menschheit auf sich nehmen muss.[61] Ganz ähnlich wurde in der paulinischen Allegorie Sarah als Mutter der Gläubigen nicht mit Maria identifiziert, sondern mit dem himmlischen Jerusalem wie die Braut-Kirche.[62]

Dieses Bild kann natürlich im Sinne der marianischen Theologie und des entsprechenden Kultes interpretiert werden, wie spätere Schreiber gezeigt haben, aber vom heiligen Paulus wurde es nicht so vorgeführt. Wenn er damit vertraut gewesen wäre, hätte er es kaum versäumt, die Relevanz für seine allegorischen Themen zu sehen und seine Doktrin der beiden Eden entsprechend zu entwickeln. Das wäre in der Tat überzeugender gewesen, weil die Geschichte von Eden einen hervorragenden Platz in seiner Typologie einnahm. Aber tatsächlich war es erst in der Periode nach den Aposteln vom zweiten Jahrhundert an, dass der marianische Kult begann, formuliert zu werden, um allmählich endgültige Gestalt in der christlichen Tradition anzunehmen.

Zuerst waren Bezugnahmen auf Maria weiterhin sehr selten. In der frühesten Literatur (z.B. der Didache, Clemens von Rom, Hermas, Polykarp, Tatian) wird sie überhaupt nicht erwähnt, und nur gelegentlich von Ignatius, Aristides, Justin dem Märtyrer und Irenäus. Gegen den gnostischen Docetismus, der die wirkliche Menschlichkeit Christi verneint, wurde Maria mit Eva in Beziehung gesetzt, und zwar von Justin und Irenäus. Ihr Gehorsam sollte den Knoten von Evas Ungehorsamkeit lösen und durch ihren Glauben das freisetzen, was ihre Vorgängerin festgebunden hatte.[63] Sie habe Glauben und Freude bekommen, als ihre einzigartige Berufung durch den Engel Gabriel angekündigt wurde. Aus ihr wurde der geboren, „durch den Gott sowohl die Schlange und die Engel und Menschen zerstört, die ihr ähneln, und der jene vom Tod befreit, die ihre schlechten Taten bereuen und glauben."[64] So bekam sie den Platz und die Funktion im Prozess der Erlösung, der den paulinischen Allegorien innewohnt, aber nicht in ihnen ausgedrückt wird. Origen und Tertullian nehmen gegenüber ihrem mütterlichen Dienst und seiner Bedeutung die gleiche Haltung ein,[65] und wenn ihre beständige Jungfräulichkeit ein Thema zum Streit war, wurde die Realität ihrer Mutterschaft sogar bis hin zu genauen anatomischen Details unterstützt.[66]

Im Kampf gegen Gnostizismus und Docetismus sowie dann in Opposition zum Arianismus gelangte die Mariologie zu mehr und mehr Berühmtheit, weil die Rolle, die von der gesegneten Jungfrau im Prozess der Fleischwerdung und der Erlösung gespielt wurde, eine der wichtigsten Behauptungen in den langen Kontroversen der Periode war. Wie Irenäus bestätigte, wäre ohne eine Mutter-Gottes Gott nicht in Christus seiner Schöpfung, die gefallen war, wiederholt worden.[67] Über diese Angelegenheit wurde der Kampf gegen Arius geführt, denn wenn Maria nicht die Mutter des Logos war, konnte er nicht aus dem gleichen Stoff (homoousios in der Formulierung von Athanasius) mit dem menschlichen Geschlecht gewesen sein.[68] Deswegen wurde Maria in der Doktrin der Inkarnation und in der orthodoxen Christologie die Schlüsselfigur, und zwar in einem wesentlichen Moment in der Gründungsperiode der frühen Kirche, als einerseits die Göttlichkeit und andererseits die Menschlichkeit Christi verneint wurden. Um diesen Angriff abzuwehren, musste der katholische Glaube bestätigen, dass Maria die wirkliche Mutter von Jesus war und dies jenseits aller Zweifel festlegen. Den Docetisten und Arianern gegenüber war es ebenso wichtig – wenn die orthodoxe Position beibehalten werden sollte –, dass ihr Status absolut gesichert wurde. Aus dieser christologischen Kontroverse heraus wurde ihr der Titel Theotokos, Mutter Gottes, beim Konzil von Ephesos im Jahr 431 verliehen.

Hinter der Mariologie von Ephesos lag das Zeugnis der früheren Apologisten, mit Justin dem Märtyrer, Irenäus und Tertullian beginnend, indem die „Eva-Ave"-Doktrin entwickelt wurde, begründet auf der Typologie von Eden in Beziehung zum zweiten Adam. Daraus folgte die beständige Betonung der Jungfräulichkeit Marias, ihre Freiheit von der Sünde, und dass sie ein Instrument für den Erlösungsprozess war. Dass die kultische Reaktion auf diese sich entwickelnde marianische Theologie früher im Osten als im Westen aufkam, ist für unsere gegenwärtige Untersuchung nicht ohne Bedeutung, weil, wie ausführlich gezeigt wurde, in dieser Region, speziell in Kleinasien, die Magna Mater so fest etabliert war. Von hier ging die ernste Warnung aus, Maria als Göttin zu verehren. Sie wurde von Epiphanius im vierten Jahrhundert ausgesprochen, um den Einfall des alten Göttinkultes in dasjenige zu verhindern, was leicht seine christliche Entsprechung hätte werden können. „Lasst Maria geehrt sein, aber lasst den Vater, den Sohn und den Heiligen Geist angebetet werden."[69] Im Westen, wo die alten Lehren weniger eindringlich waren, genügte die Verteidigung der immerwährenden Jungfräulichkeit. Besonders die lateinischen Väter waren eher darum bemüht, die orthodoxe Position zu stützen, die die Natur Christi in ihren dualen Aspekten von perfektem Gott und wahrem Menschen respektierte, und dazu war die Mariologie Beiwerk.

Die Theotokos

Dennoch, die Niederlage des Arianismus beim Konzil von Nicäa 325 und die Etablierung der „Konsubstanzialität“ (aus gleichem Stoff) von Gottes Sohn mit dem Vater festigte den Titel Theotokos (Gottesgebärerin), welcher der Jungfrau durch Athanasius zugeschrieben wurde, weil, wie er erklärt hatte, „vom Fleisch Mariens der Sohn Gottes durch Essenz und Natur hervorging“.[70] Tatsächlich war der Ausdruck in Gebrauch gewesen, wahrscheinlich seit Origen, bevor er von Athanasius angenommen wurde, um die göttliche Menschlichkeit Christi gegen die arianische Verneinung seiner vollen Gottheit auszudrücken. Es war ziemlich schwierig, die allgemeinen Häresien zu widerlegen, indem man sein wirkliches Menschsein respektierte, während man seine Göttlichkeit beibehielt, ausser in der Vorstellung von Gott als seinem Vater und Maria als seiner Mutter. Deswegen brachte Nestor, der Patriarch von Konstantinopel, einen wesentlichen Fall auf, als er 428 gegen die Verwendung des Titels in dem Bereich opponierte, wo in der Heiligen Schrift Jesus als Christus oder Herr bezeichnet wird, aber nicht Gott. Maria, sagte er, solle als Christotokos beschrieben werden, „denn als sie den Sohn Gottes gebar, gebar sie einen Mann, der durch seine Vereinigung mit dem Sohn Gottes Sohn Gottes genannt werden kann“.[71] Diese Schlussfolgerung war wohl missverständlich, und es entstand der Eindruck, als behaupte er, Christus sei zwei Personen, eine menschliche und eine göttliche: Eine Art dualer Persönlichkeit, unterschieden in eine irdische und eine himmlische Manifestation. Katholiken behaupteten andererseits, dass er eine einzige Person sei, die Menschlichkeit und Göttlichkeit komplett in sich vereinigt. Zunächst einmal um diese Doktrin zu sichern, wurde der Titel Theotokos standhaft aufrecht erhalten.

Die Kontroverse bestand fort, und in einer Serie von Predigten wiederholte Nestor seine Behauptung, dass „der, der von einer Frau geboren wurde, nicht allein Gott oder allein Mensch ist, sondern Mensch vereinigt mit Göttlichem“. Er akzeptierte eine Formulierung, welche „die zwei Naturen perfekt miteinander vereinigt“ und dass „ohne Verwechslung in der einen Person der einzig Eingeborene angebetet werden könne“.[72] Aber diesem Satz konnte zu leicht eine monophysite Interpretation von Christus gegeben werden, nach der er nur eine und zwar göttliche Natur habe, um zu diesem Zeitpunkt annehmbar zu sein. Dagegen setzte Cyril, der Patriarch von Alexandria, all die Kräfte der nicäischen Orthodoxie ein, um die hypostatische Vereinigung der menschlichen und göttlichen Natur im einen Christus zu vereinigen, als er die Väter des Konzils von Ephesos ansprach, die 431 in der Basilika der Theotokos versammelt waren. Dort in dieser Stadt, die so bekannt war für ihre Verehrung der Artemis oder römischen Diana, wo ihr Bild vom Himmel gefallen sein soll,[73] unter dem Schatten des seit 330 vor Christus der Grossen Muttergöttin geweihten

Tempels, der entsprechend der Tradition einen zeitlich begrenzten Wohnsitz von Maria enthalten haben soll. Hier musste der Titel „Gottesträgerin“ aufrecht erhalten werden. Der heilige Cyril jedoch ging kein Risiko ein und eröffnete das Konzil am 22. Juni, ohne auf die Ankunft der syrischen Bischöfe zu warten, die von Johannes von Antiochia angeführt wurden und die wahrscheinlich Nestor verständnisvoll gesonnen waren.

Nachdem er die Führung übernommen und das nicäische Glaubensbekenntnis gebetet hatte, ordnete er an, dass sein zweiter Brief an Nestor gelesen werde. Er erklärte sich in Übereinstimmung mit dem in Nicäa aufgestellten Glauben. Dann fuhr er mit der Exkommunikation des Patriarchen von Konstantinopel fort, was unter immensen öffentlichen Ausrufen bestätigt wurde. Als Folge wurde Nestor „von aller bischöflichen Würde und von allen Versammlungen von Bischöfen ausgeschlossen“, bevor weder die syrischen Bischöfe noch der päpstliche Gesandte aus Rom eingetroffen waren. Johannes und seine Gruppe antworteten damit, dass sie Cyril und seine Partisanen verfluchten und sie der Häresie des Apollinarius bezichtigten, weil im Grunde genommen die Menschlichkeit Christi verneint werde, indem man bei ihm eine vernunftgemässe Seele verleugne. So wurde die Kontroverse wieder eine christologische Angelegenheit, die durch den gesamten Disput über den Titel Theotokos die grundlegende Frage darstellte. Maria wurde von Cyril zur wahren Mutter Gottes erklärt, weil sie der „unzerstörbare Tempel“ war, „die Wohnstatt der grenzenlosen Mutter und Jungfrau, durch die er in der Heiligen Schrift ‚gesegnet, wer im Namen Gottes kommt‘ genannt wird“.[74] Nestor andererseits behauptete, dass sie die Mutter des Menschen Jesus Christus war, der durch seine Vereinigung mit Gott der Sohn Gottes genannt werden konnte.

Wie richtig Cyril auch vom alexandrinischen Standpunkt aus gelegen haben mag, indem er um jeden Preis seine Vorstellung vom vorexistierenden, göttlichen Logos aufrecht erhielt, der sich in menschlicher Gestalt als göttliches Wort offenbart und zwar durch Maria, die Gottesgebärerin – diese Interpretation der Inkarnation hatte tatsächlich den Effekt, den Retter der Menschheit irgendwie entfernt zu machen. Deswegen fühlte man mehr und mehr das Verlangen nach einem intimeren und wirklich menschlichen Vermittler, eine Rolle, in der die sich sorgende und glorifizierte Mutter Gottes für die öffentlichen Vorstellungen und Bedürfnisse sehr anziehend war. In den frühen Entwicklungen des Marienkultes war die Anbetung Unserer Lieben Frau eher populär als wissenschaftlich, eher alexandrinisch und byzantinisch als augustinisch und römisch. Obwohl die nestorianische Häresie Maria nur am Rande betraf, weil sie sich um ihren Sohn drehte, wurde ihr trotzdem frische Betonung als Vermittlerin gegeben. Aber als die Gnostiker die Menschlichkeit Christi abstritten, wurde sie die Fülle der Vollkommenheit, und sogar zuweilen eine Muttergöttin. Als demnach das Konzil von Ephesos den Titel Theotokos verteidigte, gab er der wachsenden Verehrung der Jungfrau als der Mutter Gottes theologischen Ausdruck, speziell im Osten.

In der Folge wurden ihre göttliche Mutterschaft und immerwährende Jungfräulichkeit weiter betont, denn das war der Prüfstein der katholischen Orthodoxie in der nestorianischen Kontroverse. Gleichzeitig war es das, was von Hilarius von Poitiers, dem „Athanasius des Westens“ (etwa 315-367), verteidigt worden war, ebenso vom heiligen Ambrosius (etwa 339-397) und von anderen lateinischen Patres im vierten und fünften Jahrhundert. Obwohl man sie nicht ausdrücklich als Vermittlerin bezeichnete, bis der Titel von Johannes von Damaskus im achten Jahrhundert für sie verwendet wurde, hatte sie für alle Absichten und Zwecke lange diese Rolle in Kleinasien und dem östlichen Mittelmeerraum erfüllt. Aber der Marienkult wuchs nach dem Konzil von Ephesos nicht so schnell, wie man vielleicht erwartet hatte, auch wenn der Boden von den alten Anhängern der Magna Mater so gut vorbereitet worden war. Denn er entstand und entwickelte sich in erster Linie im Kontext der Doktrin der Inkarnation, innerhalb derer sie eine einzigartige Stellung einnahm. Und nicht von der vorchristlichen Verehrung des weiblichen Prinzips im Göttlichen, welches, wie wir gesehen haben, eher in einer vergöttlichten Mater Ecclesia Ausdruck fand.

Die Marien-Ikonographie

Dennoch gab das Konzil von Ephesos dem Marienkult einen kräftigen Schub, der in der Ikonographie unmittelbar Niederschlag fand. So begannen angeblich authentische Portraits der Jungfrau aufzutauchen, wovon die Hodegetria, die dem heiligen Lukas zugeschrieben wird, ein bekanntes Beispiel ist. Sie soll 438 von Jerusalem von der Herrscherin Eudocia an ihre Schwägerin Pulcheria geschickt worden sein, die es in die Kirche der Hodegin in Konstantinopel stellte.[75] Sie wurde Jahrhunderte lang im Osten als kaiserliches Palladium verehrt und in einem entsprechenden Wagen zu Schlachten mitgenommen, ähnlich wie das Bild von Kybele in gleicher Art und Weise in die Strassen von Rom getragen wurde. Jedoch ist das ein konventionelles, byzantinisches Bildnis der Madonna aus dem sechsten Jahrhundert. Es zeigt sie, wie sie aufrecht steht und das Heilige Kind hält, das auf ihrem linken Arm sitzt. Seine rechte Hand segnet und in seiner linken hält es eine Rolle. Auf einem anderen Portrait des gleichen Typs in einer Kirche, die von Pulcheria in Blachernae nahe Konstantinopel gebaut wurde, erscheint sie als Betende mit ausgestreckten Armen, die sich für die Gläubigen einsetzt.[76] Wie Augustinus bestätigte,[77] wissen wir nichts über das Aussehen von Maria. In ihren frühesten Abbildungen in der Kunst wurde sie als Mitglied einer Gruppe gezeigt, und zwar in Szenen wie der Verkündigung, der Heimsuchung, der Geburt Christi, der Überreichung sowie besonders der Anbetung der Heiligen Drei Könige. Auf dem grossen Mosaik auf der westlichen Seite des Triumphbogens in Santa Maria Maggiore in Rom (ca. 433 n.Chr.) sitzt sie jedoch auf einem Stuhl in Anwesenheit von zwei geflügelten Engeln. Die Taube schwebt darüber in der Luft und Gabriel fliegt auf sie zu, um seine Botschaft zu verkünden.

Madonna mit Kind in der Mandorla
vor Brust und Schoss; Venedig, um 1400

Kirchen, die der Madonna geweiht sind

Tatsache ist, dass die Madonna am Ende des vierten und am Beginn des fünften Jahrhunderts, als die Kirchen begannen, sie zu ehren, in der Ikonographie häufig in der Art von Isis und Horus auf dem Thron sass. Sie trug die Mauer-Krone von Kybele und hatte Gorgon an ihren Brüsten wie Athene, und das Heilige Kind war manchmal in einem heiligen Mandalakreis an ihrer Brust eingeschlossen.[78] Auch war eine solche Darstellung nicht auf die byzantinische Mariologie beschränkt. In der Chor-Nische hinter dem Altar der Kathedrale in Parenzo-Istrien an der Adria war eine Jungfrau auf dem Thron im Zentrum der Muschelschale aufgestellt, wahrscheinlich von Arbeitern aus Ravenna um das Jahr 540. Auf jeder Seite befindet sich ein Engel mit Heiligen im Hintergrund, die Bischof Euphrasius, den Gründer, und seinen Erzdiakon Claudius einbeziehen. Unter der vertikalen Wand der Chor-Nische sind Szenen der Verkündigung und Heimsuchung, aber diese stammen eher aus einer späteren Zeit. 1944 wurden Fresken von dieser Periode in einem hellenistischen Stil gefunden, die das Leben der Jungfrau darstellen, die Verkündigung, die Heimsuchung und den Beweis ihrer Jungfräulichkeit, und zwar in der kleinen Kirche in Castelseprio nahe Mailand.

In den Katakomben zeigt ein Fresko aus dem dritten Jahrhundert auf dem Friedhof von Priscilla die Verkündigung, und in einem Gemälde des nächsten Jahrhunderts im Caementerium majus wird das Heilige Kind an der Brust seiner Mutter gezeigt, mit einem ausgestreckten Arm. Über ihren Köpfen sind zwei Sterne, und links ist eine männliche Figur, wahrscheinlich einer der Propheten, der auf den Stern zeigt. Die Verkündigung ist das Thema von zwei Gemälden, von denen eines in das Ende des zweiten Jahrhunderts und das zweite ins dritte Jahrhundert gehört. Die Jungfrau sitzt, der Engel steht vor ihr in menschlicher Form. Nur einmal wird Christi Geburt abgebildet, und das ist auf einem Fresko späteren Datums in der Katakombe des heiligen Sebastian. Normalerweise sitzt Maria auf einem Thron und hält das Heilige Kind nach vorn, manchmal um die Anbetung der Heiligen Drei Könige zu empfangen. Auf einem Fresko auf dem Friedhof des heiligen Castulus ausserhalb der Porta Maggiore in Rom befindet sich die Jungfrau mit dem Jesuskind zwischen zweien der Könige, während sie nahe der Krypta der heiligen Emerentiana auf dem Caementerium majus in der Via Nomentana auf einem Fresko aus dem vierten Jahrhundert, wo byzantinische Züge aufzutreten beginnen, als Betende dargestellt ist, die für jene im Grab Fürbitte einlegt. Es kann kaum später sein als der Beginn des fünften Jahrhunderts, aber das Wiederauftauchen von Maria in der sehr frühen Kunst und Ikonographie zeigt die graduelle Entwicklung ihrer Bedeutung in der christlichen Theologie und Frömmigkeit.

Um das sechste Jahrhundert waren Madonnen ein Standard-Produkt in der christlichen Kunst geworden, mit dem Heiligen Kind oder stehend als Betende mit erhobenen Händen und Armen zur Fürbitte. Schon sehr früh, im ersten Viertel des fünften Jahrhunderts, trugen vergoldete Glasstücke aus den Katakomben den Namen „Maria“ und zeigten die Jungfrau zwischen Petrus und Paulus stehend in Gebetshaltung. Reliefs von ihr als Betende tauchen in der Kirche von Santa Maria von Porto in Ravenna auf, sowie auf Mosaiken über dem dortigen Altar des erzbischöflichen Palastes, ebenso wie in der Kapelle des heiligen Venantius im Lateran in Rom (etwa 642). Justinian wandte sich zum Schutz dessen, was vom Reich übrig geblieben war, an die Theotokos, fast so wie es im vierten Jahrhundert vor Christus die phrygische Grosse Muttergöttin war, zu der man Zuflucht suchte, um die ewige Stadt in ihrer Stunde der Bedürftigkeit zu retten. Justinians General Narses suchte ihren Rat auf dem Schlachtfeld ebenso wie die sibyllinischen Bücher im Krieg des Hannibal um göttliche Führung konsultiert wurden. Und als der heilige Meteorstein der Kybele im Triumph nach Rom gebracht wurde, trug Heraclius während eines Kampfes eine Fahne von Maria mit ihrem Bild darauf. In einer Katakombe auf dem Appischen Weg nahe Abano sind ihre Hände im Gebet ausgestreckt und im Korridor auf der Wand von Aurelian nahe dem Appischen Tor (Porta di San Sebastiano) mag eine byzantinische Jungfrau mit dem Kind aus dem sechsten Jahrhundert zum Nutzen der Truppen des Belisarius während der Belagerung der Stadt von Vitiges im Jahre 538 abgebildet worden sein, als die Befestigungen repariert wurden. Sogar in Britannien, das so weit von der byzantinischen Welt entfernt war, scheint der Marienkult in den Mönchszentren dieser Inseln geblüht zu haben. So scheint es, dass die Mönche von Glastonbury die Jungfrau in ihrer Liturgie angerufen haben, und als Ambrosius Reichs-Empfindungen wieder belebte, erwarben sie eine Madonna im byzantinischen Stil. Von der alten historischen Kirche, um die zahlreiche Legenden kreisen, sprach man als ein „Gebetshaus von Petrus und Paulus“, aber schliesslich wurde sie wieder „Unserer Lieben Frau von Glastonbury“ geweiht. Dies war wahrscheinlich das erste Zentrum des Marienkultes in Britannien.

In Rom wurde die Basilika Santa Maria sopra Minerva nahe dem Pantheon über eine frühere Weihung an Minerva gesetzt, wie der Name sagt, und in der Nähe befand sich ein Isis-Heiligtum. Aber Santa Maria Maggiore auf dem Esquilinischen Hügel ist die grösste der acht ersten und grossartigen Kirchen in Rom, die Unserer Lieben Frau gewidmet waren. Sie wurde ursprünglich im vierten Jahrhundert von Papst Liberius gebaut, damals Liberianische Basilika genannt. Im siebten Jahrhundert, vielleicht früher, wurde sie als Santa Maria ad praesepe bekannt, weil unter dem Hochaltar die Überbleibsel der Krippe ruhen sollen. Sie soll auf der Stelle gebaut worden sein, wo sich vorher ein Kybele-Tempel befand, während etwas entfernt davon ein Tempel für Juno Lucina stand, die Beschützerin der Schwangeren.[79] Auf dem Kapitolshügel mit all seinen heiligen Verbindungen zum Göttinkult steht Santa Maria in Ara Coeli, die ursprünglich Santa Maria in Campitolio hiess, mit der berühmten Krippe in der Praesepio-Kapelle. In dieser Krippe wird das Santo Bambino di Ara Coeli vom Weihnachtsabend bis zum Fest Epiphanias ausgestellt. Sie ist in Olivenholz geschnitzt, das offenbar aus Palästina kam, geschmückt mit wertvollen Juwelen. In einer Grotte dahinter sehen wir die Jungfrau mit dem Kind auf ihrem Knie und der heilige Joseph mit Ochs und Esel. Die Schäfer, die Heiligen Drei Könige und die Frauen, die ihre Geschenke von Früchten bringen, vervollständigen im Hintergrund die Szene in bemerkenswerter Weise. Darüber wird Gottvater mit Engeln und Cherubim gezeigt, davor der heilige Augustin und die Sibylle, die auf das Heilige Kind weisen. Dies bildete die mittelalterliche Legende griechischen Ursprungs ab, wo die Fleischwerdung in den sibyllinischen Büchern vorher gesagt und ein Altar an dem Ort der Kirche errichtet wurde, und zwar vom Herrscher Octavius, der bei der Tiburtinischen Sibylle eine Stimme sagen hörte: „Dies ist der Altar des eingeborenen Gottes“. Nach der benediktinischen Chronik soll er von Gregor dem Grossen im Jahr 591 gebaut worden sein. Wegen seines hohen Alters wurde das Fundament traditionell Konstantin zugeschrieben, was nahe legt, dass es eine der ersten Kirchen in Rom war. Sie wurde auf dem Kapitol errichtet und der Gottesmutter geweiht. Ähnlich wurde in Athen, als das Erechtheum auf der Akropolis, der Pallas heilig, in eine Kirche umgewandelt wurde, das Ganze unter den Schutz der Madonna gestellt, genau wie das Anthenaion, der römische Tempel in Syrakus.

Das rege Bauen von Kirchen, die der Jungfrau geweiht waren, und zwar auf Göttinnen-Heiligtümern, charakterisiert die Entwicklung des Marienkultes. Zweifellos umfasste es die Übertragung von mindestens einigen Glaubensinhalten und Praktiken auf die volkstümliche Frömmigkeit, die mit den alten, vorchristlichen Besitzerinnen der Heiligtümer zu tun hatten. Dies war unvermeidlich, wie wünschenswert und notwendig die Prozedur den Umständen entsprechend auch gewesen sein mag. Es sprach sicherlich für die Lokalisation der Madonna entlang den Wegen der früheren „Göttin der vielen Namen“, obwohl natürlich keinen Moment angenommen wurde, dass Maria etwas anderes als eine Person war, die Theotokos. Trotzdem tendierten ihr Dienst und ihre Funktionen dahin, aufgeteilt zu werden, so dass sie nicht nur die Patronin von Kirchen mit speziellen Charakteristika in ihren früheren Verbindungen wurde, sondern auch die Beschützerin bestimmter Städte, Heiligtümer und Örtlichkeiten mit Titeln wie Unsere Liebe Frau von Zaragoza, Berg Carmel, Glastonbury, Walsingham; und seit der Autorisierung der Erscheinungen, die Bernadette 1858 hatte, Nôtre Dame de Lourdes. Auch wurde sie die Schutzpatronin von Berufen wie der Seefahrer in ihrer Eigenschaft als Stern des Meeres.

JAHRESFESTE DER MARIA

Die Himmelfahrt

Ein anderer Aspekt ihres Kultes fand im Datum Ausdruck, der ihr im Kalender gegeben wurde. Wieder war es im Osten, wo die Hauptfeste zuerst beobachtet wurden – die Himmelfahrt, die Verkündigung, Lichtmess und Geburt. Hiervon soll laut Nicephorus Callistus die Dormition oder „Maria, die Mutter Gottes, schläft ein“ (Dormitio) vom Herrscher Maurice (582-602)[80] am 15. August eingerichtet worden sein, obwohl sie vermutlich bereits ein Jahrhundert früher in Syrien und Palästina um die gleiche Zeit begangen wurde, laut dem Leben des heiligen Theodor (um 529). In Ägypten und Arabien wurde die Himmelfahrt im Januar gefeiert. Im sechsten Jahrhundert in der Gallicanischen Liturgie konnte sie von den Mönchen in Gallien am 18. Januar beobachtet werden, bis der römische Ritus eingeführt wurde. Obwohl es das wichtigste Marienfest wurde, etablierte es sich als universeller Brauch erst nach und nach ausserhalb des byzantinischen Ostens.

Dass das Fest als Erinnerung an die Weihe einer Kirche aufkam, ist wahrscheinlicher, als dass es ein Ergebnis des Konzils von Ephesos war, oder dass es in Rom vom heiligen Damaskus eingeführt wurde. Wenn dies so wäre, dann läge dahinter ohne Zweifel eine lange Tradition ohne Definition oder allgemeine Akzeptanz. So wurde nach einer gnostischen und collyridianischen Legende zur Zeit ihres Todes der Körper Marias auf einer Wolke nach Jerusalem getragen, und in Gegenwart der Apostel brachte Gabriel ihre Seele aus dem Leichnam zum Paradies. Aber als man sie im Tal von Jehoshaphat in ein Grab legen wollten, erschien Jesus selbst und vereinigte die sterblichen Überreste mit der Seele, die von Michael und einer Heerschar von Engeln vom Paradies zurückgebracht worden war. Diese Geschichte in den apokryphen *De Obitu S. Dominae* und im Buch *De Transitu Virginis Mariae Liber*[81], fälschlicherweise dem heiligen Melitus von Sardis zugeschrieben, wurde von Epiphanius widerlegt, der sagte: „Suche in den Schriften, du wirst weder Marias Tod finden, noch wann sie gestorben ist. Auch nicht, dass sie nicht starb, oder dass sie beerdigt oder nicht beerdigt wurde“. Dass ihr Tod und Begräbnis von der Ehre umgeben waren, die ihrer jungfräulichen Reinheit zustand, und dass ihr heiliger Körper gesegnet und verherrlicht wurde, bestätigte er. Aber „niemand kennt ihr Ende“.[82] So wenig wusste man tatsächlich in den ersten sechs Jahrhunderten, was das Datum und den Ort ihres „Einschlafens“ betraf, dass der Weg offen war für Spekulation und das Aufkommen einer Legende, die im *Decretum de Libris Canonicus Ecclesiastus et Apocryphis*, 494 Papst Gelasius zugeschrieben, als ketzerisch verdammt wurde.

Erst nach dem Konzil von Ephesos wurde diesen fabelhaften Traditionen offiziell Glaube geschenkt, als im sechsten Jahrhundert die Kontroverse von Nestor der Verehrung der Theotokos solche Bedeutung verschaffte, dass ihre körperliche Himmelfahrt ein weit verbreiteter „frommer Glaube" wurde. Dann wurden Versuche gemacht, ihn dadurch zu unterstützen, dass man die häretischen Abhandlungen dem heiligen Johannes Melito von Sardis, Athanasius, dem heiligen Jerome und dem heiligen Augustinus zuschrieb, die alle tatsächlich unecht sind. Die Chronik von Eusebius wurde verfasst, um zu erklären, dass „im Jahr 48 Maria die Jungfrau hinauf in den Himmel genommen wurde, wie einige schrieben, dass es ihnen enthüllt wurde", um seine Autorität für die Doktrin zu bekommen, die damals gerade formuliert wurde. Gregor von Tours zeichnet die apokryphe Geschichte des *Liber de Transitu* in seinem De Gloria Martyrum (1.4) auf. Zudem berichtet er, dass sie in die Gallicanische Liturgie eingebaut war. Der Titel „assumptio" erschien zuerst in den kanonischen Büchern von Bischof Sonnatius von Rheims (etwa 630), und unter dieser Bezeichnung tauchte es im Gelasischen Sakrament auf. Duchesne behauptet, dass es wie die anderen drei Feste der Jungfrau ein byzantinischer Import war und dass die Länder des Gallicanischen Ritus nichts darüber wussten, bis sie in die römische Liturgie aufgenommen worden waren.[83] Aber dass die Legende im Gelasianum nirgends erwähnt wurde, mag nahe legen, dass eine Massen-Erinnerung an den Tod der Jungfrau am 15. August stattfand, weil das Fest in Rom in Santa Maria Maggiore offenbar im sechsten Jahrhundert beobachtet wurde. Um die Zeit von Sergius I. (700) war es ein wichtiges Fest, in der Folgezeit mit einer achttägigen Feier, ausser im ambrosischen Ritus in Mailand. Es war jedoch erst 1950, dass der wachsende, weit verbreitete Glaube, „wenn der Lauf ihres irdischen Lebens vorbei war" die Mutter Gottes „in Körper und Seele zu himmlischer Herrlichkeit aufstieg" ex cathedra durch ein päpstliches Dekret zu einem De-fide-Glaubensartikel erklärt wurde.

Die Verkündigung

Weil der Marienkult auf dem einzigartigen Status und Amt beruht, die für die Jungfrau bei der Fleischwerdung vom Sohn Gottes beansprucht werden, musste die Aufmerksamkeit auf den ausserordentlichen Moment konzentriert sein, als sie mit dem Erzengel Gabriel konfrontiert und aufgerufen war, ihre wichtige Entscheidung zu treffen, von der die Rettung der Menschheit abhing. Dass dieser Moment ein wichtiges Erinnerungsdatum sein würde, war unvermeidlich, obwohl es keinen historischen Bericht über die Einrichtung des Festes Maria Verkündigung gibt.

Die Zeugung des Christkindes wurde immer als ein normaler physiologischer Prozess angesehen, der sich über neun Monate hinzog, nachdem einmal der 25. Dezember im Westen als Datum von Christi Geburt festgelegt worden war. Daher fiel das Datum der Verkündigung natürlicherweise auf den 25. März. Dies brachte jedoch für den Osten ein Problem mit sich, denn das Konzil von Laodicea im vierten Jahrhundert verbot es, heilige Tage in der Fastenzeit zu halten, ausser an Sonnabenden und Sonntagen.[84] Eine Ausnahme, zum Vorteil des Brauches beim Konzil von Trullo im Jahr 692 gemacht, erleichterte die Situation. Im Westen, zuerst in Spanien festgehalten, wurde er an verschiedenen Daten an verschiedenen Orten durchgeführt, bis das Konzil von Toledo 656 den 18. Dezember als Festtag fixierte, weil er, wie erklärt wurde, nicht zur Fasten- oder Osterzeit gehalten werden konnte. Aber im mozarabischen Ritus ist die gleiche Messe für den 18. Dezember und den 25. März festgelegt.[85] Erst viel später wird diese Prozedur in Rom angenommen. Unter den Festen, die vom Konzil von Metz 813 gefordert wurden (can. xxxvi), ist sie nicht erwähnt.

Es scheint, dass die Gedächtnisfeier für Maria Verkündigung um die Zeit des Konzils von Ephesos 431 aufkam, weil sie offenbar nicht bekannt war, als sich die Synode 372 in Laodicea versammelte. Zuerst wird sie im Westen im Sakramentarium von Gelasius in einem Manuskript aus dem 7. Jahrhundert erwähnt und in einem Manuskript des Sakramentariums des heiligen Gregorius im nächsten Jahrhundert. Deswegen war das Fest in Rom ein Produkt des siebten Jahrhunderts,[86] obwohl es früher in Spanien und im Osten eher als dominikanisches Fest denn als Marienfest beobachtet wurde, denn die Betonung lag auf der jungfräulichen Zeugung des fleischgewordenen Christus. Erst als sich der Marienkult allmählich entwickelte, wurde es zu Ehren der Mutter Gottes gehalten. Ursprünglich im Westen nur in Ländern des Gallicanischen Ritus gefeiert, war es dann auf jenes beschränkt, das zu diesem Zweck im Januar gehalten wurde.[87] Als spezielle Gedenkfeier war die Verkündigung nie rigide an den 25. März gebunden, wie man erwartet hätte. So war sie im ambrosischen Ritus auf den letzten Sonntag im Advent festgelegt, während die Armenier sie am Vorabend von Epiphanias (dem 5. Januar) hielten, bis sie sie auf den 7. April verlegten.

Die Lichtmess-Feier

Wie Maria Verkündigung war die Reinigung der gesegneten Jungfrau Maria oder Lichtmess, wie sie gemeinhin genannt wird, ursprünglich ein dominikanisches Fest, und das blieb sie auch im östlichen Christentum. Ihre byzantinische Herkunft zeigt sich im Namen „Hypapante“, der das „Treffen“ von Christus mit Simeon-Anna bei der Darstellung im Tempel bezeichnet. Im Westen war sie die Reinigung von Maria im Sinne des jüdischen Brauches, der betont wurde.[88] Und weil der Gedenktag mit einem alten, vorchristlichen Lichterfest zusammenfiel, wo Kerzen und Fackeln in einer Prozession getragen wurden, am Beginn des Monats Februar gefeiert, als Schutz gegen Seuche, Hunger, Pestilenz und Erdbeben, wurde es als Lichtmess bekannt. Den Symbolismus interpretierte man im Sinne des Nunc Dimittis in der biblischen Geschichte. Im vierten Jahrhundert (etwa 385) gab es am 14. Februar (Quadragesima de Epiphania) eine stille Prozession und zwar in Jerusalem in der Kirche von Anastasis. Darauf verweist ein Pilger von Bordeaux, Etheria oder Silva.[89] Aber es gibt keine Erwähnung der Reinigung der Jungfrau in Verbindung damit. Cedrenus, ein Historiker des elften Jahrhunderts, schreibt die Einrichtung des Festes dem Herrscher Justin von Konstantinopel 526 zu.[90] Und es war zu diesem Zeitpunkt, oder zu Zeiten der Regentschaft seines Nachfolgers Justinian im Jahr 541,[91] dass es am 2. Februar etabliert wurde, nachdem die Geburt Christi unter lateinischem Einfluss in Byzanz auf den 25. Dezember verlegt worden war. Wann es in Rom eingeführt wurde, liegt im Dunkeln. Baronius schreibt es Papst Gelasius zu (492-496) als dem christlichen Gegenstück der Pulchercalia, aber dies war Mutmassung.[92]

Obwohl es von den alten Schriftstellern als lustratio oder purificatio beschrieben wurde, hatte es keine offensichtlichen Verbindungen mit der Lichtmess-Prozession. Die vorchristlichen Lupercalia waren ein Fruchtbarkeitsritus, bei dem zwei Gruppen von Jugendlichen, die mit einem Gürtel aus Ziegenleder bekleidet waren, um die Grenzen des Palatin-Hügels herum rannten und Frauen mit Peitschen aus Ziegenhaut schlugen, um sie fruchtbar zu machen. Deswegen war es eher der Prototyp der Auffahrt-Prozession (rogationtide) als der von Lichtmess. Trotzdem besteht kein Zweifel, dass hinter dem Symbolismus des Lichterfestes die alten Flurumgänge liegen, verbunden mit der Wiederkehr der Göttin aus der Unterwelt und der Wiedergeburt der Natur im Frühling sowie der Wiedergeburt der Neophyten in den Mysterien. So zündeten sie bei den eleusinischen Mysterien Fackeln an, um an Demeters Suche nach Kore zu erinnern, und zwar als Teil des Reinigungsrituals in Vorbereitung auf das heilige Drama im Telesterion.[93] Ähnlich wurde „der schöne junge Gott Iacchos" inmitten einer Lohe von Fackeln den heiligen Weg von Athen nach Eleusis entlang getragen. Oder in den kleineren Mysterien von Agrai, die am 11. des Monats Anthesterion (am 2. März) begannen, als die Göttin Kore aus der Unterwelt im jungen Korn zurückkehren und die länger werdenden Tage mit sich bringen sollte. Da versammelte man sich während des Nachmittags am 2. Tag des Festes, und um sechs Uhr abends begann man mit Fackeln die Rückkehr des Lebens und des Lichtes zu feiern – jetzt, nach dem Tod und der Dunkelheit des Niedergangs des Jahres.[94]

Während die eleusinischen Mysterien auf die christliche Praxis nur indirekten Einfluss ausüben konnten, waren sich trotzdem die frühen Väter der Rivalität bewusst, besonders nachdem der Herrscher Julian, den sie als den Apostaten beschrieben, selbst in Eleusis eingeweiht worden war, und zwar als Reaktion auf seine christliche Erziehung. Wie dargelegt wurde, stammt tatsächlich eine ganze Menge unserer Informationen, die diese Riten betreffen, aus christlichen Quellen wie den Niederschriften des Hippolyt. Deswegen ist der umgekehrte Prozess wahrscheinlicher, der, ausgehend vom spirituellen Zustand der Welt, in dem das Christentum entstand, die Verbreitung und den Fortbestand der griechisch-orientalischen Mysterien-Religionen ermöglichte. Dies ist im Marienkult offensichtlich, nachdem die Jungfrau als Theotokos die Mater Ecclesia als die Magna Mater der christlichen Tradition ersetzte. Sie selbst wurde dabei als zentrale Figur bei den Festen des alten Göttinkultes mit ihrem lang etablierten Zeremoniell eingesetzt. So war im Fall des Lichterfestes der 1. Februar der Tag, an dem Feuer entzündet wurden und Fackeln als Leben spendende Kräfte die ganze Nacht lang brannten. Dies waren Bräuche, die so tief verwurzelt waren, dass sie in der christlichen Zeit überlebten, lange nachdem ihre ursprüngliche Bedeutung verloren gegangen war, jedenfalls „offiziell“. In Schottland wurde beispielsweise das heilige Feuer der heiligen Bride oder Bridget sorgfältig gehütet, und es wurde am Lichtmess-Abend ein Bett aus Korn und Heu als Fruchtbarkeitsritus hergerichtet, umstellt mit Kerzen.[95] Hier spielte die heilige Bride die Rolle der Göttin Kore, und das Feuer symbolisierte das siegreiche Aufsteigen der Sonne aus der Dunkelheit des sich verabschiedenden Winters.

Da Kerzen Embleme der göttlichen, Leben spendenden Kraft der Sonne waren, wurden sie passender Weise gesegnet und in einer Prozession am Ende des Lichtmess-Festes getragen, um an die Präsentation der „Sonne der Rechtschaffenheit“ im Tempel ihres himmlischen Vaters zu erinnern. Indem das heilige Licht ein Symbol des Heiligen Kindes wurde, das man zum Licht erklärte, welches „die Nicht-Juden und die Herrlichkeit seines Volkes Israel erleuchten soll“, und Maria als „Lichtträgerin“ bekannter wurde, erschien die Bedeutung des Festes als Mysterium vollständig. Die Prozession stellte den Eintritt in die Welt des wahren Lichtes dar. Die Segnung und das Verteilen der Kerzen, die gegen den Uhrzeigersinn um die Kirche herum getragen werden sollten (d.h. in der bussfertigen Weise), symbolisierte die Erleuchtung der ganzen Erde. Die anschliessende Messe der Reinigung der gesegneten Jungfrau Maria brachte die Fleischwerdung, die „die Menschheit von der Kraft der Dunkelheit in das klare Licht des geliebten Sohnes übersetzte“, in Beziehung mit der reinen Jungfrau als „Lichtträgerin“. Der bussfertige Charakter der Prozession befand sich in Übereinstimmung mit der Vorbereitung auf die Reinigung der alten Mysterien-Zeremonie, während das Kerzenritual vom alten, vorchristlichen Fackel- und Lichtsymbolismus her stammte, der mit dem der jungfräulichen Mutter zusammen gebracht wurde. Sie zeigte sich mit ihrem göttlichen Sohn nicht als Göttin wie Ishtar oder Isis, sondern sie machte die einfache bäuerliche Opfergabe von einem Paar Turteltauben oder zwei jungen Tauben. Nochmals stülpte die Kirche ihren eigenen Glauben und ihre eigene Praxis über den etablierten Kult bei den Kulturen, wo das Christentum auftauchte. Sie glich ihn an und interpretierte ihn im Sinne ihrer wichtigsten Lehr-Doktrinen. Sie formulierte so ihren eigenen Mythos und ihr eigenes Ritual als lebende Wirklichkeit.

Madonna im Ährenkleid, eine „Kornmutter“ darstellend, süddeutscher Holzschnitt um 1450

Das Fest der Geburt

So illustriert das Fest der Inkarnation diesen Prozess, das sich als Ganzes genommen über 40 Tage von der Geburt bis Lichtmess hinzog. Während die Bestimmung des christlichen Datums von Weihnachten eher im Dunkeln liegt,[96] so steht ausser Frage, dass es zur Wintersonnenwende begangen wurde, als man die Wiedergeburt der Sonne als Urheberin und Verleiherin von Leben und Licht feierte. Welches auch immer der Grund dafür war, den 25. Dezember als Fest der Geburt im Westen im vierten Jahrhundert zu wählen, das Datum brachte es in direkte Beziehung mit dem Dies Natalis Solis Invicti des Mithraismus – des jährlichen Gedenkfestes für den Sieg des Lichtes über die Dunkelheit. Dies war eine angemessene Gelegenheit für die Kirche, das „Aufgehen der Sonne der Rechtschaffenheit mit Heilung in den Flügeln" zu feiern, obwohl es die Tatsache einschloss, dass im Hintergrund die früheren Verbindungen zum vorchristlichen Winterfest lagen. Zu diesem Zeitpunkt wurde in Ägypten der Sonnengott neu geboren wie Horus, der Sohn von Osiris, in den Armen von Isis, der „als seine Arme stark waren" gegen Seth kämpfte und siegte, wobei er ein Auge verlor. Am 25. Dezember um Mitternacht gebar die Konstellation der Jungfrau, die in Babylonien die Muttergöttin symbolisierte, die Leben spendende Sonne, genau wie im Baldur-Mythos der Rächer des getöteten Helden (Baldur), des guten und schönen Sohnes von Odin, in der Nacht des 24. Dezembers erschien. Er stand unter allgemeinen Freudenbekundungen wie die neugeborene Sonne auf, um die Macht der Finsternis zu zerstören. Tatsächlich klagten die Syrer und Armenier die Lateiner der Sonnenanbetung an, weil sie das Weihnachtsfest auf den 25. Dezember verlegten, ohne Rücksicht auf die Tatsache, dass ihr eigener Brauch des Festtages am 6. Januar an der Wintersonnenwende des Julianischen Kalenders gehalten wurde, welches in Alexandria auch der Geburtstag des Osiris war.

Epiphanius identifizierte den 25. Dezember mit den römischen Saturnalien, aber dieses Ereignis endete am 23. Dezember, obwohl offenbar einige der entsprechenden Feste in die Weihnachtsbräuche eingebaut wurden. Christus wurde gemäss Epiphanius dreizehn Tage nach der Wintersonnenwende geboren, als in Alexandria das Koreian im heiligen Bezirk der Göttin Kore gefeiert wurde: „Die ganze Nacht über", erklärte er, „halten sie Wache. Sie singen das Idol mit Hymnen an, begleitet von einer Flöte. Wenn sie ihre Nachtwache nach dem ersten Hahnenschrei beendet haben, steigen sie mit Fackeln in den Händen in eine unterirdische Kapelle und nehmen ein nacktes Bild aus geschnitztem Holz. Das stellen sie auf eine Tragbahre. Auf der Stirn hat es ein goldenes Siegel, ebenso auf beiden Knien, fünf Siegel, alle in Gold ausgearbeitet. Sie tragen dieses Bild in einer Prozession sieben Mal um den inneren Tempel, mit Flöten und Trommeln und Hymnen, und dann bringen sie es in einer bacchischen Gesellschaft zurück zu dem unterirdischen Platz. Wenn du sie nach der Bedeutung dieses Mysteriums fragst, antworten sie: ‚Zu dieser Stunde gebar heute Kore (das ist die Jungfrau) Aeon!'"[97]

Deswegen vollzogen, „während die Heiden sich mit ihren profanen Zeremonien beschäftigten", wie der heilige Chrysostomos meinte, die Christen „ihre heiligen Riten ungestört".[98]

Jedoch etablierte Glaubenspraktiken und Bräuche halten sich lange. So verdammte Leo der Grosse (440-461) die in Rom üblichen Feiern an diesem Tag, da sie sich nicht von Sonnenanbetung unterschieden. Er lancierte seinen Feldzug gegen die allgemein üblichen vorchristlichen Praktiken, die mit der Wintersonnenwende zusammenhingen. Im achten Jahrhundert setzte sich Bonifazius mit den gleichen unliebsamen Bräuchen in Nordeuropa auseinander. 300 Jahre später erwähnt Burchard trotz beständiger Denunziationen in kanonischen Texten, Lehrpredigten, Kapitularien und Buss-Texten, dass alte, vorchristliche Praktiken in seiner Zeit noch immer in Mode seien.

Die Krippe, die ursprünglich etwas mit der Höhle zu tun hatte, in der Adonis geboren wurde, war gemäss Usener[99] so vollständig christianisiert, dass etwaige Spuren des vorchristlichen Symbolismus herausgenommen waren. Sie wurde als „die Wiege Christi" das wichtigste Objekt der Frömmigkeit am Weihnachtsfest, nachdem sie in der Mitternachtsmesse mit Räucherwerk und heiligem Wasser gesegnet und mit Kerzen erleuchtet worden war, um das Kind in der Krippe nach der Weihe zu empfangen. „Die Jungfrau hat geboren, Licht wird mehr" – der alte Ruf der Feiernden an Mitternacht in Syrien und Ägypten – war durch die Zeiten hindurch das Thema des Weihnachts-Mysteriendramas, vom Weihnachtsabend bis zu Lichtmess. Darum herum hat sich eine vielfältige Mischung von alten Bräuchen und Glaubenssätzen angesammelt, die mit dem Winterfest zu tun hatten. Aber nur solche wie die Krippe und das Lichterfest, die dafür relevant waren, wurden von der Kirche als wichtiger Teil des Brauches geheiligt. Alles andere wurde entschuldigt, solange es nicht mit dem jährlichen Gedenkfest der Geburt von Marias Sohn kollidierte.

Maria in der Mandorla, die ein klassisches Yoni-Schoss-Symbol ist; Malerei aus dem 15. Jahrhundert

Venus in der Yoni-Mandorla, 14. Jahrhundert

Die Empfängnis

Von Anfang an war die Jungfräulichkeit der Madonna mit ihrer unbefleckten Reinheit gekoppelt, so dass sie zur Zeit des Konzils von Ephesos folgendermassen angerufen wurde: „Unschuldig ohne Makel, unbefleckt, unverletzt, ohne Flecken, heilig an Seele und Körper, die als Lilie unter Dornen hervor blühte, unerfahren in den bösen Wegen Evas".[100] Trotzdem waren sich die frühen Väter über ihre Sündenfreiheit keineswegs einig. Im Gegenteil, obwohl Origen ihr einen hohen Grad an Heiligkeit zugestand, gesellte er sie zu denjenigen, die in Christus bei seinem Leidensweg verletzt wurden, als das Schwert des Zweifels durch ihre Seele fuhr, während sie an seinem Kreuz stand.[101] Tatsächlich war es notwendig, so behauptete er, dass sie so sündigen sollte, um von ihm erlöst zu werden. Chrysostomos dachte, sie sei schuldig wegen Ehrgeiz, weil sie ihren Sohn als Wunderwirkenden bei der Hochzeit von Kanaan hervorhob,[102] während der heilige Augustinus erklärte, dass sie ihr körperliches Leben de peccati propagine durch die verdorbene Linie von Adam erhielt,[103] obwohl er sie von tatsächlicher Sünde ausnahm.

Deswegen gab das Fest der Empfängnis der Gesegneten Jungfrau Maria, als es eingesetzt wurde (ursprünglich als mönchischer Brauch im Palästina des siebten Jahrhunderts?), nicht der späteren Doktrin ihrer unbefleckten Empfängnis Ausdruck, frei von aller Verderbnis der Erbsünde, wie es von Pius IX. am 8. Dezember 1854 bekannt gemacht wurde. Zuerst wurde der Feiertag in einer Predigt von Johannes Euboea in der Mitte des achten Jahrhunders erwähnt.[104] Dann, im nächsten Jahrhundert, vermittelten ihn griechische Siedler in Italien an den Westen, als er im neapolitanischen Kalender als die „Conceptio S. Anne Marie Vir." auftauchte. Nachdem er sich nach Irland verbreitet hatte, erreichte er um den Beginn des elften Jahrhunderts England, obwohl es Gründe gibt, zu denken, dass er auf den britischen Inseln vor der normannischen Eroberung gefeiert und möglicherweise zuerst von Erzbischof Theodor (668-90) nach England eingeführt wurde, der aus Tarsus stammte. Wie auch immer, „der Tag der Empfängnis der heiligen Mutter Gottes Maria" wird in einem Pontifikal in Canterbury vor 1050 erwähnt, und der 8. Dezember wird für den Brauch in zwei sehr frühen Kalendern der Münster in Winchester festgelegt. Aber erst im zwölften Jahrhundert (etwa 1130-1140) führte man ihn in den benediktinischen Klöstern in der Normandie und in Britannien wieder ein. Durch legendäre Offenbarungen unterstützt, wurde er weithin aufgenommen, trotz der eifrigen Opposition von Bernhard von Clairvaux, der ihn verdammte, weil er fand, dass er mit der augustinischen Doktrin der Erbsünde im Widerspruch stand.[105]

Dies war der allgemeine Konsens unter all den Theologen des zwölften und dreizehnten Jahrhunderts – des heiligen Victor, Peter Lombardus,

Albertus Magnus, Bonaventura und des heiligen Thomas von Aquin – obwohl sie davon Abstand nahmen, das Fest am 8. Dezember zu unterdrücken. So erklärten sie es im Sinne der Heiligung von Maria, die in dem Moment stattgefunden haben soll, wo ihre Seele in ihren Körper einging und dadurch das Dogma ihrer unbefleckten Empfängnis möglich machte, wie es von Duns Scotus (ca. 1264-1308) dargelegt wurde. Dieser englische Franziskaner, der in der apokryphen Tradition der unbefleckten Empfängnis gross geworden war, die ursprünglich aus der Legende von Joachim und Anna aus dem zweiten Jahrhundert stammte, behauptete im *Protevangelium of James*, dass Maria vom Moment ihrer Empfängnis an von aller Sünde bewahrt worden sei. Dies durch den subtilen Kunstgriff, die Heiligung nach der Beseelung als natürliche und nicht als zeitliche Abfolge geschehen zu lassen, so dass sie nur in einem einzigen Moment das Subjekt der Erbsünde war, dann löste sich der zeitliche Augenblick in ein rein logisches Moment auf. Dies war zu spekulativ und phantasievoll, um die Kontroverse zu beruhigen, die weiterhin zwischen den Dominikanern und den Franziskanern wütete. Doch 1439, nach einer zweijährigen Diskussion auf dem Konzil von Basel und angesichts der Opposition an der Universität von Paris, erklärte man das Dogma von der unbefleckten Empfängnis zum frommen Glauben, der mit dem katholischen Glauben und dem katholischen Gottesdienst im Einklang stand.[106] Im Jahr 1476 wurde der Feiertag von Sixtus IV. gutgeheissen und eine entsprechende Messe und ein Brevier zugewiesen. Im Jahr 1708 weitete ihn Clemens XI. auf den universellen Kalender aus, in dem er als verpflichtender Feiertag erscheint. So gross war die Anziehungskraft des Marienkultes, dass der Sieg der Volksfrömmigkeit über die scholastische Theologie mit Freude und Beifall von den Menschen überall begrüsst wurde. Nachdem nun einmal die Doktrin und ihr Fest offiziellen Status erlangt hatten, war es nur noch eine Frage der Zeit, bevor ein frommes Gefühl zum Glaubensartikel wurde, wie im Jahr 1854 definiert.

Wie auch immer der Marienkult theologisch interpretiert und bewertet wird, die Tatsache bleibt bestehen, dass die Madonna der katholischen Verehrung wesentlich mehr ist als die Verehrung des einfachen, vollkommen zugeeigneten Bauernmädchens von Nazareth. Sie ist nicht weniger als die Mutter Gottes, die Königin des Himmels, die mit der Sonne bekleidete Frau, die den Mond unter ihren Füssen und eine Krone mit zwölf Sternen über ihrem Kopf hat. Sie ist auf der Erde die unbefleckte, immerwährende Jungfrau, die Lilie von Eden, die zweite Eva, der Stern des Meeres, die Miterlöserin, die mitfühlende Mutter und die Verleiherin von Gnade. Sie ist diejenige, die guten Rat gibt, Unsere Liebe Frau des Sieges. Und als Nôtre Dame von Lourdes wurde sie als die Verleiherin von vielen medizinisch bescheinigten Wunderheilungen in ihrem weltbekannten pyrenäischen Heiligtum begrüsst.

In dieser einzigartigen, synkretistischen Mischform findet fast jeder Aspekt des alten Kultes der Göttin der vielen Namen und des jugendlichen Gottes einen Platz. Doch der Marienkult kann nicht nur im Sinne des Überlebens eines abgenutzten Relikts des Heidentums erklärt werden. Er ist ein viel zu wichtiges Phänomen, um ihn so einfach zu erklären. Wie auch immer sein Wert eingeschätzt wird, er war und ist noch immer eine riesige Kraft im westlichen und östlichen Christentum und besetzt einen einzigartigen Platz sowohl in der katholischen als auch in der orthodoxen Frömmigkeit. Und hinter allem steht die Kraft eines übernatürlichen Glaubens, der in weit entfernten, alten Zeiten verwurzelt und begründet ist. Am Anfang entstand die Würde, die Maria übertragen wurde, als Ergebnis ihrer Beziehung zu Christus in der Doktrin der Fleischwerdung. Vor dem Konzil von Ephesos spielte sie hauptsächlich in den christologischen Kontroversen eine Rolle, mit denen die Kirche dann kraft ihrer Mutterschaft Jesu beschäftigt war. Die Versuche verschiedener gnostischer Sekten, sie in eine Göttin zu verwandeln, wurden sehr schnell unterdrückt. Erst als ihre Stellung in Verbindung zum Menschlichen und Göttlichen der zweiten Person der Dreifaltigkeit gerechtfertigt werden musste, wurde ihr der Titel der Theotokos verliehen. So war der Kult im Hinblick auf ihre verschiedenen Attribute endgültig etabliert: ihre Jungfräulichkeit, ihre Freiheit von Sünden, ihre Vermittlerposition und ihre Himmelfahrt. Es war nicht die Magna Mater und die Gattin-Mutter des Jungen Gottes, die das Urteil für die gefallene Menschheit umkehrte, sondern die zweite Eva, die den zweiten Adam zur Welt brachte, wie die christlichen Väter Maria und die Kirche in ihren jeweiligen Rollen in der neuen Aufteilung präsentierten.

Um diese zwei Gestalten wurden wieder die Züge der vorchristlichen Mythologie und des Rituals versammelt, nicht als Überlebende, sondern als erneuerte Auswertung und Repräsentation sehr tief angelegter Glaubensinhalte und Praktiken. Diese waren durch grundlegende Werte in den miteinander verbundenen Kulturen bestimmt. Sie bekamen daher ihre Bedeutung in den Kulturen, in denen sie als grundlegendes, strukturelles, das Verhalten der Gemeinschaft und ihrer Mitglieder regulierendes Muster immer wieder vorkamen.[107] Es ist ohne Zweifel richtig, dass der Titel „Dame der Ishtar", der bei den westsemitischen Völkern üblich war, und zwar in der Zeit, die direkt dem Aufkommen des Christentums vorausging und folgte, auf die Madonna übertragen wurde. Genauso wurde der Titel Bel (Herr), der bei den späten, griechischen Schriftstellern als Kyrios (Herr) erscheint, auf ihren Sohn als Kyrios Christos übertragen.[108] Aber dies erklärt nicht die essenzielle Natur und Bedeutung der Figuren, um die viele der alten Glaubensinhalte und Praktiken im Kult der Göttin und des Jungen Gottes wieder versammelt waren. Es erklärt auch nicht, warum sie die unterscheidenden und führenden Werte einer neuen Kultur wurden, wieder ausgestattet mit einem aktuellen Wert und einer gegenwärtigen Vitalität, die ihnen eine eigene lebende Funktion in einem Glauben gegeben hat, der die Treue von Millionen überall auf der Welt beansprucht. Es war nicht nur, dass der alte Kult christianisiert wurde, denn die Kirche stellte sich stark gegen die alten Glaubensvorstellungen und Bräuche. Sie machte ihren eigenen Mythos und ihr eigenes Ritual – in diesem Fall die zentrale Doktrin der Fleischwerdung – so sicher wie möglich vor unorthodoxen Interpretationen.

Die Madonna und die Mater Ecclesia waren die prinzipiellen und göttlichen Akteure bei diesem Vorgang. Die eine Frau war verantwortlich für den Eintritt in die Welt des Gottessohnes. Die andere für die stete Fortdauer des Erlösungsprozesses bis zum Ende der Zeit. So besetzten sie unvermeidlich die Schlüsselposition bei der neu erlassenen Ordnung. Was auch immer vom vorchristlichen Hintergrund in Verteidigung ihrer Ansprüche eingegliedert worden war, wurde transformiert und hatte einen wiederbelebenden Effekt auf die frühe Tradition. Es bewahrte sie davor, in einen heruntergekommenen und verbrauchten Aberglauben zu verkommen. Wie Maimonides in einer anderen Verbindung beobachtete, „diese Dinge haben einen heidnischen und abergläubischen Ursprung, aber sie sollen nicht Aberglaube genannt werden, denn ihre Herkunft herrscht nicht mehr über die Bedeutung, die mit diesen Zeremonien verknüpft ist“. Jede Zeit und Kultur bringt ihre eigenen Glaubensinhalte hervor, Sitten, Ideologien, Kultfiguren und Symbole. Nur wenn sie vom Leben in der Gemeinschaft abgetrennt werden und aufhören, ihre normalen Funktionen darin auszuüben, werden sie zu überlebten Traditionen einer vergangenen Zeit. Aber wenn sie in wiederholbare strukturelle Ritual-Muster von hohem Alter eingegliedert sind, bekommen sie eine neue Bedeutung und eine neue Bestimmung. Was im Zuge des Übergangs empfangen wird, wird transformiert.

So repräsentieren die heidnischen und die christlichen Traditionen parallele, aber unabhängige Entwicklungen, die sich ohne explizites Ausborgen des einen vom anderen miteinander verbunden und die aufeinander reagiert haben insofern, als beide Ausdruck bestimmter grundlegender Haltungen zum Leben und zu den sozialen und religiösen Bedingungen sind, in denen sie aufkamen. Alte Feste wurden wieder belebt, wie die Empfängnis der Jungfrau, und ihnen wurde ein Platz im Kalender gegeben. Dies öffnete den Weg für die Einsetzung eines Kultes, der in das tägliche Leben der Menschen Eingang fand und sie mit spiritueller Erbauung und Befriedigung versorgte, oft mit Entspannung und Erholung gekoppelt. Aber man konnte nicht erwarten, dass der Kult vor der Übertragung paralleler Züge sicher war, obwohl diese in den Umkreis des etablierten Glaubens gebracht und den wichtigsten Doktrinen (z.B. der Fleischwerdung in der Mariologie) dienstbar gemacht wurden.

Die unzähligen Denunziationen von gebräuchlichen abergläubischen Praktiken zeigen zweifellos, dass die am wenigsten erbaulichen Traditionen tatsächlich im volkstümlichen Glauben und in der volkstümlichen Praxis überlebten. Und dies trotz der energischen Bemühungen, die ausgelassenen und flüchtigen Erscheinungen im altreligiösen Umfeld zu eliminieren, indem das Christentum seinen eigenen Glauben und sein eigenes Leben übertragen wollte. Am meisten jedoch überlebten die vorchristlich-alteingesessenen Bräuche und Feiern, denn Ritual war immer stabiler als Glaube. So zeigen uns die Lustbarkeiten des Maifeiertages, dass sie eine überlebte Volkstradition der alten Hilarien sind, des Frühlingsfestes der Göttin Kybele, wie wir gezeigt haben. Der erste Mai korrespondierte in alternierenden Jahren mit dem 25. März des vorjulianischen Kalenders.

Vielleicht bestand anfangs eine Verbindung zwischen diesen Volksfesten und dem Fest der Verkündigung, das zur Frühlings-Tagundnachtgleiche gefeiert wurde. Sie haben jedenfalls die christliche Bedeutung verloren, die man ihnen angehängt hat. Sie haben aber dadurch auch aufgehört, eine seriöse Sache zu sein. Selbst die relativ moderne, fromme Zueignung des Monats Mai an Maria hat den Volksfesten nicht soviel gegeben wie der christliche Anstrich.

VIII

DIE GÖTTIN UND DER JUNGE GOTT

DAS GÖTTLICHE PRINZIP DER MUTTERSCHAFT

Vom bisherigen Überblick über den Göttinkult in seinen vielen Formen, Phasen und Manifestationen sticht die Leben produzierende Mutter als Personifikation der Fruchtbarkeit klar als die zentrale Figur hervor. Ihr zugrunde liegt das Mysterium von Geburt und Zeugung im Abstrakten, zuerst in der menschlichen und tierischen Welt, mit der der Mensch des Paläolithikums in seinem Kampf ums Existieren und Überleben hauptsächlich beschäftigt war. Als man nun vom Sammeln der Nahrung zur Nahrungsproduktion überging, zeigte sich im Pflanzenreich Mutter Erde als ein Leib, in den man das Getreide hineinsäte und von dem es zur entsprechenden Jahreszeit wieder hervorgebracht wurde. Mit der Etablierung des Ackerbaus und der Domestizierung von Herden und Vieh wurde die Funktion des Männlichen im Prozess der Zeugung offensichtlicher, weil die physiologischen Fakten, die die Vaterschaft betreffen, klarer verstanden und bemerkt wurden. Da wurde der Muttergöttin ein männlicher Partner zugeschrieben, entweder in der Rolle als ihr Sohn-Geliebter oder als ihr Bruder-Gatte. Doch obwohl er der Erzeuger des Lebens war, hatte er eine untergeordnete Rolle inne und war im Kult tatsächlich eine sekundäre Gestalt.

Mutterschaft und Familie

Wahrscheinlich spiegelt dies ein uranfängliches System matriarchaler sozialer Organisation wider. Ob das nun so wahrgenommen wird oder nicht, es bleibt jedenfalls die Tatsache bestehen, dass die Göttin vor dem jugendlichen Gott Vorrang hatte, mit dem sie als ihrem Sohn, Gatten oder Liebhaber verbunden war. Eine Reihe von Gründen mag zu ihrer erhöhten

Stellung in der Gesellschaft und im Pantheon beigetragen haben, doch der Ausgangspunkt in der Institution der Familie und ihrer weiteren verwandtschaftlichen Verzweigungen kann kaum ein anderer gewesen sein als an erster Stelle die Beziehung zwischen Mutter und Kind. Dass ein Kind der Nachwuchs seiner Mutter ist, konnte nie bezweifelt werden, wie auch immer seine Herkunft und Zeugung erklärt wurde, wenn es überhaupt irgendwelche Spekulationen über das Thema in seinen körperlichen Aspekten gegeben hat. Die Rolle des Vaters mag im Dunkeln gelegen oder gar nicht existiert haben, doch diejenige der Mutter stand nie in Frage. Dies war hauptsächlich eine Sache der Beobachtung. Deswegen kam um den mütterlichen Mittelpunkt ein Netzwerk von Gefühlen und Emotionen auf: Die Fürsorge für den Nachwuchs und sein Schutz sowie das Empfinden, von den Eltern abhängig zu sein, liess elterliche Autorität und Führung entstehen. Das alles war wichtig für das Überleben und Wohlbefinden des Menschen sowie für die Organisation der Familie. So sagt Marett: „Angst mit Wunder und Unterwürfigkeit gemildert und auf diese Weise in Ehrfurcht verwandelt ist der Vorläufer von Liebe“.[1]

Die Frau mit ihrer rätselhaften Natur, mit ihren geheimnisvollen Attributen und Funktionen wie Menstruation, Schwangerschaft, Geburt und Milchfluss war eine mysteriöse Person, die eine numinose Reaktion und Bewertung hervor rief, durchtränkt mit religiösen Gefühlen, die sie gleichzeitig als heilig und tabu darstellte. Da sie als die einzige Quelle der Familie angesehen wurde, war der elterliche Instinkt ohne Zweifel zuerst primär weiblich, und die Abstammung folgte beständig dem weiblichen Geschlecht. Dies erklärt in einem beachtlichen Umfang den Vorrang des Mutterrechts in archaischen Gesellschaften, manchmal als unilaterale Organisation, in der die Frau unter ihren eigenen Leuten geblieben ist, während der Ehemann lediglich ein Besucher oder Fremder in ihrer Verwandtschaft war. Damals war einzig die Mutter die Hauptquelle und die sich selbst genügende Quelle der Familie, und es ergab sich daraus, dass sie das Lebensprinzip personifizierte.

Die Erdmutter und der Ackerbau

Diese besonderen Formen der matrilokalen Ehe blieben zwar nicht erhalten, doch während die Mutter und ihre Töchter die Belange des Hauses verrichteten, waren Gatte und Söhne hauptsächlich mit der Jagd, dem Verfolgen von Wild, Kriegsführung und dem Unterhalt der Herden beschäftigt. Nach der Entdeckung und Anwendung des Ackerbaues, für den vorwiegend Frauen verantwortlich waren, arbeiteten sie mit Hacken und kultivierten das Getreide im kleineren Rahmen um das Haus herum. Die Fruchtbarkeit des Bodens und diejenige der Frauen war einer der hervorragendsten Züge in Ackerbaugesellschaften aller Zeiten, und erst als das

Säen und Reifen sich ausdehnte, was schwere körperliche Arbeit einschloss, wurde sie an den männlichen Teil der Gemeinschaft weitergegeben. Der Pflug bekam eine phallische Bedeutung, denn er war das Instrument, das verwendet wurde, um die Erde aufzubrechen und sie fruchtbar zu machen. Aber ursprünglich war der Boden ausschliesslich die Domäne von Mutter Erde. Sie zu stören, war ein gefährliches Unternehmen, das gewöhnlich Beruhigung durch eine Opfergabe irgendwelcher Art verlangte.[2] Selbst wenn Männer den Boden rodeten und bestellten, wurde das Aufbrechen des Bodens und das Pflanzen von Frauen erledigt, die als Erzeugerinnen der Kinder allein die Erde befähigen konnten, eine reiche Ernte zu schenken.

In Griechenland

Für die Griechen war es, wie wir gesehen haben, Ge oder Gaia, die Erdgöttin, die zuerst Uranus gebar, den Himmel, und sie wurden dann das uranfängliche Paar, das die unzählbare Götterfamilie zeugte, eingeschlossen die Titanen, Zyklopen und die mythischen Riesen, durch einen indirekten Prozess von Abstammung, von Göttern und Menschen generell. So war die Erdgöttin, lange bevor in Dordona Zeus mit ihr zusammengebracht wurde, die Schöpferin aller Dinge im Himmel und auf der Welt, und die anderen Göttinnen – Aphrodite, Semele, Artemis, Demeter und so weiter – kamen von ihr oder wurden mit ihr assoziiert. Sie war es, die die Früchte des Bodens sandte, und ihr wurden sie zum Dank für ihr Wohlwollen geopfert. Als die bebaute Erde war sie die Kornmutter und die Göttin der Vegetation ebenso wie die der Herden.[3] Und es scheint, dass Kore, das Korn-Mädchen, ursprünglich vor allem mit dem Saatkorn beschäftigt war, wenn es nach der Ernte in den Silos aufbewahrt wurde. Deswegen besass auch sie, wie ihre Mutter Demeter, die Charakteristika der Erdgöttin, kombiniert mit unterweltlichen Attributen und Aspekten, wie sich häufig zeigte.

Das ursprüngliche religiöse Bewusstsein erlebte die Erde vor allem als unerschöpfliche Quelle und Hort für all die lebendigen Kräfte, die für die vielfältigen Manifestationen des Lebens, der Mutterschaft und der kosmischen Existenz verantwortlich sind, völlig unabhängig von irgendeiner männlichen Intervention und Tätigkeit. In der Zeugung von Kindern ebenso wie im Ursprung aller Dinge war es das sich selbst fruchtbar machende weibliche Prinzip, das die wirksame Ursache für Fertilität war und irgendeinen „Erzeuger“ ausschloss, der väterliche Funktionen ausübte. Erst als die physiologischen Vorgänge in der Ackerbaugesellschaft verstanden und geschätzt wurden, assoziierte man die Erdmutter mit einem männlichen Partner und mit einer chthonischen Mutterschaft, wie die Grosse Göttin eines jahreszeitlichen Rituals. Dann erhielt Demeter den Platz von

Gaia, und das uranfängliche Paar, welches Himmel und Erde personifizierte, wurde Himmelsvater und Erdmutter, Uranus und Gaia, ebenso ihre Entsprechungen anderswo in der Ägäis, dem östlichen Mittelmeer, Westasien, Indien und wo immer der Kult auftrat. Aber hinter diesem heiligen Drama, das in einer Heiligen Hochzeit gipfelte, lag die frühere Personifikation des Prinzips von Geburt und Mutterschaft als Mutter-Erde.

So scheint es, dass im homerischen Hymnus die personifizierte Erde von Demeter unterschieden wurde und ihr tatsächlich entgegen stand, weil Kore so gezeigt wird, als ob sie von der Erdgöttin dazu veranlasst wurde, auf den eleusinischen Wiesen herum zu wandern, um Narziss zu suchen und so ein leichtes Opfer für die Machenschaften des Pluto zu werden.[4] Während sowohl Demeter als auch Kore mit den Früchten der Erde zu tun hatten, waren sie vor allem Korngöttinnen. Und obwohl die letzten beiden Silben des Namens Demeter „Mutter" bedeuten, ist die Vorsilbe „De" nicht, wie früher angenommen worden war, eine Dialekt-Variante für „Erde".[5] Korn oder möglicherweise Gerste (deai) wäre eine Übersetzung, die sich mehr mit ihren Funktionen und denen von Kore in Einklang befindet. Kore scheint eine jüngere Version von Demeter gewesen zu sein, bevor sie in ihre Tochter überging, als zeugende Kraft im Korn, und einst wohl auch die Ehefrau von Plouton, dem Gott, der der fruchtbaren Erde den Reichtum gab. Trotzdem blieb die sehr intime Verbindung der Korngöttin zur Erdmutter bestehen, wie auch Euripides im Hinblick auf Demeter sagt: „Sie ist die Erde... nennt sie, wie ihr wollt!"[6] Als Schutzpatronin des Ackerbaus kontrollierte sie den Wachstumsprozess. So weigerte sie sich nach der Entführung von Persephone, dem Boden zu erlauben, Früchte zu tragen. Und als Persephone am Ende aus dem unterweltlichen Hades entlassen wurde und dadurch ihre Vereinigung zustande kam, nahm Demeter den magischen Spruch zurück und sandte den jungen Prinzen Triptolemos um die ganze Welt, um die Menschen zu lehren, wie man die Erde bebaut und die Riten durchführt, mit denen sie in Eleusis begann. Aber diese Riten waren tatsächlich älter als Demeter, nämlich in ihrem Ursprung vorgriechisch. Und wie erwägt wurde,[7] gingen sie aus der Praxis der Saatkornaufbewahrung in Silos vor der Sommertrockenheit hervor. Wenn dies so ist, liegt die Verbindung des Kornmädchens und der Kornmutter mit der Erde nahe. Daraus resultiert eine Neuinterpretation des Kultes im Sinne einer chthonischen Mythologie und eines Rituals, wo die Fruchtbarkeit der Erde in ein jahreszeitliches Vegetationsdrama überging, mit dem Spriessen des neuen Lebens als Symbol für Unsterblichkeit.

Die Erde wurde besonders für ihre unerschöpfliche Fähigkeit verehrt, Früchte zu tragen. In Griechenland beanspruchte Eleusis das Zentrum zu sein, von dem das Wissen um den Ackerbau herstammte.[8] Wenn Demeter nicht selbst die Erdmutter war, stand sie wie Ceres, ihr römisches Pendant, in dieser Tradition. Ihr Kult wurde mit dem der Tellus Mater gleichgesetzt, der alten Erdgöttin, die man sich in Griechenland vage als Gaia vorstellte. Sie war ursprünglich allgemein der personifizierte Boden, die undefinierte Mutter. Im Verlauf der Ackerbaupraxis bestimmte man die verschiedenen Ausdrucksformen der Fruchtbarkeit deutlicher in spezifische Göttinnen, so wie Demeter, Kore und Ceres als Korngöttinnen. Doch mit der Zeit gelangte die Erd-Mutter als die Grosse Göttin der Vegetation und der Ernte in Vergessenheit und wurde mehr und mehr eine synkretistische Gestalt.

In Mesopotamien

Ganz ähnlich waren im Alten Mittleren Osten die Töchter und Frauen der Fruchtbarkeits- und Vegetationsgötter ursprünglich Erd-Göttinnen. Sie nahmen dieselbe Stellung ein und hatten die gleiche Bedeutung wie Gaia in Griechenland und die Tellus Mater in Rom. So sehen wir in Mesopotamien Ishtar in der Funktion, die üblicherweise von bestimmten Göttinnen ausgeführt wurde: Von der Mutter der Götter und der Besitzerin der Vegetation und der Fruchtbarkeit, deren Abstieg in die Unterwelt zur Zeit des Winters den Tod im Boden symbolisierte. Wenn sie sich abwärts von einer Stufe zur anderen bewegte, fanden in der oberen Welt Veränderung und Zerfall statt: Die Vegetation ermattete und starb, alle Zeichen des Lebens hörten auf. Bei ihrer Rückkehr zeigte sich in der Natur ein synchrones Erwachen aus dem todesähnlichen Schlaf, ebenso eine Wiederbelebung der Lebenskraft. So personifizierte Ishtar die ewige Folge der Jahreszeiten: Das Leben, das aus der Erde wächst, das Reifen der Früchte sowie schliesslich das Fallen und Sterben in der Trockenheit des Sommers, bis alles im Frühling wiederkehrt. So gesehen wurde sie unabdingbar mit der Mutter Erde identifiziert.

Folglich brachte man den Erdkult in Mesopotamien mit dem Kreislauf der Jahreszeiten in Zusammenhang, und zwar in einer Mythologie und in einem Ritual, worin die Göttin Inanna-Ishtar die Quelle all der regenerativen Kraft in der Natur und in der Menschheit als Universelle Mutter repräsentierte. Sie war vor allem die Verkörperung von Fruchtbarkeit, symbolisiert im üppigen Boden, aus dem alles Wachstum entspringt. Bevor Ackerbau-Gottheiten den Platz der ursprünglichen Erdgöttinnen einnahmen, regierte sie als Urheberin und Verleiherin der produktiven Kräfte in der Natur. Es scheint dieselbe unerschöpfliche Kreativität der Mutterschaft gewesen zu sein, die hinter den Spinnrocken-Göttinnen wie Damkina gelegen hat, der Herrin der Erde, die die Gemahlin von Ea oder Enki wurde, dem Gott der Wasser. Ebenso erscheint die Göttin Ninlil, die Frau des Erd-Gottes Enlil, die Nanna den Mondgott und eine Reihe von Gottheiten der Unterwelt gebar. Sie war sicher selbst einmal eine Erdgöttin, bevor Enlil ihren Status und ihre Funktionen übernahm. Dies gelang ihm dadurch, dass er der Göttin auf befremdliche Art und Weise beiwohnte, was im sumerischen Mythos berichtet wird.[9] Tatsächlich wurde in der frühen Götterliste aus der Mitte des dritten Jahrtausends die Erdgöttin mit der ersten grossen Triade von Gottheiten in Verbindung gebracht: Anu, Enlil und Ea (Enki). Sie war unter einer Vielzahl von Namen bekannt: Aruru, Nintu, Ninmah und Ninhursag, die wahrscheinlich mit Ki, „der Erdmutter des Landes", identifiziert wurde. Auf jeden Fall war die Erdgöttin mit Geburt und mütterlichen Funktionen verbunden. Ihr Unterwelt-Aspekt erscheint in der Göttin Allatu, der Empfängerin der Menschen, die manchmal auch Irsitu, Erde, genannt wird.

In Mesopotamien scheint das Leben aus einer Einheit von Erde, Luft und Wasser enstanden zu sein, personifiziert als die Göttin. So gebar Nammu, die die uranfänglichen Wasser kontrollierte, Anu und Ki als eine bisexuelle Kombination von Himmel und Erde. Diese brachten dann Enlil hervor, den Sturm- und Luft-Gott, sowie das zweite Mitglied der Triade, das sie in Männlich und Weiblich trennte – den Himmelsgott und die Erdgöttin – mit entsprechenden Fähigkeiten und Funktionen. Durch die Vereinigung mit Ki (Göttin Ninhursag) erzeugte Enlil Nanna, den Mondgott, sowie pflanzliches und tierisches Leben von der Erde, obwohl der Mensch ein Produkt von Nammu (Nimah und Ki) und dem Wassergott Enki war. Im Verlauf dieser schöpferischen Verbindungen scheinen die Göttinnen verschiedene Bezeichnungen ein und derselben Schöpferin gewesen zu sein, egal ob sie Ki, Ninmah, Ninhursag oder Nammu genannt wurde. Somit trug die Göttin als die Mutter verschiedener göttlicher Personifizierungen unterschiedliche Namen.

Ursprünglich war sie zweifellos die Verkörperung des Zeugungsprozesses par excellence und die Quelle seiner Kraft, sowohl in der Natur als auch bei den Menschen, bis Gottheiten mit einem eindeutigeren Profil auftauchten und das Pantheon seine spätere Form anzunehmen begann, mit seiner unterteilten Natur und den Ackerbau-Gottheiten sowie der Göttin der vielen Namen, der ein männlicher Partner zugewiesen wurde oder auch mehrere. Aber bis zu einem gewissen Grad behielt sie immer ihren ursprünglichen Vorrang.

Im Land Syrien

In der semitischen Gegend im westlichen Asien, vor allem in Syrien, hatten die grossen Muttergöttinnen dieser Region – Anat, Asherah (Astarte) und Atargatis – Beziehungen zu Mutterschaft, Fruchtbarkeit und Geburt. Leider ist die dokumentarische Überlieferung relativ spät (ca. 1400-1350 v.Chr.) datiert und sehr bruchstückhaft. Doch es zeigt sich, dass auch sie ursprünglich Erdgöttinnen waren. Weiterhin waren Anat und Baal wie Demeter und Kore mit einem Korn-Kult verbunden. Dies wird durch die ugaritischen Texte klar, wo im Baal-Anat-Epos das Vegetationsthema herausragend ist, egal ob es nun mit einem jährlichen Ritual verbunden war oder alle sieben Jahre stattfand. In jedem Fall werden die führenden Rollen im jahreszeitlichen Drama von zwei Göttinnen gespielt: Asherah und Anat. Sie erscheinen als rivalisierende Anwärterinnen auf die höchste Position, indem sie Gemahlinnen des Sturm- und Wettergottes Aleyan-Baal werden möchten. Er schenkte den befruchtenden Regen und verlieh der Erde Leben als „Herr über die Furchen des Feldes". Als Ehefrau der älteren obersten Gottheit, El, stand Asherah zuerst Baal feindlich gegenüber. Doch man zeigt sie auch, wie sie ihre Kräfte mit seiner Schwester-Gattin verbindet und seine Angelegenheiten fördert, indem sie seine Schlachten schlägt. So scheint es, dass Asherah ihre Treue auf den Jungen Gott (Aleyan-Baal) übertrug. Doch Anat war seine Schwester-Gattin, und vielleicht musste er Asherah annehmen, um das Oberhaupt des Pantheons zu werden, denn der oberste Gott war fast immer mit der obersten Göttin vermählt, entweder als ihr Bruder-Gatte oder als ihr Sohn-Geliebter.

So sind die beiden Göttinnen die eindrucksvollsten Gestalten in den Texten. Sie sind miteinander derart verbunden und stehen eng nebeneinander, dass sie trotz ihrer Gegensätzlichkeit ursprünglich ein und dieselbe Göttin repräsentierten. Wenn sie in den leider sehr schlecht erhaltenen Texten angetroffen werden, erscheinen sie immer in Begleitung eines männlichen Partners, sei es El oder Baal. Dies hat offensichtlich ihre Stellung und charakteristischen Züge ziemlich geprägt und differenziert, obwohl wie in Mesopotamien die Dea Syria in ihren unterschiedlichen Formen immer die hervorragende Figur war, die kriegerische Züge und Neigungen mit Fruchtbarkeit und Sexualität kombinierte. Es war Anat, die über Baal („der Herr") wachte. Als er ihrem wachsamen Auge entfloh und die Sicherheit seiner Berg-Heimat auf Sapon verliess, um in den Ebenen zu jagen, war sie es, die ihn suchte, nur um zu entdecken, dass er wilden, halb menschlichen, halb tierischen Kreaturen zum Opfer gefallen war, die „Verschlinger" genannt wurden.

Mithilfe der Sonnengöttin nahm sie seinen Leichnam mit, zurück zum heiligen Berg, und begrub ihn. Aber obwohl sie 70 Tiere an sechs aufeinander folgenden Tagen opferte, um ihm in der Unterwelt Nahrung zu geben, scheint sein Sterben ein Ereignis gewesen zu sein, das sich wiederholte, und das sich auf das Leben in der Natur auswirkte. Wenn nun der Regen ganz ausblieb oder teilweise verspätet kam, sah man den Grund bei der Göttin, die ihre Suche nach dem Mörder von Baal wiederholte, der als Mot bezeichnet wurde, was „Tod" bedeutete, personifiziert als Bruder des verstorbenen Baal. Nachdem sie Mot, der Tod und Unfruchtbarkeit verkörperte, gefunden hatte, behandelte sie ihn wie das gereifte Korn, mahlte ihn in einer Mühle wie Mehl und verstreute sein Fleisch über die Felder, um sie zu düngen. Dann kehrte Baal zum Leben zurück, und die Vegetation erblühte von neuem.

DER MÄNNLICHE GOTT

Nach all dem ist dies wohl eine korrekte Wiedergabe der bruchstückhaften Mythen. Trotz einiger Widersprüche beschreiben sie ein Vegetationsritual, in dem die Göttin Anat wie die Erdmutter die Leben spendende Kraft der Natur generell war. Baal war der männliche Fruchtbarkeitsgott und Mot das „tote“ Saatkorn, das unter der Erde begraben wurde, um wieder zu wachsen. Wir erkennen einen völligen Einklang mit dem jahreszeitlichen Drama, das dem emotionalen Bedürfnis Ausdruck verlieh. Denn dieses wurde durch die ackerbauliche Situation hervorgerufen, als das Leben der Menschheit von der Fruchtbarkeit der Felder abhing und von einem reichen Regenfall, egal ob es jedes Jahr aufgeführt wurde oder im Verhältnis zu den wiederkehrenden Zyklen der Trockenheit.

Der Kreislauf der Natur musste durch den entsprechenden Vollzug der Riten am Leben erhalten werden, wodurch ihre Kräfte zu diesen kritischen Zeitpunkten erneuert wurden, wann immer sie geschahen. Sie variierten je nach den klimatischen Bedingungen in verschiedenen Regionen. Palästina zum Beispiel war für seine Fruchtbarkeit vom Regen abhängig, während in Mesopotamien und Ägypten ihre jeweiligen Flüsse dem Boden, den sie bewässerten, Leben gaben. Aber überall stand eine Göttin als mütterliche Quelle der zeugenden Kraft im Mittelpunkt sowie ein junger männlicher Gott, der die Folge des Wachstums verkörperte. Aus dieser prinzipiellen Sichtweise des heiligen Natur-Dramas ging die kalendarische Mythe und das kalendarische Ritual hervor, das sich um diese zwei fundamentalen Gestalten bildete.

Die Göttin und der junge Gott in Mesopotamien

In den alten Zivilisationen Westasiens und des Fruchtbaren Halbmonds verschwand die Erdmutter als Personifikation des Mutterprinzips zunehmend im Dunkeln, als sie die verheiratete Göttin und gleichzeitig Mutter und Braut, Ehefrau und Tochter einer männlichen Gottheit wurde. Wie wir gesehen haben, war dies zu einer sehr frühen Periode in Mesopotamien offensichtlich, als Dumuzi, der sumerische Schäfergott und das Gegenstück zum assyrisch-babylonischen Tammuz, mit Ishtar als ihrem Sohn-Geliebten in Verbindung gebracht wurde, und zwar im Drama von Tod und Auferstehung der Vegetation. Seitdem wurde er als „der treue Sohn der Wasser, der aus der Erde kam“ (Apsu) angesehen. Es war die Vereinigung von Dumuzi-Tammuz mit Inanna-Ishtar, die die schlafende Erde im Frühling wieder erweckte und dazu brachte, im Überfluss Wachstum hervor zu bringen. Übrigens war das nicht nur auf die Vegetation beschränkt. Über den Bereich des pflanzlichen Lebens hinaus erstreckte es sich auf Leben, Tod und Wiedergeburt der Menschheit, und deswegen mussten Mythos und Ritual periodisch wiederholt werden, um den Lebensprozess in der menschlichen ebenso wie in der natürlichen Ordnung der Existenz zu erneuern. So wurden Tod und Wiedergeburt der Vegetationsgöttin und des jugendlichen Gottes der Archetyp aller Tode und aller Erlösungen, in welchem Bereich auch immer sie geschehen mögen.

Es war jedoch die Gestalt der Göttin, die in diesem Erneuerungsprozess die bestimmende Rolle spielte, welche Form auch immer dieser Vorgang annahm. Der junge Gott starb im Laufe der Jahreszeiten, und die Göttin befreite ihn aus der Unterwelt. Ferner erweckte sie ihn wieder, und indem sie das bewirkte, brachte sie die Wiederkehr des neuen Lebens in der Natur und bei den Menschen hervor. Wie wir gesehen haben, galt Inanna-Ishtar als die entscheidende Quelle der Regeneration, und Dumuzi-Tammuz war in diesem schöpferischen Prozess ihrer wirkenden Kraft dienlich. Sie war die Verkörperung kreativer Kraft in all ihrer Fülle, er die Personifizierung des Niedergangs und des neuen Lebens der Vegetation sowie aller zeugender Kraft.

Als Marduk die Rolle von Tammuz übernahm, nachdem seine Stadt Babylon um 1728 v.Chr. Hauptstadt geworden war, blieben Tod und Auferstehung des Fruchtbarkeitsgottes und seiner Gemahlin das grundlegende Thema, obwohl das Neujahrsfest mit neuen Motiven überlagert wurde. Seine Wiederkehr als „das auferstandene Kind" (der junge Gott) der Göttin verwandelte Sorge in Freude und Niederlage in Sieg. Vorher war er im Berg gefangen, der das Land der Toten symbolisierte. Nun übernahm der König gleichsam die Rolle von Tammuz und wurde nach seiner zeremoniellen Entführung wieder eingesetzt – in einer ehelichen Vereinigung mit der Königin (oder einer Priesterin), die die Heilige Hochzeit der Göttin und des jungen Gottes versinnbildlichte.

So erneuerte er seine Regentschaft jedes Jahr. Offenbar ging aber die Initiative von der Göttin aus. Sie lud ihn ein, ihr Lager zu teilen, und sie umarmte ihn in seiner Gestalt des jugendlichen Gottes.[10] Er akzeptierte ihre Entscheidungen und erfreute sich ihrer Gunst. Sie war die höchste Quelle des Lebens. Er war ihr Diener in der Erneuerung der reproduktiven Kräfte. Von ihr nahm er seinen Ursprung und seine Herkunft als ihr Sohn, gleichzeitig erhob man ihn in den göttlichen Status ihres Gatten. So sah man in ihm die männliche, zeugende Kraft, die der Natur innewohnt, die aber von der Göttin abhängt. Er starb jedes Jahr, wurde betrauert und erschien als ihr geborenes Kind wieder von neuem. Er war dem Kreislauf des jahreszeitlichen Zyklus unterworfen. Sie dagegen blieb die beständige Quelle des Lebens, indem sie die Lebenskraft von Jahreszeit zu Jahreszeit und von Generation zu Generation erneuerte und verewigte, damit Fruchtbarkeit und Zeugung weiter gehen. Daher fuhr sie fort, die Stellung der Erdmutter einzunehmen und ihre Funktionen auszuüben, auch wenn sie das in Partnerschaft mit dem jugendlichen, männlichen Gott tat, der als ihr Mittler jung starb, um wieder aufzuerstehen.

Die Göttin und der anatolische Wettergott

Im „Land von Hatti" im Nordosten der anatolischen Ebene waren im zweiten Jahrtausend v.Chr. die hethitischen Könige die Haupt-Priester des Sturm- und Wettergottes. Sie „hielten die Hand" der Göttin, wobei beim Tod der Königinmutter die regierende Königin ihrem Dienst als Priesterin folgte. Obwohl man den König zu seinen Lebzeiten nie vergöttlichte, wurde er Sohn der Götter genannt. Durch die Königinmutter Tavananna kam er in eine Beziehung der Sohnschaft mit der Göttin.[11] So wird, wie wir gesehen haben, auf den Reliefs von Yazilikaya die Hauptgöttin des hurritischen Pantheons, Hebat, auf einem Panther oder einer Löwin stehend abgebildet. Sie hält einen Stab in ihrer linken Hand, und sie streckt ihre rechte Hand aus, um die männliche Figur zu grüssen, die vielleicht der König in seiner Sohn-Rolle ist, und sie bietet ihm symbolische oder hieroglyphische Zeichen. Wenn die kleinere Figur eines bartlosen Jugendlichen, der hinter ihr auf einem Panther steht, Sharma repräsentiert, den Sohn von Teshub, ist er ebenfalls ihr Sohn, der wieder in der kleinen Galerie auftaucht, wo er König Tudhaliya IV. (ca. 1250 v.Chr.) in einer Umarmung hält. Es ist möglich,[12] dass sich König und Königin beim Frühlingsfest zu seinem Heiligtum begaben, um eine rituelle Hochzeit zu vollziehen, wie im Ziqqurat von Babylon.

Aber während es kaum Zweifel über die Gleichsetzung der hurritischen Göttin mit dem hethitischen Wettergott geben kann, liegt die Beziehung der hurritischen und hethitischen Göttin im Dunkeln. Die Sonnengöttin von Arinna war die Ehefrau des Wettergottes von Hatti, dessen hethitischer Name noch immer unbekannt ist, aber der so eng mit dem Stier verbunden war, der Verkörperung oder dem Symbol der Männlichkeit, dass nach einer älteren Auffassung er selbst ein Stier darstellte. Wie Baal und Zeus hatte er den Regen unter Kontrolle und war in Donner und Blitz zugegen. Deswegen war er im Grunde ein Fruchtbarkeitsgott, denn die Fruchtbarkeit hing in Anatolien vom Regen ab. Aber er war auch der göttliche König. Er besass das Land von Hatti, wie Yahweh beanspruchte, Palästina zu besitzen. So zahlreich waren seine Funktionen, dass sie, obwohl sie ursprünglich Manifestationen ein und derselben Gottheit waren, als örtlich festgelegte, unabhängige Götter behandelt wurden.

Dies gilt auch für seine Gemahlin, die gleichzeitig die Sonnengöttin von Arinna in Hatti und Hebat im „Land der Zeder“ (Hurri)[13] gewesen zu sein scheint,[13] und die doch als getrennte Göttinnen behandelt wurden: Anders als die hurritische Göttin Hebat war die hethitische Sonnengöttin im Wesentlichen eine Göttin der Sonne, die als oberste Instanz regierte und dem König Sieg über seine Feinde gab. Der Sonnengott war ihr untergeordnet, und er war nicht ihr Ehemann; sie war die Frau des Wettergottes von Hatti, die Königin des Himmels, die wichtigste Göttin des Staates, die Beschützerin des regierenden Herrschers, und, wie im Falle der Erdmutter, die Beschützerin der Toten ebenso wie der Felder. Als die Göttinnen und Götter zu Götterfamilien gruppiert wurden, erhielt auch hier die oberste Göttin eine Anzahl von unterschiedlichen, göttlichen Persönlichkciten, von denen jede ihre eigene spirituelle Rolle in der hethitischen Ökonomie einnahm.

Ganz ähnlich erhielt die anatolische Entsprechung von Ishtar, in Hurritisch als Shauhkta bekannt, die Schwester von Teshub, kriegerische Qualitäten zu denen von Sexualität und Liebe. Dasselbe gilt für die hurritische Göttin Hebat, die die Attribute der Sonnengöttin von Arinna annahm, bevor sie kämpferische Charakteristika entwickelte, und die von den Römern mit Ma Bellona identifiziert wurde. Aber es war die „Grossmutter“ Hannahanna, deren Name mit dem Zeichen der sumerischen Muttergöttin Nintud geschrieben wurde, die das anatolische Äquivalent der Grossen Muttergöttin war. Im Telipinu-Mythos wurde sie vom Wettergott um Rat gefragt, als sein Sohn, ähnlich wie Dumuzi-Tammuz in Mesopotamien, in Wut verschwand und durch seine Abwesenheit alles Leben zum Stillstand brachte. Auf ihren Rat hin wurde die Biene ausgesandt, um die Umstände um den vermissten Gott herauszufinden. Obwohl dies fehlschlug, scheint sie dazu beigetragen zu haben, dass seine Wiederkehr und die Wiederherstellung der Fruchtbarkeit gesichert waren.

Somit besass überall im Alten Mittleren Osten der Göttinkult in Verbindung mit dem jugendlichen Gott die gleichen charakteristischen Züge, die im Rhythmus der Jahreszeiten zentriert waren. In diesem Kreislauf war die Göttin die Verkörperung von Zeugung und ewiger Schöpfung. Dabei personifizierte ihr jugendlicher männlicher Partner das Leben als Übergang in einer ständig sich verändernden Sequenz des kosmischen Kreislaufes, jeder in seiner eigenen, autonomen Bedeutung. Während in Syrien, Mesopotamien und der Ägäis die Göttin die bestimmende Gestalt war, erscheint ihre Stellung in Ägypten umgekehrt. Im Niltal wurde der König zur Inkarnation und zum körperlichen Sohn des Sonnengottes Re in Heliopolis oder von Amon in Theben, als die offizielle Priesterschaft ihre theologische Spekulation systematisierte und die örtlichen Kulte auf der Basis der vereinigten Regel von den „zwei Ländern“ unter dem einen

Pharao organisierte. In dieser Eigenschaft regierte er als irdischer Repräsentant von Amon-Re, dem Nationalgott von Ägypten. Als der Osiris-Mythos zum Sonnenmythos wurde, besetzte er den Thron als lebender Horus, der posthume Sohn des Osiris, des Fruchtbarkeitsgottes par excellence. Deswegen schuldete er seine Göttlichkeit und seinen Status der Beziehung zu den Göttern, die er verkörperte, von denen alle männlich waren.

Isis und Osiris in Ägypten

Isis war ursprünglich die „Thron-Frau", und sie personifizierte den heiligen Krönungsstuhl, der mit der geheimnisvollen Kraft der Königswürde belegt war. Als solche war sie die Quelle der Lebenskraft, bevor sie zum Prototyp der Leben spendenden Mutter und treuen Ehefrau wurde. Sie lehrte ihren Bruder-Gatten die Geheimnisse des Ackerbaus, sandte ihn auf seine kulturbringende Reise, suchte ihn nach seinem Tod, fand seinen von den Gliedern getrennten Körper und war für seine Wiederherstellung und Mumifizierung verantwortlich. Durch ihren Sohn Horus, den jungen Gott, belebte sie ihn wieder, obwohl er der tote Gott blieb, der in seinem Sohn als regierender Pharao lebte. Aber Osiris und der Pharao waren Isis nie untergeordnet, ungeachtet der hervorragenden Stellung, die sie im Osiris-Mythos innehatte.

In Ägypten regierten die Pharaonen als Götter, inkarniert in ihrem eigenen Recht, anders als die babylonischen Könige, während die Götter, die sie verkörperten, in ihren eigenen Bereichen genauso dominant waren. Deswegen waren weder sie noch ihre irdischen Gegenstücke im Hinblick auf die Göttin sekundär. Anfangs erfüllte Isis nicht die Funktionen einer Muttergöttin, obwohl sie am Ende die synkretistische „Göttin der vielen Namen" und Attribute wurde. Dies war eher die Rolle von Hathor, der Kuhgöttin von Denderah, mit der sie identifiziert wurde.

Tatsächlich war das Amt unter verschiedenen Göttinnen aufgeteilt (zum Beispiel Nuth, Neith, Isis), die alle einige der Attribute aufwiesen, aber keine erlangte die bedeutsame Stellung der Grossen Göttin Westasiens. Erst in hellenistischen Zeiten wurde Isis buchstäblich mit der Magna Mater in der griechisch-römischen Welt gleichgesetzt, als man ihr synkretistisches Geheimnis dort ab 333 v.Chr. etablierte. Dann wurde sie die beliebteste aller ägyptischen Gottheiten. So stellte man sie auf eine Stufe mit den fremden Göttinnen Silene und Io, Demeter, Aphrodite und Pelagia, wobei ihr Bruder-Gatte Osiris eine weniger bedeutende Rolle spielte. Immer war ihre Verehrung weit populärer als die von Osiris. Als sie in den Osiris-Mythos eingebaut wurde, übte ihre Ergebenheit dem Gatten gegenüber eine starke emotionale Anziehung aus, obwohl sie nie eine tragische Figur wie Ishtar war. Deswegen überrascht es nicht, dass sie auf lange

Sicht die Grosse Göttin wurde, ihrem Sohn Horus ergeben, und die treue Ehefrau des Osiris, als sie die Volksphantasie des Römischen Imperiums eroberte.

Hathor als heilige Kuh stillt den Pharao, Der-el-Bahri, 1450 v.Chr.

Das weibliche und männliche Prinzip in Indien

In Indien hat wiederum die Verehrung des aktiven weiblichen Prinzips (sakti), wie in der einen oder anderen Gemahlin (Uma, Kali, Parvati, Durga) von Shiva manifest, eine lange Geschichte hinter sich. Sie hat ihre Wurzeln in der Personifizierung der weiblichen Energie in Form der Erdmutter im vorarvatischen Kult der Dorfgöttinnen.[14] So erklärt Durga in der *Devi-Mahatmya*, einem späteren populären Text: „Dann, O Götter, werde ich das ganze Universum nähren (aufrecht erhalten), mit diesen Pflanzen, die das Leben unterstützen und während der Regenzeit aus meinem Körper heraus wachsen. Ich werde dann auf der Erde herrlich sein wie Sakamhari (‚die die Kräuter nährt'), und zur gleichen Jahreszeit werde ich die grosse Asura zerstören, die Durgama (die Personifikation von Trokkenheit) genannt wird".[15] Sie war die Göttin der Fruchtbarkeit, die in der grossen Vielzahl der örtlichen Vegetationskulte verehrt wurde. Sie war die Urheberin und Verleiherin von Leben für die Früchte der Erde als ihre uranfängliche Essenz, die Manifestation kosmischer Lebenskraft im ewigen Prozess der Regeneration. Gleichzeitig eine zerstörerische Kraft im

Universum, die mit Kali und dem tückischen Grama-devata identifiziert wurde. So war sie in ihrem chthonischen Aspekt die Haupt-Göttin des Todes und der Toten-Geister.

Der Saktismus hat sich als Spross des Erdkultes parallel zur Tradition des Göttinkultes in Westasien und der Ägäis entwickelt. Deswegen finden wir zusätzlich zur Personifikation des weiblichen Prinzips ebenfalls eine männliche Gottheit verehrt, enthüllt in der Figur des dreigesichtigen Gottes in Mohenjo-daro als Prototyp von Shiva.[16] Dies wird in der Verbindung der vedischen Erdmutter Prithivi mit dem Himmelsvater Dyaus Pitar offensichtlich, des aryatischen Zeus und Jupiter in der Rolle des universellen Erzeugers der Götter und Menschen,[17] die wie Nun und Geb in Ägypten den kosmischen Wassern entstiegen sind. Dennoch ist dieser Dyaus in den Veden so nebulös, dass er nur wenig mehr ist als die Bezeichnung des „hellen Himmels“, und allein Prithivi ist eine der Hymnen in der Rig-Veda gewidmet.[18] Der Himmel wurde als allwissend und schöpferisch angesehen, aber durch die Zeitalter hindurch wurde die Erde im Morgenritual verehrt, bevor man säte, pflügte und die heilige Kuh molk als dynamische Quelle allen Lebens. Und als „der Himmel“ Dyaus seit Beginn der vedischen Zeit von Varuna ersetzt wurde, der die oberste Herrschaft einnahm, war Varuna, nicht Dyaus, der Hüter der kosmischen Ordnung. Er sah und wusste alles, war absolut gleich in den magischen und mystischen Kräften und genoss all die Vorrechte königlicher Überlegenheit.[19]

Deswegen dachte man, obwohl Dyaus und Prithivi als Personifikationen von Himmel und Erde gelten, von denen die anderen Götter, die Menschheit und das Universum einst entsprang, dass ihre Funktion auf die anfängliche Zeugung beschränkt sei. Jenseits davon spielten sie im Verlauf der Ereignisse nur eine geringe Rolle, wobei die Verehrung der Erdmutter weiterhin rituellen Ausdruck fand, speziell unter den Draviden, überall in Indien und durch alle Zeitalter. Nach jeder Ernte war der Boden erschöpft und musste mit der Durchführung von Fruchtbarkeitstänzen erneuert werden. Die Revitalisierung schloss auch das Opfern von menschlichem Blut ein, wie bei den Khonds von Bengalen beim wohlbekannten Meriah-Opfer an Tari Pennu, die Erdgöttin, um „grossartiges Getreide, gutes Wetter und gute Gesundheit“ zu erhalten. Das Fleisch des Opfers wurde in den Feldern beerdigt, und die Asche der verbrannten Knochen verstreute man über das Pflugland, um eine gute Ernte zu sichern. So archaisch war dieser Ritus, dass man ihn weiterhin praktizierte, bis er unter britischer Herrschaft unterdrückt wurde. Darauf ersetzte man das menschliche Opfer Meriah durch eine Ziege oder einen Büffel. Dieser Mensch war übrigens ursprünglich ein freiwilliges Opfer, geboren von Eltern, die selbst die Rolle erfüllt hatten.

In ihrer wohlwollenden Form wird die Göttin als die Mutter aller Dinge angesehen, die die Fruchtbarkeit in den Menschen und Tieren ebenso wie in den Feldern hervorbrachte. Genau wie Fruchtbarkeit von Frauen einen wechselseitigen Effekt auf die Vegetation hat, so hilft die Fruchtbarkeit der Felder menschlichen Müttern zu empfangen. Doch die indischen Göttinnen sind gleichzeitig Göttinnen der Fruchtbarkeit und der Zerstörung, von Geburt und Tod. So herrschen sie in ihrem freundlichen Charakter über die Wirkungen der Natur, weil von ihnen die Fruchtbarkeit des Bodens sowie die Gesundheit und der Zuwachs der Gemeinde und der Herden abhängt. Aber andererseits sind sie in ihren tückischen und chthonischen Aspekten so erschreckend und furchtbar, wie sie in ihren wohltätigen Aspekten freundlich gesonnen sind. So ist „die Schwarze“ Kali umringt von Schlangen, von Blut tropfend und mit Schädeln geschmückt eine schreckliche Figur. Aber sie wird auch „die Sanfte und Wohlwollende“ genannt. Ähnlich kombiniert ihr Partner Shiva diese beiden Elemente als Urbild der Polarität des Universums in seiner rhythmischen Sequenz von Geburt und Tod, Erneuerung und Zerstörung.

Göttliche Androgynität

Im Prozess der Regeneration durch Tod ist die Göttin die zentrale Gestalt kraft ihrer Leben spendenden Fähigkeiten und Funktionen in all ihren Formen und Phasen. Aus ihrer Identität mit der Erde entsprangen die Analogien zwischen Frauen und dem Boden, Sexualität und Säen, Tod und Wiedergeburt sowie der Wahrnehmung der grundlegenden Einheit des organischen Lebens. Aus diesem Prinzip hat sich die im indischen Kult so auffallende männliche und weibliche Dualität, schöpferisch und zerstörerisch, freundlich und böse, entwickelt. Dahinter liegt die Bisexualität von Shiva und Kali als ein einziges göttliches Wesen (ardhanarisvara), halb männlich und halb weiblich, die die Einheit von Purusha und Prakriti symbolisiert, sowie diejenige von Dyaus und Prithivi, die Himmel und Erde als ein einziges Paar repräsentieren, die männliche und weibliche Ernennung ein und derselben Gottheit.[20] Im Konzept der Gottheit sind männliche und weibliche Elemente immer wesentliche Züge gewesen. Göttliche Androgynität war ein Phänomen, das im Göttinkult immer wieder auftauchte und das die uranfängliche kosmische Einheit widerspiegelte, von der man annahm, dass alle Schöpfung aus ihr hervor ging. Aus diesem androgynen Prinzip und aus dieser Heiligkeit wurde der Kontrast zwischen Vater und Mutter, aktiv und passiv differenziert, und als eine allumfassende Mutterschaft als Leben-Produzierende mit der väterlichen Figur des Erzeugers in eine eheliche Beziehung gebracht. Denn das Leben kann sowohl in einem männlichen als auch in einem weiblichen Aspekt heilig sein. Unter matriarchalen Bedingungen wird die Betonung auf mütterlichen Fähigkeiten liegen, während in einer patriarchalen Gesellschaft der Mann dazu tendieren wird, seine Arbeit und seine Art als vorherrschend darzustellen. Das Geschlecht in seinen jeweiligen Charakteristika und Attributen mag jedoch nicht immer klar bestimmt und fixiert sein, was göttliche Persönlichkeiten anbetrifft. Die Dorfgöttinnen waren manchmal mehr oder minder Hermaphroditen und in ihren Zügen und Funktionen teilweise männlich und teilweise weiblich, genau wie sie in ihren Charakteren ambivalent waren.

Stierkopf aus dem minoischen Kreta

Das Bucranium

Aber es bleibt die Tatsache, dass die Heiligkeit des weiblichen Lebens in seinen verschiedenen Aspekten die Hauptrolle in der Ackerbaugesellschaft und im Vegetationsritual gespielt hat. Der männliche Partner war vor allem der Sohn-Geliebte oder der jugendliche Gott, eher als ein himmlischer Vater. Als man auf Autorität grösserern Wert legte als auf Zeugung, hatte der Begriff Vater einen Beiklang des Älteren im Gegensatz zum Jüngeren in einer Altersgruppe – es ging nicht um Vaterschaft in ihrer sexuellen Bedeutung. Dann wurden Himmelsgötter mit den Grossen Göttinnen in Verbindung gebracht, primär als Befruchter. Ihre Männlichkeit als Wettergötter findet häufig im Symbol des Stieres ihren Ausdruck, wie zum Beispiel in Anatolien und Mesopotamien, wo das Bucranium so auffallend ist.

Dieses geht auf das vierte Jahrtausend v.Chr. zurück, auf die Tell Halaf-Töpfereimotive und auf die Bronzefigur von Stieren in den Aladjahüyük-Gräbern.[21] Dass es in Beziehung zum Göttinkult überlebte, wird durch die Reliefs auf dem Sphinx-Tor in Aladjahüyük am Ende des neuen Reiches gezeigt, wo die Göttin in Verbindung mit ihrem Gatten abgebildet ist, dem Wettergott, der als Stier gezeigt wird. In der späten hethitischen Periode erscheint er auf dem Hügel stehend, während die heiligen Tiere an seinem Wagen gebunden sind. Ebenso erkennen wir sie in der hurritischen Mythologie am Wagen von Teshub unter den Namen Sheri und Hurri, „Tag“ und „Nacht“.[22] Dazu wird in Aladjahüyük der hethitische König gezeigt, wie er dem Wettergott in Gestalt eines Stieres huldigt.[23]

Ähnlich setzt man in den ugaritischen Texten El mit einem „mächtigen Stier“ gleich und Baal soll wie ein Stier gefallen sein.[24] In der Rig-Veda wird Dyaus als Stier beschrieben,[25] Indra in seiner Zeugungsfähigkeit wird „der Stier der Welt“ genannt.[26] Rudra vereinigte sich in seinen Zeugungsaktivitäten mit der Kuhgöttin,[27] genau wie in Ägypten Min „der Stier seiner Mutter“ war. Es ist gut möglich, dass der kretische Mythos der Liebe von Pasiphaë, der Frau des Minos, zum Minotaurus ägyptischen Ursprungs ist.[28] Obwohl wir nicht sicher sein können, ob der Stier von den Minoern verehrt wurde,[29] scheint er in Kreta mit der Sonne als befruchtendem Agens identifiziert worden zu sein.[30] Zudem ist es schwierig, seine kretischen Manifestationen von seiner fest etablierten Rolle als dynamische Kraft der Fruchtbarkeit überall in Kleinasien zu trennen, wo er in Verbindung mit der Göttin als Befruchter der Herden und der Vegetation angesehen wurde. Frankfort hat für Mesopotamien angeregt, dass der Stier Trockenheit symbolisiere, weil sieben magere Jahre seinem Angriff folgen sollten, und auf einem Siegel werden Regenschauer gezeigt als Folge seiner Schlachtung.[31]

Auf einem Ring von einer Grabkammer nahe Arkhanes, südlich von Knossos, taucht auf der ithyphallischen Figur eines Stieres eine Szene mit Stierspielen auf, wo er die reproduktive Kraft in der Natur zu repräsentieren scheint. Vor ihm sind Objekte, die Evans als „heilige Knoten“ und Zeichen der Heiligung interpretiert. Nach ihm besteht kein Zweifel am religiösen Charakter des Sports, der wohl unter dem Schutz der Göttin veranstaltet wurde, deren Säulenheiligtum die Arena überschaute. Es nahmen auch Hofmädchen an diesen hohe Geschicklichkeit fordernden Spielen als Geweihte der Göttin teil.[32]

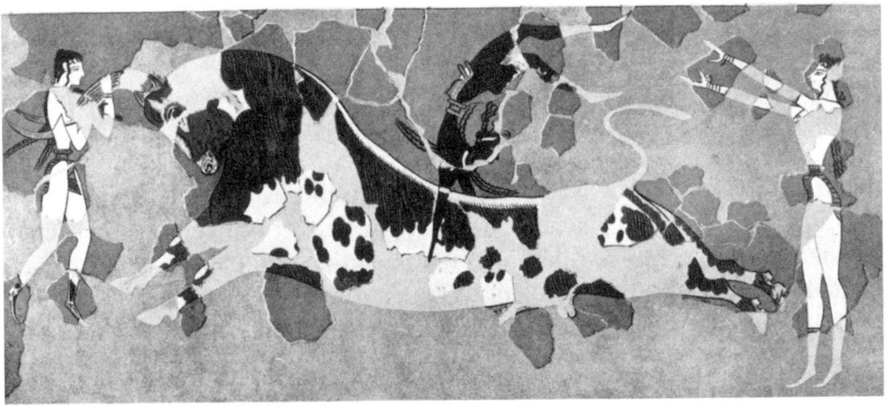

Stierspiele von Kreta, Palast von Knossos, Wandmalerei, 1550 v.Chr.

Während minoische Einflüsse im Kult auf dem Festland stark zu spüren waren, gab es keine Anzeichen dafür, dass die Stierspiele in Griechenland praktiziert wurden, obwohl sie in der Theseus-Sage anklingen, wo sieben Jungen und Mädchen von ihrem Schicksal als Opfer des Minotaurus, des Stieres von Minos, befreit wurden. Durch das bruchstückhafte Drama *Die Kreter* von Euripides wird nahe gelegt, dass in Kreta ein ähnliches Fest wie die dionysischen Omophagia als „Fest des rohen Fleisches“ abgehalten wurde.[33] Da wurde der Vegetationsgott Dionysos im Stier verkörpert sowie mit dem Wachstum, dem Sterben und der Wiedergeburt identifiziert, wie durch den Zyklus der Jahreszeiten klar wird.

Dionysos auf dem Stier giesst Wein auf die Erde, 5. Jh. v.Chr.

In den thrakischen Orgienfesten bildete das Verzehren des rohen Stierfleisches oder dasjenige einer Ziege, in der man Zagreus dachte, der Höhepunkt der mänadischen Berg-Entrückung, bei der man von der Gottheit als Bacchoi ergriffen wurde.[34] Ein so archaischer und ursprünglicher Ritus muss eine lange Geschichte hinter sich haben. Schliesslich kam er unter delphische Einflüsse, wurde weniger ekstatisch gestaltet und erlangte einen Platz in der olympischen Tradition in den griechisch-orientalischen Mysterien. In dieser Form konnten die nächtlichen Ekstasen und die Bacchanalien unter den privaten Zusammenkünften (thiasoi) nicht völlig unterdrückt werden. Tatsächlich erhielten sie manchmal offizielle Aufmerksamkeit. So beteiligte sich die Frau des Archon von Athen an einer rituellen Hochzeit mit Dionysos, und zwar in einer einstigen Stätte des Regenten, die das Bukolion – der „Ochsenstall" des „mächtigen Stieres", d.h. Dionysos – genannt wurde.[35] Die Unterdrückung des Kultes durch den römischen Senat im Jahre 187 v.Chr. zeigt, wie fest etabliert er in der griechisch-römischen Welt gewesen sein muss, denn bacchische Gruppen von Frauen versammelten sich immer noch mit ihren Kultstäben (thyrsoi), die mit Pinienzapfen bestückt waren. Dann fielen sie in Ekstase nach Art der Mänaden in Gegenwart von Dionysos,[36] der der Haupt-Vegetationsgott bei den Griechen blieb, verehrt in seiner Männlichkeit, gleichzeitig als Stier und als junger Mann von grosser Schönheit.

Flötenspieler und tanzende Mänade beim Fest des Dionysos

Als mit der Zeit Dionysos im olympischen Pantheon einen Platz erlangte, wurde er der Sohn von Zeus, dem häufig verheirateten „Vater der Götter und Menschen", der selbst ursprünglich ein Himmels- und Wettergott war, unter seinen himmlischen Funktionen den Regenfall kontrollierend. Daher wurde Zeus bereitwillig mit den einheimischen Fruchtbarkeitsgottheiten und ihrem Kult identifiziert, als er in der olympischen Tradition die herrschende Figur wurde und selbstverständlich auch bei den eindringenden Griechen, als sie Thessalien besiedelten. Sogar eine so grundlegend griechische Gottheit wie Poseidon, der als Bruder des Zeus, also als Sohn des Kronos am Ende die Stellung eines wichtigen Gottes erlangte, war in seiner ursprünglichen Eigenschaft die Feuchtigkeit der Erde und der Gemahl von Gaia. Deswegen gab er dem Boden Leben. Aus diesem Grund wurden ihm Stiere geopfert,[37] denn der männliche Gott der Fruchtbarkeit wohnte in der Erde, und er wurde in Mythos und Ritual zu kultischen Zwecken häufig mit Demeter assoziiert.[38]

In dieser Rolle jedoch besetzte er, wie die meisten anderen Partner der Göttin, eine relativ unwichtige Stellung, und erst als ihm die Herrschaft über den Ozean gegeben wurde, als das Universum zwischen den Söhnen des Kronos aufgeteilt wurde, erlangte er Bedeutung, besonders für diejenigen, die „in Schiffen hinunter ins Meer gingen und ihr Geschäft in grossen Wassern inne hatten". Immer besass die Mutter der Götter in einem ihrer Aspekte und in einer ihrer Manifestationen die grössere Bedeutung, denn sie war gleichzeitig Beschützerin und Leben Spendende. Aber ungeachtet der Tatsache, dass sie die Verkörperung und Herrin der Fruchtbarkeit generell war, übte sie ihre regenerativen Funktionen in Vereinigung mit ihrem männlichen Partner aus. Weil die gepflügte Erde als die Mutter angesehen wurde, die das Korn trug, welches zur entsprechenden Jahreszeit in sie hinein gesät worden war, musste sie eine heilige Hochzeit eingehen, um fruchtbar zu werden. So wurde in Indien die Furche mit der yoni (Vulva) identifiziert, und der Same darin mit dem semen virile,[39] während ein alter angelsächsischer Zauberspruch, der verwendet wurde, wenn das Land unfruchtbar war, folgendes erklärt: „Heil, Erde, Mutter der Menschen, sei fruchtbar in der Umarmung des Gottes, sei erfüllt von Früchten zur Verwendung für den Menschen."[40]

Wenn dies durch den Himmel geschah, der Leben spendenden Regen auf die Erde strömen liess, wurde der Prozess der Regeneration im Sinne einer heiligen Hochzeit zwischen dem Himmelsvater und der Erdmutter interpretiert, wie in einem Fragment in den *Danaiden* von Aeschylus klar festgestellt wird.[41] Darin sagt Aphrodite:

„Der klare Himmel sehnt sich leidenschaftlich, in die Erde einzudringen, und er begehrt nach ihrer Hochzeit. Regen fällt vom Bräutigam Himmel, der die Erde schwängert. Und sie bringt ihre Fülle für den sterblichen Menschen hervor – Weiden von Vieh und Korn, Demeters Geschenk, während Bäume aus dem Himmelswasser ihre Früchte heranreifen lassen.“

So wird die Erde als Verkörperung der Muttergöttin gezeigt, die ihre Früchte auf menschliche Weise trägt, befruchtet vom Himmel, dessen Regen als Samen auf die Erde fällt.

Während zweifelhaft ist, ob Hera, die legitime Frau von Zeus, einst eine Erdgöttin war,[42] waren ihre ehelichen Beziehungen verbunden mit der Produktivität des Bodens und der Herden. Ebenso standen die Belange der Menschen unter ihrem Schutz, denn sie war Patronin der Ehe und der Geburt. Aber Zeus, der im olympischen Pantheon eine dominante Machtposition erlangen konnte, war, anders als viele Liebhaber-Gatten der Göttin, nicht mehr seiner Göttin verpflichtet. Im Gegenteil, er ging nach Belieben Liebschaften mit anderen Göttinnen ein, und seine „Affären“ mit weniger erhöhten, sterblichen Frauen sollen gar nicht erwähnt werden. Aber die Mutter der Götter, mit welchem spezifischen Namen sie auch immer angesprochen wurde und wie auch immer sie ihre Funktionen ausübte, war die älteste, die am meisten verehrte und die geheimnisvollste der Götter, gepriesen von den Dichtern[43] und angefleht von den Menschen[44] für ihre täglichen Bedürfnisse, besonders um das Wachstum des Getreides zu unterstützen.

DIE MUTTER DER GÖTTER

Die Bergmutter

In griechischen Tempeln war der Omphalos oder Nabel der Welt ein Symbol für die Erde als auch für jede Geburt. Er besass die Form einer Anhöhe, welche den heiligen Berg bzw. den uranfängliche Hügel[45] repräsentierte, der aus den Wassern des Chaos aufstieg. Es war der Punkt, wo Himmel und Erde im Zentrum der Welt zusammentreffen. Lokalisiert als die Wohnstätte der Götter, so zum Beispiel Heliopolis, Olympus, Sinai, Meru, Himingbjorb, Genizim. Daher überrascht es nicht, dass die frühesten Abbildungen der minoischen Mutter die Siegel-Eindrücke sind, die sie auf einem Hügel stehend zeigen, in ihrem Volantrock, ein Szepter oder eine Lanze haltend, flankiert von schützenden Löwen, nahe einem Säulenheiligtum mit Opfer-Hörnern.[46] In diesen Szenen wird sie als die Erdgöttin in ihrer ganzen majestätischen Kraft und Stärke gezeigt, allein mit einem männlichen Verehrer im Zustand der Ekstase vor sich oder mit einem jugendlichen männlichen Gott, der dabei ist, vom Himmel herunter zu kommen. Dieser erscheint in einem ganz und gar untergeordneten Status und zweifellos, um sie als Mutter Erde zu befruchten. Es gibt bei diesen minoischen Intaglio-Abbildungen keine Anzeichen für die Vorrangstellung des männlichen Gottes als übergeordnetem Himmelsvater, so dass in Kreta, anders als in Thessalien, eher die Berggöttin als der olympische Gott personifiziert wurde. Dies in einer Haltung, die keinen Platz für Zweifel über ihre übergeordnete Stellung lassen, während das Vorhandensein eines heiligen Baumes in diesen Berggipfel-Heiligtümern zusammen mit Säulen, Opferhörnern und der Doppelaxt einen Eindruck von der Natur ihres Kultes vermitteln.

Sie war eine Grosse Göttin der Berge, die auch die Erdmutter, die Herrin der Tiere, die Schutzpatronin der Fruchtbarkeit, der Unterwelt und die Göttin des Krieges und der Meere war, die zuerst auf Kreta und dann auf dem Festland im minoisch-mykenischen Kult verehrt wurde. Nilsson behauptet, dass diese unterschiedlichen Figuren eine Vielheit von unabhängigen Gottheiten repräsentieren, jede mit ihren eigenen, speziellen und individuellen Funktionen und Attributen. Es scheint aber wahrscheinlicher, dass Evans Recht hatte, wenn er unterstrich, dass „wir in der Gegenwart eines höchst monotheistischen Kultes sind, in dem die weibliche Form der Gottheit den obersten Platz einnahm“.[47]

Es ist, wie er sagt, substanziell dieselbe Form von Religion, die überall in den anatolischen und syrischen Regionen so weit verbreitet ist. Dort erscheint sie, wie wir gesehen haben, in Westasien von Carchemish bis Ephesos, von Kadesh bis zum Schwarzen Meer und dem Mittelmeer. Ursprünglich ein Naturkult, der zunächst von der Produktivität der Erde herstammte, die als universelle Mutter zur Selbstreproduktion fähig war, umfasste er später den jugendlichen Gott als Beifügung der Göttin. Von den fruchtbaren Ebenen Mesopotamiens wurde er durch den Einfluss der hethitischen Völker nach Kleinasien eingeführt. Die Göttin erschien in Phrygien als Kybele, als Artemis in Ephesos, als Ma in Comana, als Anat und Asherah in Syrien, als Sonnengöttin in Arinna und als Hebat und Shaushka in der hurritischen Gegend. Dazu in Verbindung mit ihrem jugendlichen Liebhaber-Gatten Attis, Adonis, Baal oder Teshub, dessen Männlichkeit notwendig war, um ihre Mutterschaft zu vervollständigen.

Bevor die Mutter der Götter und ihr Partner, ob als Mutter und Sohn-Geliebter oder als Gattin und Liebhaber-Gatte, in ihren unterschiedlichen Aspekten und ihrem verschiedenen Symbolismus – himmlisch, chthonisch, sexuell und auf Fruchtbarkeit bezogen – mit individuellen Funktionen durch Verschmelzung mit lokalen Göttern ausgestattet und differenziert wurden, personifizierten sie vor allem die Gabe der Fruchtbarkeit durch Regen. In Mesopotamien war dies jeweils die Eigenschaft einer universellen Naturgöttin und eines Wettergottes. So lange man von den Gottheiten glaubte, dass sie menschlichen Wesen und ihren Beziehungen ähnelten, war weder eine männliche noch eine weibliche Gottheit ein einziges Prinzip mit absoluter Macht. Ursprünglich war die Gestalt der Göttin bedeutsamer, und zwar aus den Gründen, die diskutiert wurden, sogar in der städtischen Zivilisation Griechenlands waren es die Göttinnen, die über die Schicksale von Städten herrschten, besonders verehrt von jenen, die ihren Schutz genossen.

Der höchst komplexe Zeus jedoch, der viele Adern in seiner Persönlichkeit kombinierte, die er aus einer Reihe von verschiedenen Quellen nahm – indoeuropäisch, hellenisch, kretisch, zyprisch und westasiatisch – erlangte die Vorrangstellung im olympischen Pantheon und besetzte eine einzigartige Position. Vom Himmels-, Wetter- und Berggott wurde er zum „Vater der Götter und Menschen", bis im späten, sechsten Jahrhundert vor Christus die Idee von „einem Gott" aufkam, „dem grössten unter Göttern und Menschen, sterblich weder in Form noch in Gedanken".[48] So erreichte Zeus nach und nach den Status eines einzelnen primären Wesens und einer einzelnen primären Lebenskraft, woraus alle Existenz hervorging und wohin alle Dinge zurückkehren würden. Während seiner langen und wechselhaften Karriere – von seinen indoeuropäischen Ursprüngen als Regen-, Wolken-, Donner- und Berggott sowie als despotischer Herrscher auf dem hohen Olymp bis zu seinem mykenischen Ruhm und seiner anschliessenden, ausserordentlichen Macht und Rechtschaffenheit im klassischen Zeitalter des Aeschylus und seiner griechischen Identifikation mit der Vernunft, die das Universum durchzieht und beseelt – war er auf Kreta dennoch der Göttin untergeordnet. Dort als Sohn von Rhea, der Erdmutter, die ihn in einer Höhle versteckte, um zu verhindern, dass er von seinem Vater Kronos verschluckt wurde, war er eine primitivere Figur als der indoeuropäische Himmels- und Wettergott, der die minoische Auffassung des Jahresgottes repräsentierte. In der olympischen Tradition auf seinem heiligen Berg auf den Thron gesetzt, riss er die Position an sich, die anderswo von der Bergmutter eingenommen wurde und von allem, was sie im Göttinkult bedeutete, bis er der Boden des Lebens für alle Schöpfung wurde, die Quelle und der Erneuerer des Lebens, so, wie es die Dichter pantheistisch wahrnahmen.

Die Mutter der Götter andererseits blieb eine synkretistische Figur. Sie personifizierte das weibliche Prinzip in seinen vielfältigen Manifestationen, Symbolen und Attributen, und sie nahm erst die eine und dann die andere Göttin an diesem und jenem Ort in sich auf, wo immer der Kult verbreitet wurde. Sie war nicht selbst die Erde, sie war aber so eng mit den Erdgöttinnen verbunden, dass sie nicht von ihnen zu unterscheiden war, wie zum Beispiel im Fall von Gaia in Griechenland, Prithivi in Indien oder Ninlil in Mesopotamien, bis sie am Ende, als man ihr den jugendlichen Gott hinzufügte, die anatolische Magna Mater Kybele wurde. Auch in Kleinasien und der Ägäis erschien sie unter ihren verschiedenen Namen und übte ihre verschiedenen Funktionen als die vorrangige Göttin aus.

Aber während sie als Höchste regierte, als Bergmutter, Herrin der Tiere oder als phrygische Grosse Mutter, war sie nie eine monotheistische Gottheit. Sie tendierte immer dazu, mit einem Sohn-Geliebten oder Gemahl verbunden zu sein, und von den Göttinnen nahm sie diejenigen auf, deren Identität nie völlig verloren war.

Im fünften Jahrhundert v.Chr. wurde Rhea mit Kybele identifiziert[49], als der orgiastische phrygische Kult mit seinen Zimbeln, Trommeln und Pfeifen auf sie übertragen wurde.[50] Sie war eine nicht ganz fassbare Gestalt, dennoch behielt sie ihre Identität in den griechischen Theogonien.[51] In der Verbindung mit Kronos wurde sie die Mutter des kretischen Zeus. Kronos wiederum war höchst wahrscheinlich ein alter vorgriechischer Ackerbaugott, gemäss Nilsson ein Erntegott. Rhea stand in der gleichen Vegetations-Tradition wie Kybele und ihre Entsprechungen anderswo. Deswegen lag hinter beiden Göttinnen das universelle Konzept von der Göttin, die die endgültige Quelle und die Verkörperung von Leben und Fruchtbarkeit repräsentierte, und die das weibliche Prinzip personifizierte, eher als ein einziges, monotheistisches und göttliches Wesen. Rhea erlangte nie einen solchen Einzelstatus, ganz ähnlich wie die Theotokos der christlichen Tradition, obwohl diese einen so erlauchten Sohn geboren hatte, dazu bestimmt, der aus sich selbst existierende Schöpfer zu werden und das Prinzip des Universums zu vereinigen. Ebenso wenig wurde Maria offiziell Gleichheit mit ihrem göttlichen Sohn zugestanden, den sie vom Heiligen Geist empfing.

Die Mutter der Mysterien

Doch im Ansehen des Volkes verehrte man die Götter-Mutter sowie die jungfräuliche Mutter als die Personifikation der Mutterschaft in all ihren Aspekten derart, dass eher ihnen als dem entfernteren, transzendenten Gott Frömmigkeit aus den Massen zuteil wurde. So praktizierte man in Westasien und Indien, im östlichen Mittelmeerraum, auf Kreta, in der Ägäis und in der griechisch-römischen Welt den Göttinkult weiterhin, entweder in seiner mystischen Art oder in seiner Mysterien-Form. Zweck und Absicht der Riten war, die Einheit der Verehrenden mit der Grossen Mutter herzustellen. Dies in der einen oder anderen ihrer Formen, häufig mittels rasendem Tanz, wilder Musik und dem sexuellen Symbolismus der Heiligen Hochzeit, in der Hoffnung, dass ein Zustand von Losgelöstsein und Gemeinschaft mit der Quelle allen Lebens und aller Lebenskraft erlangt werde.

Ob dies vom unbewussten Wunsch motiviert wurde, in den Mutterleib zurückzukehren, entweder der tatsächlichen Mutter oder dem symbolischen Leib der Erde – es scheint auf jeden Fall ein Drang gewesen zu sein, in eine biokosmische Einheit zurückzukehren, die dem mütterlichen

Prinzip innewohnt, um dadurch an der Quelle und am Mittelpunkt eine Erneuerung des Lebens zu erlangen. Deswegen war die wichtigste Zeit für den Kult unvermeidlich der Frühling, wenn die Natur sich im Prozess des Wiedererwachens aus ihrem nächtlichen Schlummer befand, nach der langen, dunklen Nacht des Winters. Dann strebte die Menschheit danach, zur Neuheit des Lebens und der Kraft wiedergeboren zu werden, und zwar durch ein rituelles Orgienfest sowie eine Mysterien-Regeneration und Reintegration. Zwar haben die Maibräuche und die damit verbundenen andern Volksbräuche lange ihre ursprüngliche Bedeutung verloren, aber Ostern blieb die Königin der Feste. An Ostern ist das Thema Leben durch Tod bedeutsam, und es ist die beliebteste Zeit für Hochzeiten, wodurch die enge Verbindung zwischen Hochzeit, Mutterschaft und Vegetation bewahrt wurde. Ähnlich war das Einbringen der reichen Ernte zur herbstlichen Jahreswende von so viel Ausschweifung begleitet, dass zu Beginn der christlichen Zeit die Herbstfeste verdammt wurden, und beim Konzil von Auxerre im Jahr 590 gänzlich verboten. Die fröhlichen Feste bestanden sogar bis ins Mittelalter fort, und sie überlebten hier und da in Mittel- und Südeuropa.

Die Madonna

Dieser Aspekt des Göttinkultes, der so tief verwurzelt und so grundlegend in seiner Fruchtbarkeit und der sexuellen Bedeutung war, begründete die Zurückhaltung der frühen Kirche. Sollte er in den christlichen Glauben und in die Praxis übernommen oder seine Einverleibung speziell in den Marienkult gestattet werden? Wie erwogen, war die Mariologie von der Christologie nicht zu trennen. Die ersten, im vierten Jahrhundert Maria geweihten Feste waren vor allem Feste von Christus (Verkündigung). Erst im nächsten Jahrhundert tauchten Weihnachten und Himmelfahrt im Osten auf, und sie wurden im Westen nicht vor dem siebten Jahrhundert beobachtet. Man begann im vierten Jahrhundert, ihr in Rom Kirchen zu weihen (z.B. Santa Maria Maggiore, Santa Maria in Trastevere, Santa Maria Antiqua), und diese Praxis nährte den Kult. Einmal etabliert, wuchs er schnell, stimuliert durch die christologischen Kontroversen, in denen sie als Theotokos die wesentliche Figur wurde, bis sie im Mittelalter als endgültige Pracht des mystischen Körpers Christi, der Kirche, gezeigt wurde und als Vermittlerin sowie Miterlöserin im Prozess der Erlösung. Aber hier war es wieder im Kontext theologischer Spekulation, die die Natur und Funktion der Mater Ecclesia betraf, dass der Marienkult sich ohne Bezug zum Göttinkult entwickelte.

Dies gilt auch für die Doktrin von der unbefleckten Empfängnis, in der Sündenfreiheit der jungfräulichen Mutter ein Folgesatz der wesentlichen Heiligkeit der Kirche war. In dieser Verbindung ist nicht ohne Bedeutung, dass die endgültige Formulierung des Dogmas im Westen 1854 mit der der Unfehlbarkeit des Papstes 1870 übereinstimmte. Dahinter lagen die Perfektion und der Status Christi eher als die der Mutter der Götter, so sehr auch der frühere Kult den Weg dafür bereitet und die Stellung vorausgesehen hat, die am Ende Maria in der katholischen Theologie und Frömmigkeit zuerkannt wurde, zuerst im Osten und dann im Westen. Aber es war ihre göttliche Mutterschaft, die in der Doktrin der Inkarnation steckte, die ihr im Christentum den einzigartigen Status gab. In der marianischen Typologie suchte man Verknüpfungen zu jüdischen Zeichen und Symbolen (brennender Dornbusch, Vlies von Gideon, Tempel, Tabernakel der Weisheit, Bundeslade, Sinai und Regenbogen) und zu hebräischen Vorbildern wie Eva, Hannah, Sarah, Deborah, Esther und Judith. Man suchte weniger Verbindungen zum griechisch-orientalischen Kult und seiner Anziehungskraft. Dies trotz der Tatsache, dass der Symbolismus und die Typologie des Alten Testaments weniger relevant waren als diejenigen der vorchristlichen Göttin-Mysterien.

In der höchst patriarchalen, hebräischen Tradition war das göttliche weibliche Prinzip ein relativ wenig auffallender Zug, wenn wir vergleichen, wie bedeutsam es in den umliegenden Kulturen war. Als es auftauchte, war es ein fremder Zuwachs oder eine überlebte Tradition des alteingesessenen Ackerbaurituals. Deswegen wurde es nicht mit Wohlgefallen angesehen, jedenfalls nicht in prophetischen und mono-yahwistischen Kreisen. Es wurde so weit wie möglich unterdrückt, ungeachtet der Verbreitung von heiliger Prostitution und der Verehrung der Königin des Himmels in der öffentlichen Praxis. Maria als keusches, jüdisches Mädchen konnte kaum mit irgendeiner dieser Fruchtbarkeitsgöttinnen und dem begleitenden Kult gleichgesetzt werden. Deswegen wurden ihre Vorgängerinnen auf Eva und die erwähnten Prototypen beschränkt, auf das Emmanuel-Zeichen (Is. 7.10-14), und auf andere prophetische Vorboten der Inkarnation, denn sie stand klar ausserhalb des israelitischen sexuellen Kultes mit seinen westasiatischen Verwandtschaften.

In Anatolien war andererseits die Kultur ganz stark auf der Bedeutung der Mutterschaft aufgebaut. Dies reflektiert sich im matriarchalen Charakter seiner Sozialstruktur sowie in der Verehrung der Göttin, bevor die Phryger den Vatergott einführten, der, als die Zivilisationen sich vermischten, der Gemahl der Muttergöttin wurde. In Israel baute man den Göttinkult nur inoffiziell und synkretistisch in den von Yahweh ein, der allein als der legitime Gott des Landes angesehen wurde. In Kleinasien war die Verehrung der Mutter der Götter so fest etabliert, dass sie in der Verbreitung im Westen der prägendste Einfluss in der ägäischen und griechisch-orientalischen Welt darstellte, nachdem sie ihren Weg durch Anatolien zum Troad, nach Kreta und Griechenland und dann auf den Balkan gemacht hatte. In Troja hat Frankfort die Aufmerksamkeit auf Gesichtsurnen als Bilder einer eulenäugigen Muttergöttin gelenkt, die in der vierten Stadt von Thermi auf die Mitte des dritten Jahrtausends v.Chr. zurückgehen, zusammen mit einer Stele aus Kalkstein, die ein grobes weibliches Gesicht zeigt, flankiert von Tafeln und in ein Relief geschnitzt, das ausserhalb des Stadttores steht.[52] Diese Symbole des Ishtarkultes, der überall in Syrien, Anatolien, Ägypten, dem Troad und den Kykladen so weit verbreitet war, stammten aus Nord-Mesopotamien, wie wir zweifellos zeigen konnten. Sie gehen auf die „Augen-Idole" von Brak und die bemalten Gesichtsgefässe von Hassuna im vierten Jahrtausend v.Chr. zurück. Ebenso stehen hinter ihnen die paläolithischen, weiblichen Figurinen und die stilisierten Einritzungen in den geschmückten Höhlen von Pech-Merle und Combarelles.

Augen-Göttinnen vom Tempelhügel Tell Brak, Mesopotamien, 4. Jahrtausend v.Chr.

Ursprung, Funktion und Fortleben des Göttinkultes

Es bleibt zu klären, ob die ersten Bilder die Muttergöttin als solche zeigten. Auf jeden Fall waren sie ein Anzeichen dafür, dass die Mutterschaft als göttliches Prinzip wahrgenommen und verehrt wurde. Wir finden sie als Amulette auf den westasiatischen Plätzen der gravettischen Kultur in grossem Überfluss. Das macht die südrussische Löss-Ebene als wahrscheinlichstes Verbreitungszentrum des Göttinkultes aus, von wo aus er sich zum Donaubecken, nach Südfrankreich und Nordwesteuropa ausbreitete. Von diesem europäischen Ursprungsland aus wurde er weitergetragen, sowohl in östliche als auch in westliche Richtung, und zwar im folgenden Chalkolithikum und in der Bronzezeit, als die Muttergöttin und ihr Kult ein bestimmender Faktor der Kultur von Indien bis Britannien war. In der blühenden jungsteinzeitlichen Zivilisation in Arpachiyah nahe Ninive war er im fünften Jahrtausend v.Chr. fest etabliert. Dort befinden sich die hockenden, weiblichen Figuren in einer direkten Linie mit der paläolithischen Lespugue-, Wisternitz- und Willendorf-Technik.[53] Sie sind mit Stierköpfen kombiniert, die an das Bucranium denken lassen. Aber im Neolithikum scheint der männliche Gott, der Männlichkeit und Vaterschaft personifiziert, nicht sichtbar zu sein, und die Muttergöttin hatte noch immer ihren frühen Status als fruchtbare Erde inne, als Leib, aus dem alles Leben geboren war.

Gemischter Ackerbau jedoch, wo Ackerbau und Viehzucht miteinander kombiniert waren, um den Nahrungsbedarf zu decken, scheint das entsprechende, wachsende Bewusstsein für die Dualität von Männlich und Weiblich im Zeugungsprozess hervorgebracht zu haben. Zu der Zeit wurde der jugendliche Gott, verkörpert im Mann und im Stier, zum Sohn-Geliebten und Gatten der Göttin im jahreszeitlichen Drama. Doch Mutter Erde behielt ihre Stellung und Bedeutung. Sie regierte von Westasien bis zum minoischen Kreta als oberste Bergmutter. Sie erschien gewöhnlich in ihren dualen Fähigkeiten, als der Kult in seiner entwickelten Form von diesem Gebiet der Charakterisierung durch Kappadokien in den östlichen Mittelmeerraum hinein verbreitet wurde, sowie über die Iranische Hochebene und Beluchistan nach Indien.

Im Hintergrund gab es auch die schattenhafte, kosmische Figur des Himmelsvaters, des obersten Wesens, das Wetter und teilweise den Regenfall kontrollierend. Er war in Donner und Blitz manifest und entfaltete seine Kraft in Stürmen. Als er bekannter wurde, besonders unter patriarchalen Bedingungen, und zwar als Personifizierung von Transzendenz par excellence, wurde er in Griechenland „der Vater von Göttern und Menschen" als Oberhaupt des olympischen Pantheons. In Ägypten trat Re-Atum, der selbsterschaffene Schöpfer, allein in den uranfänglichen Wassern von Nun auf und begann, das zu regieren, was er geschaffen hatte, bevor Himmel und Erde getrennt bzw. der Rest der Götter ins Sein gebracht wurde. In der hebräischen Tradition war Yahweh absolut in Transzendenz und Autonomie: Weder die Erde, noch die Sonne oder der Himmel waren göttlich. Er stand über jedem und gegen jedes Naturphänomen bis hin zum Ausschluss jedes legitimen Partners, männlich oder weiblich, nachdem man den hebräischen Monotheismus voll etabliert hatte. Gewiss war er ein Himmels- und Sturmgott. Aber anders als andere oberste Wesen war er der absolute Herrscher und allmächtige Schöpfer des gesamten Universums und seiner Prozesse, so dass er nie vorrangig der Gemahl der Grossen Göttin war, obwohl im Volkskult von Zeit zu Zeit Göttinnen mit ihm assoziiert worden sein mögen.

Das Christentum tauchte zuerst als sektiererische Bewegung innerhalb des Judentums nach dem Exil auf. Seine Wahrnehmung der dreifaltigen Gottheit war in der Essenz monotheistisch, obwohl in seiner Doktrin der Inkarnation das Gewicht auch auf göttliche Immanenz gelegt wurde. Weil man sich darauf berief, dass der Logos durch eine menschliche Mutter zu Fleisch geworden war, als die jüdische Sekte zur eher in Rom und Konstantinopel denn in Jerusalem beheimateten, katholischen Kirche wurde und ihr Status die vereinigende Dynamik des desintegrierenden Imperiums sein sollte, wurde der alte Kult der Göttin und des jungen Gottes in einer neuen Synthese wieder etabliert. Innerhalb des Kontextes einer einzigen und obersten transzendenten Gottheit, des Schöpfers und Grundes aller Existenz, wurde der eingeborene Gott gleichzeitig als Sohn Gottes und Sohn der Madonna Maria gezeigt, während die Kirche seine Braut und der mystische Körper die Mater Ecclesia war. In dieser spiritualisierten und eindrucksvollen theologischen Fassung bekam die lange, weit verbreitete Suche nach dem Leben in einem kontinuierlichen Prozess von Erneuerung, verbunden mit der Auferstehung der Vegetation und dem Mysterium von Geburt und Zeugung, eine neue Bedeutung. Diese räumte dem alten Thema und seinem Ritual, nun seiner früheren Motive beraubt, einen beständigen Platz und eine beständige Funktion im Christentum ein.

Solch eine dauerhafte Tradition, die über die Zeiten hinweg überlebt hat und immer wieder neu belebt wurde, ständig unzähligen Transformationen, Verbindungen, Ergänzungen und Abstraktionen ausgesetzt, dabei aber immer eine innewohnende Beständigkeit von Struktur und Inhalt behalten hat, kann nur mit der Annahme erklärt werden, dass sie ein vitales Element in der religiösen Erfahrung ausgedrückt hat. Ebenso liegt es im Bestreben der Menschheit, die Pilgerschaft des Lebens in Hoffnung und Vertrauen in einer anstrengenden, unsicheren und häufig feindlichen Umgebung fortzusetzen. Der Symbolismus der Göttin zeigt die früheste Dokumentation von einem Konzept der Göttlichkeit mit vage definierten Zügen, die auf paläolithische Zeiten zurückgeht. Dies erkennen wir an den verfügbaren archäologischen Daten. Gleichzeitig erscheint dieses weibliche Prinzip, bevor Ackerbau und Viehzucht praktiziert wurden und die urgestaltige Erdmutter oder die Grosse Göttin als synkretistische Persönlichkeit aufgetaucht war.

Mit dem Aufkommen der Landwirtschaft sowie der Entwicklung der Ackerbautechniken und Weidewirtschaft in ihren verschiedenen Aspekten wurde der Kult und seine Gestalten in die kulturellen Umstände aufgenommen. Auch nahm er Qualitäten, Attribute und Repräsentationsarten an, die mit immer tiefer werdenden, spirituellen Wahrnehmungen und Mystizismen im religiösen Bewusstsein korrespondierten. Die Manifestationen mögen häufig sehr anders gewesen sein, aber es gab keinen Bruch in der Kontinuität von den frühesten bis zu den spätesten, den niedrigsten bis zu den höchsten Einstellungen zu ein und derselben grundlegenden Suche. Sei dies im materiellen oder spirituellen Bereich, wo in einer sich entwickelnden Welt der menschlichen Erfahrung und des menschlichen Verständnisses neue Arten von Denken und Wahrnehmung, des empirischen Wissens sowie von philosophischer und theologischer Einsicht beständig anstiegen und neue Wege, die Wirklichkeit anzunehmen, möglich machten. Die Faktoren im Prozess waren zahlreich und vielfältig: kulturell, technisch, wirtschaftlich, sozial, intellektuell, ethisch und spirituell. Aber sie eröffneten alle neue Aussichten, in denen die eher wohlwollende, manchmal auch tückische Gestalt der Muttergöttin in ihren vielfachen Formen und Phasen, Entwicklungen und Veränderungen eine bestimmende und bedeutende Position einnahm, weil sie und ihr Kult lebenswichtige Bedürfnisse der Menschheit zu allen Zeiten erfüllte.

Anmerkungen & Bibliographie

A.A.S.O.R.	*Annual of the American Schools of Oriental Research,* New Haven.
A.B.	*Anat-Baal Texts.*
A.J.S.L.	*American Journal of Semitic Languages and Literatures*, Chicago.
A.N.E.T.	*Ancient Near Eastern Texts relating to the Old Testament.* J. B. Pritchard, Ltd., 1955.
L'Anthrop.	*L'Anthropologie,* Paris.
B.A.S.O.R.	*Bulletin of the American Schools of Oriental Research,* New Haven.
B.S.A.	*Annual, British School of Athens.*
C.G.S.	*Cult of the Greek States, by L. R. Farnell,* Oxford.
C.I.L.	*Corpus Inscriptiones Latinarum.*
E.R.E.	*Encyclopaedia of Religion and Ethics* (Hastings).
I.P.E.K.	*Jahrbuch für Prähistorische und Ethnographische Kunst,* Köln.
J.E.A.	*Journal of Egyptian Archeology.*
J.H.S.	*Journal of Hellenic Studies,* London.
J.A.O.S.	*Journal of the American Oriental Society,* New Haven.
J.N.E.S.	*Journal of Near Eastern Studies,* Chicago.
J.R.A.S.	*Journal of the Royal Asiatic Society,* London.
J.R.A.I.	*Journal of the Royal Anthropological Institute,* London.
K.U.B.	*Keilschrifturkunden aus Boghazhöi.*
M.V.A.G.	*Mitteilungen der Vorderasiatisch-Aegyptischen Gesellschaft.*
P.G.	*Patrologia Graeca* (Migne).
P.L.	*Patrologia Latina* (Migne).
P.P.S.N.S.	*Proceedings Prehistoric Society. New Series.*
P.T.	*Pyramid Texts.*
R.H.S.	*Revue d'histoire des religions,* Paris.
S.B.E.	*Sacred Books of the East,* Oxford, 1879-1910.

I. Die Morgenröte des Göttinkultes

Albright, W. F., *The Archaeology of Palestine and the Bible*, New York, 1932.
Breuil, H., *Quatre cents siècles d'art pariétal*, Montignac, 1954.
Brunton, G., und Canton-Thompson, G., *The Badarian Civilization*, 1928.
Childe, V. G., *New Light on the Most Ancient East*, 1934; *The Dawn of European Civilization*, 1947.
Contenau, G., *La Déesse nue babylonienne*, Paris, 1914.
Crawford, O. G. S., *The Eye Goddess*, 1957.
Evans, Sir Arthur, *The Palace of Minos*, vols. i-iv, 1921-35.
Garstang, J., *Prehistoric Mersin*, Oxford, 1953.

Girshman, R., *Fouilles de Sialk*, Paris, 1938; *Fouilles du Tepe-Giyan*, Paris, 1933.
Hartland, S., *Primitive Paternity*, 1909.
Hawkes, C. F. C., *The Prehistoric Foundations of Europe*, 1940.
James, E.O., *Prehistoric Religion*, 1957.
Levy, G. R., *The Gate of Horn*, 1948.
Luquet, G. H., *The Art and Religion of Fossil Man*, New Haven, 1930.
McCrown, D. E., *The Comparative Stratigraphy of Early Iran*, Chicago, 1942.
Mackay, E., *Further Excavations at Mohenjo-daro*, Delhi, 1937.
Malinowski, B., *The Father in Primitive Psychology*, 1927.
Mallowan, M. E. L., 'Excavations at Brak and Chagar Bazar', *Iraq*, vol. ix, pp. 157ff., 1947.
Marshall, Sir John, *Mohenjo-daro and the Indus Civilization*, 1931.
Obermaier, H., *Fossil Man in Spain*, Yale Press, New Haven, 1925.
Perkins, A. L., *The Comparative Archaeology of Early Mesopotamia*, Chicago, 1949.
Petrie, Sir Flinders, *Prehistoric Egypt*, 1920.
Piggott, S., *Prehistoric India*, 1950.
Pumpelly, R., *Explorations in Turkestan*, 1904, vol. i, Washington, 1908.
Schmidt, E. F., *Excavations at Tepe Hissar*, Philadelphia, 1937.
Stein, Sir Aurel, *Memoirs of the Archaeological Survey of India*, no. 37, 1925.
Tobler, A. J., *Excavations at Tepe Gawra*, Philadelphia, 1950.
Van Buren, A. E. D., *Clay Figurines of Babylonia and Assyria*, Yale Press, 1930.
Verneau, R., *Les Grottes de Grimaldi*, Monaco, 1906.
Vats, M. S., *Excavations at Harappa*, 2 vols., Delhi, 1940.
Zammit, T., *Prehistoric Malta*, Oxford, 1930.

1. *L'Anthropologie*, xxxiv, 1924, pp. 346ff.; Salmony, *Jahrbuch für Prähistorische und Ethnographische Kunst (I.P.E.K.)*, vol. vii, 1931.
2. *I.P.E.K.*, xi, 1926, p.288.
3. *L'Anthrop.*, xxxii, 1922, p. 365, fig. 2, pls. i-iii.
4. *The Illustrated London News*, November 30, 1929, figs. 25-32.
5. *Ibid.*, October 2, 1937, pp. 550ff.
6. Antonielli, *I.P.E.K.*, xi, 1926, pp. 46ff.; *L'Anthrop.*, xxxvi, 1926, p. 431; *Bulletin Soc. Anthrop.*, 1902, p. 772; Burkitt, *Eurasia Septentrionalis Antiqua*, vol. ix, Helsinki, 1934, pp. 113ff.; Passemard, *Les Statuettes féminines dites Vénus stéatopyges*, Nîmes, 1938, pl. ii, fig. 8, pl. iii.
7. Lalanne and Breuil, *L'Anthrop.*, xxii, 1911, pp. 257ff., xxiii, 1912, pp. 129ff., Passemard, *op. cit.*, pp. 121f.; Capitan, *Rev. de l'école d'anthrop.*, xxii, 1912, pp. 316ff., Luquet, *Art and Religion of Fossil Man*; New Haven, 1930, pp.16, 85, 110.
8. Verneau, *Les Grottes de Grimaldi*, vol. xi, Monaco, 1906, pp. 23, 260, 277f.
9. *Ibid.*, pp.298ff.
10. *Ibid.*, pp. 33, 298, fig. 4, p.12.
11. *Comptes-Rendus de l'Acad. des Sciences*, lxxiv, 1872, pp. 1060f.; Boule, *Les Hommes Fossiles*, Paris, 1923, p. 266.
12. J.W. Jackson, *Shells as Evidence of the Migrations of Early Culture*, Manchester, 1917, pp. 138ff., Elliot Smith, *The Evolution of the Dragon*, Manchester, 1919, pp. 150ff.
13. Capitan, *Les Combarelles aux Eyzies*, 1924, pl. vi.
14. Bégouen, *L'Anthrop.*, xxiii, 1912, pp. 657ff.; *Comptes-Rendus de l'Acad. Inscrip. et Belles-Lettres*, 1912, pp. 532ff.; *I.P.E.K.*, xi, 1926, pp. 219ff.
15. Bégouen, *Antiquity*, iii, 1929, p. 12.
16. Breuil, *Quatre cents siècles d'art parietal*, Montignac, 1954, p. 176.

17. Malinowski, in *Science, Religion and Reality*, 1926, p. 44.
18. Cf. Obermaier, *Fossil Man in Spain*, pp. 117, 122.
19. H. Martin, *Antiquity*, iii, 1929, pp. 45ff.
20. Breuil und Calve Aguilo, *L'Anthrop.*, xx, 1909, p. 1.
21. Die Technik weist auf den kaspischen Ursprung dieses Typus Ostspanischer Kunst hin, welche in ihrer frühen Phase in Nordafrika dem Mittleren Aurignacien und Gravettien entsprach, doch sie setzte sich bis ins Neolithikum fort.
22. Cf. S. Hartland, *Primitive Paternity*, 1909; Malinowski, *The Father in Primitive Psychology*, 1927; *Sexual Life of Savages in North-western Melanesia*, 1929, pp. 146ff.
23. M. E. L. Mallowan und Cruikshank Rose, *Iraq*, vol. ii, pt. i, 1935, pp. 79ff.
24. *Ibid.*, p. 95, cf. P. 87.
25. A.A.S.O.R., xxi-xxii, 1943, pp. 23ff.; *The Archeology of Palestine and the Bible*, New York, 1932, p. 109.
26. *Iraq*, vol. ii, pt. i, 1935, p. 87.
27. Seton-Lloyd und Fuad Safar, *J.N.E.S.*; iv. 1945, p. 269, pls. x, 1, 14; xi, 1, 5-7.
28. *Ibid.*, pl. xviii, 2.
29. Mallowan, *Syria*, vol. iii, 1936, pp. 19f., fig. V. 1-12; pl. 1. Bei Tell Brak im Khabur Tal in Ost-Syrien wurden zahlreiche Gesichtsnachbildungen mit sehr breiten Augen gefunden, welche wahrscheinlich in enger Verbindung zum Kult der Göttin standen (ca. 3000 v.Chr.); cf. Mallowan, *Iraq*, vol. ix. 1947, pp. 156ff.; van Buren, *Iraq*, vol. xii, 1950, pp. 141ff.; O. G. S. Crawford, *The Eye Goddess*, 1957, pp. 25ff., 139.
30. A. H. Tobler, *Excavations at Tepe Gawra*, vol. ii, Philadelphia, 1950, pp. 163f.; pl. lxxxi; vol. cliii, figs. 1-10.
31. *Ibid.*, pl. lxxx, d. no. 5.
32. *Ibid.*, pl. cliii, fig. 5.
33. *Ibid.*, p. 165.
34. Woolley, *Antiq. Journal*, x, no. 4, 1930, pp. 338f., pl. xcviii; *The Development of Sumerian Art*, 1935, pp. 37f., pls. *6a-f, h;* Hall and Woolley, *Ur Excavations*, Oxford, 1927, vol. i, 153.
35. *Proceedings of Society of Antiquaries*, 1919, p. 33, fig. 13; *J.E.A.*; ix, 1923, pl. xxxvii, 2.
36. *Deutsche Forschungsgemeinschaft in Uruk-Warka*, vol. vii, Berlin, 1936, pl. 47; vol. viii, pp. 50, 52, pl. 49*e*; Heuzey, *Catalogue des Figurines Antiques de terre culte du Musée du Louvre* (new. ed., 1923), p. 22.
37. Frankfort, *Fifth Preliminary Report Iraq Expedition*, 1936, p. 73, pl. 57; Perkins, *The Comparative Archaeology of Early Mesopotamia*, Chicago, 1949, p. 153.
38. *Oriental Institut Publications*, lviii, Chicago, 1942, p. 26, fig. 23; lx, 1943, p. i, pl. 1, xliv, 1939, pp. 19-27.
39. *Oriental Institute, Chicago*, no. 2, pp. 33f.
40. E. F. Schmidt, *The Alishar Hüyük Seasons 1928, 1929*, Chicago, 1932, pt. i, p. 128, fig. 157.
41. *Ibid.*, p. 131, fig. 161; cf. Pt. ii, season 1927, p. 36, fig. 27.
42. *Ibid.*, p. 53, fig. 62.
43. Garstang, *Prehistoric Mersin*, Oxford, 1953, p. 217, fig. 136.
44. *Ibid.*, p. 71. Fig. 39.
45. R. Ghirshman, *Fouilles de Sialk*, Paris, 1938, vol. i, p. 19.
46. E. F. Schmidt, *Excavations at Tepe Hissar*, Philadelphia, 1937, p. 300.
47. R. Ghirshman, *Fouilles du Tepe-Giyan*, Paris, 1933, p. 50, pl. iv.
48. D. E. McCown, *The Comparative Stratiography of Early Iran*, Chicago, 1942, pp. 19, 43ff.

49. Contenau, *Syria*, vol. viii, 1927, p. 198, figs. 2, 3; *La Déesse nue babylonienne*, Paris, 1914, p. 59, fug. 58; cf. p. 62, fig. 59; J. de Morgan, *Délégation en Perse, Memoires*, vol. i, 1900, p. 127, fig. 296; cf. p. 130, pls. vii, 14, vii, 19.
50. Pézard et Pottier, *Les Antiquités de la Susiane*, Paris, 1913, p. 129,
51. *Ibid.*, p. 149.
52. *De Morgan Collection*, Ashmolean Museum, no. 276.
53. *De Morgan, op. cit.*, vol. i, p. 130, pls. vii, 10; Pézard, *op. cit.*, p. 129; Contenau, *La Déesse*, fig. 60.
54. Pumpelly, *Explorations in Turkestan*, 1904, vol. i, Washington, 1908, p. 171, pls. 46, 60, figs. 13, 14, 11; 10*a*, 10*b*.
55. McCown, *op. cit.*, pp. 57f.
56. H. Schmidt, in Pumpelly, *op. cit.*, p. 200, pl. 55.
57. S. Piggott, *Prehistoric India*, 1950, pp. 72ff.; *Ancient India*, no. 1, 1946, pp. 8ff.; no. 3, 1947, pp. 113ff.; cf. McCown, *J.N.E.S.*, v, 1946, pp. 284ff.
58. *J.N.E.S.*; v, 1946, pp. 291ff.
59. Piggott, *Prehistoric India*, pp. 107ff.; 126ff., Stein, *Memoirs of Arch. Survey of India*, no. 37, 1925, pp. 38, 42, 60, 75; pls. ix; p.w. 9, p. 262; xii, k. 14; xvi, d.n.d., S.J. 68.
60. *Op. cit.*, p. 60.
61. *Prehistoric India*, p. 127.
62. Stein, *op. cit.*, pl. ix, P.C. 17.
63. Cf. Marshall, *Mohenjo-daro and the Indus Civilization*, 1931, vol. iii, pl. clv*b*; Mackay, *Further Excavations at Mohenjo-daro*, 1937, vol. ii, pls. lxxiii, 6; lxxii, 5, 6; lxxv, 1, 5; lxxvi, 21, 22.
64. Mackay, *op. cit.*; vol. ii, pls. lxxii, 4; lxxiii, 3, 4, 6; lxxv, 1, 4, 6, 21-23; Marshall, *op. cit.*, vol. iii, pls. xciv, 12, 14; xcv, 8, 26, 28.
65. Mackay, *op. cit.*, vol. i, pp. 260f.
66. *Ibid.*, vol. ii, pls. lxxii, 7; lxxiii, 1, 5; lxxv, 10, 14, 17.
67. *Ibid.*, pl. lxxiv, 14, 16.
68. *Ibid.*, pl. lxxiii, 8, 8; xci, 12; xcii, 1.
69. *Ibid.*, vol. i, p. 267; vol. ii, pl. lxxvi, 5.
70. *Ibid.*, vol. ii, pls. lxxiv, 21, 22, 25; lxxvi, 1.
71. Gen. xxxi, 19ff.
72. Brunton und Caton-Thompson, *The Badarian Civilization*, 1928, p. 29; Woolley, *Antiq. Journal*, xi, 1931, p. 368; Zammit, *Archeologia*, lxx, p. 197,
73. Marshall, *op. cit.*, vol. i, p. 339.
74. Mackay, *op. cit.*, vol. i, p. 259.
75. Marshall, *op. cit.*, vol. iii, pl. xciv, 11; Mackay, *op. cit.*, vol. ii, pls. lxxii, 7; lxxvi, 5; Vats, *Excavations at Harappa*, vol. ii, 1940, pls. lxxvi, lxxvii; cf. vol. i, pp. 293ff.
76. Wie wir später sehen werden (cf. Kapitel IV), blieben Göttinnen im Volksbrauch bestimmend, obwohl sie in den Veden eine unbedeutende Rolle spielen und diese Literatur vor allem ein Produkt der aryatischen Invasion ist, weshalb sie in prinzipiellem Gegensatz zur indigenen Kultur steht. Deshalb die herausragende Zahl weiblicher Abbildungen der Fruchtbarkeit in der hinduistischen Ikonographie, welche häufig realitätsgetreu (cf. den Black Rock Tempel in Chittagong), manchmal aber auch symbolisch und mystisch sind (z.B. das umgekehrte Dreieck und verschiedene Formen der *yoni.*)
77. Marshall, *op. cit.*, vol. iii, pl. xciv, 11.
78. Mackay, *op. cit.*, vol. ii, pls. lxxvi, 6, 23, 24; lxxii, 8-10.
79. Marshall, *op. cit.*, vol. i, pp. 52ff., pl. xii, 17.
80. Mackay, *op. cit.*, vol. i, p. 335; vol. ii, pls. lxxxviii, 222, 235; xciv, 420.
81. Marshall, *op. cit.*, vol. iii, p. 337, pl. xcix, A.
82. Cf. Vats, *op. cit.*, vol. i, pp. 51, 53, 56, 116, 368ff.

83. Marshall, *op. cit.*, vol. i, pls. xiii, 1; xiv, 2, 4.
84. *Ibid.*, pl. xiii, 7; Vats, *op. cit.*, vol. i, pp. 140, 371.
85. Vats, *op. cit.*, p. 370.
86. Petrie, *Prehistoric Egypt*, 1920, pp. 8ff., pls. iv, 1, 9,; v, 1-3; cf. 11, 31; Brunton und Caton-Thompson, *op. cit.*, pp. 29ff.
87. Petrie, *op. cit.*, p. 9.
88. Quibell, *Hierakonpolis*, 1900, pt. i, p. 7, pls. xi, xviii, 3; Petrie, *Abydos*, 1903, pt. ii, p. 24, pl. 11.
89. *Abydos*, p. 9.
90. Hogarth, *Ionia and the East*, Oxford, 1909, p. 86.
91. Dikaios, *Khirokitia*, Oxford, 1953, pp. 296ff., pls. xcv, cxliii, cxliv. Eine schwache Andeutung weiblicher Genitalien kommt bei zwei kauernden Exemplaren vor, pl. xcv, 680, 948.
92. Dikaios, *Excavations at Erimi*, Cyprus, 1936, pl. xxix; *Iraq*, vol. vii, 1940, pp. 78f.
93. Contenau, *La Déesse nue babylonienne*, Paris, 1914, pp. 77ff.
94. C. W. Blegen, *American Journal of Archaeology*, xli, 1937, p. 569, pl. xx; Blegen, Caskey; Rawson und Sperling, *Troy*, i, Princeton, 1950, pp. 45, 48f., pl. 216.
95. Childe, *Dawn of European Civilization*, 1947, p. 42, fig. 19; *New Light on the Most Ancient East*, 1934, p. 197, fig. 75.
96. Blegen, *Troy*, i, 1950, pp. 27f., fig. 127; cf. 216; W. Lamb und R. W. Hutchinson, B.S.A., xxx, 1932, pp. 30ff., pl. viii; Lamb, *Excavations at Thermi in Lesbos*, Cambridge, 1936, pp. 149ff., pls. xx-xxiii; p. 177, pl. xxvi.
97. Bent, *J.H.S.*, v, 1884, pp. 49ff.
98. A. J. B. Wace und M.S. Thompson, *Prehistoric Thessaly*, Cambridge, 1912, pp. 70, 83.
99. *Ibid.*, pp. 41, 69, 83, 125.
100. Vassits, B.S.A., xiv, 1907-8, pp. 321ff.; W. A. Heurtley, *Prehistoric Macedonia*, Cambridge, 1939, pp. 139, 165.
101. Evans, *The Palace of Minos*, vol. i, 1921, pp. 45ff., figs. 12, 13.
102. Homer, *Odyssey*, 125f.; Hesiod, *Theogony*, 969; Diodorus, vol. v, 25ff.; J. E. Harrison, *Themis*, Cambridge, 1912, pp. 54, n. 7, 164; *Prolegomena to the Study of Greek Religion*, Cambridge, 1903, p. 456.
103. Evans, *op. cit.*, vol. i, pp. 500ff. figs. 359, 362; Nilsson, *The Minoan-Mycenaean Religion*, 1950, pp. 309ff.; B. E. Williams, *Gournia*, Philadelphia, 1908, pp. 47ff., pl. xi.
104. Evans, *op. cit.*, vol. iv, p. 559, fig. 522, cf. B.S.A., vii, 1900, p. 29, fig. 9.
105. *Op. cit.*, vol. i, p. 52.
106. Zammit, *Prehistoric Malta*, Oxford, 1930, p. 45; Hawkes, *Prehistoric Foundations of Europe*, pp. 153ff.
107. Zammit, *op. cit.*, pp. 13, 15, 44, 80, 94f., pl. xxvi; cf. Zammit und Singer, *J.R.A.I.*, liv, 1924, pp. 75ff., pls. v, 6, 7, 9: xix, 20; Battaglia, *I.P.E.K.*, 1927, pp. 135ff., figs. 1-10.
108. Zammit, *The Hal-Saflieni Prehistoric Hypogeum*, Malta, 1910, p. 40; *J.R.A.I.*, liv, 1924, pl. ix, 22.
109. *Ibid.*, pl. x, 23.
110. Cf. Childe, *Dawn of European Civilization*, 1947, pp. 247f.
111. Siret, *Revue préhistorique*, 1908, pp. 10, 21; *Les premiers Ages du métal dans le sud-est de l'Espagne*, Paris, 1888.
112. Correia, *Comision de investigaciones paleontologicas y prehistoricas*, Madrid, 1921, pp. 27, 63ff., figs. 50, 56, 58.
113. Siret, *Revue préhistorique*, 1908, pp. 6ff.
114. Correia, *op. cit.*, p. 75.
115. *Junta superior para excavationes arqueologicas*, Madrid, 1930, Mems. X, § 112.

116. Le Rouzic, *Carnac, Menhirs-Statues avec signes figuratifs Amulettes ou Idoles des Dolmens du Morbihan*, Nantes, 1934, pp. 13ff.; Kendrick, *The Archaeology of the Channel Islands*, vol. i, 1928, p. 12; *Antiq. Journal*, v, 1925, pp. 429ff.
117. Piggott, *Neolithic Cultures of the British Isles*, 1954, p. 88, figs. 14, 1-4, 10.
118. Curwen, *Sussex Archaeological Collections*, vol. lxx, 1929, p. 56, fig. 175.
119. Drew und Piggott, *P.P.S.* N.S., vol. ii, 1936, pp. 86ff.
120. Cf. Piggott, *Neolithic Cultures of the British Isles*, p. 42, pl. iv; J. und C. Hawkes, *Prehistoric Britain*, 1947, p. 39.

II. Der Göttinkult in Mesopotamien und Ägypten

Blackman, A. M., *Luxor and its Temples*, 1923.
Breasted, J. H., *Ancient Records of Egypt*, Chicago, 1906.
Budge, E. A., *The Gods of the Egyptians*, 1904; *From Fetish to God in Ancient Egypt*, Oxford, 1934.
Erman, A., *A Handbook of Egyptian Religion*, 1907.
Frankfort, H., *Kingship and the Gods*, Chicago, 1948; *Cylinder Seals*, 1939; *The Intellectual Adventure of Ancient Man*, Chicago, 1946.
James, E. O., *Myth and Ritual in the Ancient Near East*, 1958.
Junker, H., *Die Onurislegende*, Wien, 1917.
Kramer, S. N., *Sumerian Mythology*, Philadelphia, 1944.
Langdon, S., *Tammuz and Ishtar*, Oxford, 1914.
Mercer, S. A. B., *Religion of Ancient Egypt*, 1949.
Moortgat, A., *Tammuz*, Berlin, 1949.
Moret, A., *Du caractère religieux de la royauté pharaonique*, Paris, 1902.
Naville, E. H., *The Temple of Deir el-Bahari*, 1894.
Pallis, S. A., *The Babylonian Akitu Festival*, 1926.
Sethe, K., *Urgeschichte und Aelteste Religion der Aegypter*, Leipzig, 1930; *Urkunden des Aegyptischen Altertums*, Leipzig, 1903.
Wiedemann, A., *Religion of the Ancient Egyptians*, 1897.

1. *Tammuz and Ishtar*, Oxford, 1914, p. 5.
2. Kramer, *Sumerian Mythology*, Philadelphia, 1944, pp. 56ff.; *A.N.E.T.*, pp. 37ff.; Jacobsen, *J.N.E.S.*, iv, 1946, p. 150; Thureau-Dangin, *Revue d'archéologie orientale*, xix, Paris, 1884, pp. 175ff.
3. Kramer, *A.N.E.T.,* pp. 41f.; Jacobsen, *Intellectual Adventure of Ancient Man*, Chicago, 1946, pp. 166f.
4. Kramer, *Proceedings of the American Philosophical Society*, lxxxv, 1942, pp. 293ff., pls. i-x; *A.N.E.T.*, pp. 52f.
5. *A.N.E.T.*, p. 52.
6. Speiser, *A.N.E.T.*, pp. 107ff.
7. Langdon, *Tammuz and Ishtar*, Oxford, 1914, pp. 11, 14f.; Wetzel, *Analecta Orientalis*, vol. x, 1935, pp. Vif.; A. Moortgat, *Tammuz*, Berlin, 1949, pp. 81ff.; Ezek. viii. 14.
8. Langdon, *J.R.A.S.*, 1926, pp. 16ff., 35ff.; col. vi, 6ff.
9. *Kingship and the Gods*, p. 297.
10. Frankfort, *Cylinder Seals*, 1939, pp. 117f., pl. xix, *a, b-d.*
11. Pallis, *The Babylonian Festival*, 1926, pp. 124ff., 173, 198f.
12. Pallis, *op. cit.*, pp. 109, 197ff.; S. Smith, *J.R.A.S.*, 1928, pp. 849ff.; Tallquist, *Sumerischakkadische Namen der Totenwelt*, Helsingfors, 1914, p. 26, n. 4.

13. Zimmern, *Berichte über die Verhandlungen der Kgl. Sächsischen Gesellschaft der Wissenschaften, Phil.-hist. Klasse*, vol. lxvii, 1916.
14. Sethe, *Urgeschichte und Aelteste Religion der Aegypter*, Leipzig, 1930, p. 85; M.A. Murray, *J.R.A.I.*, xlv, 1915, pp. 308ff.
15. P.T., 1479, 1521.
16. P.T., 1248, 1479; cf. Budge, *The Gods of the Egyptians*, vol. i, 1904, pp. 322ff.
17. Budge, *From Fetish to God in Ancient Egypt*, Oxford, 1934, pp. 173, 256; Badawi, *Der Gott Chnum*, Glückstad, 1937, pp. 56ff.
18. Gauthier, *Les fêtes de dieu Min*, Cairo, 1931, pp. 194, 235.
19. *P.T.*, 282*c*.
20. *P.T.*, 900*a*.
21. *P.T.*, 316*a*.
22. A. Scharff, *Aegyptische Sonnenlieder*, Berlin, 1922, p. 39.
23. *P.T.*, 580, 827f; Budge, *The Book of the Dead*, p. 59.
24. *P.T.*; Pepi 1, 593.
25. Wiedemann, *Religion of the Ancient Egyptians*, 1897, p. 143.
26. *Der sehende und blinde Gott*, München, 1942, pp. 40f.
27. *P.T.*, 466*a*.
28. Newberry, *Ancient Egypt*, 1914, p. 155.
29. Budge, *The Gods of the Egyptians*, vol. i, pp. 450ff.
30. Budge, *The Book of the Dead*, chap. Xlii, 11; lxvi, 2.
31. Mallet, *Le Culte de Neit à Saïs*, Paris, 1888, pp. 140, 252.
32. Mallet, *op. cit.*, p. 191; Budge, *The Gods of the Egyptians*, vol. i, p. 459.
33. Budge, *The Gods of the Egyptians*, vol. i, p. 463.
34. Cf. Frankfort, *The Intellectual Adventure of Ancient Map*, p. 17.
35. Cf. Plutarch, *De Iside et Osiride*, p. 15.
36. Cf. C. E. Sander-Hansen, *Das Gottesweib des Amun*, Copenhagen, 1940.
37. Junker, *Die Onurislegende*, Wien, 1917, pp. 116f.
38. Erman, *A Handbook of Egyptian Religion*, 1907, pp. 215ff.
39. Junker, *Die Onurislegende*, p. 116.
40. Blackman, *Luxor and its Temples* 1923, pp. 70ff.; W. Wolf, *Das schöne Fest von Opet*, Leipzig, 1931, pp. 73ff.
41. Blackman, *J.E.A.*, xi, 1925, p. 250, n. 3.
42. Gayet, *Le Temple de Louxor*, 1894, pls. lxiii ff.
43. Sethe, *Urkunden des Aegyptischen Altertums*, vol. iv, Leipzig, 1903, p. 227; *P.T.*, 196-203; Naville, *The Tempel of Deir el-Bahari*, vol. ii, pls. 1-liii; Moret, *Du caractère religieux de la royauté pharaonique*, Paris, 1902, pp. 53ff.
44. Sethe, *Urkunden*, vol. iv, pp. 219ff.
45. *Ibid.*, pp. 244f.; Moret, *op. cit.*, pp. 53ff.
46. Naville, *The Tempel of the Deir e-Bahari*, vol. iii, pls. lxff.; Moret, *op. cit.* Pp., 79ff.
47. *P.T.*, 282*c*.
48. *P.T.*, 990*d*.
49. Sethe, U*rkunden*, vol. iv, pp. 26, 29, 34, 77; Breasted, *Ancient Records of Egypt*, vol. ii, Chicago, vol. ii, Chicago, 1906, § 14, 33, 110, 360f.; Erman, *op. cit.*, p. 73.
50. Breasted, *op. cit.*, vol. iv, § 957.
51. Brugsch, *Egypt under the Pharaohs*, 1902, p. 420.
52. Breasted, *op. cit.*, vol. iv, § 935ff., 988ff.; Erman, *Life in Ancient Egypt*, 1894, pp. 165ff.
53. Breasted, *op. cit.*, vol. iv, § 988*D*.

III. Palästina und Anatolien

Albright, W. F., *Archaeology and the Religion of Israel*, Baltimore, 1946.
Cook, S. A., *The Religion of Ancient Palestine in the Light of Archaeology*, 1930.
Driver, G. R., *Canaanite Myths and Legends*, Edinburgh, 1956.
Dussaud, R., *Religion des Hittites et des Hourrites*, Paris, 1945.
Garstang, J., *The Hittite Empire*, 1929; *The Land of the Hittites*, 1910; *The Syrian Goddess*, 1913.
Gaster, T. H., *Thespis*, New York, 1950.
Gordon, C. H., *Ugaritic Handbook*, Rome, 1947.
Graham, W. C., und May, H. G., *Culture and Conscience*, Chicago, 1936.
Gray, J., *The Krt Text in the Literature of Ras Shamra*, Leiden, 1955.
Gurney, O. R., *The Annals of Archaeology and Anthropology*, 27, Liverpool, 1940; *The Hittites*, 1952.
Kapelrud, A., *Baal in the Ras Shamra Texts*, Copenhagen, 1952.
Laroche, E., *Recherches sur les noms des dieux hittites*, Paris, 1947.
Leslie, E. A., *The Old Testament in the Light of its Canaanite Backgrounds*, New York, 1936.
Obermann, J., *Ugaritic Mythology*, New Haven, 1948.
Pritchard, J. B., *Palestine Figurines*, New Haven, 1943.
Schaeffer, C. F. A., *The Cuneiform Texts of Ras Shamra-Ugarit*, 1939.

1. Cf. chap. i, p. 24; J. B. Pritchard, *Palestine Figurines*, New Haven, 1943, pp. 5ff.
2. *Syria*, vol. x, 1929, pl. 54, 2, pp. 289ff.; vol. xiii, 1932, pl. 9, 1, *c*, *e*, pl. 9, 1, *d*, pp. 8ff.: vol. xviii, 1937, pl. 18.
3. A. Rowe, *The Topography and History of Beth-Shan*, 1930, pp. 19ff. pl. 48, 2.
4. Sethe, *Zeitschrift für Aegyptische Sprache und Altertumskunde*, 64, 1929, pp. 6ff.
5. C. H. Gordon, *Ugaritic Handbook*, Rome, 1947, no. 2010, p. 275.
6. Gaster, *Thespis*, New York, 1950, pp. 57ff.; Driver, *Canaanite Myths and Legends*, Edinburgh, 1956, pp. 11ff.; *Syria*, vol. xiii, 1932, pp. 113ff.
7. Gaster, *op. cit.*, p. 181; cf. Gen. vii, 11, viii. 2; 2 Kings vii, 2, 19; Mal. iii. 10 für Gitter und Regen.
8. *The Cuneiform Texts of Ras Shamra-Ugarit*, 1939, p. 68.
9. *Anat-Baal Texts (A.B.)*, II, 39ff.; 49: IV, 27, 29; Krt. Text, 126, col. iii, 1, 5ff.
10. *A.B.*, 67: II, 3ff.
11. *A.B.*, 49: ii, 5ff. (IV, *A.B.*, ii, 28). Da Anat mit der Kuh assoziiert wird, und man von Baal sagt, dass er sich mit einer jungen Kuh in den Feldern von Shlmmt gepaart hat, um einen männlichen Nachkommen zu zeugen, werden beide mit dem Kuh-Symbolismus der Grossen Göttin in anderen Gebieten Westasiens und Ägyptens in Verbindung gebracht; cf. Dussaud, *Revue de l'histoire des Religions*, iii, 1935, pp. 15, 44ff.
12. *A.B.*, 67: VI, 8ff.
13. *A.B.*, 62: I, 15.
14. *A.B.*, 62: I, 18ff.
15. *A.B.*, 49: I, 11-15, 34.
16. *A.B.*, 49: II, 10ff.
17. Cf. Frazer, *Golden Bough*, pt. vii, pp. 216ff.; V. Jacobs, *Harvard Theological Revue*, 38, 1945, pp. 80ff.
18. Gaster, *op. cit.*, p. 124.
19. I *A.B.*, II, 15-20.
20. *A.B.*, 49: III, 6f., 12.

21. *A.B.*, 51: VII, 42; 67: II, 10ff.
22. *A.B.*; 49: V, 1ff.; VI, 15ff.
23. Gordon, *op. cit.*, Ginsberg, *A.N.E.T.*, 1955, pp. 129-42; Virolleaud, *Syria*, vol. xvi, 1935, pp. 29-45; vol. xvii, 1936, pp. 150-73.
24. *'nt.* Pl. vi: IV, 6ff.; cf. II aqht: vi, 48ff. III Aqht: rev. 1ff.
25. Engnell, *Studies in Divine Kingship*, Uppsala, 1943, pp. 77f.
26. *Syria*, vol. xiv, 1933, fasc. 2, pp. 128ff.; Ginsberg, *J.R.A.S.*, 1935, pp. 45ff.
27. Gaster, *J.A.O.S.*, 1946, pp. 50, 54, 67.
28. Pope, *El in the Ugaritic Texts*, Leiden, 1955, pp. 39ff.
29. *A.B.*, II, 49*b*-64*a*; cf. II *A.B.*, iii, 41; vi, 55.
30. Gaster, *J.A.O.S.*, p. 72; Gordon, *Ugaritic Literature*, p. 57.
31. *A.B.*, 76: IL, 1ff.
32. *A.B.*, 76: 11: 25-111: 20; 67; V, 18ff.
33. *A.B.*, 67: V, 17-22.
34. *A.B.*, 52: 45; 51: V, 47f.; V, 66f.
35. Pope, *op. cit.*, pp. 32ff.; A. S. Kapelrud, *Baal in the Ras Shamra Texts*, Copenhagen, 1952, pp. 32ff.
36. Albright, *Archaeology and the Religion of Israel*, 1946, pp. 75f.
37. *A.B.,* 51: 1: 22; 111: 25f.; 29f, 34f.; IV, 31f.
38. *A.B.*, 75: 1: 26ff.
39. *Syria*, vol. xvi, 1935, pp. 246-66; Montgomery, *J.A.O.S.*, lvi, 1936, pp. 226ff.; Ginsberg, *Journal of the Palestine Oriental Society*, 1936, pp. 138ff.
40. *A.B.*, 49: 1: 11-18.
41. *A.B.*; 51: 11: 21ff.
42. *A.B.*, 51: IV: 43ff.
43. *A.B.*, 51: VI: 47f.
44. Obermann, *Ugaritic Mythology*, New Haven, 1948, pp. 12, 64, 73, 85f.
45. *A.B.*, 51: 11: 13ff.; 49: 1: 11ff.
46. *Op. cit.*, pp. 12f.
47. A Cowley, *Aramaic Papyri of the Fifth Century B.C.*, Oxford, 1923, pp. 65ff.; Mercer, *Egyptian Religion*, vol. iii, New York, 1935, pp. 198ff.; W. C. Graham und H. G. May, *Culture and Conscience*, Chicago, 1936, pp. 90, 166, 283.
48. 2 Kings xxiii. 4; Jud. ii. 13; x. 6; 1 Sam. vii. 4; xii. 10.
49. Jud. vi. 25, 28, 30; Deut. vii. 5; xvi. 21; 1 Kings xv. 13; xvi. 33; 2 Kings xiii. 6; xvii. 10; xviii. 4; xxiii. 4, 6, 14; Jer. xvii. 2.
50. Alt, *Festschrift Georg. Beer*, 1935, pp. 1-18; Eissfeldt, *Zeitschrift für die Alttestamentliche Wissenschaft*, 1939, LVII, pp. 1-31.
51. 1 Kings xviii. 19.
52. *A.B.*, 1: 197-205.
53. Albright, *B.A.S.O.R.*, no. 94, 1944, pp. 30f; J. Gray, *The Krt Text in the Literature of Ras Shamra*, Leiden, 1955, pp. 12, 43f.; Gordon, *Ugaritic Literature*, 1949, p. 72.
54. 1 Kings xix. 14.
55. 1 Kings xii. 28; cf. Gen. xlix. 24.
56. Jud. vi. 25-32.
57. Jud. ix. 27; xxi. 19ff.; 1 Sam. I. 3, 21; ii. 19
58. Macalister, *Gezer*, vol. ii, 1912, pp. 419ff.
59. A. Rowe, *Beth Shan: Topography and History*, Philadelphia, 1930, pl. 48.
60. *Mélanges Dussaud*, i, pp. 118ff.; Albright, *Archaeology and the Religion of Israel*, p. 114; Macalister, *op. cit.*, vol. iii, pls. ccxx, ccxxi,; Petrie, *Gerar*, 1928, pls. xxxv, xxvi; May, *Oriental Institute Communications*, vol. xxvi, Chicago, 19-, pls. xxiii-xxxi.
61. Graham und May, *op. cit.*, p. 138.

62. W. F. Bade, *Quarterly Statement of the Palestine Exploration Fund*, lxii, 1930, pp. 12ff.; *Palestine Institute Publications*, California, 1928, pp. 30ff., no. 1.
63. Gustav Holscher, *Die Profeten, Untersuchung zur Religionsgeschichte Israels*, x, Leipzig, 1914, p. 160; Vincent, *La religion des Judeo-Araméens d'Elephantine*, Paris, 1937; Dussaud, *Revue de l'Histoire des Religions*, vol. cv, Paris, 1932, pp. 245ff.; Gaster, *Quarterly Statement Pal. Explor. Fund*, lxvi, 1934, pp. 141ff.
64. Jer. vii. 18.
65. Jer. xliv. 15ff.
66. Jer. xliv. 20ff.
67. Amos v. 4-6; Hos. x. 9ff.
68. Albright, *Archaeology and the Religion of Israel*, p. 137.
69. 1 Sam. ii. 22.
70. Amos ii. 7ff.
71. Jer. v. 7; iv. 30.
72. Isa. lvii. 8; Ezek. xxiii. 17; Cant. iii.
73. Ps. xlv. 9ff.
74. Isa. viii. 3; cf. J. M. P. Smith, *Zeitschrift für Alttestamentliche Wissenschaft*, vol. xxxiv, p. 222.
75. 1 Kings xv. 12; Hos. iv. 14ff.
76. Deut. xxiii. 17ff.
77. Gen. xxxiv. 31; xxxviii. 15, 21; Joshua ii. 1ff.
78. Judges xi. 1.
79. 2 Kings xxiii. 7.
80. Deut. xxiii. 18.
81. Hos. ii. 16ff.
82. Hos. ii. 2ff.
83. Cf. Eissfeldt, *Molk als Opferbegriff im Punischen und Hebräischen und das Ende des Gottes Moloch*, 1935.
84. Ezek. viii; xviii. 4; xxi. 2-7; 2 Kings xxiii. 3-14.
85. R. S. Hardy, *A.J.S.L.*, lviii, 1941, pp. 178ff.
86. Gen. xv. 19ff.; xxiii; xxvi. 34; xxxvi. 1-3; Num. xiii. 20; Joshua i. 2-4; iii. 10.
87. 1 Kings xi. 1; 2 Kings vii. 6f.; 2 Chron. I, 17.
88. R. Dussaud, *Religion des Hittites et des Hourrites*, Paris, 1945, pp. 338ff.; E. Laroche, *Journal of Cuneiform Studies,* vi, 1952, pp. 115ff.; *Recherches sur les noms des dieu hittites*, Paris, 1947, pp. 47f., 106; Gurney, *Annals of Archaeology and Anthropology*, 27, Liverpool, 1940, pp. 10, 22ff.; Garstang, *The Hittite Empire*, 1929, pp. 95ff.; *The Land of the Hittites*, pp. 21ff., pls. lxiv-lxxi; B. Bittel, R. Naumann, H. Otto, *Yazilikaya*, Leipzig, 1941.
89. Garstang, *The Land of the Hittites*, pp. 211ff.; Ramsay, *J.R.A.S.*, N.S., xv, 1883, pp. 113ff.; G.Perrot and Ch. Chipier, *Histoire de l'Art dans l'Antiquité*, vol. iv, pp. 633ff.; 666ff.
90. Garstang, *The Land of the Hittites*, pp. 328ff.; *The Syrian Goddess*, 1913, pp. 7ff.
91. *The Land of the Hittites*, pp. 116ff.
92. W. M. Müller, *Mitteilungen der Vorder-asiatischen Gesellschaft*, vol. vii, 1902, no. 5, pp. 193ff.; *A.N.E.T.*, pp. 199f.; *K.U.B.*, xxi, no. 27.
93. Bossert, *Altanatolien*, pp. 297-306.
94. *K.U.B.*, vi, 45; Goetze, *Handbuch der Altertumskunde*, 1933, p. 130.
95. Gurney, *op. cit.*, pp. 10f., 22ff.; *K.U.B.*, xxxi, 127; F. Sommer, *Zeitschrift für Assyriologie*, 46, 1940, N.S., pp. 22, 34.
96. Laroche, *Recherches sur les noms des dieux hittites*, p. 106, *Journal of Cuneiform Studies*, i, 1947, pp. 208ff.
97. *K.U.B.*, xxi, no. 27; Goetze, *Kleinasien*, p. 129.

98. Gurney, *The Hittites*, 1952, p. 141.
99. Laroche, *Journal of Cuneiform Studies*, i, p. 96.
100. Gurney, *The Hittites*, pp. 139ff.
101. Gurney, 'Hittite Prayers of Mursili II', *Annals of Archaeology and Anthropology*, 27, Liverpool, 1940, pp. 23ff.
102. Burrows, *J.R.A.S.*, 1925, pp. 279ff.
103. *K.U.B.*, xvii, 10; xxxiii, 1-12; *A.N.E.T.*, pp. 126ff.; Gaster, *Thespis*, pp. 353ff.; Otten, *Die Ueberlieferungen des Telipinu-Mythos (M.V.A.G.*, 46, 1), Leipzig, 1942.
104. Gaster, *Thespis*, pp. 317ff.
105. Goetze, *A.N.E.T.*, pp. 120f.; *K.U.B.*, xxxiii, 120.

IV. Iran und Indien

Barth, A., *The Religion of India*, 1914.
Burgess, J., *The Rock Temples of Elephanta or Gharapuri*, Bombay, 1871. *Cambridge History of India*, vol. i, Cambridge, 1922.
Clough, E. R., *While Sewing Sandals*, New York, 1899.
Crooke, W., *Popular Religion and Folk-lore of Northern India*, 1896.
Cumont, F., *Les Mystères de Mithras*, Paris, 1899.
Eliot, Sir C., *Hinduism and Buddhism*, 1921.
Elmore, W. T., *Dravidian Gods in Modern Hinduism*, New York, 1915.
Fergusson, J., und Burgess, J. L., *The Cave Temples of India*, 1880.
Gait, E. A., *Census Report, Bengal*, vol. i, 1901.
Girshman, R., *Iraq*, 1954.
Haydon, A. E., *Biography of the Gods*, 1941.
Herzfeld, E. E., *Archaeological History of Iran*, 1935.
Ivengar, P. T. Srinivasa, *Pre-Aryan Tamil Cultures*, Madras, 1920.
Macdonell, A. A., *Vedic Mythology*, Strassburg, 1897.
Marshall, Sir John, *Mohenjo-daro and the Indus Civilization*, 1931.
Monier-Williams, Sir Monier, *Religious Thought and Life in India*, 1885.
Moor, E., *The Indian Pantheon*, Madras, 1897.
Risley, H. H., *Castes and Tribes of Bengal*, 1891.
Shivapadasundarum, S., *The Saiva School of Hinduism*, 1934.
Thurston, E., *Castes and Tribes of Southern India*, Madras, 1909.
Vats, M. S., *Excavations at Harappa*, New Delhi, 1940.
Whitehead, H., *Village Gods of South India*, Oxford, 1916.

1. Chap. I, pp. 30f.
2. R. Ghirshman, *Iraq*, 1954, pl. viii.
3. *S.B.E.*, xxiii, pp. 52ff.; *Yasht*, v.
4. *Yasht*, v. 5; *Vendidad*, vii. 16.
5. Clement of Alexandria, *Protrept*, 5; Herodot, i, 131; iv, 52; Plinius, *Hist. Nat.*, vi, 27, 135; Plutarch, *Vit. Artax.*, 27; Polybius, x, 27, 12.
6. Weissbach-Bang, *Die Altpersischen Keilinschriften*, 1893, 44, 46.
7. Clement of Alexandria, *op. cit.*, 5, § 65; *Yasht*, v.
8. Cf. Chap. iii, pp. 77.
9. Strabo, xi, 512, 532; xii, 559, 537.
10. Herodot, i, 131.
11. Sarre und Herzfeld, *Iranische Felsreliefs*, p. 128.
12. A.U. Pope, *A Survey of Persian Art from Prehistoric Times to the Present*, vol. iv, 1939, pl. 160B.

13. *Agathangelos*, 5th ed., Venice, 1862, pp. 51f., 61.
14. Strabo, xi, 532C.
15. Strabo, xii, 537C, 559C; xv, 733C.
16. H. C. Tolman, *Cuneiform Supplement*, New York, 1910, 65-67, cf. *Ancient Persian Lexicon and Texts*, New York, 1908, pp. 55.
17. Herzfeld, *Archaeological History of Iran*, 1935, p. 8.
18. Keith, *Indian Culture*, vol. iii, p. 421.
19. *Yasht*, x. 13.
20. Cumont, *Les Mystères de Mithras*, vol. i, Paris, 1899, pp. 334ff.
21. Rig-veda, vi, 27, 8; x, 33, 2; *Atharva-veda*, v, 22, 5, 7, 9.
22. Das älteste Beispiel eines definitiv aryatischen Sprachtypus kommt in den Namen der Götter Mitra, Varuna und Nasatyas vor, und zwar ungefähr 1400 v.Chr. in den Verträgen zwischen dem König Shubbiluliuma der Hethiter und dem König Mattinaza von Mitanni; cf. *Cambridge History of India*, vol. i, 1922, p. 72.
23. Vats, *Excavations at Harappa*, vol. i, New Delhi, 1940, pp. 203ff.
24. Cf. chap. i, p. 34.
25. Cf. P. T. Srinivasa Ivengar, *Pre-Aryan Tamil Cultures*, Madras, 1920; Caldewell, *Comparative Grammar of the Dravidian Languages,* 3rd ed., 1913, pp. 113f.
26. Cf. S. Shivapadasundarum, *The Saiva School of Hinduism*, 1934, p. 15.
27. G. Grierson, *Imperial Gazeetter of India*, vol. ii, 1909, p. 422.
28. *Mohenjo-daro and the Indus Civilization*, vol. i, p. vii.
29. C. Eliot, *Hinduism and Buddhism*, vol. ii, 1921, p. 144.
30. *Taittiriya Aranyaka*, x, i, 7.
31. *Satapatha Brahmana*, vi, 1, 1, 7; cf. i, 9, 2, 29.
32. *Manu*, ix, 1, 13, 85, 100.
33. Rig-veda, i, lxv; *S.B.E.*, vol. xlvi, 54, 220.
34. Rig-veda, x, 45, 1; 121, 7; vi, 8, 2; xi, 113, 7, 8.
35. Rig-veda, iii, 3, 10; x, 51, 3; 26, 9; 27, 9.
36. E. Moor, *The Indian Pantheon*, Madras, 1897, pl. xxxi.
37. Ivengar, *Dravidic Studies*, vol. iii, p. 62.
38. *Ibid.*, p. 126.
39. *Yajurveda*, VI, ii, 4.
40. A. E. Haydon, *Biography of the Gods*, 1941., pp. 105f.
41. Rig-veda, i, 22, 16-24; 154.
42. Crooke, *Popular Religion and Folk-lore of Northern India*, vol. ii, 1896, p. 299.
43. *Vishnu Purana*, bk. 80.
44. *Kurma Avatara*, p. iii; *Vishnu Purana*, bk. i, chap. ix.
45. *Satapatha Brahmana*, xi, 4, 3.
46. *Vishnu Purana*, bk. 59.
47. *Ibid.*, p. 80.
48. Rig-veda, x, 129, 1-6.
49. Rig-veda, vii, 96, 4, 6.
50. Rig-veda, x, 75, 5; 135, 5, 6; Muir, *Original Sanskrit Texts*, vol. v, 1872, pp. 338ff.
51. xxv, 10, 6.
52. Rig-veda, iii, 23, 4. Obwohl der Fluss zum indischen Gegenstück des ägyptischen Nils geworden ist, scheint er im Rig-veda, wo er nur zweimal erwähnt wird, keine besonders hohe Wertschätzung genossen zu haben. Seine Göttin, Ma-Ganges, jedoch war die ältere Tochter von Hinavat, während Uma ihre jüngere Schwester war, und seine Gewässer entspringen dem Fuss des Vishnu und fallen auf den Kopf des Shiva nieder. Deshalb ist dies der heiligste aller Flüsse.
53. Rig-veda, vi, 52ff.; x, 17, 10.
54. *Manu*, ii, 17f.

55. *Satapatha Brahmana*, xiv, 4, 2, 4; *Brihad-aranyaka Upanishad*, 3.
56. *Santiparva*, 12920.
57. *Taittiriya Brahmana*, ii, 8, 8, 5.
58. Rig-veda, x, 110, 9; iii, 3, 11; ii, 155, 3.
59. N. Brown, *J.A.O.S.*, lxii, 1942, pp. 85ff.
60. Rig-veda, i, 32, 1; 95, 8; iii, 34, 9.
61. Rig-veda, i, 159, 1; 160, 2.
62. *Aittareya Brahmana*, iv, 27.
63. Rig-veda, i, 160; iv, 30, 5; viii, 36, 4.
64. Rig-veda, i, 159; 1, 2.
65. Rig-veda, v, 84, 1ff.
66. Rig-veda, i, 22, 1, 5.
67. Rig-veda, x, 18, 10.
68. Rig-veda, i, 43, 2.
69. Rig-veda, i, 72, 9; *Atharva-veda*, xiii, 1, 38; *Satapatha Brahmana*, ii, 2, 1, 19.
70. Rig-veda, i, 8, 9, 10.
71. A. Barth, *The Religions of India*, 1914, pp. 173ff.
72. Cf. chap. iii, p. 72.
73. Monier-Williams, *Religious Thought and Life in India*, 1885, pp. 226ff.
74. Crooke, *op. cit.*, vol. ii, pp. 118ff.
75. W. T. Elmore, *Dravidian Gods in Modern Hinduism*, New York, 1915, pp. 18ff.
76. Cf. Whitehead, *Madras Government Museum*, bulletin v, no. 3, 1907, pp. 129ff.
77. Whitehead, *Village Gods of South India*, Oxford, 1916, pp. 69ff.
78. Thurston, *Castes and Tribes of Southern India*, vol. iv, Madras, 1909, pp. 295ff.; E. R. Clough, *While Sewing Sandals*, New York, 1899, pp. 62ff.
79. Elmore, *op. cit.*, pp. 97f.; Clough, *op. cit.*, pp. 74ff.
80. *The Village Gods of South India*, p. 25.
81. Cf. Frazer, *Folk-lore in the Old Testament*, vol. i, 1918, pp. 66ff.
82. Barth, *op. cit.*, p. 173.
83. Rig-veda, x, 146.
84. A. A. Macdonell, *Vedic Mythology,* Strassburg, 1897, p. 154.
85. Thurston, *op. cit.*, vol. vi, p. 62.
86. *North Indian Notes and Queries*, vol. iii, pp. 23f.
87. T. T. Dalton, *Descriptive Ethnology of Bengal*, Calcutta, 1872, pp. 261ff.
88. Crooke, *op. cit.*, vol. iv, pp. 34f.
89. P. H. Buchanan, *Eastern India*, vol. xii, 1838, p. 51.
90. Thurston, *op. cit.*, vol. iv, pp. 415f.
91. Gait, *Census Report, Bengal,* vol. i, 1901, pp. 187ff., 190, 191, 193.
92. C. E. Luard, *Ethnographical Survey, Central India*, Art. 'Bhil', p. 29.
93. *Bombay Gazeetter*, vii, 1883, p. 527.
94. *Op. cit.*, viii, 1884, pp. 660f.
95. *Op. cit.*, xxiii, 1884, pp. 676f.
96. E. T. Atkinson, *Himalayan Gezeetter*, ii, 1883, p. 792.
97. Burgess, 'Elura Cave Temples', *Archaeol. Survey of Western India*, vol. v, 1883, pp. 41f.
98. J. Burgess, *The Rock-Temples of Elephanta or Gharapuri*, Bombay, 1871; J. Fergusson und J.L. Burgess, *The Cave Temples of India*, 1880, p. 471.
99. *Manu*, viii, 10, 22-29; Harvard Oriental Series, viii, 514.
100. *Vishnu Purana*, bk. i, chap. xiii.
101. Monier-Williams, *op. cit.*, p. 318.
102. *Mahabbarata,* xiii, pp. 74f.
103. *Ibid.*, 77.

104. *Satapatha Brahmana*, vii, 5, 2, 6.
105. *Ibid.*, xiii, 80, 1-3; 78, 24f.; Hillebrandt, *Rituallit, Grundriss d. Indo-Arischen Philologie*, iii, 2, Strassburg, 1897, p. 83.
106. Crooke, *op. cit.*, vol. ii, p. 232.
107. Rig-veda, vii, 93, 15.
108. *Satapatha Brahmana*, iii, 1, 2, 21.

V. Kreta und Griechenland

Allen, T. W., Sikes, E. E., Halliday, T. W., *The Homeric Hymns*, Oxford, 1936.
Baudissin, W. W., *Adonis and Esmun*, Leipzig, 1911.
Cook, A. B., *Zeus*, Cambridge, 1914.
Evans, Sir Arthur, *Palace of Minos*, 1921, vols. iii, iv; *The Earlier Religion of Greece in the Light of Cretan Discoveries*, 1931; *Mycenaean Tree and Pillar Cult*, 1901.
Farnell, L. R., *Cult of the Greek States*, vols. i, ii, iii, Oxford, 1907; *Higher Aspects of Greek Religion*, 1912.
Foucart, P., *Les Grands Mystères d'Eleusis*, Paris, 1900.
Frazer, J. G., *The Golden Bough*, pt. v, 1914.
Guthrie, W. K. C., *The Greeks and Their Gods*, 1950; *Orpheus and Greek Religion*, 1935.
Harrison, J. E., *Themis*, Cambridge, 1912; *Prolegomena to the Study of Greek Religion*, Cambridge, 1922 (3rd ed.)
James, E. O., *Myth and Ritual in the Near East*, 1958.
Kourouniotis, K., *Eleusis*, Athens, 1936.
Losbeck, C. A., *Aglaophamus*, Leipzig, 1829.
Mylonas, G., *Hymns to Demeter and Her Sanctuary at Eleusis*, St Louis, 1942.
Nilsson, M. P., *Mynoan-Mycenaean Religion*, Lund, 2nd ed., 1950.
Persson, A. W., *The Religion of Greece in Prehistoric Times*, California, 1942.
Rhode, E., *Psyche*, (E.T. by W. B. Hillis), 1925.
Rose, H. J., *Handbook of Greek Mythology*, 1933; *Greek Religion*, 1947.
Williams, B. E., *Gournia*, Philadelphia, 1908.

1. Cf. chap. i, pp. 37f.
2. Evans, *Palace of Minos*, vol. i, 1921, p. 51.
3. *Ibid.*, p. 52.
4. *Ibid.*, pp. 500ff., frontispiece.
5. B. E. Williams, *Gournia*, Philadelphia, 1908, pp. 47f., pl. x; Nilsson, *The Minoan-Mycenaean religion*, 2nd ed. Lund, 1950, p. 82, fig. 14.
6. *Op. cit.*, vol. iv, pp. 138ff., 159.
7. Evans, *op. cit.*, p. 159; *The Earlier Religion of Greece*, 1931, p. 25.
8. O. Froedin und A. W. Persson, *Asine*, 1938, p. 298, fig. 20*b*; Nilsson, *op. cit.*, p. 113.
9. Paribeni, *Monumenti Antichi*, vol. xix, 1908, pp. 1ff.; Nilsson, *op. cit.*, pp. 428ff.; F. v. Duhn, 'Sarkophag aus Hagia Triada', *Archiv. für Religionswiss.*, vol. xii, 1909, pp. 161ff.; Evans, *Palace of Minos*, vol. i, pp. 438ff.
10. *Der kretische Bildersarg. Arch. Jahrbuch,* xxiv, 1909, pp. 162f.
11. *Themis*, Cambridge, 1912, pp. 178f.
12. Nilsson, *op. cit.*, pp. 584ff.
13. *Palace of Minos*, vol. i, pp. 439, 447f.
14. Gen. xxviii, 18; C. Tsountas, *Praktika*, 1896, pp. 29ff., Evans, *Mycenaean Tree and Pillar Cult*, 1901, p. 19, figs. 12, 13.
15. Evans, *Mycenaean Tree and Pillar Cult*, pp. 3, 19, figs. 1, 14.
16. *Ibid.*, pp. 7ff, 15.

17. Nilsson, *op. cit.*, pp. 245f.; B. E. Williams, *op. cit.*, p. 53.
18. A. B. Cook, *Transactions of the Third Congress for the History of Religions*, ii, p. 184; Dussaud, *Les civilisations préhelléniques*, Paris, 1914, pp. 338, 350.
19. Cf. *Odyssey*, xix, 188; Strabo, x, 476.
20. Marinatos, *Praktika*, 1929, p. 94; 1930, pp. 91f.; Nilsson, *op. cit.*, pp. 58, 518f.
21. Hesiod, *Theogony*, 477; Hogarth, *B. S. A.*, vi, 1900, pp. 94ff.
22. Evans, *J.H.S.*, xvi; 1897, pp. 350ff.; *Palace of Minos*, vol. i, pp. 625ff.; *Earlier Religion of Greece*, 1931, p. 6; Nilsson, *op. cit.*, pp. 62ff.
23. Die Höhle des Zeus auf dem Berg Ida war kein Kultzentrum zu minoischer Zeit, und es ist ungewiss, ob diejenige von Kamares auf dem Gipfel, der sich gegen Phaestos wendet, als Heiligtum verwendet wurde, obwohl sie Töpferwaren aus mittelminoischer Zeit enthielt; cf. *B.S.A.*, xix, 1913, pp. 1ff.
24. *Palace of Minos*, vol. i, pp. 159f.
25. *Ibid.*, vol. i, pp. 161f.
26. *Ibid.*, vol. ii, pp. 838ff.
27. Nilsson, *op. cit.*, p. 267.
28. Evans, *Archaeologia*, vol. xv, 1914, pp. 10f., fig. 16.
29. Deedes, *The Labyrinth*, 1935, pp. 27ff.
30. Evans, *Tree and Pillar Cult*, pp. 78f., fig. 52.
31. Evans, *Palace of Minos*, vol. ii, p. 842; vol. iii, p. 142; Nilsson, *op. cit.*, pp. 342f.
32. Persson, *The Religion of Greece in Prehistoric Times*, California, 1942, p. 34.
33. Evans, *B.S.A.*, vii, 1900-1, pp. 28f., fig. 9.
34. *Ibid.*, ix, 1902-3, pp. 59f., figs. 37, 38.
35. Nilsson, *op. cit.*, p. 356; Evans, *Tree and Pillar Cult*, p. 3, fig. I; p. 19, figs. 12-14; pp. 66f., figs. 44-46.
36. Evans, *B.S.A.*, vii, 1900, pp. 101f.; *Tree and Pillar Cult*, p. 65, fig. 43.
37. Evans, *Palace of Minos*, vol. iv, p. 467.
38. *Tree and Pillar Cult*, p. 77, fig. 51; *Palace of Minos*, vol. iii, pp. 463f., fig. 324.
39. *Antike Gemmen*, vol. iii, p. 36, fig. 14; Nilsson, *op. cit.*, pp. 351f.; Persson, *op. cit.*, pp. 69f.
40. *Palace of Minos*, vol. iii, pp. 143, 438ff., fig. 305; *The Earlier Religion of Greece*, p. 32, fig. 14.
41. *Palace of Minos*, vol. iii, pp. 471ff., fig. 328.
42. Ch. Tsountas, *Ephemeris Archaiologika*, 1887, pl. x, 3; Rodenwaldt, *Athenische Mitteilungen*, 37, 1912, pp. 129ff., pl. viii.
43. *Palace of Minos*, vol. iv, pt. ii, p. 956, fig. 925.
44. *Ibid.*, vol. ii, p. 277; Marinatos, *Ephemeris Archaiologika*, 1937, p. 290; Persson, *op. cit.*, p. 123; Farnwell, *Essays to Sir Arthur Evans*, Oxford, 1927, p. 11; Wace, *Mycenae*, Princeton, 1949, p. 115.
45. *Op. cit.*, pp. 392ff.; *History of Greek Religion*, Oxford, 1925, p. 18.
46. *Minoan-Mycenaean Religion*, pp. 543ff.; cf. Hesiod, *Theogony*, 453ff.; *Antoninus Liberalis*, chap. 19.
47. Strabo, x, 466ff.
48. Cf. R. S. Bosanquet, *B.S.A.*, xl, 1943, pp. 66ff.; Harrison, *Themis*, pp. 3ff.
49. Cf. Homer, *Iliad*, viii, 281ff.; *Odyssey*, xiv, 199ff.
50. Aeschylus, *Danaides, frag.*, ed. Nauck, 44; Euripides, *Frag.*, 898, 7ff. (ed. Nauck); Proclus, in *Plato Timaeus*, iii, 176, 26.
51. Pausanias, ll, 38, 2; viii, 22, 2; Plato, *Laws*, 774A; Aeschylus, *Eumenides*, 1, 217f.; Farnell, *Higher Aspects of Greek Religion*, 1912, pp. 37ff.; Rose, *Handbook of Greek Mythology*, 1933, pp. 103f.
52. Aristophanes, *Thesmophoriazusae*, 973; Pausanias, ii, 17, 3; ix, 3, 1; Aeschylus, *Eumenides*, i, 214; cf. Farnell, *C.G.S.*, vol. i, pp. 244f.

53. Plutarch, *de Daedalis Plataeensibus*, 6; Pausanias, ix, 31ff.; Farnell, *C.G.S.*, vol. i, pp. 192ff.; Nilsson, *J.H.S.*, xliii, 1923, pp. 144ff.
54. *Op. cit.*, p. 103; cf. *Iliad*, xiv, 346f.
55. Rose, *op. cit.*, p. 52.
56. *Iliad*, xiv, 294ff.; cf. Farnell, *C.G.S.*, vol. i, pp. 253f.
57. Diodorus Siculus, v, 72, 4.
58. Farnell, *C.G.S.*, vol. i, p. 179.
59. Aristophanes, *Thesmorphoriazusae*, 973.
60. *Iliad*, xi, 270f.; Hesiod, *Theog.*, 921f.
61. Pausanias, ii, 38, 2; cf. A. B. Cook, *Zeus*, vol. iii, Cambridge, 1914, p. 224, n. 3.
62. *Iliad*, i, 540ff.
63. *Odyssey*, vii, 80; cf. ii, 547.
64. Nilsson, *Minoan-Mycenaean Religion*, pp. 487ff.; *History of Greek Religion*, p. 26.
65. D. Levi, *American Journal of Archaeology*, xlx, 1945, p. 298.
66. *Odyssey*, ii, 120.
67. Nilsson, *Minoan-Mycenaean Religion*, pp. 489ff.
68. *Iliad*, xvii, 398.
69. Hesiod, *Theog.*, 886ff.; cf. Rose, *op. cit.*, p. 108.
70. Liddell und Scott, *Greek-English Lexicon*, new ed., 1925, pallas; Dummler, *Real-Encyklopädie* (Pauly-Wissowa, Kroll), vol. ii, 2007.
71. Herodot, i, 105; Pausanias, i, 14, 7; *Iliad*, v, 330; *Odyssey*, viii, 362f.; Hesiod, *Theog.*, 192.
72. *Iliad*, v, 312, 338; *Odyssey*, viii, 270, 362; Pindar, *Pyth.*, 4, 87.
73. *Odyssey*, viii, 266-336.
74. Virgil, *Hymn. Hom. Venus*, 5.
75. Lucian, *De Dea Syria*, 6-9; Der Zwischenfall mit dem Eber muss eine spätere Einführung sein; cf. Baudissin, *Adonis und Esmun*, Leipzig, 1911, pp. 142ff.
76. *J.H.S.*, ix, 1888, pp. 193ff.; Tacitus, *Annals*, iii, 62; Herodot, I, 199; Strabo, xvi, i, 20, 745.
77. Theocritus, *Idylls*, 15; Gow, *J.H.S.*, lviii, 1938, p. 182.
78. Plutarch, *Alcibiades*, 18.
79. Plutarch, *De sera numinis vindicta*, 17; cf. Frazer, *The Golden Bough,* pt. v, pp. 236ff.
80. Ovid, *Metamorphoses*, 4, 288.
81. Plutarch, *Theseus*, 21.
82. Pausanias, v, 11, 8; Lucretius, *Homeric Hymns*, 1, 4; Hesiod, *Theog.*, 188-206.
83. Lucretius, 1, 4.
84. Plutarch, *Quaest. Rom.*, 269*b*.
85. *Odyssey*, xx, 73; xxii, 22, 444; Hesiod, *Works and Days*, 521; Hesiod, *Frag.*, 143; Lucretius *Homeric Hymns*, 4, 1ff.
86. Lucretius, i, 10ff.
87. *Iliad*, xiv, 214.
88. Nilsson, *Minoan-Mycenaean Religion*, pp. 503f.
89. *Iliad*, xxi, 470f.
90. Aeschylus, *Agamemnon*, 134ff.
91. Nilsson, *Minoan-Mycenaean Religion*, p. 130.
92. *Iliad*, xi, 270f.; cf. Hesiod, *Theog.,* 921f.
93. Nilsson, *Greek Popular Religion*, New York, 1904, p. 16.
94. Farnell, *C.G.S.*, vol. ii, p. 456.
95. Harrison, *Prolegomena to the Study of Greek Religion*, 3rd ed., 1922, p. 497; Farnell, *C.G.S.*, ii, pl. xxix; p. Kern, *Mitt. Deutsch. Arch. Inst. Athens*, 50, 1925, p. 160, fig. 1.
96. Picard, *Ephese et Claros*, Paris, 1922, pp. 310ff., 344.

97. Timotheos o Miletus, Bergk, *Poetae lyrici Graeci*, iii, 620.
98. Solinus, ii, 8; Hesychios, britomartis, britu, Roscher, *Lexikon*, art. 'Britomartis'.
99. Callimachus, *Hymns*, iii, 189; Pausanias, ii, 30, 3.
100. Farnell, *C.G.S.*, vol. ii, pp. 512ff.
101. Hesiod, *Theogony*, 409ff.
102. *Scholia Apoll. Rhod.*, 3, 467.
103. Bacchylides, *Frag.*, 40, Bergk.; Euripides, *Phoenissae*, 108.
104. *Scholia Lycophr.*, 1180.
105. Farnell, *C.G.S.*, vol. ii, p. 503.
106. Aristophanes, *Plut.*, 595. Scholia on 594; *Apoll. Rhod.*, iii, 1211ff.
107. *The Homeric Hymns* ed. By T. W. Allen, E. E. Sikes and T. W. Halliday, Oxford, 1936, 3rd ed.
108. Farnell, *C.G.S.*, vol. iii, 1907, pp. 29f.
109. Mannhardt, *Mythologische Forschungen*, Strassburg, 1884, pp. 29ff.
110. *Greek Popular Religion*, New York, 1940, p. 51.
111. Scholia, Sophocles, *Oedipus Coloneus*, 681; cf. *C.G.S.*, vol. iii, pp. 32ff.
112. Allen, Sikes, Halliday, *op. cit.*, pp. 10ff.
113. K. Kourouniotis, *Eleusis*, Athens, 1936, pp. 14ff.; G. Mylonas, *The Hymns to Demeter and Her Sanctuary at Eleusis*, 1942; Kourouniotis-Mylonas, *American Journal of Archaeology*, xxxvii, 1933, pp. 271ff.
114. Farnell, *C.G.S.*, vol. iii, pp. 75ff.
115. Sophocles, *Fragmenta*, 719; Pindar, *Frag.*, 121; Plato, *Phaedo*, 69C; Cicero, *De Legibus*, ii, 14; Farnell, *C.G.S.*, p. 197.
116. Plutarch, *Alcibiades*, xix-xxii.
117. Aristophanes, *Frags.*, 324ff.; Origen, *Contra Celsus*, 111, 59.
118. Kourouniotis, *Eleusis*, p. 15.
119. Farnell, *C.G.S.*, vol. iii, p. 256, pl. xxi*b*.
120. *Minoan-Mycenaean Religion*, p. 502.
121. Clement of Alexandria, *Protrept*, 11, 21.
122. *Hibbert Journal*, ii, 1904, p. 316.
123. *Refutatio omnium haeresium*, v, 8.
124. Foucart, *Les Grands Mystères d' Eleusis*, Paris, 1900, pp. 475ff.; Asterius, *Encomium in Sanctos Martyres*, 111B.
125. *C.G.S.*, vol. iii, pp. 177, 183.
126. Produs, ad Plato, *Timaeus* (Lobeck), p. 293.
127. *C.G.S.*, vol. iii, p. 185.

VI. Die Grosse Mutter

Apuleius, *Metamorphoses*.
Bailey, C., *Phases in the Religion of Ancient Rome*, 1932.
Brand, J., *Popular Antiquities of Great Britain*, 1822-3.
Chambers, R., *Book of Days*, 1886.
Cook, A. B., *Zeus*, Cambridge, 1914.
Cumont, F., *The Oriental Religions in Roman Paganism*, 1911.
Dyer, J. F. Thistleton, *British Popular Customs*, 1876.
Farnell, L. R., *Cult of the Greek States*, vol. iii, Oxford, 1907.
Frazer, Sir J. G., *The Fasti of Ovid*, 5 vols., 1929; *Golden Bough*, pt. ii, 1911.
Garstang, J., und Strong, H. A., *The Syrian Godess*, 1913; *The Land of the Hittites*, 1910.
Graillot, H., *Le Culte de Cybèle*, Paris, 1912.
Hepding, H., *Attis, seine Mythen und sein Kult*, Giessen, 1903.
Lucian, *De Dea Syria*.

Macrobius, *Saturnalia.*
Mannhardt, W., *Antike Wald- und Feldkulte*, Berlin, 1877.
Plutarch, *de Iside et Osiride.*
Showerman, G., *The Great Mother of the Gods* (Bulletin of the University of Wisconsin, no. 43, phil. and lit. Series, i, 3, 1901).
Toutain, J., *Les Cultes païens dans l'empire romain*, Paris, 1911.
Wissowa, G., *Religion und Kultus der Römer*, München 1902.
Wright, A. D., *British Calendar Customs*, 1938.

1. Strabo, 3, 17; i, xiv, 1, 20; cf. Julian, *Orat.*, v, 159.
2. Pausanias, vii, 17, 10-12; cf. Arnobius, *Adversus Nationes*, v, 5-7.
3. Servius, on Virgil, *Aeneas*, ix, 115.
4. Pausanias, vii, 17, 10-12, cf. Scholiast, on Nicander, *Alexipharmaca*, 8.
5. Während die Details in verschiedenen Darstellungen wechseln, ist die Selbst-Kastration ein beständiges Muster; cf. Ovid, *Fasti*, iv, 221-4.
6. Polybius, 22, 20.
7. Clement of Alexandria, *Protrept.*, ii, 15, p. 13 (ed. Potter); Firmicus maternus, *De errore profanarum religionum*, chap. 18.
8. *Peristephan*, x, 1034-9, 1076; Firmicus Maternus, *op. cit.*, 27, 8; Wissowa, *Religion und Kultus der Römer*, Munich, 1902, pp. 323ff.
9. Dessau, *Inscriptiones Latinae Selectae*, nos. 4152, 4271.
10. Dessau, *op. cit.*, nos. 4145, 4147, 4151, 4153; cf. *C.I.L.*, xiii, 1751.
11. Strabo, xii, ii, 3.
12. *C.I.L.*, vi, 490; ix, 3146.
13. *Revue d'Histoire et de Littérature religieuses*, vol. vi, no. 2, 1901, p. 97.
14. *The Oriental Religions in Roman Paganism*, 1911, p. 67.
15. Pausanias, vii, 17, 9.
16. Ovid, *Fasti*, iv, 223f.
17. Lucian, *De Dea Syria*, 15.
18. Diodorus Siculus, iii, 58ff.; Clement of Alexandria, *Protrept.*, viii, 78f.
19. Stobaeus, *Floril.*, lxxiv, 61.
20. *History of Greek Religion*, 31.
21. Diodorus Siculus, iii, 59, 7.
22. Hepding, *Attis, seine Mythen und sein Kult*, Giessen, 1903, p. 113; Rapp., in Roscher's *Lexikon der griech. und röm. Mythologie*, 'Kybele', vol. ii, 1638ff.
23. Woolley, *Carchemish*, pt. ii, 1921, pl. B, 19*a*; J. Lewy, *Die Kültepetexte aus der Sammlung Frida Hahn*, Leipzig, 1930, p. x.
24. Lucian, *De Dea Syria*, 49, 52.
25. Farnell, *C.G.S.*, vol. iii, pp. 306f.; *Greece and Babylon*, 1911, pp. 256f.
26. Livius, xxix, 10f.
27. Julian, *Orat.*, v, 159; Ovid, *Fasti*, iv, 255ff.; Arnobius, *Adversus Gentes.*, vii, 46.
28. Livius, xxix, 10-14; Ovid, *Fasti*, iv, 257-72, 291-348.
29. Livius, xxxvi, 36, 4.
30. Plinius, *Nat. Hist.*, xviii, 16.
31. Livius, xxix, 14.
32. Livius, xxxiv, 54.
33. Livius, xxxvi, 36.
34. Dionysius, Hal. *Ant. Rom.*, ii, 19, 4.
35. Aulus Gellius, ii, 242; xviii, 2, 11; Ovid, *Fasti*, iv, 353, 4; Cicero, *de Senect.*, 13, 45.
36. *Fasti*, iv, 377.
37. Juvenal, xi, 193.

38. Cicero, *de Senect.*, 45.
39. Lucretius, *De rerum nat.*, ii, 600-30 (ed. By C. Bailey, Oxford, 1947), pp. 267ff.
40. Dionysius, Hal., *Ant. Rom.*, ii, 19, 5.
41. Diodorus Siculus, xxxvi, 6; Plutarch, *Marius*, 17.
42. Dass der Kaiser um 258 n.Chr. Claudius Gothicus war; cf. Domaszewski, *Journal of Roman Studies*, i, 1913, p. 56.
43. Showerman, *The Great Mother of the Gods*, 1901, p. 277; *Classical Journal*, xi, 1906, p. 29; Graillot, *Le Culte de Cybéle*, Paris, 1912, pp. 117f.
44. Arnobius, *Adversus Gentes.*, v, 7, 16, 39, 167f.; Julian, *Orat.*, v, 168; Hepding, *op. cit.*, Giessen, 1903, pp. 86, 92f, 96, 152ff.
45. Cf. Tertullian, *Apolgeticus*, 25; Apuleius, *Metamorphoses*, viii, 28.
46. Firmicus Maternus, *De errore profanarum religionum*, 22; Hepding, *op. cit.*, p. 167; Graillot, *op. cit.*, p. 131.
47. Macrobeus, *Saturnalia*, i, xxi, 10.
48. Ovid, *Fasti*, iv, 337-46; Arnobius, *Adversus Gentes*, vii, 32, 49; Lucretius, *De rerum nat.*, ii, 608-12.
49. Minucius Felix, *Octavius*, 22, 1.
50. Tacitus, *Hist.*, iv, 81; Plutarch, *Moralia*, 361*f*-362*e*.
51. *Metamorphoses*, xi, 22.
52. Dio Cassius, xlvii, 15, 4; liii, 2, 4; Tertullian, *Apol.*, 6; *ad. nat.*, 1, 10 (Varro).
53. Virgil, *Aeneas*, viii, 698-700.
54. Mommsen, *C.I.L.*, i, 2, pp. 333f; Apuleius, *Metamorphoses*, xi, 26.
55. Minucius Felix, *Octavius*, 22, 2.
56. *Metam.*, xi, 21; cf. Plutarch, *de Iside et Osiride*, 8.
57. *Metam.*, xi, 5, 6, 16, 21.
58. *Metam.*, xi, 23-30.
59. Porpertius, iv, 5, 34; Tibullus, i, 3, 23-26; Ovid, *Amores*, iii, 9, 33.
60. *Metam.*, xi, 21.
61. *de Iside et Osiride*, 8.
62. *Metam.*, xi, 2, 5, 22, 25f.
63. Chap. ii, p. 61.
64. Plutarch, *de Iside et Osiride* 53.
65. *Codex Parisinus*, 8084, 98-101.
66. Tertullian, *Ad Nationes*, i, 10; *Apologeticus*, 6; Arnobius, *Adversus Gentes.*, 73; Dion. Cassius, xl, 47; liii, 2; Tacitus, *Annales*, ii, 85; Suetonius, *Tiberius*, 36; Hegesippus, ii, 4.
67. Livius, iii, 9, 6; x, 19; Ovid, *Fasti*, vi, 201.
68. *C.I.L.*, vi, 490; ix, 314*b*; cf. Wissowa, *op. cit.*, p. 291.
69. *The Syrian Goddess* by Strong und Garstang, 1913, pp. 41ff.
70. *Metam.*, viii, 24-27.
71. *Bulletin de Correspondance Hellénique*, iii, 407; vi, 495ff.; vii, 477; viii, 132; xvi, 748, 785.
72. Ovid, *Metam.*, iv, 44-46; Cornelius, *de Nat. Deor.*, 6.
73. Lucian, *De Dea Syria*, 10, 31f.
74. Macrobius, *Saturnalia*, chap. xxiii; cf. Lucian, *De Dea Syria*, 30.
75. *Op. cit.*, 12-29.
76. *Op. cit.*, 13, 33, 48.
77. *Op. cit.*, 15.
78. Apuleius, *Metam.*, viii, 170; Macrobius, *Sat.*, i, 23, 18; Tertullian, *Ad nat.*, ii, 8; *Apol.*, 24.
79. Cumont, 'Gallos' Pauly-Wissowa, *Real-Encyklopädie*, vol. vii, p. 697; Strong und Garstang, *The Syrian Goddess*, 1913, pp. 11ff.

80. Garstang, *Land of the Hittites*, 1910, p. lxviii.
81. J. Toutain, *Les cultes païen dans l'empire romain*, vol. ii, Paris, 1911, pp. 73f.
82. Herodot, i, 34ff.
83. Cf. C. B. Lewis, *A Miscellany af Studies to L. E. Kastner*, 1932, pp. 338ff.
84. Graillot, *op. cit.*, 1912, pp. 121ff.
85. *De errore profanarum*, chap. xxvii, 1ff.
86. R. Chambers, *Book of Days*, vol. i, 1886, p. 577, col. 1; F. Thistleton Dyer, *British Popular Customs*, 1876, pp. 251ff.; W. Hone, *Every Day Book*, vol. xi, 1820, pp. 615ff.; Brand, *Popular Antiquities*, vol. i, 1882, pp. 212ff.; Mannhardt, *Antike Wald- und Feldkulte*, Berlin, 1877, pp. 160ff., 583f.; Frazer, *Golden Bough*, pt. ii, pp. 60ff.; A. B. Cook, *Zeus*, vol. i, Cambridge, 1914, p. 339.
87. Stubbes, *The Anatomie of Abuses*, 1877-82, p. 149.
88. Graillot, *op. cit.*, p. 123.
89. Thistleton Dyer, *British Popular Customs*, pp. 270ff.; A. R. Wright, *British Calendar Customs*, 1938, pp. 224ff.
90. W. H. D. Rouse, *Folk-lore*, vol. iv, 1893, pp. 50ff.; Mannhardt, *Der Baumkultus der Germanen und ihrer Nachbarstämme*, Berlin, 1875, p. 322.
91. C. B. Lewis, *op. cit.*, pp. 330ff.
92. Frazer, *Golden Bough*, pt. ii, p. 88.

VII. Die Mater Ecclesia und die Madonna

Bousset, W., *Hauptprobleme der Gnosis*, Göttingen, 1907.
Cecchelli, G., *Mater Christi*, Rome, 1946.
Duchesne, L., *Christian Worship* (E.T. by M. L. McClure), 1912.
Faye, E., *de Gnostiques et gnosticisme*, Paris, 1913.
Hippolytus, *Philosophumena.*
Irenaeus, *Adversus Haereses.*
Legge, F., *Forerunners and Rivals of Christianity*, Cambridge, 1915.
Methodius, *Symposium.*
Miegge, G., *The Virgin Mary* (E.T. by W. Smith), 1955.
Mura, E., *Le corps mystique du Christ*, Paris, 1936.
Plumpe, J. C., *Mater Ecclesia*, Washington, 1943.
Prumm, K., *Der christliche Glaube und die altheidnische Welt*, Leipzig, 1935.
Ramsay, W., *Cities and Bishoprics of Phrygia*, Oxford, 1897.
Reitzenstein, R., *Poimandras*, Leipzig, 1904.
Usener, H., *Religionsgeschichtliche Untersuchungen*, pt. i, Bonn, 1889.

1. Irenaeus, *Adversus Haereses*, i, 29, 57; ii, 18; iii, 15.
2. *Hauptprobleme der Gnosis*, Göttingen, 1907, pp. 26, 58-83.
3. *Op. cit.*, 4, 1, 1; 2, 146.
4. Gal. Iv. 21-31; Isa. i. 26, l.; i, li., 17f.; lxvi. 6ff., 11ff.
5. St Matt. xxiii. 37; St Luke xiii. 34f.; xix. 43f.
6. Rev. xix. 7; xxi. 9f.; Rom. vii. 4; Eph. v. 23; 2 Cor. xi. 2-4; Eusebius, *Hist. Eccl.*, iv, 26, 8; v, 1, 10.
7. Chavasse, *The Bride of Christ*, 1940, pp. 19-48; E. Mura, *le corps mystique du Christ*, vol. i, Paris, 1936, pp. 65f.; vol. ii, pp. 483ff.
8. Hippolytus, *Philosophumena*, v, 9; cf. Clement of Alexandria, *op. cit.*, ii, 16.
9. Chap. v, pp. 193ff.
10. *Op. cit.*, xxxviii.
11. Cerinthus, ii.

12. Bousset, *Hauptprobleme der Gnosis* (Göttingen, 1907; Reitzenstein, *Poimandras*, Leipzig, 1904.
13. E. de Faye, *Gnostiques et gnosticisme*, Paris, 1913.
14. Rev. ii, 6, 15.
15. *Adv. Haer.*, xxxv.
16. Clement of Alexandria, *Strom.*, ii, 20; iii, 4; Tertullian, *Adv. Marc.*, i, 29.
17. Acts vi. 5; Rev. Ii. 6; Irenaeus, *op. cit.*, i, 26; iii, 11, 1; Hippolytus, *Philos.*, vii, 36; Tertullian, *Praesc. Haer.*, 33; *Adv. Marc.*, i, 29; *De Pudicitia*, 19.
18. John, xiv. 12-18; Matt. xxiii. 34.
19. Eusebius, *Hist. Eccl.*, xvi, 7, 14.
20. *Ibid.*, V, xvii, 1; V, iii, 4; cf. xvi, 22.
21. *Cities and Bishoprics of Phrygia*, pt. ii, Oxford, 1897, pp. 573ff.
22. Origen, *Ap.* Cramer, *Cat.* v, 279; Cyprian, *Ep.* lxxv, 10; Epipahnius, *haer.*, xlix, 2f.
23. *de Virg. Vel., 9.*
24. Irenaeus, *Adv. Haer.*, III, xi, 9; IV, xxxiii, 6f.; Eusebius, *Hist. Eccl.*, V, viii, 4; cf. P. de Labriolle, *La crise monteniste*, Paris, 1913, pp. 225ff.; *Les Sources de l'histoire du Montenisme*, Paris, 1913, pp. 194ff.
25. *Hist. Eccl.*, V, iii, 4.
26. Tertullian, *De Oratione*, II; *De Monogamia*, VII; Eusebius, *Hist. Eccl.*, V, i, 3; 402, 12f.; J. C. Plumpe, *Mater Ecclesia*, Washington, 1943, pp. 35ff.
27. *Syriac Fragment*, 30: 2, 461 (Harvey); cf. H. Jordan, *Texte und Untersuchungen zur Geschichte der altchristlichen Literatur*, vol. xxxvi, 3, 1913, 3-5; *op. cit.*, iii, 38, 131 (Harvey); V, 35, 2; 2, 425 (Harvey).
28. *De Pudicitia*, xviii; *De Anima*, xi, xxi.
29. *Ibid.*, xliii, 43.
30. *Paedagogus*, i, 6, 42; cf. Stahlin, *Die griechischen christlichen Schriftsteller der ersten drei Jahrhunderte*, Clement of Alexandria, *op. cit.*, vol. i, 115, 10-24.
31. *Paed.*, III, 12, 99, 1.
32. *Ibid.*, I, 6, 40f.
33. *Canticum Canticorum*, lib. I; III, 232ff.; *De Orat.*, 20, 1.
34. In Matt. 17, 21; Migne, *P.L.*, 13, 1559.
35. Sel, in Gen. Migne, *P.G.*, 12, 1432A.
36. Eph. ii; Migne, *P.G.*, 34, 416.
37. *Spiritual Homily*, 4, Migne, col. 375.
38. Trotz Jeremias, der behauptet, dass er der Bischof von Olympus in Lycia und danach Bischof von Tyre war, ist seine Herkunft sehr ungewiss, *De Viris illustribus*, lxxxiii; cf. F. Diekamp, *Theologische Quartalschrift*, 109, 1928, pp. 285ff.
39. *Symposium*, 3, 8, 74f.; 37, 9-15.
40. *Op. cit.*, 3, 9, 75; 37, 16-25.
41. *Op. cit.*, 8, 5, 183f; 86, 19-87, 14.
42. *Op. cit.*, 8, 6, 186f.; 88, 5-18.
43. *Op. cit.*, 8, 8, 190f.; 90, 6-19.
44. *Op. cit.*, 8, 11, 197; 93, p. 12.
45. *Op. cit.*, 7, 3, 156; 74, 8ff.
46. Cf. P. Batiffol, *Le catholicisme de saint Augustine*, Paris, 1920, pp. 270ff.
47. Meek, *The Song of Songs, a Symposium*, 1924, pp. 48-79.
48. *Hom.*, i, John ii. 2.
49. *Hom.*, Ps. xlv. 3; cf. *Hom.* Ps. xix. 6.
50. *Hom.*, St. John viii. 4.
51. *De Virginstate*, 2; *De Natura et Gratia*, cap. 36.
52. *Panarion*, 78: 11, 24; 79: 4, 7.
53. *De Spiritu Sancto*, iii, cap. II, n. 80.

54. Cf. K. Prümm, *Der christliche Glaube und die altheidnische Welt*, vol. i, Leipzig, 1935, pp. 285ff.
55. E. Neumann, *The Great Mother* (E.T. by R. Manheim, 1955).
56. F. C. Conybeare, *Proceedings of the Society of Historical Theology*, Oxford, 1902, pp. 13f.
57. Luke i. 27ff., 34, 42-45; Matt. I, 20.
58. Rom. v.; i Cor. xv. 22, 45.
59. Rom. viii. 18ff.
60. Eph. v. 22f.; cf. iv. 32.
61. Rom. viii. 18ff.
62. Rom. iv. 17ff.; Gal. iv. 26.
63. Irenaeus, *op. cit.*, III, xxii, 4.
64. Justin Martyr, *Dial. Cum Trypho*, 100, 3.
65. Origen, *Comment. on Matt.*, 10, 7; Tertullian, *De Monogamia*, 8.
66. Tertullian, *De Carne Christi*, 7, 20.
67. *Op. cit.*, xxi, 10; cf. xix, 3; *P. G.*, vii, 955, 941.
68. Athanasius, *Epistola as Epictetum*, 4, 5, 7ff. (*P.G.*, xxvi, 1056ff.).
69. *Op. cit.*, lxxix, 7.
70. *Ep.*lix, *ad Epict.* 2.
71. Hefele-Leclercq, *Histoire des Conciles*, vol. ii, Paris, 1908, pt. i, p. 242.
72. Epistula, ii, *Nestorii ad Coelestium.*
73. Acts xix. 35.
74. *Homily*, 4, *Acta conciliorum oecumenicorum*, Leipzig, 1914, i, 1, 2, 102-3.
75. Niceph. Callist., xiv, 2; xv, 14.
76. Cf. Martigny, *Dictionnaire des Antiquités Chrétiennes*, Paris, 1877, pp. 792ff.
77. *de Trinit.*, viii, 5 (*P.L.*, xlii, 952).
78. C. Cecchelli, *Mater Christi*, vol. i, Rome, 1946, pp. 83, 88, 217, 235.
79. Cecchelli, *op. cit.*, vol. i, pp. 89, 198f.
80. *Hist. Eccl.*, xvii, 28.
81. *Bibliotheca Patrum Maxima*, ii, pt. ii, p. 211.
82. *Panarion*, 78, 11, 24.
83. Duchesne, *Christian Worship*, 1912, pp. 273f.
84. J. D. Mansi, *Sacrorum Conciliorum Collectio*, vol. ii, Florence, 1759, 572.
85. *P.L.* (Migne), lxxxv, 170, 734.
86. Duchesne, *op. cit.*, pp. 118, 262.
87. *P.L.*, lxxi, 713.
88. Luke xii. 2-8; ii. 22ff.
89. Dom Férotin, *Peregrinato Egeriae*, Paris, 1903.
90. *Historiarum Compendium*, Paris, 1647, p. 366.
91. *Historia Miscellanaea*, vol. xvi, Milan, 1723, p. 108.
92. *Martyrologicum Romanum*, p. 87.
93. Cf. chap. v, p. 157.
94. Plutarch, *Sypm.*, iii, 7, 1; viii, 10, 3.
95. Brand, *Popular Antiquities*, vol. i, p. 50; J. Ramsay, *Scotland and Scotsmen of the Eighteenth Century*, vol. ii, Edinburgh, 1888, p. 447.
96. Usener, *Religionsgeschichtliche Untersuchungen*, pt. i, Bonn, 1889; Duchesne, *op. cit.*, pp. 257ff.
97. *Panarion*, li, 22.
98. *Hom.*, xxxi.
99. *Op. cit.*, pp. 280ff.
100. Theodotus of Ancyra, *homily, 6 (P.G.*, 77, 1427).
101. *Hom. in Lucam*, xvii.

102. *Hom.*, xliv. In Matt., *Hom.*, iv.
103. *De Genesis ad litteram.* X: cap. 18, 32; *Contra Julianum*, iv, cap. 122.
104. *P.G.*, xcvi, 1499.
105. Epist. clxxiv, *Op.* tom., i, p. 169, Paris, 1690.
106. Mansi, xxxiv. 182.
107. Cf. R. Benedict, *Patterns of Culture*, 1935.
108. Cf. Zimmern, Belti ('Beltija, Beletja) eine, zunächst Sprachliche, Studie zur Vorgeschichte des Madonnakults', *Paul Haupt Anniversary Volume,* pp. 281ff.

VIII. Die Göttin und der Junge Gott

Aeschylus, *The Danaids.*
Callimachus, *Hymnus in Cererum.*
Cook, A. B., *Zeus*, Cambridge, 1914.
Dumezil, G., *Ouranos-Varuna*, Paris, 1934.
Euripides, *Bacchae, Cretes.*
Evans, Sir Arthur, *The Palace of Minos*, vol. iii, 1930; *The Earlier Religion of Greece in the Light of Cretan Discoveries*, 1931.
Farnell, L. R., *Cult of the Greek States*, vols. iii, iv, Oxford, 1907.
Frankfort, H., *Stratified Calendar Seals from the Dyala Region*, Chicago, 1955.
Frazer, Sir J. G., *The Golden Bough*, pt. ii, 1911.
Gurney, O. R., *The Hittites*, 1952; *Annals of Archaeology and Anthropology*, 27, Liverpool, 1940.
Guthrie, W. K. C., *Orpheus and Greek Religion*, 1922.
Harrison, J. E., *Prolegomena to the Study of Greek Religion*, Cambridge, 1922.
James, E. O., *Myth and Ritual in the Ancient Near East*, 1958.
Krappe, A. H., *Etudes de mythology et de folklore germanique*, Paris, 1928.
Nilsson, M. P., *Minoan-Mycenaean Religion 2nd ed., 1950.*
Sophocles, *Antigone.*

1. *E.R.E.*, xii, p. 183.
2. Sophocles, *Antigone*, 339f.
3. Pausanius, X, xii, 10; I, xxxi, 4.
4. *Hymn to Demeter*, 8ff.
5. Farnell, *C.G.S.*, vol. iii, pp. 29ff.
6. *Bacchae*, 274.
7. Cf. chap. v, pp. 153f.
8. Callimachus, *Hymnus in Cererum*, 20-22; *Metam.* 5, 645.
9. Chap. ii, pp. 48f.
10. Cf. chap. ii, pp. 51f.
11. Cf. chap. iii, pp. 85f.
12. Chap. iii, p. 86.
13. *K.U.B.*, xxxi, no. 27; Gurney, *Annals of Archaeology and Anthropology, 27,* Liverpool, 1940, pp. 10f., 22ff.
14. Chap. iv, pp. 102f.
15. Chap. xvii, 43f.
16. Chap. iv, pp. 34, 101f.
17. Rig-veda, i, 106, 3; 159, 1; 185, 4; iv, 56, 2.
18. Rig-veda, v, 84.
19. Dumezil, *Ouranos-Varuna*, Paris, 1934, pp. 39ff., 42ff., 53ff.
20. Rig-veda, x, 90.

21. H.Z. Kosay, *Ausgrabungen von Alaca Hoyuk, 1936*, Ankara, 1944, pp. 113f., 131ff., 212.
22. Malten, *Jahrbuch des deutschen archaeologischen Instituts*, vol. lxiii, 1928, p. 107.
23. Gurney, *The Hittites*, 1952, p. 66, pl. 16, fig. ii.
24. Dussaud, *R.H.R.*, cxiii, 1936, p. 19.
25. Rig-veda, x, 160, 3; v, 6, 5; v, 58, 6.
26. *Atharva-veda,* xii, 1, 6.
27. Rig-veda, ii, 34, 2.
28. Picard, *Revue de Philologie*, 1933, pp. 344ff.
29. Nilsson, *Minoan-Mycenaean Religion*, pp. 373f.
30. Cook, *Zeus*, vol. i, Cambridge, 1914, p. 468.
31. Frankfort, *Stratified Cylinder Seals from the Diyala Region*, Chicago, 1955, Oriental Institute Publications, lxxii, p. 43.
32. *Palace of Minos*, vol. iii, pp. 220ff., fig. 154.
33. Guthrie, *Orpheus and Greek Religion*, 1935, pp. 111, 199; Harrison, *Prolegomena to the Study of Greek Religion*, 1922, p. 479; Nilsson, *op. cit.*, pp. 578f.; Porphry, *De abstinentia*, iv, 19.
34. Euripides, *Bacchae*, v, 141f., 726, 736ff.
35. Aristoteles, *Ath. Pol.*, 3.
36. Diodorus, iv, 3.
37. Farnell, *C.G.S.*, vol. iv, p. 95, n. 112.
38. *Op. cit.*, vol. x, iv, pp. 6f.; Plutarch, *Quaest. Com.*, 668*e*.
39. *Satapatha Brahmana*, vii, 2, 2, 5.
40. Krappe, *Etudes de mythologie et de folklore germaniques*, Paris, 1928, p. 62.
41. *Tragg. Graec. Frag.* (Nauck), 44; cf. Euripides, *Frag.*, 898, 7ff.
42. Cf. chap. v, pp. 144f.
43. Sophocles, *Antigone*, 339 (Storr); Aeschylus, *The Suppliant Women*, 890ff. (Murray).
44. Frazer, *The Golden Bough*, pt. ii, pp. 98ff.
45. Cf. chap. ii, p. 56.
46. Chap. v, pp. 134f.
47. *The Earlier Religion of Greece*, 1931, p. 41.
48. Xenophanes, *Frag.* 19 (Diehl).
49. Euripides, *Bacchae*, 58ff., 127ff.
50. *Hymn Homer*, xiv; xxx, 17.
51. Gruppe, *Griechische Mythologie*, München, 1906, p. 1521; Rapp., 'Kybele' in *Lex. Der Mythol.*, vol. ii, p. 1659; cf. vol. iv, pp. 91ff.; Nilsson, *Minoan-Mycenaean Religion*, p. 464.
52. *J.N.E.S.*, viii, 1949, pp. 194ff.; cf. Blegen, *American Journal of Archaeology*, xli, 1937, p. 569, pl. xx; A.E.D. van Buren, *Iraq*, vol. xii, 1950, pp. 139ff.; Crawford, *The Eye-Goddess*, 1957, pp. 29ff.
53. Mallowan und Cruikshank, *Iraq*, vol. ii, i, 1935, pp. 85f.

GLOSSAR

Zusammengestellt von Kurt Derungs

Aryas: Aryas, aryatisch; sprachliche Bezeichnung für die frühen, indoeuropäischen Stämme aus der südrussischen Steppe, die via Iran in Nordindien auf eine vorindoeuropäische Kultur (Harappa-Kultur, Mohenjo-daro, Draviden) stossen. Alte Bezeichnung „Arier", die zu Missdeutungen führt.

Asherôth: Ein hölzerner oder steinerner Pfeiler bzw. eine Säule, die die Göttin Ashtoreth bzw. Ashera oder Astarte repräsentiert.

Aurignacien: Zeitphase des Jungpaläolithikums von ca. 45000 bis 30000 v.u.Z. Der Name stammt von der Höhle bei Aurignac in den französischen Pyrenäen.

Badari-Kultur: Neolithische Kultur Ägyptens, benannt nach dem Gräberfeld von Badari in Ober-Ägypten.

Betyl: Griechisches Wort für einen Stein (*baetyl*), Herkunft aus dem Mittelmeergebiet und dem Orient (hebräisch *bethel*). Bezeichnet einen heiligen Stein meist einfacher Form mit mehr oder weniger kegelförmigen Umrissen.

Bronzezeit: Zeitphase von ca. 2500 bis 1000 v.u.Z. Fortsetzung des neolithischen Ackerbaus, dazu erweiterte Metallverarbeitung.

Chalkolithikum: Kupfersteinzeit, griechisches Wort aus *chalkos* (Kupfer) und *lithos* (Stein) zusammengesetzt. Zeitliche Übergangsphase zwischen dem Neolithikum und der Bronzezeit, in der sowohl Steingeräte als auch die ersten Kupfer- und Goldobjekte vorkommen.

Chthonisch: Von griechisch *chthon*, die Erde. Bezeichnung für das Erdhafte und Unterirdische. Verwandte Wörter sind lateinisch *humus* oder hebräisch *adamah* (die Erde).

Criobolium: Das Schlachten eines Widders oder eines Schafes, um durch dessen Blut gereinigt bzw. wiedergeboren zu werden. Ähnliche Anschauungen erscheinen im Taurobolium (Stieropfer) und dessen „Bluttaufe".

Cureten: Die Cureten waren ursprünglich Naturgeister, die im vorgriechischen Kreta lebten. Mit ihren Schildern übertönten sie die Schreie des neugeborenen Kindes Zeus.

Dolmen: Bretonisches Wort aus *dol* (Tisch) und *men* (Stein) zusammengesetzt. Dieser „Steintisch" bezeichnet vor allem den heiligen Innenraum eines Hügelgrabes. Dazu auch einen liegenden Zentrumsstein mit einem Steinkreis.

Dromena: Ein Teil der Eleusinischen Mysterien, bei dem die Mythologie von Demeter und Persephone zeremoniell nachgespielt wurde, besonders das Suchen nach der verschwundenen Tochter Persephone (Kore).

Eisenzeit: Zeit ab ca. 800 v.u.Z. Die Eisenverarbeitung setzt sich gegen die Bronze durch. Werkzeuge und Waffen werden in grossen Mengen hergestellt. Entstehung keltischer Völker in Europa.

Enneade: Wort aus griechisch *ennea* (Neun). Somit die Bezeichnung für eine Neunergruppe oder für eine Neuner-Zuteilung, daher die Götterneunheit.

Gravettien: Zeitphase des Jungpaläolithikums von ca. 35000 bis 18000 v.u.Z. Der Name stammt von der Höhle La Gravette in Südwestfrankreich.

Hämatit: Eisenglanz, Mineral, das zu 70% aus Eisen besteht.

Hallstattkultur: Zeitspanne der frühen Eisenzeit von ca. 800 bis 450 v.u.Z und der ersten Keltisierung in Europa. Genannt nach dem Fundort Hallstatt in Österreich.

Harappa-Kultur: Alte, vorindoeuropäische Stadtsiedlung des Neolithikums im heutigen Pakistan mit reichen Funden von Göttinnen-Darstellungen. Zu dieser Industal-Zivilisation gehört auch die Fundstätte von Mohenjo-daro.

Intaglio: Gemme, ein geschnittener Stein, d.h. ein Edel- oder Halbedelstein, der eine gravierte bildliche Darstellung trägt.

Jungpaläolithikum: Jüngere Altsteinzeit, ab ca. 45000 v.u.Z.

Kaunakes: Ein Rock aus Schaf- oder Ziegenleder.

Korybant: Männlicher Gefährte der Göttin Kybele, auch ekstatischer Priester.

Kykeon: Ein zeremonielles Getränk, um Visionen und „Gesichter" zu erhalten. Es wurde bei den griechischen Mysterien von Eleusis verwendet.

La-Tène-Kultur: Zeitspanne der späten Eisenzeit ab ca. 450 v.u.Z. und der erweiterten Keltisierung in Europa. Genannt nach dem Fundort La Tène in der Schweiz.

Löss: Sehr feinkörniger, fruchtbarer Boden, der durch die eiszeitlichen Staubstürme, vor allem in den Randgebieten der grossen Gletscher, abgelagert worden ist.

Magdalénien: Zeitphase des Jungpaläolithikums von ca. 18000 bis 8000 v.u.Z. Der Name stammt von der Höhle La Madeleine in Südwestfrankreich.

Mazzebôth: Ein aufrechter Stein, ein Gedenkstein. Eine meist roh zugehauene Steinsäule, ähnlich einem Menhir. Mehrere Mazzebôth oder Matsebah sind zu Steinkreisen zusammengefügt, so z.B. im biblischen Gilgal. Siehe auch Betyl.

Megalith: Griechisches Wort für einen Stein; aus *megas* (gross) und *lithos* (Stein) zusammengesetzt. Eine megalithische Gross-Steinbauweise existiert weltweit, z.B. in Hügelgräbern, Dolmen, Tempeln oder Pyramiden. Zu einer Megalithkultur gehören auch die aufrechten Menhire oder Mazzebôth.

Menhir: Bretonisches Wort aus *men* (Stein) und *hir* (lang) zusammengesetzt, also „der lange Stein". Menhire wurden weltweit aufgestellt, so zum Beispiel als Ahnensteine, die eine Verkörperung darstellen. Menhir-Steine waren oder sind noch bei verschiedenen Völkern heilig wie der Betyl oder der Omphalos.

Mesolithikum: Mittelsteinzeit, Zeitphase von ca. 8000 bis 5000 v.u.Z.

Monophysitismus: Gebildet aus den griechischen Wörtern *monos* (einzeln) und *physis* (Natur). Christliche Lehre, nach der Christus nur eine einzige göttliche Natur habe.

Moustérien: Zeitphase des Mittelpaläolithikums von ca. 70000 bis 40000 v.u.Z. Der Name stammt von der französischen Höhle bei Le Moustier.

Neolithikum: Jungsteinzeit, Zeitphase von ca. 6500 bis 2500 v.u.Z. Beginn der sesshaften Kulturen und des Ackerbaus.

Omphalos: Griechisches Wort für Nabel oder Zentrum. Der Omphalos ist ein verzierter oder unverzierter Nabel-Stein und bezeichnet den heiligen „Bauch-Nabel" *omphalos* einer Landschaftsgöttin. Berühmte Beispiele aus Irland und Delphi („Gebärmutter"), wo er als Orakelstein diente. Er ist vergleichbar mit dem Betyl.

Oolith: Kugeliges Gestein. Andere Namen: Erbsenstein, Sprudelstein. Gebildet aus griechisch *oon* (Ei) und *lithos* (Stein, Fels).

Paläolithikum: Altsteinzeit, Gliederung in ein *Altpaläolithikum* (ca. 3500000 bis 1000000 v.u.Z.), in ein *Mittelpaläolithikum* (ca. 1000000 bis 45000 v.u.Z.) und ein *Jungpaläolithkum* (ca. 45000 bis 8000 v.u.Z.). Diese Zeitspanne umfasst die Menschwerdung mit dem aufrechten Gang, die Zeit des Neandertalers und des modernen Menschen (homo sapiens).

Pleistozän: Eiszeit, die vor etwa 12000 Jahren endete.

Sistrum: Musikinstrument, altägyptische Rassel aus einem Bügel, durch den sich Metallstäbe hindurchziehen.

Solutréen: Zeitphase um 25000 v.u.Z. zwischen dem Aurignacien und dem Magdalénien; zeitgleich etwa mit dem Gravettien. Genannt nach der südwestfranzösischen Fundstätte Solutré.

Taurobolium: „Bluttaufe" mittels Stierblut, siehe Criobolium.

Telesterion: Eigentlich „Weihehalle", Wohnsitz der Gottheiten, aber auch Versammlungsraum für die Festgemeinde bei den Mysterien.

Temenos: Bezeichnung für einen geweihten Bereich bzw. für einen heiligen Raum. Eigentlich ein Stück Land, das einer Gottheit als Heiligtum „herausgeschnitten" (griechisch *temno* = schneiden) und somit abgegrenzt wird. Zum heiligen Bezirk Temenos gehören das abgegrenzte Land, die Einzäunung, ein Tor und ein Altar. Eine Verwandtschaft besteht zu den westeuropäischen heiligen Hainen, die als Nemeton bezeichnet wurden.

Tholos: Rundbau mit Säulenumgang. Ebenso werden Tholosgräber auch Kuppelgräber genannt.

Tri-murti: Sanskritwort für „Dreigestalt", bestehend aus den Hindugöttern Brahma, Vishnu und Shiva; ebenso aus der weiblichen Triade Sarasvati, Lakshmi und Durga. Diese Dreiheiten werden als Einheit gedacht und personifizieren den Zyklus von Schöpfung, Erhaltung und Zerstörung. Oft dargestellt als ein Körper mit drei Köpfen.

Vedische Religion: Die Religion der indoeuropäischen Stämme, die im 2. Jahrtausend v.u.Z. in Nordindien eindrangen. Teilweise überliefert in Büchern mit altindischer Schrift Sanskrit. Die Stämme werden auch als Aryas bezeichnet.

Wadi: Tal- und Flusslandschaft im Nahen Osten, arabisch Uadi gleich Tal. Meist trocken und dann bei Regen anschwellend.

Zikkurat: Stufenturm im alten Mesopotamien, vergleichbar mit den ägyptischen Pyramiden. Die Sakralarchitektur zeigt auf dem Turm eine heilige Kammer, in der eine Göttin-Priesterin den Heros-König zur Heiligen Hochzeit empfängt.

REGISTER

Göttinkultur bei edition amalia

Kurt Derungs
Landschaften der Göttin
Avebury, Silbury, Lenzburg, Sion. Kultplätze der Grossen Göttin in Europa.

John Kraft
Die Göttin im Labyrinth
Spiele und Tänze im Zeichen eines matriarchalen Symbols.

Sigrid Früh / Kurt Derungs (Hg.)
Schwarze Madonna im Märchen
Mythen und Märchen von der Schwarzen Frau.

Tscheng-Tsu Schang
Chinas Weise Frauen
Heilerin, Schamanin, Priesterin.

Kurt Derungs (Hg.)
Keltische Frauen und Göttinnen
Matriarchale Spuren bei Kelten, Pikten und Schotten.

Claire French-Wieser
Als die Göttin keltisch wurde
Ursprung und Verfall einer alteuropäischen Mythologie.

Sigrid Früh (Hg.)
Der Kult der drei heiligen Frauen
Märchen, Sagen und Brauch.

Heide Göttner-Abendroth
The Goddess and Her Heros
Matriarchal Religion in Mythology, Fairy-Tales and Poetry.

Isabelle My Hanh
Kinder Küche Karma
Die Frau im Buddhismus und Konfuzianismus. Zwischen Matriarchat und patriarchaler Ideologie.

Heide Göttner-Abendroth / Kurt Derungs (Hg.)
Matriarchate als herrschaftsfreie Gesellschaften

Vorschau edition amalia

Jan de Vries

Keltische Religion

Reprint der Ausgabe von 1961 in der Reihe „Die Religionen der Menschheit". Erstmals erschienen bei W. Kohlhammer, Neuauflage bei edition amalia.

Erscheint Herbst 2003

Das Buch von Jan de Vries gilt als Klassiker der Keltenforschung und findet sich seit Jahren immer wieder in der Keltologie zitiert:

Jan de Vries unternimmt den Versuch, trotz der bruchstückhaften Überlieferung ein wirkliches Bild der keltischen Religion zu entwerfen, indem er von der Überzeugung ausgeht, dass die religiösen Vorstellungen der führenden keltischen Schichten denen der anderen indoeuropäischen Völker entsprochen haben müssen. Andererseits macht de Vries deutlich, dass im Laufe der nachchristlichen Jahrhunderte die religiösen Anschauungen der unteren Bevölkerungsschichten Galliens stärker hervortreten. Man gewinnt den Eindruck, dass uralte Vorstellungen der nichtkeltischen Vorbevölkerung sich erhalten haben und erst während dieses Zeitraumes in den Inschriften und Monumenten sich äussern. Eine besonders eingehende Darstellung lässt de Vries dem Kult zuteil werden. Dabei tritt vor allem die Bedeutung der Druiden als einer uralten Priesterinstitution der keltischen Herrenschicht hervor. Sorgfältig werden auch die in alter Überlieferung wurzelnden Tempelanlagen und Festzeiten behandelt. Den Abschluss des Buches bilden tief eindringende Darstellungen der kosmischen Vorstellungen einerseits und des Totenglaubens andererseits. Man darf das Buch von Jan de Vries als bahnbrechend ansprechen; es ist ein erster Versuch, der Religion der Kelten wirklich gerecht zu werden. (Kohlhammer)

edition amalia
Stadtbachstr. 46
CH-3012 Bern / Switzerland

Fon (+41) 031-305 14 50
Fax (+41) 031-305 14 51

Internet www.amalia.ch
Email info@amalia.ch